햇빛에 가려진
달빛의 역사

햇빛에 가려진
달빛의 역사

1판 1쇄 인쇄 2020년 1월 6일
1판 1쇄 발행 2020년 1월 10일

지은이 이상준
펴낸이 이상을
펴낸곳 도서출판 들불
       경남 창원시 의창구 중앙대로 227번길 16 교원단체연합 별관 2층
       tel. 055.210.0901 **fax.** 055.275.0170

ISBN 979-11-967075-3-8(03900)

「이 도서의 국립중앙도서관 출판예정도서목록(CIP)은 서지정보유통지원시스템 홈페이지(http://
seoji.nl.go.kr)와 국가자료종합목록 구축시스템(http://kolis-net.nl.go.kr)에서 이용하실 수 있
습니다. (CIP제어번호 : CIP2020000467)」

햇빛에
가려진
달빛

운동의 역사는

양지의 역사만
부각돼 있다

이상준 지음

도서출판 **들불**

어떤 집단에 대한 편견(예컨대 '흑인' 집단에 대한 부정적 태도)은 흔히 그 집단에 대한 고정관념(예컨대 '흑인은 게으르다')에 기인한다. 개별적인 일부 특성을 무시하고 인위적으로 일반화하여 생기는 편견, 즉 고정관념을 사회심리학에서는 '스테레오타입(Stereotype)'이라 부른다.[1] 스테레오타입은 이지적 스키마(Schema: 대상에 대한 사전 지식. 경험을 통해 뇌가 조직화한 지식의 틀에 근거해 새로운 경험을 이해하고 받아들이는 과정을 말하는 심리학적 용어)의 일종이다. 우리는 어떤 대상을 취급해야 할 때 그 대상에 대한 스키마에 의존하게 된다.

호남인에 대한 스테레오타입은 왕건의 『훈요십조(訓要十條)』가 그 시초이고, 조선시대에 저술된 이중환의 『택리지(擇里志)』(1751, 영조 27년)와 안정복의 『임관정요(臨官政要)』(1738, 영조 14년)에 뿌리를 둔 것이다. 『훈요십조』의 관련 부분은 다음과 같다.

"차현(차령산맥) 이남과 공주강 외는 산형과 지세가 함께 배역(背逆)으로 달

---

1) 『선량한 차별주의자』, 김지혜, 창비, 2019, p.45.
　　스테레오타입은 신문 지면과 같은 한 페이지를 통째로 찍어내는 금속 인쇄판을 지칭하는 단어로 1700년대에 처음 등장했다. 1922년 미국의 저널리스트인 월터 리프먼(Walter Lippmann)이 책 『여론(Public Opinion)』에서 이 용어를 처음 사용하면서 오늘날의 의미를 갖게 되었다. 리프먼은 사람들이 머릿속에 각인된 그림을 가지고 경험하지 않은 세상을 그린다고 생각했다. 바깥 세상을 직접 경험할 수 있는 폭은 좁다. 그런데 스테레오타입은 효율적으로 무언가 안다는 느낌을 준다. 사람들은 이런 방식으로 세계를 이해하고 여론을 형성한다.
　　문제는 이렇게 단순화하는 과정에서 오류가 생긴다는 것이다. 일부 특징을 과잉 일반화한 결과 만들어진 편견(prejudice)이 스테레오타입이다.

리니 인심도 또한 그러한지라, 저 아래 고을(군주) 사람이 왕정에 참여하여 왕후·국척과 혼인하여 나라의 국정을 잡게 되면, 혹은 국가를 변란케 하거나 혹은 통합당한 원한을 품고 임금의 거동하는 길을 범하여 난을 일으킬 것이다. (…) 비록 양민이라 할지라도 마땅히 벼슬자리에 두어 일을 보게 하지 말지어다."[2]

노스웨스턴대학교 역사학과 사라 마자(Sarah Maza) 교수는 〈역사는 사실인가 허구인가?〉라는 글에서 "역사에 관한 상이한 관점들이 축적되면 축적될수록 아무리 정직하고 좋은 생각을 가진 역사가라 할지라도 계급, 젠더, 인종, 민족, 그 외의 편견에 물들지 않은 절대적으로 초연한 입장에서 과거를 이야기할 수 있다고 믿는 것이 점점 더 어려워졌다"고 지적한다.[3] "역사란 승자의 기록이다." 즉, 역사란 현재적 관점에서 과거를 바라보는 것인 바, 비판의식 없이 무턱대고 받아들일 경우 아예 모르는 것보다 더 못한 심각한 오류에 빠져버리게 된다. 진정한 역사의식은 기록된 사실을 그대로 믿고 외울 게 아니라 그 이면까지 읽어야 하는 것이다. 현실을 직시하며 '균형 잡힌 관점'으로 역사에서 교훈을 얻고 이를 실행할 때 개인이든 국가든 강하게 성장할 수 있는 것이다.

역사에 대한 명구는 수없이 많다. 대표적인 몇 가지를 보자.

"모든 역사는 현대사이다(All history is contemporary history)."(베네데토 크로체)[4]

2) 『한국인은 누구인가?』, 김문조 등 38인 공저, 21세기북스, 2013, p.235~236.

3) 『역사에 대해 생각하기(Thinking About History, 2017)』, 사라 마자, 책과함께, 2019, p.291.

4) 『역사란 무엇인가(What is history?, 1961)』, E. H. 카, 까치, 2007, p.36.
베네데토 크로체: Benedetto Croce, 이탈리아 역사가, 1866~1952

"가장 뛰어난 예언자는 과거다."(조지 고든 바이런)[5]

"내가 두려워하는 것은 역사뿐이다.(人君所畏者, 史而已 - 인군소외자, 사이이)"(연산군, 1476~1506, 재위 1494~1506)

"역사를 잊은 민족에게 미래는 없다."(신채호, 1880~1936)

"태양에 바래면 역사가 되고, 월광에 물들면 신화가 된다."(작가 이병주)[6]

"역사를 기억하지 못한 자, 그 역사를 다시 살게 될 것이다."(철학자 조지 산타야나)[7]

"역사는 그대로 반복되지 않지만, 그 흐름은 반복된다(History Doesn't Repeat Itself, But It Does Rhyme)."(마크 트웨인)[8]

"과거를 지배하는 자가 미래를 지배한다. 현재를 지배하는 자가 과거를 지배한다." (전체주의를 주창하는 당의 슬로건)(『1984』조지 오웰)[9]

"더 길게 되돌아볼수록 더 멀리까지 내다볼 수 있다(The longer you can look back the further you can look forward)."(윈스턴 처칠)[10]

"왜곡된 역사는 노이로제다. 과거를 직시하려 하지 않는 사람들은 현재를 이해할 수 없다. 또한 미래를 받아들일 준비가 되어 있지 않은 것이다."(버나드 루

5) 『날을 세우다: 세상에서 가장 단단한 나를 만드는 법』 허병민, KMAC, 2018, p.164.
   조지 고든 바이런: George Gordon Byron, 영국 시인, 1788~1824

6) 『산하(山河)』(1985) 끝 구절

7) 『워싱턴에서는 한국이 보이지 않는다』 최중경, 한국경제신문사, 2016, p.133~134.
   조지 산타야나: George Santayana, 스페인 태생 미국의 철학자·시인·인문주의자, 1863~1952

8) 『포퓰리스트 대통령 도널드 트럼프』 조남규, 페르소나, 2016, p.93.
   마크 트웨인: Mark Twain, 미국 소설가, 1835~1910

9) 『1984』(1949) 조지 오웰, 코너스톤, 2015, p.51·324.

10) 『예정된 전쟁: 미국과 중국의 패권 경쟁, 그리고 한반도의 운명(Destined for War, 2017)』 그레이엄 앨리슨, 세종서적, 2018, p.62~63.

이스)[11]

"역사는 모두 해석의 문제다. 과거에 대한 잘못된 해석은 무지보다 더 위험하다."(이안 부루마)[12]

"역사는 편집이다"(헥터 맥도널드)[13]

심리학에는 '스테레오타입(Stereotype)'뿐만 아니라 '선택 편향(Selection Bias)'[14]이란 용어가 있는데, 이는 '보고 싶은 것만 보인다'는 현상을 말한다. 강자들의 시각만이 정사(正史)로 받아들여져 왔고, 의식 없는 학자들은 자의든 타의든 앵무새 노릇만 했고, 언론은 무비판적으로 홍보대사 역할을 해온 결과, 우리가 가진 역사에 대한 기억도 계획한 그대로 굳어져버렸다. '은둔의 역사는 망각'돼버렸고 '양지의 역사만 부각'돼 있다. 한마디로 역사에 대한 인식에서도 철저히 '갑질'을 당하고 있는 것이다. 더 큰 문제는 이런 왜곡된 사실 자체를 모른다는 점이다. 몇 가지 예를 보자.

첫째, 세종대왕은 과연 성군일까? 세종은 조선의 5백 년 역사를 통틀어 가장 위대한 왕, 가장 열심히 노력하고 부지런히 일한 왕, 수많은 업적과 귀중한 발명품을 후손들에게 선물로 남긴 왕이다. 그에 걸맞게 '스승의 날'(5월 15일)은 세종의 생일이다. 그런데 과연 세종은 훌륭하기만 했을까? "세종을 성군으

---

11) 『100년의 기록: 버나드 루이스의 생과 중동의 역사(Notes on A Century, 2012)』 버나드 루이스 외, 시공사, 2015, p.8, 11~12.
버나드 루이스: Bernard Lewis, 영국 출신 유대인으로 최고의 중동학자, 1916~

12) 『0년: 현대의 탄생, 1945년의 세계사(Year Zero: A History of 1945)(2013)』 이안 부루마, 글항아리, 2016, p.37.

13) 『만들어진 진실(Truth: How the Many Sides to Every Story Shape Our Reality, 2018)』 헥터 맥도널드, 흐름출판, 2018, p.96~97.

14) 『신은 주사위 놀이를 하지 않는다(The Improbability Principle, 2014)』 데이비드 핸드, 더퀘스트, 2016, p.164~165.

로 받드는 현상은 21세기 오늘날에도 여전하다. 그러나 세종은 노비제를 확립했고, 기생제를 창출했고, 사대주의 국가체제를 정비했음을 들어 나는 그에 대한 의문을 표한다. 과연 성공했는지는 독자 여러분이 판단할 몫이다."[15] "세종이 잠든 영릉은 명당 중의 명당으로 불린다. 본래 왕릉은 한양에서 100리(약 40㎞) 내에 있는 것이 원칙. 그런데 영릉은 한양에서 200리나 떨어진 여주 땅에 있다. 원래 땅 주인도 세종이 아닌 한산 이씨와 광주 이씨다. 세종이 묻힌 영릉은 본래 문열공 이계전(대제학, 한산 이씨)의 묘가 있었던 명당인데, 이 묘를 이장시키고 영릉을 꾸민 것이다(이 인근에 영의정을 지낸 광주 이씨 이인손의 묘도 이장된 것은 물론이다). 과연 성군으로 알려진 세종이 왜 당대 두 명문거족을 몰아내면서까지 천하의 명당자리를 차지한 것일까? 바로 왕조의 수명을 100년 더 연장된다는 이유 때문이었다. 과연 이로 인해 조선은 100년이 더 연장된 것일까?"[16]

둘째, 을미사변(1895.8.20.=양력 10.8.)으로 일본의 총칼에 희생된 명성황후는 드라마와 뮤지컬[17]로 제작되면서 비운의 국모를 그렸기에 일제에 의해 희생된 조국의 의인처럼 인식되고 있다. 특히 드라마 속 다음 명대사는 명성황후 민비를 마치 나라를 위해 끝까지 결연히 싸우다 전사한 영웅으로 만들어버렸다.[18] "내가 조선의 국모다. 내 비록 너희들 칼날에 쓰러지지만 지하에서

---

15) 「세종은 과연 성군인가」 이영훈 교수, 백년동안, 2019, p.8~9.

16) TV조선 「박종인의 땅의 역사」, '성군(聖君) 세종의 뒷이야기' 2018년 2월 18일 방송.

17) 「명성황후(THE LAST EMPRESS)」(1995년)(Acom International 제작, 윤호진 감독)
조수미가 부른 〈나 가거든〉은 별도의 뮤직비디오이며, 드라마나 뮤지컬에 삽입된 곡이 아니다.

18) 요즘은 책보다 드라마·영화 등 미디어의 파급력이 훨씬 크므로, 왜곡되고 각색된 내용이 마치 사실인 것처럼 믿어버리는 경우가 허다하다. 대표적인 사례는 '덕혜옹주'다.
권비영 작가의 「덕혜옹주」(다산책방, 2010)는 덕혜옹주의 삶을 조명한 소설이다. 이 소설을 각색한 영화 「덕혜옹주(The Last Princess」(2016.8.3. 개봉, 허진호 감독, 손예진·박해일 주연)도 제작되었는데, 이 영화에서는 덕혜옹주가 독립운동까지 하면서 재일조선인 노동자들에게 조국애와 희망을 불어넣는 활동을 한 것처

두 눈으로 네 놈들을 지켜볼 것이다." 그러나 명성황후나 고종의 실상은 의인이기는커녕 무당이나 역술가에게 빠져든 나약하고 우유부단한 졸장이었다. "1948년 8월 1일 간행된 잡지 「개벽(開闢)」 제79호에서는 〈한말 정국의 이면비사(裏面秘史)〉를 특집으로 다뤘다. 8월 15일 정부 수립을 앞둔 시점에서 구한말의 실패를 반면교사로 삼자는 취지였다. 특집에 수록된 항목 중 '밤의 여왕 신령군(神靈君)'이라는 내용은 참 특이하다. 명성황후가 미혹된 '밤의 여왕 신령군'이 밤의 여왕이 되고 나아가 조선 말엽의 실정을 대표하는 인물이 되기까지 사연이 많았다. 충주 출신인 신령군은 성이 박(朴)이고 이름이 창렬(昌烈)로서 가난한 농사꾼의 딸이었다. 젊어서 남편을 잃은 박씨는 먹고살기위해 무당이 됐다. 그녀의 몸주신(무당의 몸에 실려서 점을 봐주는 신)은 관우(關雲) 장군, 즉 관왕이었다. 젊고 예쁜 데다 말주변까지 뛰어난 무당 박씨는 점을 치거나 굿을 하면서 수많은 단골을 확보했다. 이런 무당 박씨에게 꿈같은 일이 벌어졌다. 충주 장호원에서 명성황후를 만났던 것이다(명성황후의 여종을 통해). 명성황후뿐만 아니라 고종도 관우 장군의 영혼에 미혹됐다. 그러나 결과적으로 볼 때 신령군은 명성황후의 수호 신령이 아니었다. 1894년 청일전쟁에서 일본이 승리한 후, 황후와 고종은 사실상 일본의 포로가 됐다. 그 와중에 신령군은 혹세무민의 죄목으로 투옥됐다. 뿐만 아니라 1895년에 황후는 일본 낭인들에게 처참한 죽임을 당했다. 그렇다면 당시 황후의 진정한 수호신 신령은 무엇이었을까? 왜 그렇게 됐을까? 그 이유를 「개벽」 제79호에 실린 '밤의 여왕 신령군'에서는 자기의 갈 길과 걸어가야 할 길을 오직 운명에만 맡겨버리는 어리석음 때문이라고 했다. 결단력이 부족한 고종황제도 명성황후가

럼 미화했다. 이에 대해 영화비평가들은 아무리 영화지만 역사적 진실을 너무 왜곡했다고 질타했다.

죽은 후 늘 무당이나 역술가에게 빠져들었다고 한다. 고종은 개혁 군주는커녕 계몽 군주도 되지 못하는 인물이었다."[19]

셋째, 소설 '삼국지'에 등장하는 여포와 동탁이 과연 제일가는 나쁜 사람일까? 결론은 '한족 중심주의' 관점에서 낙인찍힌 희생양일 뿐이다. "『삼국지연의』의 주요 등장인물 중에서 중원 출신이 아닌 사람은 여포·동탁·곽사·이각이다. 이들은 모두 삼국지에서 처음부터 끝까지 나쁜 사람으로만 나온다. 이들만 나쁜 짓을 했고 다른 등장인물들은 나쁜 짓을 하지 않았다면 타당하다. 하지만 삼국지의 다른 등장인물들도 모두 다 배신을 하고, 학살을 하고, 아무 이유 없이 다른 사람을 죽이는 등 나쁜 짓을 했다. 삼국지에서 가장 훌륭한 인격으로 칭송받는 관우도 원래 사람을 죽여서 고향을 떠났고, 다른 지방을 돌아다니다가 유비와 장비를 만난 것이다. 관우조차 전쟁터가 아닌 곳에서 사적인 감정으로 사람을 죽인 살인자였다. 그럼에도 불구하고 이들의 잘못을 묻고 늘어지지 않는다. 단지 여포·동탁·곽사·이각 등에 대해서만 잘못한 점을 끝까지 물고 늘어졌다. 이는 이민족 출신, 중국 외곽 출신들을 끝까지 받아들일 수 없었던 것이다. 중국 역사는 항상 '한족 중심주의'다. 중원이 아닌 주변 지역에 사는 사람은 모두 오랑캐다. 한족이 아닌 사람들, 즉 오랑캐들은 인정하지 않는 인종주의가 늘 저변에 깔려 있는 것이다."[20]

넷째, 인종 학살하면 가장 먼저 떠올리게 되는 것이 나치의 홀로코스트다. 과연 그럴까? "그리스어로 '완전하다'를 의미하는 Holos와 '불에 타다'를 의미하는 Kaustos가 합쳐진 홀로코스트(Holocaust, 즉 '통째로 태운 제물'을 의미)

---

19) 『조선왕조 스캔들: 조선을 뒤흔든 왕실의 23가지 비극』, 신명호, 생각정거장, 2016, p.320~335.
20) 『말하지 않는 세계사』, 최성락, 페이퍼로드, 2016, p.70~75.

는 제2차 세계대전 동안에 독일의 나치가 유대인을 학살한 사건을 일컫는 말이다. 당시 "독일과 독일 점령지역에 있는 유럽의 유대인을 말살한다"는 계획이었다. 당시에 학살된 유대인은 유럽에 거주하던 유대인 900만 명 중 2/3에 해당하는 무려 600만 명에 이른다. 유대인들은 원래부터 미움을 받아왔지만, 나치의 집권은 특히 유대인에게 커다란 고통을 주었다. 이는 쇼아(Shoah, 히브리어로 '절멸'을 의미)라고도 불린다."[21]

그러나 나치의 홀로코스트보다 10배나 더 잔인한 홀로코스트가 있다. 바로 라틴 아메리카에서 신대륙 발견 후 서구 제국주의자들이 저지른 홀로코스트다. 150년간 인구의 90%에 해당하는 약 7,500만 명을 죽인 것이다. "1492년 콜럼버스가 아메리카 대륙에 도착한 이후 이 지역을 향한 스페인과 포르투갈의 본격적인 정복전쟁은 1500년부터 시작되었다. 이렇게 시작된 정복전쟁은 1650년경까지 약 150년에 걸쳐서 완료된다. 정확한 통계는 아니지만 북미와 남미 대륙 전체를 걸쳐 당시 토착민의 인구는 적게는 약 8,000만 명에서 많게는 9,000만 명 정도였다고 알려져 있다. 그 과정 속에서 모두 7,500만 명 정도가 지구상에서 사라져버린 것이다. 역사는 승리한 자를 중심으로 기록되어 이러한 대학살의 역사는 그리 알려져 있지 않다. 이런 슬픈 역사를 안고 있는 아메리카 대륙은 그 후 기독교의 전도를 받아 기독교 대륙이 되었다."[22]

그리고 인간이 저지른 동물에 대한 학대도 잊어서는 안 된다. 말할 줄도 모르고 글을 쓸 줄도 모르는 수많은 동물들이 인간을 위해 희생양이 되고 있으나 대부분은 잊혀버렸다. 우리 인간들, 특히 우리나라 사람들은 제2차 세계대전

21) 「인종주의: Vita Activa 개념사 9권」, 박경태, 책세상, 2009, p.100.
22) 「홍인식 목사가 쉽게 쓴 해방신학 이야기」, 홍인식, 신앙과지성사, 2016, p.27~31.

중 일본군이 전쟁 포로들을 마루타로 생체실험을 한 관동군 731부대[23]의 만행에 대해서는 치를 떤다. 그러나 그동안 전쟁에 동원되어 죽어간 수많은 동물들과[24], 현재에도 실험의 도구로 희생되어 고통 속에서 죽어가는 동물들[25]의 홀로코스트에 대해서는 무관심할 뿐이다.

한나 아렌트(1906~1975)는 "자기 생각 없이 남의 생각대로 산 것과 타인의 고통에 대해 무관심한 것이 큰 죄다"고 했다. 아렌트의 기대와는 달리 아이히

---

23) 『김대식의 빅퀘스천』, 김대식, 동아시아, 2014, p.128~129.
독일의 멩겔레(Josef Mengele)는 1943년 아우슈비츠 강제수용소의 의무관이 된다. 멩겔레는 잔인하기 그지없는 '인종위생학자'였지만 항상 웃음으로 가득 찬 얼굴 덕분에 '죽음의 천사(Angel of Death)'라는 별명으로 불렸다. 하지만 죽는 것이 사는 것보다 더 행복했던 곳이 바로 아우슈비츠 아니었던가? '선택된' 아이가 울면 설탕을 주며 달래다 벽에 던져 머리를 깨트리고, 아직 살아있는 아이의 몸을 해부했다. 쌍둥이 유전학에 관심이 많았던 멩겔레는 '의과학'이라는 이름 아래 야수와 같은 행동을 일삼았다. 쌍둥이를 서로 꿰매 인공 샴쌍둥이로 만들고, 일곱 살짜리 여자아이의 요로를 대장에 연결하고, 살아있는 어린아이의 간을 마취 없이 꺼내보기도 했다.
배고픔과 두려움에 떠는 아이들에게 자신을 '삼촌'이라고 부르게 하면서 인체 실험할 '쥐' 취급한 멩겔레. 그는 전후 유럽에서 빠져나와 볼프강 게르하르트(Wolfgang Gerhard)라는 이름으로 아르헨티나·파라과이·브라질에서 승승장구한다. 사업을 크게 벌여 멋진 목장에서 산 멩겔레는 67세에 뇌졸중으로 죽는다.
하긴 멩겔레뿐이 아니다. 전쟁 포로들을 마루타로 생체실험 한 관동군 731부대(관동군방역급수부본부, 중국 하얼삔 지역) 이시이 시로(石井四, 1892~1959) 중장도 전쟁 후 인자한 소아과 의사로 평화롭게 살다가 역시 67살에 식도암으로 죽었다.

24) 『동물은 전쟁에 어떻게 사용되나?(Animals and War, 2013)』, 앤서니 J. 노첼라 외, 책공장더불어, 2017, p.9~10.
누구도 국가안보라는 명목으로 동물이 얼마나 고문당하고 죽는지 이야기하지 않는다. 동물에게 가해지는 군사 폭력에 대해 미디어가 보도하는 일은 거의 없기 때문이다. 1990년대 초, CBS 방송에서 군대가 자금을 지원하던 한 의료실험에서 대략 700마리의 고양이가 기계에 고정된 머리에 총을 맞고 죽은 사건을 보도했다. 연구자는 연구의 대가로 군대로부터 200만 달러의 돈을 받았다. 전투 중 뇌손상을 입은 군인을 치료하는 데 쓸 정보를 얻는다는 명목이었지만, 군대가 이 연구를 통해 얻은 것은 "고양이도 머리에 총을 맞으면 고통을 느낀다"는 사실뿐이었다.

25) 여러 매체 2019.6.27. 〈2018년 우리나라 동물실험 372만 마리… 36% '극심한 고통' 실험〉
지난해 우리나라에서 시행된 동물실험에 372만 마리에 달하는 동물이 사용됐고, 시행 주체의 절반 가까이가 국가기관인 것으로 나타났다. 26일 농림축산검역본부가 발표한 '2018년도 동물실험 및 실험동물 사용실태' 조사 결과에 따르면 지난해 동물실험윤리위원회는 전국에 385개가 설치됐다. 일반 기업체가 41%로 가장 많았고, 대학 31.4%·국공립기관 19%·의료기관 8.6% 순이었다.
실험동물을 종류별로 살펴보면 마우스·래트 등 설치류가 84.1%로 대부분을 차지했다. 어류 7.2%, 조류 6% 순으로 조사됐다.
고통등급은 A부터 E그룹까지 있는데, B그룹부터 고통이 올라가 E그룹은 '극심한 고통이나 억압을 동반'하는 것이다. 지난해는 E그룹 동물실험이 36.4%, D그룹은 35.5%, C그룹엔 25.7% 등으로 대부분의 동물이 고통 속에 실험에 이용됐다.

만의 모습은 악마가 아니었다. 그는 오히려 가정을 사랑하는 가장이었고, 맡겨진 일을 훌륭하게 해내는 탁월한 공무원이었고, 법을 잘 지키는 시민이었다.

아렌트는 여기서 '악'이 사이코패스 같은 악한 존재에서 나오는 것이 아니라 생각하는 능력이 없는 데서 나온다는 것을 깨닫는다. 아이히만은 자신이 무엇을 하는지 생각하지 않았기 때문에 악을 저지른 것이다. 아무런 생각 없이 행위를 하면 결국 '악의 평범성'에 노출된다는 아렌트의 인식은 전체주의 정권이 몰락한 이후에도 전체주의적 경향은 여전히 존재한다는 인식과 맞닿아 있다. 현실을 '생각'하지 않으면 악을 불러오고, 악은 '사유'를 허용하지 않는다. 우리에게 생각하지 못하도록 만드는 것이 바로 악이기 때문이다.[26][27]

---

26) 『한나 아렌트의 정치 강의』, 이진우, 휴머니스트, 2019, p.9·36. [사유하지 않음, 이것이 바로 악이다!]
하이데거의 제자이자 (상당기간 동안의) 연인이기도 했던 한나 아렌트(Hannah Arendt, 독일 출생 유대인 철학자, 1906~1975)는 아돌프 아이히만(Otto Adolf Eichmann, 1906~1962) 재판(1961)에서 '악의 평범성'에 분노했다. 아렌트는 "자기 생각 없이 남의 생각대로 산 것과 타인의 고통에 대해 무관심한 것이 큰 죄다"고 했다.(p.9)
전체주의 정권은 거대한 역사의 주체가 된다는 허위의식을 심어줌으로써 개인을 제거하고, 새로운 시작을 할 수 있는 자유의 능력을 파괴한다. 다양한 사람을 '한 사람(One Man)'으로 만드는 것은 전체주의적이다. 새롭게 시작할 수 있는 능력을 제거하는 것은 전체주의적이다. 다양한 사람이 논의하고 토론하며 소통할 수 있는 공간을 파괴하는 것은 전체주의적이다. 이것이 바로 전체주의를 하나의 운동으로 파악한 한나 아렌트가 우리에게 주는 경고이다.(p.36)
{다음의 자료들을 참조하기 바란다.(이상준)
책 『전체주의의 기원(The Origins of Totalitarianism)』, 한나 아렌트, 1951.
책 『인간의 조건(The Human Condition)』, 한나 아렌트, 1958.
책 『예루살렘의 아이히만: 악의 평범성에 대한 보고(Eichmann in Jerusalem: A Report on the Banality of Evil)』, 한나 아렌트, 1963.
영화 『아이히만 쇼(The Eichmann Show)』, 폴 앤드류 윌리엄스 감독, 2015 영국, 2017.3.1. 한국 개봉.
한나 아렌트에게 '전체주의'란 나치 독일에 의해 시행된 인종적 제국주의와 러시아처럼 이데올로기와 테러를 활용하여 총체적 지배를 이루는 체제를 말한다. '전체주의' 체제는 비밀경찰을 이용해 주민들을 징발하고, 숨어 있는 적을 색출하고, 반대파를 추적하고 제거했던 것을 넘어 총체적 지배를 향해 나아갔다는 점에서 단순한 독재와 다르다. 총체적 지배란 한 개인의 외부세계와 내면세계의 모든 것을 철저하게 총체적으로 지배하는 것을 말한다. 그 수단은 이데올로기와 테러였다. 엘리트 집단은 이데올로기를 만들어 대중에게 주입했고, 정부는 절대적 공포를 구현하는 수용소를 만들었다.}
27) 『한국일보』, 2015.1.6. 〈'유대인 대학살'이 묻는다… 악은 평범한가 특별한가〉(김선욱 숭실대 교수·철학)
책 『예루살렘 이전의 아이히만(Eichmann Before Jerusalem, 2001 독일)』, 베티아 스탕네트, 2014(영어판).
이 책은 아이히만과 관련된 위와 같은 아렌트의 명성에 직격탄을 날려 세계적인 화제를 모았다. 스탕네트에 따르면 아이히만은 재판정에서 사형을 받지 않기 위해 가면을 쓰고 혼신의 힘을 다해 연기를 했다. 그 연기가 진보성향의 지식인 박노자(朴露子, 1973~) 교수는 〈'도덕'은 지배의 위장술인가〉란 제목의 글에서 양반문화의 흐름이 오늘의 대한민국에까지 이어지고 있음을 지적했다. 또한 박 교수는 〈박물관에 가기 싫어진 까닭〉이란 제목의 글에서 박물관들이 과거 치욕의 역사 등을 가급적 숨겨버리고 찬양일색으로 교육시키는 문제에 대해, "'박제'된 과거의 이미지를 시키는 대로 학습한다"고 꼬집기도 했다.[28]

　　실패해 죽음을 피하지는 못했지만, 적어도 아렌트는 그 연기에 속아 넘어갔다는 것이다.(김선욱: 「예루살렘의 아이히만」, 번역자)

28) 『당신들의 대한민국(2)』, 박노자, 한겨레출판사, 2006, p.42, 218~219.
〈'도덕'은 지배의 위장술인가〉
15세기에 도덕군자를 자임하고 있었던 조선의 지배자들은 총인구의 약 1/3을 노비로 부리고 있었고 그 노비를 살상하는 경우에도 법적 책임을 거의 면하곤 했었다. 도덕의 수사(修辭)가 폭력과 관습에 의거한 폭압적인 지배의 현실을 호도하여 합리화한 것이었다. '도덕'과 '순결'의 수사로 정당화돼 있는 억압적 신분제의 전통을 현재까지 나름대로 변화시켜 이어받은 셈이다.(p.42.)
〈박물관에 가기 싫어진 까닭〉
각종 박물관의 주된 고객인 견학 학생들은 단순히 '과거'를 배우는 것이 아니라 지배층의 뜻에 맞춘 국가주의적 방향으로 박제된 과거의 이미지를 시키는 대로 학습한다는 사실이다. 그럼 학생들이 보고 외워야 할 과거의 모습이란 어떤 것일까?
첫째, 견학생들에게 국가적 소속감을 주입해야 하므로 박물관 전시에서는 '우리'와 '남'을 철저하게 구분한다. 전시용 유물들은 '우리 것' 위주로 골라지고 '남의 것'들은 비록 '우리'와 연관돼 있다 하더라도 철저하게 따로 처리된다.
둘째, '우리' 국가가 진선미의 화신으로 인식돼야 하는 만큼 박물관이 만들어서 보여주는 '우리'의 과거는 마냥 아름답기만 하다. 보기 좋은 청자·백자·산수화·예복 등은 박물관의 제한된 공간에서 하나로 어우러져 보는 이의 미의식을 자극해 '우리'의 역사를 허물없이 예쁘게만 보이게 한다. 그러나 그 어느 계급사회도 아름답고 자랑스러운 과거만을 가질 수는 없으며 한국도 예외는 아니다. 지폐에까지 모습을 보이는 율곡·퇴계가 실은 수많은 노비를 부리면서 살았던 귀족 계통의 고관현직들이라는 것, 그들이 살았던 시대에는 사대부가 노비를 때려죽여도 처벌받는 일은 거의 없었다는 것도 가르치고 함께 토론해보는 교육을 한다면, 군대·학교·가정을 비롯한 사회의 여러 부문에 아직 만연해 있는 폭력이 줄어들 수 있지 않을까?
셋째, 외세 침략과 같은 외부적 모순들은 박물관의 전시에 반영되지만 '우리' 역사의 내부적 모순들은 주로 은폐된다. 즉 박물관은 비판의식을 가르치지 않는다.(p.218~219)
{이상준: 박노자 교수는 러시아 상트페테르부르크 태생으로 2001년 한국으로 귀화했다. 스승 미하일 박 교수의 성을 따르고, 러시아의 아들이라는 뜻의 '노자(露子)'를 붙여 박노자가 됐다. 상트페테르부르크 대학교 조선학과를 졸업하고 모스크바 대학교에서 '가야사 연구'로 박사학위를 받았으며 현재 노르웨이 오슬로 대학교 한국학 교수로 재직 중이다. 『당신들의 대한민국(1~3)』(한겨레출판, 2001·2006·2009) 『길들이기와 편가르기를 넘어』(푸른역사, 2009) 『거꾸로 보는 고대사』(한겨레출판, 2010) 『비굴의 시대: 침몰하는 대한민국 우리는 무엇을 할 것인가?』(한겨레출판, 2014) 『주식회사 대한민국: 헬조선에서 민란이 일어나지 않는 이유』(한겨레출판, 2016) 등의 책을 저술했다.}

억울하지 않은가, 각색된 지식이 마치 사실인 양 믿었던 것 말이다. 비판적 의식 없이 그저 전문가들이나 학자들이 하는 말이라고, TV·신문이나 강연 혹은 책에서 다룬 내용이라고 무턱대고 믿을 경우에는 조롱당하게 되는 게 지식이다(속으로는 권력의 눈치만 보면서 겉으로는 잘난 체하는 지식인을 일컫는 '지배받는 지배자'[29] [30] 또는 '지식 소매상'[31]이라는 명구까지 존재한다). 일례

29) 『지배받는 지배자』, 김종영, 돌베개, 2015, p.20~23.
　　 프랑스 사회학자 피에르 부르디외(Pierre Bourdieu, 1930~2002)가 '지배받는 지배자'라는 말로 압축했듯이, 공인회계사·변호사·교수·박사 등 각 분야의 전문 지식인들은 해당 분야에서는 지배자의 위치에 있으나, 재벌과 돈 앞에서는 자본의 지배를 받는 노예가 되어 자본가들의 배를 불려주기 위해 편법수단까지 동원하며 혼신의 노력을 하고 있다.

30) 『아틀라스의 발: 포스트식민 상황에서 부르디외 읽기』, 이상길, 문학과지성사, 2018, p.202~203.

31) 『엘리트 독식사회(Winners Take All: The Elite Charade of Changing the World, 2018)』 아난드 기리다라다스(Anand Giridharadas: 「타임」 논설주간, 1981~), 생각의힘, 2019, p.145, 151~152, 169.
　　 외교정책의 연구자인 대니얼 드레즈너(Daniel Drezner, 「국제정치이론과 좀비(Theories of international politics and zombies, 2011)」 등 저술, 1968~)는 『아이디어 산업(The Ideas Industry)』(2017)에서 "(현대는) 지식 소매상에게는 호시절이지만 공공지식인에게는 최악의 시절"이라고 선언했다. 이 논문은 불평등이 모든 것을 압도하는 시대에 사고의 작용이 어떻게 왜곡되는지에 관한 학문적인 설명이자 1인칭 시점의 서술이다.
　　 드레즈너는 두 종류의 구별되는 지식인을 정의하는 일부터 시작한다. 이들은 중요한 관념을 발전시키면서도 광범위한 청중에게 호소하려는 욕망을 공통적으로 가지고 있다.
　　 두 유형 중 첫 번째, 사멸하는 유형이 '공공지식인'(public intellectuals)으로 드레즈너는 이들을 폭넓은 '비판자(critic)'이자 권력의 적이라고 묘사한다. 예를 들어 이들은 아마도 '시장, 사회 또는 국가로부터 거리를 두고 있을 것'이며 '임금님이 벌거숭이라고 지적하는 일'을 의무로서 자랑스럽게 여긴다. 수전 손택(Susan Sontag, 미국 소설가·수필가, 1933~2004, 71세), 고어 비달(Gore Vidal, 미국 소설가, 1925~2012) 등이 공공지식인이다.
　　 두 번째, 떠오르는 유형이 '지식 소매상'(thought leader)으로 이들은 최근 지적 생산에 꽤 많은 후원을 하는 대부호들과 어울리고는 한다. 지식 소매상들은 '한 가지 엄청난 것을 알고 있고 자신들의 중요한 아이디어가 세상을 바꿀 것이라고 믿는 경향'이 있다고 드레즈너는 말한다. 이들은 희망을 주는 이야기를 하는 낙관주의자다. 이들은 권력을 심하게 다루지 않는다. 출세지향적인 '지식 소매상'은 대부호들과 어울리며 지금과 같은 사회질서를 유지하는 데 도움을 주는 정당화 이론을 제공한다. 이들은 테드(TED) 강연을 하고 다보스, 선밸리, 아스펜, 빌더버그, 다이얼로그 등의 콘퍼런스와 세련되고 화려한 서밋에 초대받는다. 지식상들은 엘리트가 불편하지 않게, 가해자로 지목받지 않도록 주의를 기울이면서 희생자에 초점을 맞춘다. 약자의 눈물과 지원에 집중하는 대신 문제의 원인을 은폐해 분노를 억제하도록 한 것이다. 『전설의 금융가문 로스차일드(The House of Rothschild, 1998)』, 『시빌라이제이션(Civilization, 2011)』 등의 저자인 니얼 퍼거슨(Niall Ferguson, 하버드대학교 역사학과 교수, 1964~), 『프레즌스(Presence, 2015): 위대한 도전을 완성하는 최고의 나를 찾아서』의 저자 에이미 커디 (Amy Cuddy, 하버드대학교 심리학과 교수, 1972~), 『블링크: 첫 2초의 힘(BLINK: The Power of Thinking without Thinking, 2005)』, 『아웃라이어(Outliers, 2008)』 등의 저자인 말콤 글래드웰(Malcolm Gladwell, 전 「워싱턴포스트」 기자, 1963~) 등이 대표적인 지식 소매상이며 빌 클린턴 전 미국 대통령도 '지식 소매상들의 세계적인 족장'로서 마켓월드에 포섭되었다고 못 박는다.

로 국내에서 접하는 세계의 소식은 서구 주류 매체들의 기사를 번역하여 소개하기에도 시간이 촉박하다는 이유 등으로 무비판적으로 제공되기 일쑤다. 그리고 독자는 곧이곧대로 믿고 온전히 흡수돼버린다. 그 결과 우리의 뇌 속에는 '기독교 세력=착함 또는 정의, 이슬람 세력=나쁨 또는 악의 온상'으로 각인돼버렸다. 과연 그럴까? 왜곡된 지식을 아는 것은 아예 모르는 것보다 훨씬 더 위험하다. '반풍수 집안 망친다' '선무당이 사람 잡는다'는 속담과 일맥상통하는 것이다. '몰입'의 대가 칙센트미하이(1934~)는 그의 저서 『몰입의 즐거움』(1997)에서 "복잡성을 억눌러서 자꾸 단순한 것으로 토막 내는 게 악마의 주특기다"는 말을 강조하고 있다.[32] 다양한 사고를 하는 것을 막고 생각을 편협하게 하도록 만드는 게 바로 악마와 같다는 말이다. 하는 수 없다. 각자 자신이 '악마의 저주'에서 벗어나야 한다.

저명한 정치사상가인 프랜시스 후쿠야마(Francis Fukuyama, 1952~)는 「역사의 종말(The End of History)」이라는 유명한 논문(1989) 및 저서(1992)에서 1990년대 초 소비에트 사회주의가 붕괴하자 이제 인류에게 남은 유일한 가치 있는 정치체제는 서구식 (자유)민주주의라고 주장했다. 그러나 실제로 21세기로 넘어오면서 그 민주주의가 세계 전역에서 쇠퇴일로를 걷는 모습을 보게 되자 민주주의의 쇠퇴 원인을 규명하기 위해서 『정치 질서의 기원(The

---

공공지식인은 책이나 잡지 지면에서 서로 논쟁을 벌인다. 반면, 지식 소매상은 주로 TED 강연을 하는데, 여기에는 비판이나 반박의 여지가 거의 없으며 시스템의 변화보다는 희망에 찬 해결책이 강조된다. 공공지식인들은 승자들에게 진정한 위협감을 준다. 반면, 지식 소매상은 '혼돈, 자기역량 강화, 사업가적인 능력'을 부르짖으면서 승자의 가치를 홍보한다.

32) 「몰입의 즐거움(Finding Flow, 1997)」, 칙센트미하이, 해냄출판사, 2010, p.194.
생명의 흐름과 개인을 갈라놓는 것은 과거와 자아에 연연하고, 타성이 주는 안일함에 매달리는 태도다. 악마를 뜻하는 'Devil'이란 단어의 어원에서도 그 점을 확인할 수 있다. 'Devil'은 '떼어내다' '동강내다'란 뜻을 가진 그리스어 'Diabollein'에서 온 말이다. 복잡성을 억눌러서 자꾸 단순한 것으로 토막 내는 게 악마의 주특기다.

Origins of Political Order)』(2011)을 썼다. 이 책들 속에서 그는 "안정되고 평화롭고 번영하는" 국가사회를 위해서는 법치와 함께 무엇보다 공정성에 기반을 둔 책임정치가 필요하다고 역설한다. 그리고 그러한 정치를 설명하는 과정에서, 8세기에 일부 이슬람 국가들에서 행해졌던 특이한 정치적 관행을 주목한다. 즉, 그 국가들에서는 일부러 국외에서 노예들을 수입하여 그들에게 정치를 맡겼다는 것이다.[33] 그렇게 한 것은, 외래객인 노예들에게는 아무런 사적인 연고도 이해관계도 있을 수 없으므로, 그들에 의한 정치는 그야말로 공정할 수 있다고 보았기 때문이다. 즉, 비록 노예일지라도 '지배받는 지배자'나 '지식 소매상'에서 벗어날 수 있는 독립성을 중시한 것이다.

이 책의 주제는 '역사를 통해 현실을 직시하자'이다. 과거의 아픈 역사를 알기만 하자는 것도 아니고, 과거의 아픈 역사를 되돌아보며 눈물만 흘리자는 것도 아니다. 과거 역사를 반면교사로 삼아 앞으로 나아갈 올바른 판단을 하자는 것이다. 어쩌면 현재의 역사가 더 중요할지도 모른다. 역사인식뿐만 아니라 현실인식에 대한 차이가 얼마나 엄청난지를 우리나라 군사력에 대한 사례를 통해 알아보자.

미국의 군사력평가기관 글로벌파이어파워(Global Fire Power, GFP)[34]에서 집계하는 국가별 군사력 순위에서, 2015~2017년 기준으로 미국이 줄곧 1위, 일본 7위, 한국 11위, 북한은 25위 전후이다. 이 발표는 그렇다 치고 2014년과

---

33) 『정치 질서의 기원(The Origins of Political Order, 2011)』 프랜시스 후쿠야마, 웅진지식하우스, 2012. p.223~. 제13장 '무슬림 사회, 노예를 활용해 부족사회에서 벗어나다' 참조.

34) GFP는 2003년부터 매년 55개 이상의 지표를 이용해 군사력 순위를 발표하고 있는데, 미국 의회도서관(US Library of Congress) 및 미국 중앙정보부(CIA)의 자료를 바탕으로 업데이트되어 어느 정도의 공신력을 인정받고 있다.

2018년 기준으로는 한국이 7위였고 일본은 8위(2014년은 9위)였다.[35] 수긍이 되는가?

한국의 군사력 순위에 대한 완전히 상반된 두 견해를 보면 이렇다.

견해 1: 핵무기가 빠진 군사력 순위는 무의미하다는 견해다. "GFP 순위가 핵무기를 제외한 순위라는 점을 알아야 한다. 핵폭탄을 보유하지 못한 국가의 군비 지출, 보유 장비, 병력 수가 아무리 뛰어나더라도 결국 실전에서는 핵을 보유한 군대가 절대적인 우위를 차지할 수밖에 없다. 즉, 핵폭탄을 고려하지 않은 군사력 순위는 의미가 없다고 보아야 하는 것이다."[36]

견해 2: 핵무기가 빠져 있지만 세계 7위의 군사력은 대단하다는 견해다. "GFP는 **'핵무기처럼 사실상 사용하기 어려운 비대칭전력은 제외'**하고 인구, 병사 수, 가용인력, 경제력, 국방비 등 55개 이상의 지표를 이용해 순위를 정한다. 군사력은 숫자만으로 단순하게 비교하기 힘들고 지정학적 요소도 감안해야 하기 때문에 이 평가가 실제 전력과는 차이가 있을 수 있다. 그럼에도 북한이 23위에서 18위로 뛰어오른 것을 감안하면 어떤 나라도 남북한을 가볍게 볼 수는 없다. 행여 이 지역에서 무력을 사용하려 한다면 화약고에 불을 지르는 것처럼 그들 자신도 치명상을 각오해야 할 일이다."[37]

어떤 견해가 맞을까? 나는 두 가지 측면에서 '견해 2'에 대한 모순점을 지적하고자 한다.

첫째, 핵무기를 제외한 GFP의 순위를 강조한 후(전단), 한반도의 군사력이

35) 여러 매체 2016.4.13. 및 2015.10.8. 등 참조.
36) 「워싱턴에서는 한국이 보이지 않는다」 최중경(한국공인회계사회 회장, 전 지식경제부 장관), 한국경제신문사, 2016, p.128~130.
37) 「우리가 모르는 대한민국」 장대환(매경미디어그룹 회장), 매일경제신문사, 2019, p.34.

엄청나다는 사실의 증거로는 '남북한'을 합하여 제시하고 있다(후단)는 점이다. 핵무기 없이는 진정한 군사력을 설명할 수가 없어서 북한을 끼워 넣을 수밖에 없었는지도 모르겠다.

그런데 대통령이나 정치인, 군사학자나 언론인 등 왜 모든 한국인들이 '한반도 비핵화'를 외쳐대고 있는 것일까? '핵'의 중요성을 너무나 잘 알고 있지만, 혹시 미국을 위시한 기존 핵보유국들에게 몰매를 맞을까 봐 그런 건 아닐까. 내심은 그렇지 않길 바랄 뿐이다. 그렇다고 하여 시도 때도 없이 북한의 비핵화에 목숨 거는 것처럼 느껴지는 것은 왜일까. 북한정권이 핵무기를 개발한 이유가 그들 자손도 다 죽어나갈 수밖에 없는 핵무기를 이 한반도에서 터트리기 위해서일까. '힘의 원리'만이 통하는 국제무대에서 당당하게 설 수 있는 최고의 대안이기 때문이 아니겠는가.

둘째, 군사력의 핵심인 '핵'을 제외한 군사력 순위를 가지고 장황하게 설명하는 점이다. '핵'을 제외한 나머지만 가지고 군사력을 논한다는 자체가 어불성설이다. 물론 한국인에게 자긍심을 불어넣기 위해서는 그럴 수밖에 없을지는 모르겠지만, 오히려 처절하더라도 우리의 한계를 냉철하게 지적하는 것이 옳다. 위정자뿐만 아니라 온 국민들도 당연히 상황파악을 올바로 해야만 진정한 발전을 이룰 수 있는 게 아니겠는가! 자칫 잘못하면 말장난에 온 국민이 놀아날 수도 있는 것이다.

강대국들이 핵무기, 핵 항공모함, 핵 잠수함 등 '핵'에 목숨 거는 이유가 무엇 때문일까. 세계 최강대국인 미국이 군사력 20위권밖에 되지 않는 북한에 대해 '협박'과 '달래기'에 매달리는 이유가 왜일까. 바로 '핵무기' 아니겠는가. 이 중요한 '핵개발'을 고집하다가 고 박정희 대통령이 살해됐다는 설(미국배후설)도

상당하다.[38) 39)] 전두환은 5·18 광주혁명 당시 수천 명[40)]의 국민들만 죽인 게 아니라 미국에게서 군사정부를 승인받는 대가로 대한민국의 핵 주권마저 완전 포기하여, 대한민국은 미국의 영원한 시녀노릇밖에 할 수 없는 처지로 전락했고,[41) 42)] 핵무기를 가진 동북아시아 주변국들의 눈치를 보기만 하는 나약하고 예쁜(?) 그러나 힘은 없는 '토끼'가 돼버렸다. 가장 중요한 핵을 빼고 더 무슨 말을 할 수 있단 말인가.[43)]

---

38) 『108가지 결정: 한국인의 운명을 바꾼 역사적 선택』 함규진 편저, 페이퍼로드, 2008, p.414~420. 참조.

39) 소설가 김진명(부산 출생, 한국외국어대학교 법학과 졸업, 1958~)는 '한민족의 주체성과 자주성'에 초점을 맞춰 '팩션(fact와 fiction의 합성어, 역사적 실제 사건을 소설화한 것) 성격의 소설을 주로 쓴다. 그는 '사드'나 핵무기 개발과 관련한 한미 간의 갈등을 다룬 현대사의 픽션도 몇 편 썼다. 그는 '소설 제조기'라 불릴 만큼 많은 소설을 써내고 있다. 특히, 김진명의 첫 소설 『무궁화꽃이 피었습니다』(1993)에서는 한국의 핵물리학자 이용후 박사(실존인물은 이휘소 박사, 42세에 의문의 교통사고로 사망, 1935~1977)와 박정희 대통령의 죽음의 배후에 한국의 핵무기 개발을 저지하려는 미국이 있다는 것이다.(이 박사의 가족은 소설 내용이 사실과 다르다면서 김진명 작가를 명예훼손 혐의로 고소를 하였다. 여기에도 미국의 압력이 작용한 건 아닐까?) 또한 이 소설에서는 1999년 일본이 독도를 침공한 (소설 속 가상의) 상황에서 결국 일본을 후퇴하게 한 결정적인 요인은 미국의 중재가 아니라, 남북한 최고지도자가 만나 한민족의 공조 차원에서 북한의 핵무기를 사용하기로 한 작전 때문이었다. 김진명의 또 다른 소설 『한반도』(1999)에서 보면, 미국은 자국의 무기수출 등 이해관계 때문에 군축을 막으려는 거대한 세력으로 묘사되고 있고, 1979년 10·26 사건으로 박정희 대통령이 사망한 사건은 박정희 대통령이 부르짖은 '자주 국방'의 구호와 무관하지 않음을 시사하고 있다.

40) 4천 명 이상이 군인들의 총칼에 희생된 것으로 알려지고 있으나 여전히 사망자·실종자 수 등이 정확히 파악되지 않고 있다. 이에 문재인 정부가 들어선 지 10개월 만에 '5·18 민주화운동 진상규명을 위한 조사위원회법'이 국회를 통과했고(2018.2.28.), 9월 14일부터 특별조사위원회가 출범토록 했다. 특별법에 따르면 조사위의 활동 기간은 2년이며, 1년 이내의 범위에서 연장할 수 있다.
조사위원은 상임위원 3명을 포함하여 9명으로 구성하되 국회의장 추천 1명, 여당 추천 4명, 야당 추천 4명(이 중 제1야당인 자유한국당 몫은 3명)이다. 그러나 자유한국당은 4개월 동안 시간을 질질 끌다가 2019.1.14. '극우'로 알려진 3인(권태오·이동욱·차기환)을 추천하였다. 이에 더불어민주당뿐만 아니라 5·18 민주화운동 관련단체와 언론 등이 "자유한국당, 끝내 '광주를 모독했다"며 다시 강력하게 문제를 제기했다. 청와대도 권태오·이동욱 씨에 대해서 강력하게 이의를 제기했다.

41) 『우리도 핵을 갖자: 핵 없는 대한민국, 북한의 인질 된다』 송대성, 기파랑, 2016, p.166~167.

42) 『백곰, 하늘로 솟아오르다: 박정희 대통령의 핵개발 비화』 심융택, 기파랑, 2013, p.371~380.
전두환 정권이 우리의 핵무기 개발을 사실상 포기한 지 10년이 지난 1991년 11월 8일, 노태우 정권은 드디어 우리나라 핵주권의 공식 포기를 발표했다. 이른바 '한반도 비핵화 선언'이다.

43) 『세계패권전쟁과 신한반도 책략』 서양원·윤상환, 매경출판, 2019, p.269.
구한말 나라를 빼앗겼던 사례는 한 나라가 국제사회에서 독립국가로 당당하게 서려면 어떤 적과도 대적하고 스스로를 지킬 수 있는 자주국방 능력을 길러야 함을 시사한다. 군사력 측면에서 아무리 재래식 무기를 많이 보유하고 있더라도 전략적 핵무기 하나를 당하기 어렵다. 핵폭탄 하나에 모든 것이 쑥대밭이 될 수 있으니까 말이다. 어떤 비핵국가도 핵보유국을 대상으로 쉽게 도발하기 어려운 '핵 억지력'이 작동되고 있는 것이 냉엄

북한의 핵무기는 전쟁을 일으키기 위한 것이 아니라 북한 체제를 유지하기 위한 것이다. 핵도발이니, 남한을 불바다로 만든다느니 하는 것은 단지 엄포일 뿐이다. 그동안 한국의 정치인들은 북핵 위험을 과장하여 철저히 정치적으로 이용했으며, 어느 순간 국민들의 머릿속에 북핵은 엄청난 공포로 각인돼버린 것이다. 통일이 되면 북한의 핵무기는 결국 통일 한국의 핵무기가 될 것이다. 북한의 핵무기와 한국의 발달한 산업이 결합하면 통일 한반도는 동아시아 무대에서 실력 국가로서의 위치를 공고히 다질 수 있을 것이다. 미국 하버드대학교 교수였고 정치학자인 새뮤얼 헌팅턴은 책 『문명의 충돌(1993·1996)』[44]에서 "다수의 한국인들은 북한의 핵무기를 한민족의 핵무기로 이해하고 있다"고 썼다. 미래학자인 앨빈 토플러도 책 『부의 미래(2006)』[45]에서 "일부 사람들은 (남북통일이 되면) 북한이 양국의 결혼에 핵무기를 예물로 들고 올 수 있으니 (한국은) 오히려 기뻐해야 한다는 의견이 있다"고까지 말했다. 국제안보·군사전략 전문가로서 현실주의의 대표적인 학자인 존 J. 미어셰이머 시카고대 교수 또한 저서 『강대국 국제정치의 비극』(2001·2014)[46]에서 '공격적 현실주의'를 강조하며 '힘(power)'이란 핵심적 개념에 초점을 맞추고 있다. 그는 아시아의 핵전쟁에 대해 이렇게 썼다. "아시아에서의 전쟁이 우발적인 핵전쟁으로 확전될 가능성은 항상 존재한다. 그러므로 만약 한국이 국가안보를 유지하려면 동맹구조, 세력균형, 강대국의 행동, 핵무기 등의 길고 어려운 문제들에 대해 심

한 현실이다.

44) 『문명의 충돌(The Clash of Civilizations and the Remaking of World Order, 1993·1996)』 새뮤얼 헌팅턴, 김영사, 1997, p.254.

45) 『부의 미래(Revolutionary Wealth, 2006)』 앨빈 토플러, 청림출판, 2006, p.493.

46) 『강대국 국제정치의 비극: 미중 패권경쟁의 시대(The Tragedy of Great Power Politics, 2001·2014)』 존 J. 미어셰이머, 김앤김북스, 2017, p.27·204·527.

사숙고하는 방법밖에는 없을 것이다." 그는 또 핵무기가 가진 전쟁억제력에 대해서는 이렇게 주장한다. "바다는 지상군의 투사능력을 제한하고, 핵무기는 강대국 지상군의 충돌 가능성을 낮춘다는 점을 고려한다면, 아마도 제일 평화로운 세상은 모든 강대국들이 바다를 사이에 두고 떨어져 있으면서 생존 가능한 핵무기를 갖추고 있는 세상일 것이다."

단테는 『신곡』(1321)에서 "지옥의 가장 뜨거운 자리는 도덕적 위기의 시기에 중립을 지킨 자들로 예약되어 있다"고 일갈했다.[47] 베다, 우파니샤드와 함께 인도의 3대 경전 중 하나로서 인도의 정신을 대변하는 최고의 경전인 『바가바드 기타(Bhagavad Gita)』에서도 "행동하라!"고 외친다.[48] 아닌 것은 아니라고 당당하게 말할 수 있는 사람이 참된 지식인이리라! 비교는 불행의 씨앗이지만, 한편으로는 성장의 동력이다. '햇빛'에 가려진 '달빛', 즉 이면비사(裏面祕史)가 불편한 감정을 야기할 수는 있지만, 양지뿐만 아니라 그림자도 반드시 알아야 타산지석으로 삼을 수 있다. 창업할 경우 성공한 사례보다 망한 사례를 더 많이 공부해야 실패를 줄일 수 있듯이 말이다. 이제 균형 잡힌 지식을 향한 길로 들어서보자.

---

47) 『책으로 치유하는 시간』, 김세라, 보아스, 2019, p.122~123.
　　{저자 보충: 원문은 이렇다. "The hottest places in hell are reserved for those who in periods of moral crisis maintain their neutrality."
　　단테의 「신곡」, 「지옥」 편에는 이렇게 서술되어 있다.
　　"선생님! 이곳의 고통은 위대한 심판과 함께 더 줄어들까요, 더 세차게 타오를까요. 아니면 그냥 이렇게 남을까요?"(105행)
　　"네가 배운 것을 잊었구나. 기쁨이든 고통이든 모든 것은 완전하면 완전할수록 더 뚜렷한 법이다."(108행)
　　"저주받은 이 무리는 결코 진정한 완전을 누릴 수 없으며, 지금보다 더 나은 것을 기대할 수 없을 것이다."(111행) – 「신곡」, 「지옥」 편, 민음사, 박상진 역, 2007, p.65~66.}
48) 『바가바드 기타(Bhagavad Gita)』, 잭 홀리, 체온365, 2007, p.49~51.

은둔의 역사는 망각돼 버렸고

양지의 역사만 부각돼 있다

제1편
우리나라

제 1 장

세종대왕

1. 조선의 태양 세종대왕

양력 1397년 5월 15일(음력 4월 10일)은 세종대왕(世宗大王, 1397~1450 향년 53세)의 탄신일이다. 1963년 5월 26일에 청소년적십자 중앙학생협의회 (JRC)에서 5월 26일을 스승의 날로 정하고 사은행사(謝恩行事)를 하였으며, 1965년부터는 세종대왕 탄신일인 5월 15일로 변경하여 각급 학교 및 교직단 체가 주관이 되어 행사를 실시해왔다. 가히 세종은 우리나라 역사상 가장 위대 한 왕이었으며 그 훌륭함은 하늘을 찌른다. 세종은 수많은 위인전에 등장하는 대표선수이자 누구도 감히 비난할 수 없는 완벽한 인물이다. 일례로 다음과 같 은 칭송이 주류를 이룬다.

"세종은 경전뿐 아니라 조선의 악기, 음악 정비, 음운학, 한글 창제, 국방과 과학에 관한 수많은 책을 읽었다. 조선의 5백 년 역사는 그의 독서력 위에 세 워졌다고 해도 과언이 아니다. 우리 역사를 통틀어 가장 위대한 왕, 가장 열심 히 노력하고 부지런히 일한 왕, 수많은 업적과 귀중한 발명품을 후손들에게 선물로 남긴 왕이 바로 세종이다. 그 업적은 바로 방대한 독서력 덕분이었다.”[1]

세종은 뛰어난 두뇌의 소유자이자 엄청난 노력파였다. 이에 더해 솔선수범의 모범을 토대로 하여 장영실 같은 훌륭한 재목을 알아보는 탁월한 리더십까지 겸비했다. 이를 통한 기초 위에서 전 분야를 아우르는 발명과 발전을 이룩할 수 있었음은 두말할 필요가 없는 사실이다. 하지만 그렇다고 하여 세종이 결점이 전혀 없는 완벽한 인물은 아니었다. 조심스럽게 찬양일색의 세종 치켜세우기에서 한 발을 빼고 냉철하게 분석한 아래와 같은 글도 가끔씩 등장하고 있다.

“서양의 르네상스가 일어나기 500년 전인 10세기부터 바그다드를 중심으로 이슬람에 의한 르네상스가 시작되어 과학 등 모든 분야에 현저한 발전이 있었으며, 이 지식을 근간으로 하여 15세기에 유럽의 르네상스가 가능하였고, 조선시대 세종 때 만들어진 측우기·혼천의·자격루 등 과학적 산물도 그 근간은 페르시아를 기원으로 한 것이다. 우리나라 음력의 효시가 되는 『칠정산(七政算)』은 세종 때 이순지·김담 등이 만들었지만 그 원리는 페르시아에서 가져온 것이었다. 물론 이들 페르시아의 선진 문물과 기술에 눈을 뜰 수 있었던 것도 세종의 다방면에 걸친 엄청난 독서력 때문에 가능했다.”[2]

“세종대왕은 인자한 군주가 아니었다. 왕의 가마가 부러졌다고 과학자 장영실에게 곤장을 때려 내쫓았고,[3] 사소한 연애 사건을 일으켰다는 이유로 궁녀

---

1) 『다산의 독서전략』, 권영식, 글라이더, 2012, p.125.

2) 2014.7.25. 이희수 한양대 교수 특강

3) 영화 「천문: 하늘에 묻는다」, 허준호 감독, 최민식·한석규 주연, 2019.12.26. 개봉
   관노로 태어나 종3품 대호군이 된 천재 과학자 장영실과 세종대왕의 신뢰를 그린 영화다. 조선의 독자적인 시계, 측우기, 밤하늘 별자리 등을 만들어 중국 명나라를 거역하게 되는 상황에서 장영실이 명나라로 압송되는 것을 막기 위해 왕의 가마가 부러지는 자작극을 꾸며 결국 장영실을 구한다는 점을 암시하고 있다.

34

를 처형했다. 두만강 6진 지역을 우리 영토로 만들 목적으로 강력한 강제이주 정책을 시행해 백성을 괴롭히기도 했다. 세종대왕이 과연 '위대한 군주'였는지에 대해서는 얼마든지 다툴 수 있다. 그러나 한글을 창제, 반포한 것이 '위대한 일'이었다는 것은 다툴 여지가 없다. 나는 세종대왕이 '인류 역사를 통틀어 가장 위대한 일을 한 군주'라고 생각한다."[4]

2. 한글 창제

(1)한글의 우수성

영국 리즈대학 음성언어학과 제프리 샘슨(Geoffrey Sampson) 교수는 자신이 지은 『세계의 문자 체계(Writing System)』(1985)라는 책에서 "한글은 의문의 여지없이 인류가 만든 가장 위대한 지적 산물 중의 하나임에 틀림없다"고 밝히고 있다. 이를 15세기의 역사적 상황에 비춰본다면 한글이야말로 15세기에 인류가 만들어낸 가장 위대한 지적 산물이자 15세기 조선 문화의 정수라고 할 수 있다.[5]

세종대왕과 집현전 학자들이 만든 글자는 참으로 명료했다. 때문에 한글이 반포될 당시 "지혜로운 사람이면 아침나절이 다 지나기 전에 배울 수 있을 것이고, 어리석은 자라고 해도 열흘이면 익히는 데 충분할 것"이라는 말까지 나

4) 『유시민의 글쓰기 특강』, 유시민, 생각의길, 2015, p.274.
5) 『국경을 넘은 한국사: 왜 한국사는 세계사인가?』, 안형환, 김영사, 2015, p.222.

왔다. 훗날 연산군은 새로 창제된 글자가 자신을 비방하는 벽서에 사용된다는 사실을 알고서 한글 사용을 금지하고자 했으나 이미 널리 보급되어 불가능한 일이었다.[6]

한글은 IT 환경에서도 최고의 효율을 자랑한다. 휴대폰자판이든 컴퓨터자판이든 한글 입력이 영어보다 2배 이상 빠르다. 2007년 4월에 뉴욕에서 '휴대전화 문자 빨리 보내기 대회'가 열렸다. 이 대회 결과 한글이 영어보다 2배보다 더 빨랐다. 그 이유는 한글의 과학성에 있다. 영어는 알파벳이 26개이고, 한글은 자음 14개(모음 5개 별도)이다. 양손으로 입력하므로 모음은 크게 영향을 주지 못한다. 따라서 영어 알파벳 26개와 한글 알파벳 14개를 단순비교하면 된다. 이는 자판 글자의 개수가 줄어들며 그만큼 편리하고 빨라지는 것이다.[7]

중국어와 비교할 때 IT에서 한글의 우수성은 더 빛난다. 타자 칠 때, 중국인들은 한자를 알파벳으로 친 후 다시 한자를 검색한다. 우리보다 3~5배 느리다. 알파벳은 음운문자일 뿐이지만, 한글은 음운문자이면서 음절문자이다. 여기에 한글의 독창성이 있는 것이다. 한글타자는 영문타자보다 2~3배 빠르다.[8]

최준식 이화여대 교수는 〈찬란한 한국문화의 근원, 문기(文氣)와 신기(神氣)〉라는 글에서 한글의 독창성을 이렇게 강조한다. 한글은 집현전(현재 경복궁 수정전)에서 세종대왕이 비밀리에 만들었다. 한글은 다음과 같은 세 가지 측면에서 특출하다. 첫째, 어느 날 갑자기 생겨난 문자다. 둘째, 창제 일자와 만든 사람이 알려져 있다. 셋째, 창제 원리와 과정이 상세히 기록되어 있다.[9]

---

6) 「기적을 이룬 나라, 기쁨을 잃은 나라(KOREA, The Impossible Country, 2012)」 다니엘 튜더, 문학동네, 2013, p.53.

7) SBS뉴스 2007.10.9. 〈한국인은 문자 보내기 선수? 한글에 숨은 과학〉 장세만 기자

8) 「철학콘서트(2)」, 황광우, 웅진지식하우스, 2009, p.167~188.

9) 최준식 이화여대 교수, 2015.5.22. 특강

(2)한글 창제

훈민정음이 만들어지기 이전에도 우리나라에는 사람들이 사용하는 말이 있었고, 그 말을 기록하는 문자도 있었다. 하지만 그 기록들은 대부분 우리말 기록이 아닌 한문이거나 한자를 빌려 쓴 우리말 기록이었기 때문에 소통이 잘 되지 않았다. 세종 이전의 글자생활은 대략 다음과 같다. 첫째, 향가(鄕歌)의 표기방식이다. 둘째, 이두(吏讀)문자이다. 이두는 신라의 설총(655~?)이 만든 한자의 차자표기법이다. 셋째, 한문에 토를 다는 방법으로 사람이름 또는 지명을 한자로 바꾼다든가 하는 방식으로 우리말을 한자로 표기했다. 이처럼 여러 방법을 통해 우리말을 한자로 적어 보았으나 역시 답답하기는 마찬가지였다. 특히 한자를 모르는 무지렁이 백성들에게는 그조차도 접근이 불가능한 상황이었다. 바로 이런 답답한 상황을 극복하기 위해서 세종은 정음이라는 새로운 문자를 창제한 것이다. 이에 대한 최만리의 반대 상소와 세종의 반론이 흥미롭다. 세종은 "언문은 백성을 편리하게 하려 한 것이다"라는 논조로 반론하여 그 근거를 이렇게 들었다. 첫째, 훈민정음의 우수성, 둘째, 세종 자신의 역사적 소명감, 셋째, 백성의 계몽을 통한 풍속 교화이다.[10]

한글 예찬론자인 『총, 균, 쇠』의 저자 재레드 다이아몬드는 한글을 아이디어 확산을 통해 창조한 문자로 보고 있다. 1446년(1443년에 창제) 세종대왕이 고안한 한글 자모는 중국 글자의 네모꼴 모양과 티베트 승려들의 문자 또는 몽골 문자의 알파벳 원리에서 자극을 받아 만들어진 것이 분명하다. 그러나 세종대왕은 자음과 모음의 형태는 물론이고 한글 자모에만 있는 몇 가지 독특한 특징

---

10) 『세종처럼』, 박현모, 미다스북스, 2012, p.276~297.

들도 새로 발명했다. 예를 들면 몇 개의 자음과 모음을 네모칸 속에 묶어 음절을 만들고 소리가 서로 관련되어 있는 자음과 모음을 나타내는 글자는 그 형태도 서로 관련되도록 만들었다. 또한 자음 글자들의 형태는 각각 그 자음을 발음할 때 나타나는 혀나 입술모양을 본떴던 것이다. 한글은 완전히 독립적으로 고립상태에서 발명된 것이 아니다. 문자를 소유한 사회와 밀접하게 접촉하고 있었으며 외부의 어떤 문자에서 자극을 받았는지도 명확하기 때문이다. 그와 대조적으로 수메르의 설형문자와 최초의 중앙아시아 문자는 독립적으로 발명된 것이 분명하다.[11]

그리고 김주원 서울대 언어학과 교수는 한글이 파스파문자를 일부 모방하였지만 그 독창성이 독보적임을 다음과 같이 썼다.

【티베트 승려 파스파(八思巴, 1235~1280, 속명은 Lodoi Jaltsan)가 원나라 세조(世祖, 쿠빌라이 칸)의 명령으로 티베트문자를 모방하여 만든 글자가 파스파문자이다.[12] 글자

---

11) 『총, 균, 쇠(Guns, Germs, and Steel, 1997)』(한글 초판 1998, 한글용 수정판 2005) 재레드 다이아몬드, 2005, 문학과사상사, p.334~335.
『총, 균, 쇠』의 저자 재레드 다이아몬드 교수는 인류의 역사 발전 과정과 대륙 또는 지역 간의 발전 속도, 그리고 특징을 바로 '총, 균, 쇠'라는 3가지 핵심 요소로 설명했다. 특별한 연관성이 없어 보이는 이 3가지의 키워드를 내세워 인류의 역사를 새롭게 분석한 것이다. 민족마다 역사가 다르게 진행된 것은 각 민족의 생물학적 차이 때문이 아니라, 바로 지리적·환경적 차이 때문이라는 그의 주장은 수긍할 수밖에 없는 분명한 관점들이 제시되었다. 이 책은 2012~2013년 2년 연속 서울대학교 도서관 대출도서 1위였다.

12) 『황하에서 천산까지』 김호동, 사계절, 2011, p.39~41.
티베트가 원나라의 영향권에 들어간 것은 쿠빌라이 시대였다. 쿠빌라이가 티베트 출신의 라마승 팍파(파스파·八思巴)를 처음 만난 것은 1253년이다. 그는 당시 19세인 이 젊은 승려에게서 깊은 감화를 받고 제국 영토 내의 모든 종교에 대한 감독권을 부여하였다.
팍파는 쿠빌라이의 부탁을 받고 새로운 문자를 만들어주기도 했다. 그의 이름에 따라 '팍파 문자(파스파 문자)'라고 하며, 그 모양이 네모꼴로 생겼다고 해서 '네모 문자'라고도 부른다. 그 전까지 몽골인은 위구르인들이 사용하던 문자를 빌려서 사용했는데, 쿠빌라이는 전 세계를 호령하게 된 몽골들 스스로 고유한 문자를 가질 필요가 있다고 생각하여 문자를 만들도록 한 것이다. 그는 이 문자를 '國字'라고 명명하고 모든 공용문서에 사용토록 했다.
그런데 이 문자들 가운데 어떤 것은 한글과 매우 흡사한 것이 있어 놀랍다. 우리의 한글이 만들어질 때, 외국의 여러 문자를 참고로 했는데 그중 하나가 이 팍파 문자라는 주장이 강하게 제기되기도 했다.

모양이 사각형이므로 '사각문자'라고도 불린다. 1269년에 공포되어 공문서나 비석문 등에 사용되었으며 1368년 원의 멸망으로 더 이상 사용하지 않았다. 훈민정음과 파스파문자는 완전히 다르며 훈민정음은 독창적으로 창제된 글자이다. 그 이유는 다음과 같다.

첫째, 훈민정음이나 파스파문자처럼 사각 모양을 지향하는 글자는 결국 수평선·수직선·사선 등을 기본 재료로 하여 만들기 때문에 닮은 모양이 있는 것은 지극히 당연하다. 로마자에서도 E·H·I·L·O·T 등은 한글과 매우 흡사하지 않은가?

둘째, 이 세상의 모든 글자는 이미 있는 글자를 변용해서 사용하는 것이 일반적인데, 그럴 경우 원래의 글자와 채택한 글자 사이에는 강한 연관성이 있게 마련이다. 가령 글자의 모양과 체계, 운용 원리 등이 연관되어 있을 것이다. 티베트문자와 파스파문자는 그러한 공통점이 선명하게 드러난다. 그러나 훈민정음과 파스파문자 간에는 그러한 관계가 전혀 드러나지 않는다. 글자들의 음가도 전혀 다르다.

셋째, 글자를 만든 원리 또한 근본적으로 다르다. 발음기관 상형이나 가획의 원리 등은 훈민정음 외에는 어디에서도 찾아볼 수가 없다. 파스파문자에서 일컬어지는 이합·삼합·사합 등의 용어는 낱글자를 합쳐서 음절을 만든다는 원리인데 훈민정음처럼 초성-중성-종성의 체계적인 합침과는 거리가 멀다. 단지 시간적인 순서에 따라 위에서 아래 방향으로 나란히 배열할 뿐이다.

사실 파스파문자와의 유사성을 주장한 기존의 글에서도 부분적인 유사성이 있음을 주장했을 뿐이지 전면적으로 모방을 했다거나 답습을 했다는 주장은 본 적이 없다. 근래에 이러한 점에서 가장 많이 알려진 개리 레드야드(Gari Ledyard, 컬럼비아대학교) 교수도 그의 박사 학위논문(1965)에서 일부분 닮은 것은 사실이지만 훈민정음은 독창적으로 창제된 글자임을 인정하고 있다. 그렇다고 훈민정음 창제가 완전히 무(無)에서 이루어졌다는 것을 주장하는 것은 아니다. 훈민정음의 창제 과정에는 중국 성운학 이론의 영향이 있었고, 모음자를 따로 표기한 파스파문자를 보고서 중성의 개념을 생각해 내었을 가능성도 충분하다. 세종은 새로운 글자를 만들기 위해 당시까지 구할 수 있는 모든 글자를 구해서 참고했을 것이며, 구할 수 있는 모든 서적을 숙지하고 있었을 것이기 때문이다. 따라서 훈민정음은 문명 발달사에서 기존 체계를 받아들이고, 이를 창조적으로 변용했다는 점에서 지극히 자연스러운 것이다.][13) 14) 15)

그런데 갑오개혁(1894년 7월~1896년 2월) 이전까지는 식자층에서는 주로 한문과 중국어를 많이 사용했고, 부녀자나 어린이들만 언문(言文, 즉 한글)을 사용했다. 여행과 글쓰기로 평생을 살았던 영국 여성 비숍(Isabella Bird Bishop, 1831~1904)은 1894년 2월부터 1897년까지 네 차례에 걸쳐 우리나

---

13) 『훈민정음: 사진과 기록으로 읽는 한글의 역사』 김주원, 민음사, 2013, p.247~251.

14) 영화 「나랏말싸미」(조철현 감독, 송강호·박해일·전미선 주연, 2019.7.24. 개봉) 역사왜곡 논란
한글창제의 과정을 담은 영화 「나랏말싸미」가 개봉되자마자 역사왜곡에 휩싸였다. 한글창제의 기치를 내건 것은 세종(송강호 분)이지만 구체적으로 한글을 만든 주역은 신미(박해일 분) 스님이었다는 줄거리다. 이에 대해 국어학계와 역사학계는 혹독한 비판을 쏟아냈다.
그러나 영화의 내용과 일맥상통하는 책 2권이 영화 개봉일에 출간되어 화제다. 정광(고려대 국어국문학과) 명예교수의 『동아시아 여러 문자와 한글: 한글 창제의 비밀을 밝히다』(지식산업사, 2019.7.29.)와 이송원(영화 「사도」, 「나랏말싸미」 시나리오 작가)의 『나랏말싸미·맹가노니』(문예출판사, 2019.8.8.)가 그것이다.
정광 교수는 이 책에서 훈민정음이 한자의 음을 표기하는 '발음기호'로 창제됐고, 한글 창제에 불교계 학승들이 가장 큰 도움을 줬다고 주장해 논란을 일으켰다. 그는 한 발 더 나아가 "세종 25년(1443) 제정한 훈민정음 17자는 모두 자음이고, 여기에 신미 스님이 인도 산스크리트 문자에 의거해 만든 모음 11자를 추가해 한글 28자를 완성했다"(p.185·371)고 주장한다.

15) 『매일신문』, 2019.12.5. 〈중국 홍무정운 '반절' 원리, 훈민정음에 음운학적 영향〉 고도현 기자
한편, 한글 창제에 중국 운서(한자의 운을 분류해 배열한 서적)인 『홍무정운』(중국 명나라 태조 홍무8년 1375년 발간)의 반절법이 이용됐다는 주장이 기록된 고서(300쪽 분량)가 경북 상주에서 발견돼 또 다른 논란이 예상된다. 창제 주체 역시 세종대왕이 아니라 여러 신하들이 한글을 만든 것으로 기록돼 있다.
고서에 등장하는 한글과 관련된 부분은 본조군신작훈정음(本朝群臣作訓正音)이란 문구다. 群(군) 자가 임금이 아닌 무리 '군' 자로 풀이하면 정음(한글)은 여러 신하들이 지었다는 뜻이다.
지금까지 알려진 사료나 해례에서 나타나는 여러 정황을 볼 때 세종이 직접 한글을 창제한 것으로 추정됐으나 이 책에선 세종을 빼고 신하들이 만들었다고만 적고 있다. 그간 알려진 바로는 세종과 집현전 학사들이 한글을 만들었다. 이 고서에서 나오는 여러 신하들이 집현전 학사인지는 표현돼 있지 않다.
임노직 한국국학진흥원 자료부장은 "누가 지었는지는 알 수 없지만 동려라는 표지와 함께 이 같은 내용을 담은 비슷한 고서의 필사본이 경기도 성남에 있는 한국학중앙연구원에 소장돼 있는 것으로 확인됐다"고 전했다.
이 고서는 아이러니하게도 한글 창제의 원리를 담고 있는 『훈민정음 해례본』(상주본) 소장자인 배익기 씨가 갖고 있다.

라를 방문하여 주로 극동에 머물면서 장기 체류를 했다. 그녀가 1897년에 쓴 『조선과 그 이웃나라들』에서 외국인의 눈에 비친 당시의 사회상을 엿볼 수 있는데, 특히 한글 사용에 관한 내용은 다음과 같다.

【조선의 언어는 혼합되어 있다. 식자층은 대화에서 가능한 한 중국어를 많이 사용하며 보고서의 모든 문자는 한문으로 되어 있는데 그것은 천년 전의 중국 고어의 형태여서 중국에서 현재 사용되는 중국어와는 발음이 완전히 다르다. 조선의 글자인 언문은 한문 교육을 고집하는 지식층으로부터 무시되고 있다. 조선 사람들은 동아시아에서 유일하게 자신의 문자를 가지고 있다는 점에서 다른 민족과 구별된다. 몇 백 년 전부터 중국어로 씌어져 왔던 『관보』(Official Gazette)는 1895년 1월 1일부터 주요한 단어는 한자로 쓰고 일본의 가나처럼 음절마다 언문을 쓰게 되었다. 이런 조치가 있기 이전에는 오로지 부녀자나 어린이들만이 언문을 사용했다.

그 후 독립과 개혁에 관한 국왕의 선언이 한자, 순수한 언문, 그리고 혼합 문자로 반포되는 혁신이 일어났으며 최근에는 포고령과 공문서 『관보』가 언문으로 발표되고 있다. 다만 왕명이나 외교문서는 여전히 지난날의 형태를 고집하고 있다. 공식적 수단으로서의 국한문 혼용을 승인하고, 몇 가지의 경우에는 한글만 쓰기로 하고, 공무원의 적성을 시험하기 위한 과거(科擧)에서 한자시험을 폐지하고 새로운 신문인 「독립신문」에 '저속한'(?) 한글만 전용하고, 외국 선교사 단체에서 한글의 우월성을 인정하고 교재와 언문문학을 서서히 한글로 편집함으로써 국민 정서를 강화시켰을 뿐만 아니라 서구 과학과 사상의 형태와 접촉을 통하여 자신의 문자로 독서할 수 있는 '대중(大衆)'을 발생시켰다.】[16]

---

16) 『조선과 그 이웃나라들(Korea and Her Neighbours, 1897)』 I. B. 비숍/신복룡 역주, 집문당, 2000, p.31.

3. 세종은 과연 성군인가?

세종을 성군으로 받드는 현상은 21세기 오늘날에도 여전하다. 그러나 세종은 노비제를 확립했고, 기생제를 창출했고, 사대주의 국가체제를 정비했음을 들어 나는 그에 대한 의문을 표한다. 과연 성공했는지는 독자 여러분이 판단할 몫이다.[17]

또 배한철 기자는 세종의 돌출행동과 황희 정승에 대하여 '야사집'을 인용하여 다음과 같이 썼다.

【[세종의 돌출행동: 과음과 유교 맹신]

한글을 창제하고 과학기술을 발전시키고 유교 정치의 기틀을 마련한 세종대왕은 우리 역사상 독보적 성군으로 꼽힌다. 그런 세종대왕이 밖으로 돌아다니길 좋아해 한 달 이상 대궐을 비우기가 일쑤였고 대궐 밖에서는 사람을 알아보지 못할 정도로 술에 취하는 날이 많았다는 게 사실일까? 고전은 왕들의 전혀 다른 모습도 전한다.

선조 때 문신인 박동량(1569~1635)이 쓴 야사집 『기재잡기』는 다음과 같이 전한다. "내(박동량) 일찍이 세종 때 주서(승정원의 정7품 벼슬)의 사초(실록 편찬의 자료가 되는 기록)를 보니, 상감께서 친히 양성(안성), 진위(평택), 용인, 여주, 이천, 광주까지 사냥을 다녔는데 때로는 한 달이 지나서야 돌아오셨다가 이튿날 또 떠나곤 했다. 길가의 시골 백성들이 더러는 푸른 참외를 드리기도 하고 보리밥을 드리기도 하였다. 그러면 (상감께서는) 반드시 술과 음식으로 답례하였다."

---

17) 「세종은 과연 성군인가」, 이영훈, 백년동안, 2019, p.8~9.

세종대왕 일행은 흥에 취해서 자주 과음했다. 사초 앞에 6명의 대언(代言, 승지)과 2명의 주서는 이름을 쓰지 않고 성만 써놓았다. 좌대언(左代言, 좌승지) 밑에 진한 먹으로 "종일토록 취해 누워서 인사불성이니 우습도다"라는 글씨를 크게 써 놓았다. 또 『기재잡기』는 그러면서 "푸른 참외와 보리밥이면 (농번기인) 봄가을인데 정상적으로 사냥할 때가 아니며, 중요한 정무를 맡은 승지가 취해서 일을 폐해서는 안 된다. 아무리 태평성대라지만 군신 간에 서로 지킬 것은 지켜야 할 것"이라고 비판했다.

김택영의 역사서 『한사경』은 성군인 세종대왕이 고루한 유교만 떠받들었을 뿐, 내세울 업적이 없다고 폄훼한다. "하지만 (태종이 시행한) 서얼금지법을 풀지 못했고 군포법을 부활시킬 수도 없었다. 문무를 함께 양성하고 농상(農商)을 일으키지도 못했다. 지금 세종이 남긴 업적은 유술(儒術)을 숭상하고 빈유(貧儒)를 편하게 한 것에 불과할 따름이다. 이것은 모두 고루하고 고식적인 황희와 허조 같은 무리가 잘못한 까닭이다. 황희와 허조는 혁혁한 사업이 없고 옛 제도만 삼가 지켰을 뿐이다."(p.28~30)

[서거정의 『필원잡기』(1487)에서 황희 비판과 칭찬]

'청백리'로 알려진 세종대의 명재상 황희(1363~1452)는 사실 뇌물을 밝혔다. 하지만 성품이 지극히 관대해 조정의 조정자로서 능력을 인정받아 30년이나 정승의 자리에 있었다. 서거정의 『필원잡기』에 따르면 황희는 자신의 집에서도 성격이 너그러워 아들과 손자는 물론 종의 자식들이 울부짖고 장난을 치면서 떠들어도 꾸짖지 않았다. 자신의 수염을 잡아 뽑고 뺨을 때려도 화내는 법이 없었다. 한번은 사람들과 집안일을 의논하면서 책에다 이를 써내려가고 있는데 종의 아이가 그 위에 오줌을 누는 일도 발생했다. 하지만 늘 그렇듯 노여워하지 않고 손으로 오줌을 닦아낼 뿐이었다.(p.72~74)】[18]

---

18) 『역사, 선비의 서재에 들다』 배한철, 생각정거장, 2019

4. 영릉 명당자리의 묘를 이장시키고 빼앗은 세종

TV조선은 역사 깊은 지역의 땅을 직접 밟고 그곳에 얽힌 이야기를 읽어내는 '박종인의 땅의 역사'를 설 특집으로 방송(2018년 2월 18일 오전 11시 50분, '성군(聖君) 세종의 뒷이야기')했다.

세종이 잠든 영릉은 명당 중의 명당으로 불린다. 본래 왕릉은 한양에서 100리(약 40km) 내에 있는 것이 원칙. 그런데 영릉은 한양에서 200리나 떨어진 여주 땅에 있다. 원래 땅 주인도 세종이 아닌 한산 이씨와 광주 이씨다. 세종이 묻힌 영릉은 본래 문열공 이계전(대제학, 한산 이씨)의 묘가 있었던 명당인데, 이 묘를 이장시키고 영릉을 꾸민 것이다(이 인근에 영의정을 지낸 광주 이씨 이인손의 묘도 이장된 것은 물론이다). 과연 성군으로 알려진 세종이 왜 당대 두 명문거족을 몰아내면서까지 천하의 명당자리를 차지한 것일까? 바로 왕조의 수명이 100년 더 연장된다는 이유 때문이었다. 과연 이로 인해 조선은 100년이 더 연장된 것일까?

한편, 아들을 18명이나 두었던 세종은 며느리도 자그마치 37명이었다. 그중 타의 추종을 불허하는 질투심(상대 여성의 신발을 태우고, 뱀의 정액을 묻힌 천을 소지하는 등 주술 행각까지 벌였다)으로 결국 왕실에서 쫓겨난 휘빈 김씨, 동성애를 탐하다 쫓겨난 순빈 봉씨(이상 첫째 문종의 아내), 내시와 시조카를 사랑한 소용 박씨(둘째 세조의 아내) 등 못 말리는 며느리들로 인해 골머리를 앓아야 했던 시아버지 세종대왕의 고민이 공개됐다.[19]

---

19) 「조선일보」 2018.2.14. TV조선 '땅의 역사 스페셜', 윤수정 기자

제2장

명성황후와 고종

1. 내가 조선의 국모다(?)

을미사변(1895년 8월 20일, 양력은 10월 8일)으로 일본의 총칼에 희생된 명성황후는 드라마와 뮤지컬[1]로 제작되면서 비운의 국모를 그렸기에 일제에 의해 희생된 조국의 의인처럼 인식되고 있다. 특히 드라마 속 다음 명대사는 명성황후 민비를 마치 나라를 위해 끝까지 결연히 싸우다 전사한 영웅으로 만들어버렸다. "내가 조선의 국모다. 내 비록 너희들 칼날에 쓰러지지만 지하에서 두 눈으로 네 놈들을 지켜볼 것이다."

그러나 명성황후나 고종의 실상은 의인이기는커녕 무당이나 역술가에게 빠져든 나약하고 우유부단한 졸장이었다.

---

1) 「명성황후(THE LAST EMPRESS)」(1995년)(Acom International 제작)
　조수미가 부른 〈나 가거든〉은 별도의 뮤직비디오이며, 드라마나 뮤지컬에 삽입된 곡이 아니다.

2. 밤의 여왕 신령군(神靈君)

1948년 8월 1일 간행된 잡지 「개벽(開闢)」 제79호에서는 〈한말 정국의 이면비사(裏面秘史)〉를 특집으로 다뤘다. 8월 15일 정부 수립을 앞둔 시점에서 구한말의 실패를 반면교사로 삼자는 취지였다. 특집에 수록된 항목 중 '밤의 여왕 신령군(神靈君)'이라는 내용은 참 특이하다. 명성황후가 미혹된 '밤의 여왕 신령군'이 밤의 여왕이 되고 나아가 조선 말엽의 실정을 대표하는 인물이 되기까지 사연이 많았다. 충주 출신인 신령군은 성이 박(朴)이고 이름이 창렬(昌烈)로서 가난한 농사꾼의 딸이었다. 젊어서 남편을 잃은 박씨는 먹고살기 위해 무당이 됐다. 그녀의 몸주신(무당의 몸에 실려서 점을 봐주는 신)은 관우(關雲) 장군, 즉 관왕이었다. 젊고 예쁜 데다 말주변까지 뛰어난 무당 박씨는 점을 치거나 굿을 하면서 수많은 단골을 확보했다. 이런 무당 박씨에게 꿈같은 일이 벌어졌다. 충주 장호원에서 명성황후를 만났던 것이다(명성황후의 여종을 통해). 명성황후뿐만 아니라 고종도 관우 장군의 영혼에 미혹됐다. 그러나 결과적으로 볼 때 신령군은 명성황후의 수호 신령이 아니었다. 1894년 청일전쟁에서 일본이 승리한 후, 황후와 고종은 사실상 일본의 포로가 됐다. 그 와중에 신령군은 혹세무민의 죄목으로 투옥됐다. 뿐만 아니라 1895년에 황후는 일본 낭인들에게 처참한 죽임을 당했다. 그렇다면 당시 황후의 진정한 수호신 신령은 무엇이었을까? 왜 그렇게 됐을까? 그 이유를 「개벽」 제79호에 실린 '밤의 여왕 신령군'에서는 자기의 갈 길과 걸어가야 할 길을 오직 운명에만 맡겨버리는 어리석음 때문이라고 했다. 결단력이 부족한 고종황제도 명성황후가 죽은 후 늘 무당이나 역술가에게 빠져들었다고 한다. 고종은 개혁 군주는커녕

계몽 군주도 되지 못하는 인물이었다.[2]

그 잡신을 믿은 결과는 일본의 칼에 맞아 죽는 비명횡사였다. 그녀의 남편 고종황제도 무당이나 역술가에게 빠져 있었다고 전해진다.

3. 민비는 사치와 향락으로 국고를 거덜냈고, 국정농단의 극치였다

민비는 총명하고 영리했지만 본인의 능력으로 정치적 술수 꾸미기만을 일삼았으며, 친정 오라버니 민승호를 비롯한 민씨 일파로 조정을 가득 채웠다. 그리고 온갖 사치와 향락을 일삼고, 무속인들을 궁중으로 끌어들여 연일 굿판을 벌이는 통에 결국 왕실의 창고인 내탕고가 텅 비게 되었다. 민비가 권력을 잡은 이후 벼슬자리를 팔고 과거를 파는 풍조가 만연하여 대원군 집권 시기와는 다른 시대 같았다. 이러한 민비에 대한 부정적인 시각은 1895년 을미사변에 대한 『매천야록』의 다음 기록에서 절정에 이른다. "왕후는 기민하고 권모술수가 많았는데 정치에 관여한 20년 동안 점차 망국에 이르게 하더니 마침내는 천고에 없던 변을 당하게 된 것이다."[3]

이들의 농단으로 나라는 기울어져버렸고 결국 1910년 8월 29일 경술국치(한일병합)를 당하게 된다. 무능한 지도자들 탓에 오히려 매천 황현을 비롯한

2) 「조선왕조 스캔들: 조선을 뒤흔든 왕실의 23가지 비극」, 신명호, 생각정거장, 2016, p.320~335.
3) 「매천 황현을 만나다」, 이은철, 심미안, 2010, p.111~112.
매천(梅泉) 황현(黃玹, 전라도 광양 출생, 구례에서 성장, 황희 정승의 후손, 1855~양력 1910.9.7. 경술국치에 분개하여 음독자살)의 「오하기문(梧下記聞)」(이는 그의 주저 「매천야록(梅泉野錄)」의 저본 역할을 했다)에 신령군에 대한 구체적인 내용이 실려 있다.

대쪽 같은 선비들이 줄줄이 목숨을 버렸다.[4]

4. 민비가 죽은 지 5일 만에 상궁을 들인 고종, 며느리와 간통한 이완용

　고종 32년(1895) 명성황후가 일본 자객에게 시해당하는 전대미문의 사변이 일어났다. 대궐 밖에는 사건이 있기 며칠 전부터 명성황후를 죽이려는 음모가 있다는 소문이 퍼졌다. 명성황후가 불안해하자 정병하는 "신에게 방비책이 있으니 조금도 의심하고 근심할 것이 없다"고 안심시켰다. 그러나 정병하는 이미 일본 측에 붙어 있었다. 황현이 쓴 『매천야록』에 의하면, 정병하는 사건 당일 대궐에 숙직을 하면서 낭인들이 궐내로 침입했을 때, 왕실을 보호하기 위한 것이라고 속여 달아나지 못하도록 했다. 결국 명성황후는 일본 낭인들에게 끌려나왔고 자신이 양녀로 데리고 있던 고무라에게 "살려달라"고 애걸하다가 죽었다. 황현은 "민비가 기지가 있고 영리하며 권모술수가 풍부해 정사에 관여한 지 20년 만에 나라를 망쳤다. 이로 인해 천고에 없던 변을 당하고 말았다"고 개탄했다.

　이때 고종의 심정은 어땠을까. 억누를 수 없는 큰 슬픔에 젖었을 것 같지만,

---

4) 「이별에도 예의가 필요하다」, 김선주, 한겨레, 2010, p.65.
　황현 선생은 1864년부터 1910년까지 47년의 역사를 편년체로 기록한 『매천야록』을 남겼다. 왕조 말 외세의 침입 앞에 개화와 척사가 갈등하고, 왕조는 부패하고, 민중이 항거하고, 급기야는 한일병합에 이르는 망국의 세월이 소상하게 기록되어 있다. 그는 합방령이 마을에 반포되자 그날 밤에 아편을 먹고 자결했다.(한일병합은 1910년 8월 22일 조인되어 29일부터 발효되는 것이었다. 매천 황현은 조인 16일 만인 9월 7일 자결했던 것이다. 향년 55세!) 그는 네 수의 시(절명시)를 남겼는데, 그 가운데 이런 구절이 있다.
　"내 일찍이 나라를 버티는 일에 서까래 하나 놓은 공도 없었다. 가을 등불 아래 책 덮고 지난 역사 생각해보니 인간 세상에 지식인 노릇 하기가 어렵기만 하구나."
　망국을 지켜보아야 했던 지식인의 무력감과 비통함이 가슴을 저미게 한다. 황현 선생의 시구를 되새길 때마다 우리 시대의 지식인들이 너무 쉽게 살고 있다는 생각을 하게 된다.

사건 이후 그가 가장 먼저 한 일은 옛 애첩을 대궐로 불러들이는 것이었다. 그는 명성황후에 의해 출궁당했던 상궁 엄씨를 그녀가 죽은 지 불과 5일 만에 데려왔다. 엄씨가 대궐로 들어오자 사람들은 모두 고종이 명성황후의 죽음을 슬퍼하지 않는다며 한스럽게 생각했다. 입궁한 엄씨는 왕의 총애를 독차지하고 정사에 관여해 뇌물 챙기기에 급급했으니 그 정도가 명성황후에 못지않았다.

명성황후의 외척으로 민씨 가문의 우두머리였던 민겸호의 탐욕과 임오군란 이후 최후를 맞는 과정도 적나라하게 적혀 있다. 임오군란 당시 반란군들은 민겸호를 첫 번째 처단 대상으로 삼고 집을 습격했는데 창고에서 진귀한 물건이 산더미처럼 나왔다. 이를 마당에 쏟아놓고 불을 지르자 비단·주옥·패물들이 타면서 오색 불꽃이 나타났고, 인삼·녹용·사향노루가 타면서 나는 향기가 수 리 밖에서도 맡을 수 있었다. 민겸호는 대궐로 도주했지만 곧 반란군에 붙잡힌다. 반란군을 따라온 흥선대원군을 쳐다보며 "좀 살려주시오"라고 간청했지만, 흥선대원군은 쓴웃음을 지으며 "내 어찌 대감을 살릴 수 있겠소"라고 했다. 말이 채 끝나기도 전에 반란군이 달려들어 총칼로 민겸호를 난도질했다.

민겸호의 시체는 민씨 일파인 김보현의 시체와 함께 궁궐 인근 개천에 수일 동안 버려졌다. 황현은 "살이 물에 불어서 하얗고 흐느적거렸으며 고기를 썰어놓은 것 같기도 했다"고 전했다.

고종을 협박해 을사늑약 체결과 서명을 주도한 이완용은 자신의 가정도 파탄에 이르게 한다. 그는 며느리와 간통했다. 이완용의 아들 이명구는 정미칠적(1907년 7월에 체결된 한일신협약 조인에 찬성한 내각 대신 7인) 중 한 명인 임선준의 조카딸과 결혼했다. 이명구가 일본에 유학을 간 사이 이완용은 며느리 임씨를 겁탈했다. 귀국한 이명구가 내실에 들어갔다가 이완용과 자신의 부인이 함께 누워 있는 것을 보고 "집과 나라가 모두 망했으니 살아서 뭣하겠는가"라며 스스로 목숨을 끊었다. 이완용은 그 후 세간의 지탄을 아랑곳하지 않고 며느리를 첩으로 삼았다.

나라가 어지러울수록 당하는 자는 늘 힘없는 백성이고 그중에서도 아이들의 희생이 가장 크다. 고종 19년(1882) 청나라 사람들이 임오군란을 진압하기 위해 원병 왔다가 장안에 걸식하던 어린이들을 붙잡아 중국에 팔아 넘겼다. 그 수는 1년 만에 수천·수만이나 됐다. 서양인들은 더 많은 아이들을 데려갔다. 『매천야록』은 "서양 사람들은 영아원을 설치해 버려진 아이들을 보호하며 기른다고 빙자하면서 대대를 편성해 배에 가득 싣고 떠나갔다"며 "이것은 청나라 사람에 비해 거의 갑절이나 됐다"고 고발했다. 이렇게 자기 의사와 무관하게 낯선 외국으로 끌려갔던 아이들은 이후 타국에서 어떤 삶을 살았을까.[5]

5. 중앙집권제의 굴레, 그리고 대한제국 황제의 허실

1897년 10월 조선의 고종은 독립협회와 친러파의 건의를 받아들여 대한제국을 수립하고 자신은 황제가 된다. 고려 초기의 광종 이래 9백여 년 만에 황제가 부활하는 순간이다. 광무라는 연호까지 제정하고 중국과 대등한 제국을 표방했으니 얼핏 보면 자주적인 자세인 듯싶지만 실상은 그렇지 않다.

당시 조선에 탐욕을 보이던 러시아와 일본 등 제국주의 열강이 일제히 환영하고 나선 것부터가 좋지 않은 조짐이다. 그들이 과연 순수한 마음으로 대한제국을 환영했을까? 물론 아니다. 조선을 집어삼키려면 중국과 조선의 전통적

---

5) 『역사, 선비의 서재에 들다』 배한철, 생각정거장, 2019, p.410~413.

인 사대관계부터 끊어야 했는데, 마침 고종이 자기 손으로 해결해준 것이다. 적에게 잡아먹히기 전에 목욕재계를 한 셈이랄까?

어쨌든 거기까지는 좋다. 중국으로부터의 독립은 어차피 언젠가는 이뤘어야 할 과제였고 주체 노선은 양면의 칼이므로 잘만 쓰면 득이 될 수도 있다. 하지만 고종은 개혁 군주는커녕 계몽 군주도 되지 못하는 인물이었다. 1898년 독립협회가 만민공동회에서 얻은 민중의 지지를 바탕으로 의회를 설립하려 하자 고종은 그만 꼭지가 돌아버린다. 제국이라고 해서 의회가 없는 것이 아니다. 당시 독일과 일본은 공식적으로 제국 체제를 취했으나 의회가 있었다. 그러나 고종은 그런 허수아비 의회조차도 인정하고 싶지 않았다.

개화파가 주도하는 정국에서 소외되는 분위기에 겁을 먹은 친러파의 꼬드김이 주효했던 것도 사실이다. 하지만 결정권자이자 책임자는 어디까지나 조선의 오너인 고종이다. 입헌군주제를 부정하는 무리가 의회를 구성한다면 자신은 바지저고리가 될 게 뻔하다고 여긴 고종은 개혁 세력의 지원으로 얻은 황제로서의 권한을 오히려 개혁 세력의 탄압에 써먹는다. 1898년 11월 그는 독립협회를 해산하고 간부들을 체포하라는 명을 내렸다. 최초의 의회가 구성될 기회가 사라져버린 것이다.

물론 그때 의회가 수립되었다 해도 우리 역사가 크게 달라지지는 않았을 가능성이 크다. 결국 일본은 이빨을 드러냈을 테고 한반도는 일본에 병합되었을 것이다. 하지만 같은 병합이라도 과정이 중요하다. 만약 의회가 수립되었다면 국가의 주인이 바뀐다. 비록 군주가 존재하기는 하지만 의회가 국민을 대표해 국가의 주요 정책을 입안하고 결정하는 역할을 하므로 최소한 절반은 국민주권인 셈이다.

그렇다면 몇 년 뒤인 1905년에 일본이 을사늑약을 그렇게 쉽게 체결할 수 있었을까? 국민주권이 제도로서 존재하기 때문에 을사5적(대한제국의 주요 대신들 중 을사늑약에 찬성한 이완용·이지용·박제순·이근택·권중현)만 움직인다고 되는 것도 아니고 고종이 옥새만 찍는다고 되는 것도 아니다.

의회가 있으면 소유권이 분산되어 있다는 것이므로 적의 침략을 당했을 때 쉽게 무너지지 않는다. 단일한 소유권이 큰 힘을 발휘하던 시대는 지났다. 국가든 기업이든, 정치든 경제든 마찬가지다. 사회주의의 허울 아래 고대 제국과 같은 체제를 견지하고 있는 북한이나, 오너 일가가 모든 경영권을 장악하고 세습까지 시키는 남한의 재벌 기업들은 과거의 중앙집권제를 고수했던 동양 세계가 어떤 위기를 겪었는지 모르는 걸까?[6]

제 3 장

제주 4·3 항쟁과 이승만

1. 대한민국 유일의 세계 자연유산, 제주도

'제주 화산섬과 용암동굴'은 유네스코에 등재된(2007) 대한민국의 유일한
세계 자연유산이다. 세계 자연유산이 1건밖에 없어 서운해 할지는 모르겠으나
이것도 평균은 된다. 전 세계 200여 개 나라 중에 213개이니 평균 1국에 1개이
고, 게다가 우리는 국토도 좁지 않은가. 유네스코 세계유산 중 '자연유산'은 그
수가 많지 않다. 전 세계적으로 볼 때 '자연유산'은 '문화유산'의 25%(213/869)
에도 못 미친다.[1] 2007년 세계유산(자연유산)에 제주도를 등재시키기 위해 제
주시를 중심으로 많은 예산을 쏟아 넣으며 유네스코에 엄청난 전화 공세를 펴

---

1) 〈한국의 유네스코 유산 관련 등재 요약표〉 (2019년 12월 31일 기준)

대 구분	중 구분	건수(한국/세계)	비 고
세계유산:	자연유산	1/213	제주도 화산섬과 용암동굴(2007년) 1건
	문화유산	13/869	석굴암과 불국사, 해인사 장경판전, 한국의 서원(9곳) 등
	복합유산	0/ 39	
	(합계)	14/1,121	
인류무형문화유산		20/429	농악, 줄타기, 줄다리기, 씨름 등
세계기록유산		16/432	「훈민정음(해례본)」, 「팔만대장경판」등

부었다. 우리나라에서 세계유산 중 자연유산으로는 유일하게 등재됐으니 일단은 작전성공이었다. 한편으로 자랑스럽기는 하다. 그러나 돈과 힘이 가장 크게 작용하는 유네스코에 그렇게까지 해서 등재한 일이 과연 옳았을까?

아무튼 제주도는 한국 최고의 휴양지다. 이를 반영하듯 국내 신혼여행지 1순위이며, 중국인들에게 인기 있는 관광지다. 하지만 제주도는 근대사에서 아픈 역사를 품고 있다. 바로 '제주 4·3 항쟁'이다. 우리가 늘 아픈 역사에 젖어 비통해할 것까지는 없지만, 이를 모르거나 무시하고 희희낙락하고 말 사안은 더더욱 아니다. 자성과 숙연의 시간도 필요한 것이다.

민주투사였다가 작가로 활동하고 있는 이산하(1960~)가 〈한국 현대사 앞에서 우리는 모두 상주이다〉라는 제목으로 쓴 글을 보자.

【먼 옛날(120만~1만 년 전), 한라산에서 분출한 뜨거운 용암이 바다까지 흘러내리며 곧은 뼈를 만들었고 그곳에 사람이 살면서 아름다운 살과 피를 만든 것이 지금의 제주도다.

(제주 4·3 항쟁의 쓰라린 경험을 한) 그들은 말한다. "똑똑한 사람들은 다 죽고 나 같은 쓰레기들만 살아남아 연명하고 있다."

그들은 또 말한다. "아무 데나 질러대는 총을 피해 산으로 올라간 것도 죄가 될 수 있는가!"

거듭 말하노니, 한국 현대사 앞에서 우리는 모두 상주이다. 오늘도 잠들지 않는 남도 한라산, 그 아름다운 제주도의 신혼여행지들은 모두 우리가 묵념해야 할 학살의 장소이다. 그곳에 뜬 별들은 여전히 눈부시고 그곳에 핀 유채꽃들은 여전히 아름답다. 그러나

그 별들과 꽃들은 모두 칼날을 물고 잠들어 있다.]²⁾

2. 이승만의 달빛

누구에게나 공과는 있다. 이승만(李承晩, 1875~1965, 향년 90세)에 대한 공(功)이야 익히 잘 알고 있으니 과(過)의 몇 가지 사례를 살펴보자.

(사례 1) 이승만 초대대통령은 2018년 70주년을 맞은 제주 4·3 항쟁의 주범으로서, 1948.4.3.~1954.9.21. 동안 당시 제주도민의 약 10%에 해당하는 3만여 명을 학살했다.

(사례 2) 1947년 하반기부터 불거진 제주 4·3 항쟁과 1948년 여순사건을 거치면서 이승만 정권은 보수우파와 좌익세력을 제거하며 본격적인 반공국가 건설에 들어간다. 한국전쟁이 발발하면서 민간인 대량 학살은 본격화된다. 좌익인사를 선도하고 계몽하기 위해 설립한 국민보도연맹은 한국전쟁 초기에 대량 학살 대상이 됐다. 친일 출신의 군인과 경찰은 자신의 생존을 위해 더욱 참혹한 학살극을 벌인 측면도 있다. 숙청되어야 할 친일반민족행위자들이 미군정과 이승만에 기대어 살길을 찾은 것이 바로 공산주의자 척결이었다. 이들

---

2) 「서사시집」 한라산(1987)」, 이산하, 노마드북스, 2018, p.125~127.
저자 이산하: 본명 이상백, 1960년 경북 영일 출생, 부산 경남중, 혜광고, 경희대 국문과 졸업, 1982년 필명 '이 륭'으로 등단했다.
학생운동으로 도피 중이던 1986년부터 '민청련'(민주화운동청년연합) 선전국에서 「민중신문」과 「민주화의 길」 등을 만들며 각종 유인물의 격문을 썼다. 민청련 선전국 시절인 1987년 3월에는 「녹두서평」에 '제주 4·3 항쟁의 학살과 진실을 폭로하는 장편서사시 「한라산」을 발표해 엄청난 충격과 전율을 불러일으켰다. 이 사건은 김지하 시인의 「오적」(1970)사건 이후 최대의 필화사건으로 불렸으며, 1987년 11월 구속되어 1990년 석방됐다. 석방 이후 '전민련'(전국민족민주운동연합) 편집실에서 이태복·민병두(2018년 3월 성추행 사건 '미투'로 더불어민주당 국회의원 사임)·정봉주(2018년 3월 성추행 사건 '미투'로 더불어민주당 서울시장 도전 포기)·강현 등과 잠시 일하다 (생애 처음으로) 제주도로 갔다.

은 자신의 친일행적을 가리고 생존을 위해 반정부주의자·좌익세력·민족주의자를 제거한 것이다. 한국전쟁을 전후해 민간인 최대 100만 명이 학살된 우리의 현대사가 국가 구성의 한 주체인 국민조차도 제대로 알지 못하는 역사가 된 것은 슬픈 일이다. 다큐멘터리 영화 「해원(解冤)」(구자환 감독, 2018.5.10. 개봉)[3][4]을 관람해보기 바란다.

---

3) 영화소개: 〈다큐멘터리 영화 「해원(解冤)」을 통해 본 이승만의 정치성과 잔학성〉
   해방 이후 남한에서의 민간인 집단학살은 1946월 8월 화순탄광사건과 대구 10월 항쟁으로 시작됐다. 미군정 치하에서 발생해 남한 전역으로 확대된 대구 '10월 항쟁'은 "식량난이 심각한 상태에서 미군정이 친일관리를 고용하고 토지개혁을 지연하며 식량 공출 정책을 강압적으로 시행하는 것에 불만을 가진 민간인과 일부 좌익 세력이 경찰과 행정 당국에 맞서 발생한 사건"이었다. 이 사건은 항일독립군을 토벌하고 고문·처형했던 친일반민족행위자들이 청산되지 않고 미군정에 의해 경찰과 국가기관의 수장이 되면서 이후 자행될 민간인 학살의 전주곡이었고, 반역사의 시작이었다.
   숙청되어야 할 친일반민족행위자들이 미군정과 이승만에 기대여 살길을 찾은 것이 바로 공산주의자 척결이었다. 이들은 자신의 친일행적을 가리고 생존을 위해 반정부주의자, 좌익세력, 민족주의자를 제거하기 시작했다. 1946년 미군정의 여론조사에 따르면 남한 주민들의 78%가량이 사회주의를 원했고, 14%가량만이 자본주의를 원했다. 이런 상황에서 국민의 지지를 받지 못한 이승만 정권은 친일파와 우익인사를 기용해 정치적 걸림돌이 되는 집단과 민간인을 학살했다.
   1947년부터 불거진 제주 4·3 항쟁과 1948년 여순사건을 거치면서 이승만 정권은 보수우파와 좌익세력을 제거하며 본격적인 반공국가 건설에 들어간다. 한국전쟁이 발발하면서 민간인 대량 학살은 본격화된다. 좌익인사를 선도하고 계몽하기 위해 설립한 국민보도연맹은 한국전쟁 초기에 대량 학살 대상이 됐다. 친일 출신의 군인과 경찰은 자신의 생존을 위해 더욱 참혹한 학살극을 벌인 측면도 있다.
   한국전쟁으로 전시작전권을 이양 받은 미국도 민간인 학살의 주체가 되었다. 이 시기 퇴각하던 인민군과 내무서, 지방좌익에 의해서도 민간인 학살은 자행됐다.

4) 「경남도민일보」, 2019.11.14. 〈민간인학살 다룬 「해원」, 미국 교민도 울었다〉 이서후 기자
   −창원 활동 구자환 감독 영화, 미주진실화해평화모임 초청, 워싱턴·뉴저지·뉴욕서 상영, 내년 초 로스앤젤레스(LA)에서도 상영 예정−
   한국전쟁 전후 민간인 학살을 다룬 다큐멘터리 영화 「해원」이 2019년 11월 8~10일 미국 교민들을 만났다. 공동체 상영 형식으로 진행된 이번 상영회는 '미주 진실 화해 평화모임' 초청으로 이뤄졌다.
   지난해 5월 10일 개봉한 「해원」은 창원에서 활동하는 구자환 감독이 경남 지역 민간인 학살을 기록한 「레드툼」(2015년 후속으로 경남문예진흥원과 국내외 후원자들의 도움을 받아 만든 영화다. 전작이 지역에 집중했다면 「해원」은 한국전쟁 직전부터 전쟁 기간 전국에서 벌어진 민간인 학살 현장을 찾아 생존자와 목격자들의 증언을 담고 있다. 제목인 '해원'은 원통한 마음을 풀어준다는 뜻이다.
   구체적으로 영화는 8일 워싱턴, 9일 뉴저지, 10일 뉴욕 세 도시에서 상영됐다.
   현지 한인 언론 「뉴욕일보」는 5일 자 A3면 〈한국 흑역사 민간인 학살 진실 바로 알자〉란 제목의 기사에서 "이번 시사회가 미국 동포사회에 대한민국 흑역사인 민간인 학살 실상을 널리 알리는 기회가 될 것으로 생각한다"는 주최 측의 말을 인용했다. 실제 상영 때마다 빈자리가 없을 정도로 교민들이 많이 모였다. 영화를 보고 생각보다 더 몰랐던 사실들이라며 놀라고 분노한 이들이 많았다고 한다. 워싱턴 상영회에서는 실제 충남 아산시 설화산 학살 현장에서 살아남은 이가 처음으로 대중 앞에서 자신의 과거를 밝힌 일도 있었다.
   보수적인 미국 교민 사회에서 쉽지 않은 일이었을 것이다. 구 감독의 설명을 보자.
   "10명의 가족이 설화산에서 떼죽음을 당한 이분은 당시 취재 과정에서 주민들이 말한 3명의 생존자 중 한 명

(사례3) 1908년 3월 23일에 거행됐던 대한제국의 외교고문 스티브스 저격 사건이다. 혹시 들어본 적이 있는가? 한국의 버트런드 러셀로 불리며 위스콘신주립대 조교수 등을 역임한 김용운 박사(1927~)가 2018년에 펴낸 책『역사의 역습: 카오스 이론으로 세계문명사를 분석하다』에 수록된 내용이다.

【애국자와 정치가는 다르다. 애국자는 정치에 관심을 두지 않고 순수한 열정으로 나라를 위해 희생도 감내하는 인물이다. 안중근·김구 같은 분들이다. 자신의 신념에 충실했던 분들이 한국에는 많았다. 하지만 조선시대의 정치제일주의에서 나온 평천하(平天下) 신념은 오로지 정권장악만을 궁극적 목적으로 삼는다. 한국적 평천하 사고는 성공한 운동가를 애국자와 동일시한다. 국립묘지에는 실패한 대통령은 묻힐 수 있어도 정권에 관심이 없던 애국자는 들어가지 못한다.[5] 정권을 목적으로 한 애국(또는 저항)운동은 대가를 전제로 하는 것이므로 노동자가 임금을 기대하는 것과 본질적으로 같다.

1950년대 말 미국 유학생이던 나는 이승만 신화에 세뇌되어 있었다. 그런데 재미교포들 사이에서는 그에 대한 지지도가 국내보다 훨씬 낮고 오히려 반대파가 더 많아 충격을 받았다. 재미교포 본거지는 LA의 북쪽 몬트레이(Monterey)였다. 노벨상 작가 존 스타인벡(J. E. Steinbeck, 1902~1968)의『분노의 포도(The Grapes of Wrath)』(1939)의 배경

인 어린아이였습니다. 영화를 보는 내내 얼마나 마음이 아팠을지 저도 먹먹해졌습니다. 영화가 끝난 후 이분은 용기를 내어 자신을 처음으로 공개하고 당시를 설명했습니다."
마지막 뉴욕 상영회에서는 영화를 본 미국평화재향군인회 소속 미국인이 직접 후원금을 건네기도 했다.
구 감독은 이번 연속 상영회를 진행하면서 미국 교포 사회에서도 조금씩 '빨갱이' 프레임이 깨지는 느낌이라고 밝혔다. 그는 또 미국 교민사회에서도 민간인 학살 유족회가 결성되기를 바란다며 영화「해원」이 숨죽여 사는 유족에게 희망과 용기가 되었으면 좋겠다고 했다.
「해원」은 내년 초 로스앤젤레스(LA)에서도 상영회를 열 예정이다.

5)「한겨레」, 2018.6.28. 〈국립묘지 묻힌 친일파 63명… 독립운동가는 공원에 냉대〉 김경욱 기자
"항일운동가 짓밟던 김백일, 김구 암살 배후범 김창룡까지「친일인명사전」, 인물들 현충원에 안장" "임정 요인·독립운동가 묘역은 근린공원·북한산 등에 뿔뿔이 흩어져 있고, 현충원 선열들은 친일파 '발 밑'에" "친일파 국립묘지 안장 막고 효창공원 성역화 서둘러야"

61

이 된 지역이다. 그곳 농장에서 시간제로 일하면서 나는 교포들 사이의 반이승만 정서를 알게 되어 어느 교포에게 이유를 들어보았다. 그는 스티븐슨 사건부터 설명해주었다.

전명운(田明雲, 1884~1947)·장인환(張仁煥, 1876~1930) 두 의사는 미국의 안중근으로 알려진 독립투사들이었다. 그들은 당시 대한제국의 외교고문이던 스티븐스(D. W. Stevens)가 휴가차 미국에 들어온다는 정보를 입수한다. 스티븐스는 미국 외교관 출신이지만 일본 정부의 추천으로 대한제국의 외교고문이 된 일본의 앞잡이였다. 한양에서는 일본을 위해 조선 식민지화에 협조하고, 미국에 돌아오면 기자회견과 강연을 통해 한일합병이 동양평화를 위해 꼭 필요한 일이었다고 선전하고 다녔다. 이 사실을 알게 된 두 의사는 스티븐스를 사살하기로 작정한다. 전명운 의사가 먼저 현장에 도착해 권총 세 발을 쏘았으나 불발되었다. 달리 대안이 없던 그는 맨몸으로 공격했지만 체격 상 스티븐스에게 밀렸다. 마침 그때 장인환 의사가 도착해 스티븐스를 향해 세 발을 쏘아 두 발을 명중시킨다. 그런데 한 발이 잘못되어 전명운 의사가 맞는다. 스티븐스는 이틀 뒤에 병원에서 죽었다.

두 의사는 살인죄로 체포되어 재판에 회부되었다. 재미교포 사회는 그들의 애국심에 감동해 대대적인 후원운동을 펼쳤고, 그들의 행위가 단순한 살인이 아니라 애국적 의거임을 밝히고자 애썼다. 그러나 법정에서 증언해줄 사람이 없었다. 대부분의 교포들은 영어에 서툴렀고 언변도 없었다. 교포들은 영어에 능숙한 그에게 변론을 맡아줄 것을 청한다. 그러나 그는 "기독교도로서 살인사건에 관여하고 싶지 않다"는 이유를 들어 거절했다.

재미동포들은 돈을 모아 미국인 변호사 네이던 코플란(Nathan Coughlan)을 선임하고 유학생 신흥두가 서툰 영어로 통역을 맡았다. 코플란은 독일 철학자 쇼펜하우어(1788~1860)의 '애국적 정신병(patriotic insanity) 이론'을 내세워 두 사람을 변호했다. 전명운 의사는 무죄, 장인환은 25년형을 선고받고 10년 후 석방됐다. 전명운은 러시아로 이주해 독립운동을, 장인환은 미국으로 귀화했다. 두 의사는 같은 평안도 출신의 이민자였으나 같은 뜻을 품고 따로 행동한 것이다. 이 이야기를 들려준 연로한 그 교포의 말을 잊을 수가 없다.

"이승만은 정치가이지 애국자는 아니야. 자신의 정치목적을 위해 김구와 같은 사람도 암살하지 않는가!"]6)

민족문제연구소가 2012년에 만든 동영상 「두 얼굴의 이승만」을 통해 이승만의 일제강점기 당시의 행적을 몇 건 살펴보자.

"이승만은 사적인 권력욕을 채우기 위해 독립운동을 했다."(미 CIA 보고서)

"이승만은 조지워싱턴대학교 정치학 학사(1907), 하버드대학교 석사(1908), 프린스턴대학교 대학원 국제정치학 박사(1910)라는 화려한 학력을 자랑한다. 그러나 하버드에서의 석사과정은 거의 낙제 수준으로 석사를 다 마치지 못하고(경제학 등의 학점은 C~D였다) 프린스턴대학교의 박사과정에 입학부터 했고, 명사들을 동원하는 등 우회적인 방법으로 하버드대학교의 석사학위를 취득했던 것이다."

"이승만은 백성들이 고통 속에 허덕이던 일제강점기 때 미국에서 편하게 호의호식하며 귀공자의 생활을 했는데, 더 놀라운 점은 독립자금을 횡령하여 사용했다는 점이다. 심지어 1920년 상해임시정부 대통령이었던 46세의 이승만은 22세의 젊은 여인 NODIE KIM을 데리고 다니다, 부도덕한 성관계를 처벌하는 MANN ACT법을 위반하여 캘리포니아에서 기소됐으나 재판 관할청을 (이승만의 주무대였던) 하와이로 이관하는 작전을 써 결국 하와이에서 무죄판

6) 『역사의 역습: 카오스 이론으로 세계문명사를 분석하다』, 김용운, 맥스, 2018, p.413.

결을 얻었다."

"이승만은 일본이 주장했던 '식민지근대화론'의 지지자였으며 따라서 일본에 의해 감옥살이를 한 적은 한 번도 없었다. 단지 고종황제 때 옥살이를 한 적은 있다. 그러나 그는 마치 독립운동을 하다 옥살이를 한 것처럼 자신을 포장하고 홍보했던 것이다."

3. 1948년 5·10 총선거

잠시 5·10 총선거 전후의 상황을 살펴보자. 이승만이 각지를 순회하는 도중 1946년 6월 3일에 전북 정읍에서 "남측만이라도 임시정부 혹은 위원회 같은 것을 조직하자"는 취지의 발언('정읍발언')을 했다. 1948년의 5·10 총선거는 이승만의 '정읍발언'과 동일한 연장선상이었다. 5·10 총선거 당시 제주도의 3개 투표소 중 2개가 불타 제헌 국회의원은 200명이 아니라 198명이 뽑혔고, 그로부터 1년 후 치러진 재선거에서 2명이 충원돼 200명을 채웠다. 이런 사건 등으로 인해 제주도는 이승만 정권의 입장에서 볼 때 그들과 대척점에 서 있는 '악의 축'이었던 것이다.

기회주의자인 이승만과 정반대로, "김구는 누가 무어라 해도 우익 중의 우익 독립운동가였다. 그런데도 해방되어 돌아온 조국이 남북으로 분단되려 하자 김규식 등과 함께 좌익 세력이 정권을 쥐고 있는 평양에 가서 남북협상(통일을 위한 남북지도자 연석회의)에 참가한다(1948년 4월 19일 38도선을 넘었다). 그리고 이승만 대통령으로 한 대한민국이 성립되자 유엔에 대해 남북에 하나의 국가를 만들기로 해놓고 왜 두 개의 분단국가를 만들었느냐고 항의하고, 1948년 유엔 총회(남한의 대한민국을 정식 승인한 국제회의로 1948년 12월 12일 결의했다. 이승만 대통령은 이미 8월 11일 –'1948년 8월 15일 대한민국 정부 수립일' 4일 전– 장면(張勉, 서울 출생, 1899~1966)을 유엔 총회의 대표로 선발해놓은 상태였다)가 열리는 프랑스 파리에 김규식을 항의사절로 파견하려 하다가 실패하고 결국 이듬해인 1949년 6월 26일 서울 서대문구에 있던 자택 경교장(京橋莊, 지금의 삼성강북의료원 건물)에서 육군 현역 장교 안두희(安斗熙, 1917~1996)가 쏜 총탄에 쓰러지고 말았다. 1948년에 남녘만의 선거로 이승만 정부가 성립되면서 헌법을 제정하고 그 전문(前文)에서 '분단국가 대한민국이 대한민국임시정부의 법통을 이어받는다'고 하자 신문기자들이 김구를 찾아가서 그 문제에 대한 의견을 물었다. 그러자 김구는 '현재 국회의 형태로서는', 즉 반쪽만의 정부로서는 어느 쪽도 대한민국임시정부의 법통을 이어받을 수 없다고 명백히 말했다. 그리고 그는 다음해인 1949년 마수에 의해 살해되고 말았던 것이다."[7]

---

7) 『내 인생의 역사 공부』 강만길, 창비, 2016, p.65~67.
대한민국 역사학계의 거장인 강만길 교수(마산 출생, 마산고등학교, 고려대학교 사학과, 1933~)는 위험한 20세기에 가장 21세기적인 역사적 비전을 보여준 원로 역사학자다. 우리 땅의 분단 극복을 화두로 삼아 역사 연구를 하면서 '평화의 나침반'이 되어 왔던 인물이다. 소년 시절, 일제강점 말기와 해방정국을 경험하며 역사공부에 뜻을 두게 되어 고려대학교 사학과에 입학했다. 대학원에 다니며 국사편찬위원회에서 일하다 1967년 고려대 사학과 교수로 임용되었으며, 1972년 '유신' 후 군사정권을 비판하는 각종 논설문을 쓰면서 행동하는 지성인으로 이름을 알리게 되었다. 광주항쟁 직후 항의집회 성명서 작성과 김대중으로부터 학생선동자금을 받았다는 혐의 등으로 한 달 동안 경찰에 유치되었다. 전두환 정권에 의해 1980년 7월 고려대에서 해직되었고, 1983년 4년 만에 복직하여 강단으로 돌아온다. 이후 정년퇴임하는 1999년까지 한국근현대사 연구와 저술활동을 통해 진보적 민족사학의 발전에 힘을 쏟았으며, 2001년 상지대학교 총장을 맡아 학교운영정상화와 학원민주화를 위해 노력했다.
김대중 정권부터 노무현 정권까지 약 10년간 통일고문을 역임했고, 남북역사학자협의회 남측위원회 위원장, 친일반민족행위 진상규명위원회 위원장, 광복60주년기념사업 추진위원회 공동위원장 등을 역임했다. 2007년부터 재단법인 '내일을 여는 역사재단'을 설립해 젊은 한국근현대사 전공자들의 연구를 지원하고 있다. 또한 '청명문화재단' 이사장으로서 임창순 상을 제정해 민족공동체의 민주적 평화적 발전에 공헌한 사회실천가들의 업적을 기리며 한국학 분야의 연구를 장려하고, 청명평화포럼을 통해 우리 사회의 새로운 지향을 모색하고자 노력하고 있다.
현재 고려대 한국사학과 명예교수이며 대표 저서로는 『조선후기상업자본의 발달』(1973), 『분단시대의 역사

4. 제주 4·3 항쟁

제주 4·3 항쟁(제주 4·3 사건)은 1948년 4월 3일부터 1954년 9월 21일까지 제주도에서 5·10 총선거(1948년)를 반대하는 시민항쟁과 그에 대한 미군정기 때 군인과 경찰들(대한민국 정부수립 이후엔 국군), 극우 반공단체들의 유혈진압을 가리키는 사건을 말한다. 제주 4·3 항쟁은 남한만의 단독정부 수립을 의미하는 5·10 총선을 방해하기 위해 시작되었는데, 정확히 말해 이 사건이 일어나게 된 배경에는 미군정의 친일파 등용과 서북청년단 같은 극우단체들의 폭력에 대한 제주도 주민들의 반발 등 여러 복합요소들로 얽힌 것에서부터 시작된 것이다.

이 제주 4·3 항쟁은 한국전쟁이 끝날 때까지 계속되었으며, 이 과정에서 2만5천~3만 명의 무고한 사람들이 학살당했다. 이 중에는 무장대에 의해 희생된 사람도 포함되어 있으나 희생된 사람들 대부분은 서북청년단 등의 극우단체와 군경 토벌대에 의한 희생자였다. 당시 제주도 전체 인구수는 약 30만 명이었다. 제주 출신 허영선 여류시인의 글을 소개한다.

【20세기 끄트머리 1999년 12월 16일에 제주 4·3특별법이 통과되었고, 2003년 10월 31일 노무현 대통령이 우리나라 대통령으로서는 처음으로 제주도민과의 대화에서 제주

인식』(1978), 「한국민족운동사론』(1989 초판, 2008 개정판), 「통일운동시대의 역사인식』(1990 초판, 2008 개정판) 「고쳐 쓴 한국근대사」(「한국근대사」(1984)→「고쳐 쓴 한국 근대사」(1994 초판, 2006 개정판)), 「고쳐 쓴 한국현대사」(「한국현대사」(1984)→「고쳐 쓴 한국 현대사」(1994 초판, 2006 개정판)), 「회상의 열차를 타고」(1999), 「20세기 우리 역사: 강만길의 현대사 강의」(1999 초판, 2009 개정판), 「역사가의 시간」(2010), 「내 인생의 역사 공부」(2016) 등이 있다.

4·3에 대해 공식 사과했다. 마침내 제주 4·3 제66주년을 맞은 2014년 4월 3일 국가기념일로 지정되었다(공식 명칭은 '4·3희생자 추념일'이다).

이 사건으로 죽어간 제주 시민들의 수는 25,000~30,000명이다. 제주사람 9명 가운데 1명이 죽어갔다(당시 제주 인구는 25만여 명이었다). 제주 4·3 사건의 기간은 1947년 3·1 발포사건이 일어난 지 7년 7개월이나 계속되어 1954년 9월 21일까지 자행되었다.

1949년 6월 8일 관덕정 광장(제주시내, 현 한라체육관 옆). 엄청나게 많은 사람들이 몰려들고 있었다. 십자가 틀에 묶인 시체 하나. 고개는 한쪽으로 비뚤어져 내려왔고, 자그마한 키, 시신의 윗주머니에는 숟가락이 하나 꽂혀 있었다. 무장대 사령관 이덕구의 주검이었다. "이덕구의 말로를 보라"며 토벌대가 전날 사살한 무장대 사령관의 주검을 내건 것이다. 그의 최후를 보러 나온 사람들로 관덕정은 다시 한 번 북적거렸다. 그의 죽음이 의미하는 것은 컸다. 그것은 무장대의 저항이 거의 끝났음을 알리는 것이었다. 그렇다면 그렇게 평화는 오는 것이었을까. 또다시 섬을 강타할 거센 태풍이 한반도의 운명('한국전쟁')과 함께 오고 있었다. 섬사람들은 까맣게 모르고 있었다.]⁸⁾

제주 4·3 역사를 세상에 호출해 낸 사상 최초의 저서는 재일동포 작가 김석범(金石範, 부모가 제주도 출신인 재일교포 2세, 1925~)의 『까마귀의 죽음』(1957년 일본에서 발표되었고 한글 번역본은 1988·2015년)이었다. '까마귀'는 미국과 이승만 세력의 하수인인 경찰과 군인을 비유한다. 이 소설에서는 여성들의 수난사, 권력에 이용당하는 민중으로서의 면모, 제주 지식인들의 섬의 운명과 관련한 투쟁·고뇌·좌절·갈등을 보여준다. 이어 현기영(제주 출생, 1941~) 작가의 소설 『순이 삼촌』(「창작과 비평」 1978 가을호, 단행본은

8) 「제주 4·3을 묻는 너에게」, 허영선, 서해문집, 2014, p.10·16·153·228.

1979), 『지상에 숟가락 하나』(1999) 등으로 이어진다. '순이 삼촌'은 제주 4·3
으로 26살에 남편과 오누이를 잃고 딸을 임신한 채 홀몸으로 수절하며 딸을
출가시켰으나, 트라우마로 인해 결국 30년 만에 사살의 현장(순이 삼촌의 밭)
에서 자살로 생을 마감한 작가의 먼 친척 아주머니다. 현기영은 "엄청나게 큰
부정은 이미 부정이 아니라 지체 높은 권세였다"고 외친다.[9] "한 사람을 죽이
는 건 비극이어도 (전쟁과 쿠데타 등 통치라는 명목 하에) 1만 명을 죽이는 것
은 통계 수치일 뿐이다"라는 스탈린의 말과 일맥상통하는 외침이다.

　제주 4·3 항쟁을 다룬 영화 「지슬-끝나지 않은 세월2」(2013, 오멸 감독)가
10만 관객을 돌파했다. 독립영화가 10만 관객을 넘은 것은 2009년 「똥파리」
이후 4년 만이다. 「지슬」은 1948년 미군정 소개령이 떨어진 뒤 제주 큰넓궤 동
굴에 숨은 주민들의 실화를 담아냈다. '지슬'은 '감자'를 뜻하는 제주도 사투리
이다. 2005년에 제작된 영화 「지슬 1」도 있다.[10]

---

9) 「순이 삼촌」(1978년 9월 「창작과 비평」 게재) 현기영, 창비, 2015, p.27~28.
　(수록 단편 「소드방놀이」에서)

10) 「아시아투데이」, 2018.4.3. 이황석 문화평론가, 한림대 영화영상학과 교수.
　〈'지슬-끝나지 않은 세월' '1'(2005년 제작, 고 김경률 감독)과 '2'(2012년 제작 오멸 감독) 사이〉
　'끝나지 않은 세월'은 고 김경률 감독(제주 출신, 1965~2005)의 제주 4·3에 대한 또 다른 영화 제목이다. 오
　멸(본명 오경헌, 제주 출생, 1971~) 감독은 김경률 감독의 스태프로 영화 「끝나지 않은 세월」의 제작에 참여
　했는데, 뜻이 맞지 않아 촬영장을 떠났다고 한다.
　거기서 끝났으면 그나마 다행이었겠지만 어렵게 제작한 영화 「끝나지 않은 세월」로 인해 연출자인 김경률
　감독은 모진 고충을 당한다. 현기영 작가가 당한 폭력으로 4·3은 현재진행형이 됐고, 김경률 감독이 당한 고
　충으로 또다시 그 세월은 한 치도 앞으로 나가지 못하고 있다.
　오멸 감독은 한 인터뷰에서 김경률 감독의 영화 「끝나지 않은 세월」에 대한 막연한 미안함과 부채의식으로
　자신의 영화 「지슬」에 '끝나지 않은 세월2'라는 부제를 달았다고 한다.

제 4 장

한반도 분할과 한국전쟁

1. 한반도 분할과 통일비용

한반도 분할의 슬픈 역사를 살펴보면, 제2차 세계대전의 전범국인 독일은 동·서독으로 분리됐으나, 일본은 그렇지 않았다. 오히려 일본의 속국이었던 한반도가 남·북으로 분리돼버렸다. 섬나라인 일본의 특수성과 미국 등 패권주의 국가의 이해관계 때문에, 힘없는 한반도가 대타로 희생된 셈이다. 이런 분단의 차이는 통일이라는 재결합 과정에서도 현격한 차이를 드러낼 것이다. 즉, 독일과 한국의 통일은 다르다는 점을 항상 명심하고 접근해야 한다. 우선 통일비용부터 살펴보자.

대한민국 국민 한 명이 짊어진 통일비용은 서독 국민 한 명이 감당해야 했던 것의 무려 4배다. 그 이유는 1인당 GDP 차이가 독일 대비 2배이고, 인구 차이가 1/2이기 때문이다. 통일 당시 동독의 1인당 GDP는 서독의 1/10이었고, 현재 북한의 1인당 GDP는 남한의 1/20이다(남한의 인구가 북한의 2배이므로, 국가전체 GDP 국민소득은 북한의 40배가 된다). 즉, 2배(1인당 국민소득 차

이: 동독·서독 1/10, 북한·남한 1/20) × 2배(통일 시점 인구수 비율: 동·서독 1/4, 북·남한 1/2) = 4배{단, 통일 후 독일의 경제규모가 되려면, × 3배(서독 과 남한의 국가 경제력 차이: 남한은 서독의 1/3) = 12배}다.[1]

2. 한반도 분할의 역사

　제2차 세계대전의 종결은 명확했다. 독일과 일본의 무조건 항복 외에도 패 전국에 대한 승전국의 조치가 제1차 세계대전 당시와 극명하게 달랐다는 점 이 더욱 흥미롭다. 제1차 세계대전이 끝나고 평화를 되찾았을 때는 패전국에

---

1) 여러 매체 2019.12.13. 〈대북제제에 北경제 갈수록 악화… 남북 소득 격차 더 벌어져〉
　-北1인당 총소득 143만원… 南과 26배 격차. 남북 경제규모 53배, 무역규모 401배 차이. 北인구 2,153만 명… 남한 절반수준에 그쳐-
　북한이 계속되고 있는 유엔의 대북제제로 교역액과 수출액이 급감하면서 경제 여건이 갈수록 악화되고 있는 것으로 나타났다. 북한과 남한 간 1인당 국민총소득 격차가 26배에 달하는 등 전년 대비 차이가 더 벌어졌다. 통계청이 13일 발표한 '2019년 북한의 주요통계지표'에 따르면 북한의 1인당 국민총소득(GNI)이 남한의 26 분의 1 수준에 불과했다. 1/230이던 작년과 비교하면 격차가 더 커졌다. 남한의 1인당 GNI가 3,364만원에 서 3,679만원으로 증가하는 동안 북한은 146만원에서 143만원으로 줄어든 데 따른 것이다.
　지난해 북한의 GNI는 35조 6,710억원으로 남한(1,898조 4,527억원)의 1/53에 그쳤다. 북한의 경제 규모가 남한의 1.9% 수준인 것으로 파악됐다. 같은 기간 실질 국내총생산(GDP) 성장률을 보면 북한은 4.1% 감소한 반면 남한은 2.7% 증가했다.
　북한의 국내총생산 산업별 비중은 서비스업(33.0%), 농림어업(23.3%), 제조업(18.8%), 광업(10.6%) 순이었 다. 남한은 서비스업(60.7%), 제조업(29.2%), 건설업(5.9%) 순으로 확인됐다.
　북한 무역액은 28억 4,000만 달러로 2003년(23억 9,100만 달러) 후 15년 만에 가장 저조했다. 남한(1조 1,400억 6,200만 달러)과 비교하면 1/401 수준에 머물렀다. 수출액은 2억 43,00만 달러에 그쳐 남한(6,048 억 6,000만 달러)의 1/2,000에도 못미쳤다.
　북한의 주요 수출과 수입은 모두 중국에 의존하고 있다. 대중국 수출 비중은 80.2%, 수입 비중은 97.2%에 달 한다. 수출액은 중국(1억 9,462만 달러), 파키스탄(635만 달러), 인도(368만 달러) 등의 순으로 많았고 수입 액은 중국(25억 2,832만 달러), 러시아(3,208만 달러), 인도(1,779만 달러) 등의 순으로 집계됐다.
　남한은 발전설비 용량(1억 1,909만㎾)이 북한(815만㎾)의 15배, 발전 전력량(5,706억㎾h)은 북한(249억 ㎾h)의 23배였다. 북한의 철도 총길이는 5,289㎞로 한국(4,074㎞)의 1.3배였다. 석탄 생산량에서도 북한 (1,808만t)이 남한(120만t)을 크게 앞섰다.
　또 북한 인구는 2,513만 명으로 남한(5,161만 명)의 절반 수준이었다. 남북한 인구를 합치면 7,674만 명이 다. 북한의 기대수명은 남성 66.5세, 여성 73.3세로 한국보다 남성은 13.2세, 여성은 12.5세 짧았다.

대항 강력한 응징이 있었던 반면, 제2차 세계대전 이후 평화가 왔을 때는 변화가 있었다. 독일과 일본 모두 서방 체제에 완벽히 편입되었고, 두 나라 모두 근본적으로 개조되었다. 독일은 미국·소련·영국·프랑스가, 일본은 미국이 점령했다. 점령국들은 패전국들의 이미지를 쇄신했고, 소련이 점령한 지역(이후 동독이 된다)을 제외한 전역을 민주주의 체제로 탈바꿈시켰다. 75년이 지나서 볼 때 독일과 일본은 소위 정권 교체와 국가 건설을 거쳐 성공한 보기 드문 사례가 되었다.

민주주의를 확산시키자는 오늘날의 많은 주장과 달리, 패전 후 독일과 일본에 취해진 조치는 이상주의가 아닌 현실주의적인 조치였다. 실제로 독일과 일본이 제2차 세계대전 후 과거와 다른 대우를 받은 가장 큰 이유는 냉전이라는 새로운 시대의 시급성 때문이었다. 미국과 서방세계는 유럽과 아시아에서 소련의 영향력과 활동 범위가 확대되는 것을 단단히 막기 위해서라도 공산주의 체제가 아닌 강력한 독일과 일본이 필요했던 것이다.[2]

제2차 세계대전에서 이탈리아와 독일의 항복 뒤 고립된 일본은 1945년 8월 6일과 9일의 히로시마와 나가사키 원폭투하, 8월 8일 소련의 참전을 계기로 8월 15일 무조건 항복했다. 우리 민족에게 해방은, 끊임없는 항일 투쟁에도 불구하고 연합국의 승리라는 국제환경 속에서 다가온 불완전한 것이었다. 소련군은 만주의 관동군을 파죽지세로 몰아내면서 웅기(1945.8.11.)·청진(1945.8.13.)을 거쳐 빠르게 한반도에 들어왔다. 이에 오키나와 전투에서 고전하던 미국은 38도선을 경계로 한 분할 점령안을 제안(1945.8.13.)했다. 미국과

---

2) 「혼돈의 세계: 미국 외교정책과 구질서의 위기, 그리고 한반도의 운명(A World in Disarray, 2017)」 리처드 하스, 매경출판, 2017, p.47~51.

의 충돌을 원치 않던 소련은 주요 전략지역이 아닌 한반도에 자신에게 우호적인 정부만 세워지면 된다는 입장에서 이 제안을 수락함으로써 38선이 확정되었다.[3]

1944년, 제2차 세계대전은 막바지였다. 미국을 비롯한 연합군은 소련 참전과 일본 항복을 기정사실로 놓고, 전후 처리 문제를 논의하기 시작했다. 소련이 참전한다면 그 대가로 일본 지역을 분할 점령토록 해줄 필요가 있었다. 그런데 왜 일본은 놔주고 한반도가 분할된 걸까? 처음에는 일본을 미·소·영·중 4개국이 분할 점령한다는 안이 나왔다. 그러나 전략적으로 더욱 중요한 일본은 되도록 미국이 단독 점령하는 편이 좋고, 지정학적으로 볼 때 일본까지 소련이 일부라도 점령한다면 한반도는 통째로 소련 손에 들어갈 가능성이 높다는 반론이 나왔다. 애초에 그들에게는 한국인들이 갖고 있던 믿음, 즉 '일본이 망하면 조선은 당연히 하나로 통일된 자주독립국가가 될 것'이라는 막연한 믿음은 안중에도 없었다. 일본의 한국 병합은 너도 나도 제국주의를 추구하던 당시에 당연한 것으로 여겨졌고, 결국 한국은 일본의 힘을 없애기 위해 독립시켜주기로 보장했으되 어디까지나 '일본의 영토'로 간주되고 있었던 것이다. 미국과 연합군이 염두에 두고 있던 대안은 '영토 분할이냐 반도 분할이냐'였지, '일본 분할이냐 한국 분할이냐'가 아니었다.[4]

---

3) 「한국사의 재조명」 고려대 한국사연구실, 고려대출판부, 2011, p.333. (정태헌 고려대 한국사학과 교수의 글)

4) 「108가지 결정: 한국인의 운명을 바꾼 역사적 선택」 함규진, 페이퍼로드, 2008, p.338~340.

3. 한국전쟁

1950년 6월 25일, 소련의 지원을 받은 조선민주주의인민공화국(북한으로 더 잘 알려진) 군대가 무력으로 한반도를 통일하고자 38선을 넘어 대한민국을 침략했다. 북한은 민족주의적이고 지역적인 이유로 침략했지만, 소련은 미국의 전략적 영향권에 있는 일본이 전후 참화에서 복구되어 재부상하는 것에 대한 대응책으로 한반도를 통일시키고, 또한 냉전 초기 아시아에서 승리를 거머쥐려는 의도도 있을 수 있었다.

또한 소련은 (1950년 1월 12일, 딘 에치슨 미 국무장관이 경솔하게 공개 석상에서 한국이 미국의 방위선 밖에 있다고 언급함에 따라) 북한이 침공해도 미국이 바로 반격에 나서지 않을 것이라고 믿었을 수도 있다. 소련과 북한을 격퇴하고자 유엔의 승인을 거쳐 미국 주도의 대규모 군사력이 장기간 투입되었다. 한국의 독립을 유지하고 38선을 사실상의 국경으로 회복하려는 미국의 노력은 성공을 거두었으나, 어마어마한 인적·경제적 손실이 뒤따랐다. 그러나 (베트남전쟁과는 달리) 한국전쟁에 관한 책은 생각보다 많지 않다.[5]

전체적으로 본다면, 한국전쟁의 발발 원인은 국제적으로 볼 때 1949년 소련의 핵개발, 중국의 공산혁명, 그리고 국내적으로 볼 때 주한미군의 철수와 남북한 정권의 호전적 성격 등으로 지금까지는 설명을 해왔다. 그러나 구소련의 문서들이 공개되면서 분명해진 것은 당시 북한과 소련 정책결정자의 오판이 전쟁을 불러왔다는 사실이다. 1949년 봄 김일성이 스탈린을 만나 전쟁 의사를

---

5) 『혼돈의 세계: 미국 외교정책과 구질서의 위기, 그리고 한반도의 운명(A World in Disarray, 2017)』 리처드 하스, 매경출판, 2017, p.55·333.

밝혔을 때 스탈린(1922~1952년까지 30년간 통치)은 반대했다. 그 시점에서 주한미군이 아직 남한에 주둔하고 있었다. 그런데 1950년 봄 스탈린의 반응이 달라진다. 미국이 국외에서 일어난 사건에 개입하지 않으리라는 소문이 있는데, 한반도에서 전쟁이 일어나더라도 미국은 개입하지 않으리라고 판단한 것이다. 김일성도 그렇게 얘기했다. 그런 오판이 전쟁을 불러온 것이다.[6]

6·25에 대한 정의를 하라면 대부분 이렇다. "김일성이 소련과 중국의 지원을 받아 남침한 전쟁으로 국군과 미국을 중심으로 한 유엔군이 맞서 싸웠다." 절반만 맞는 정의다. 6·25전쟁은 북한군이 남한 좌익과 합세한 전쟁이었다. 합세가 아니라 보조겠지 생각하면 곤란하다. 6월 28일 당시 육군본부 산하에 있던 국군 병력은 25,000여 명에 불과했다. 지리산 등에서 빨치산[7] 활동을 벌인 좌익의 숫자는 최소 2만에서 최대 6만이었다. 정규군을 압도할 수준이었다는 이야기다. 쫓기는 주제에 "아침은 서울, 점심은 해주, 저녁은 평양"이라는 국방장관 신성모의 횡설수설 뻥치는 호언이 북한에도 있었다. 북한은 전쟁에서 빠른 시간 내에 승리를 거둔 후 1950년 8월 15일에 서울에서 성대한 광복절 행사를 치르겠다는 계획을 세웠다. 이들은 50일이면 전쟁이 끝날 것으로 계산하여 역순하여 6월 25일을 전쟁 개시일로 잡았다.[8](도쿄의 맥아더 미국 사령부는 6·25전쟁을 미리 알고 있었다.)[9]

---

6) 「인문학 콘서트(3)」, 김경동 외 다수, 이숲, 2010, p.360~363. (박태균, 서울대 국제대학원 교수의 글)

7) 「개념어 사전」, 남경태, 들녘, 2006, p.173~174.
빨치산은 원래 '당파'를 뜻하는 파르티(Parti)라는 프랑스어에서 나온 말인데, 전쟁에서 비정규직으로 활동하는 '유격대'를 뜻한다(흔히 '게릴라'와 착각하지만 스페인어인 게릴라는 소규모 전쟁이라는 뜻이므로 유격대가 아니라 '유격전'을 가리키는 용어다). 역사적으로 가장 크게 이름을 떨친 빨치산은 유고슬라비아 유격대였다. 제2차 세계대전 시기에 독일과 이탈리아 가 발칸 일대를 점령하자 유고슬라비아 공산당 지도자인 티토는 80만 명의 빨치산 병력을 이끌고 파시즘에 저항하는 유격전을 활발하게 펼쳤다.

8) 「꼰빠이 386」, 남정욱, 북앤피플, 2014, p.21~22.

9) 「내 인생의 역사 공부」, 강만길, 창비, 2016, p.91~95.

1953년 7월 27일 한국은 불참한 가운데 미국·중국·북한 사이에 휴전협정이 조인됐다. 『두 개의 한국(Two Korea)』의 저자 오버도퍼(Don Oberdorfer)는 유엔군 40만 명(이 중 2/3는 한국군), 북한군 52만 명, 중국군 90만 명이 전사한 것으로 추정했다. 미군의 전사자는 36,000명 이상으로 집계됐다. 남한에서 죽거나 실종된 인구는 약 100만~150만으로 추정된다. 당시 남북한 합산 총인구의 1/10에 해당하는 3백만 명이 죽거나 부상·실종됐고 5백만 명의 난민이 발생했다. 남한의 물적 손실은 1949년 국민총생산에 맞먹는 20억 달러에 달했다. 북한이 감수해야 했던 손실도 이와 거의 비슷한 수준이다.[10]

4. 잊힌 전쟁(Forgotten War)

미국학자들 사이에서 한국전쟁의 비공식적 명칭은 '잊힌 전쟁(Forgotten War)'이다. 1950년에서 1953년 사이의 한반도에서 벌어진, 제1차 세계대전 다음으로 많고 베트남전쟁보다도 더 많은 사상자를 낸 끔찍한 전쟁을 일컫는

6·25전쟁은 결코 갑자기 일어난 전쟁이 아니다. 1950년 6월 25일 전에도 38도선을 경계로 해서 남북 군대 사이에 잦은 충돌이 있었고, 더구나 도쿄의 맥아더(D. MacArthur, 1880~1964) 미국 사령부가 우리 땅 북녘에 보낸 간첩을 통해 6월 25일에 전쟁이 일어난다는 것을 미리 알고 있었다는 사실까지도 밝혀졌다.
이제 중공군이 참전하게 되는 상황을 살펴보자. 6월 25일 전쟁이 일어나자 6월 27일 미국 대통령 트루먼(Harry S. Truman, 1884~1972)이 전쟁 개입을 선언했고, 7월 2일에 중국 정부 주석 마오쩌둥이 미국군 중심 유엔군이 서울을 공격할 것에 대비해 강력한 방위벽 구축을 지시했다. 미국이 참전한 이상 김일성 군대가 못 이길 것이고 미국군 중심 유엔군이 38도선을 넘어 진격할 것이다. 그러니 전쟁 준비를 해야 한다는 거였다. 그래서 전쟁이 일어난 해의 5월부터 7월 사이에 18만 명의 중국 정예부대가 참전태세를 갖추게 되었다. 결국 중국 육군이 압록강을 넘어 대거 참전했고, 중국 군복을 입은 소련 공군도 참전했다. 마오쩌둥 중국은 성립된 지 1년밖에 안 되어 공군이 없었고, 그래서 소련의 미그기 조종사들에게 중국 군복을 입혀 참전케 함으로써 미국 공군의 공격에 대항했던 것이다. 소련이 정식으로 참전하면 제3차 세계대전이 될 가능성이 있으니 그런 편법을 쓴 것이라 하겠다.
10) 『두 개의 한국: 개정판(Two Koreas, 개정판 2013·초판 2001)』 돈 오버도퍼 외, 길산, 2014, p.39.

이름치고는 초라하다 못해 비극적이다.

이 명칭이 전쟁이 있었다는 사실 자체에 대한 망각을 지칭하는 것이 아니라면, 잊힌 사건으로 기억되는 한국전쟁은 그 최대 피해자인 한반도 거주민들의 불행에 그치지 않고 미국인들의 역사인식에 존재하는 심각한 자기망각의 징후를 보여주는 것일 수도 있다.

베트남전쟁 이전의 한국전쟁이 대중적 관심조차 없이 벌어진 고립된 전쟁이라면, 정치적으로나 문화적으로 더 떠들썩하고 문제적이었던 베트남전쟁 이후에는 동서 간에 고착된 냉전의 시발점 그 이상의 그 무엇도 아닌 듯하다. 예컨대 베트남전쟁의 기억이 미국인들에게 결코 잊히지 않을 억압 불가능한 문화적 외상(Trauma)으로 남았다면, 한국전쟁은 미국인의 안락한 삶을 한때 불편하게 만들었던 쓰라린 기억으로서 이제 애도(Mourning)의 대상일 뿐이다. 한국전쟁의 '망각'에는 베트남전쟁(1964~1975, 1973년 미군철수)의 '집착'이 덧씌어져 있다.[11]

제2편에서 다루지만 잠시, 베트남의 위대함을 잠깐 살펴보고 가자. 베트남은 정말 대단한 나라다. 우리나라 기업들이 현지에 많이 진출해 있고 개발도상국이라고 하여 자칫 쉽게 생각할 수 있으나 그렇지 않다. 우리는 기분이 별로일지 모르겠지만 세계 역사학자들의 눈에는 (섬나라의 특수성을 지닌 일본을 제외하면) 아시아에서는 베트남 국격이 중국과 맞먹을 정도다. 관련 글을 보자.

"일본과 베트남은 중국 주변부 구성원이면서 동시에 제국적 작위 수여 기능

---

11) 「전쟁의 기억, 냉전의 구술」, 김동환 외, 도서출판 선인, 2008, p.221·229.

을 행사했다는 점에서 중국의 경쟁자였다. 중국을 중심으로 하는 조공 무역 체계는 이 영토적 실체들에게 상호 통합의 정치·경제적 틀을 제공했지만, 이 틀에서는 중심부인 중국에 대해 주변부를 구성하는 부분들이 상당한 자주성을 가지고 있었다. 이 체계 내에서 조공 사절단은 위계적이면서도 경쟁적인 '제국적 작위 수여' 기능을 수행했다고 한다. 예를 들면, 한국·일본·류큐(琉球, 오키나와) 열도와 베트남·라오스 등은 모두 중국에 조공 사절단을 보냈다. 하지만 류큐 열도와 한국은 일본에도 조공 사절단을 보냈고, 베트남은 라오스에게 조공 사절단을 요구했다. 따라서 일본과 베트남은 중국 중심 체계의 주변부 구성원이면서 동시에 제국적 작위 수여 기능을 행사했다는 점에서 중국의 경쟁자였던 것이다."[12) 13) 14)]

근·현대에도 베트남의 국격은 흔들리지 않았으며, 베트남과의 전쟁에서 수모를 당한 나라는 미국만이 아니다. 1954년 공산주의와 민족주의를 내세운 북베트남이 독립 쟁취를 위해 당시 세계열강 가운데 하나였던 프랑스

---

12) 「체계론으로 보는 세계사(Chaos and Governance in the Modern World System, 1999)」, 조반니 아리기 외 다수, 모티브북, 2008, p.395.

13) 「더불어숲: 신영복의 세계기행(1998·2015)」, 신영복, 돌베개, 2015, p.87.
〈세계에서 가장 강인한 세 민족(Strongest Three): 한국·베트남·이스라엘〉
베트남은 한국, 이스라엘과 더불어 세계에서 가장 강인한 세 민족의 하나로 불린다. 바람에 날리는 아오자이의 가냘픈 서정도 그렇지만 결코 강골이라 할 수 없는 베트남 사람들의 몸 어디에 그러한 강인함이 도사리고 있는지 의아하다.

14) 「정글만리 3」, 조정래, 해냄, 2013, p.347. 〈못 차지한 한국과 베트남〉
중국이 수천 년 동안 차지하려고 애썼지만 실패한 두 나라가 한국과 베트남이다. 그래서 중국을 대국으로 인정하고 서로 사이좋게 살며 특산물을 교역하자고 해서 만든 제도가 조공(租貢)이다(조공도 군신의 의미가 있어 '공무역'이 대등한 용어 −이상준). 그리고 속국이란 신식말로 하면 식민지인데, 식민란 강한 나라가 약한 나라를 완전히 지배해서 모든 권한을 다 뺏어버리는 걸 말한다. 그런데 한국과 베트남은 중국에 모든 권한을 뺏기고 지배당한 적이 한 번도 없고, 그들 스스로 군대를 가지고 나라를 지켰고, 딴 나라와 외교활동을 펼쳤고, 자기들 법을 가지고 나라를 운영한 당당한 독립국가였다.
다만 운명적으로 영토가 작고, 인구가 적어서 인접한 큰 나라한테 괴롭힘을 당한 것뿐이다. 중국은 스스로 대국이라고 뻐기고 싶어서 계속 속국이라는 말을 써왔는데, 그건 '우린 주변의 작은 나라나 괴롭히는 못된 짓을 해왔다'고 스스로 입증하는 것밖에 안 된다.

와 싸워 디엔비엔푸에서 그들을 물리쳤다. 프랑스(제1차 인도차이나[15] 전쟁, 1945~1954)에 이어 미국과의 전쟁에서도 승리한 후(제2차 인도차이나 전쟁: 1955~1975),[16] 1979년 킬링필드의 크메르 루주와의 전쟁 및 점령(1979~1989), 1979년 북쪽 국경을 침범한 중국마저 이겨냈다. 전력 면에서 볼 때 상대가 되지 않았던 베트남은 10여 년 간격으로 프랑스·미국·중국을 연파했다.

---

15) 인도차이나는 '인도(India)와 중국(China) 사이에 있는 반도'라는 뜻이다.

16) 〈베트남전쟁의 주요 일정과 미국·한국 지상군의 개입〉
　　1955.11.1. 전쟁 시작→1961.1. 미국 게릴라작전으로 개입→1964.8.2.~4. 통킹만(Gulf of Tongking) 사건(미국이 조작)~1964.8.7. 폭격명령→1965.3. 미국·한국 지상군 파병→1973.3. 미국·한국군 철수→1975.4.30. 남베트남정부 항복 선언.
　　(한국군은 총 312,853명이 파병되어, 4,624명이 전사, 1만여 명이 부상당했다. -「대안교과서 한국 근·현대사」 교과서포럼, 2008, p.192)

제5장

직지심체요절과 조선통신사

1. 유네스코 세계유산

(1)일본과 유네스코

2017년까지 유네스코 분담금의 상위 국가는 미국이 22%로 1위, 일본이 10%로 2위, 8%의 중국이 3위였다. 그런데 유네스코가 반이스라엘편에 서서 팔레스타인에 편향됐다고 비난해 온 미국(2017.10.12.일자)과 이스라엘(2017.10.13.일자)이 탈퇴를 통보해버렸다.[1] 유네스코 규정상 정식 탈퇴는 2019년 말을 기준으로 효력이 발생되지만, 2019년 1월 1일자로 공식 탈퇴해

---

1) 「한겨레」, 2019.1.2. 〈**미국 · 이스라엘, 새해 첫날 유네스코 탈퇴**〉 조일준 기자
   이전까지 미국은 유네스코 전체 예산의 약 22%를 분담금으로 지원해왔다. 그러나 2011년부터 미국이 내지 않은 분담금 누적금액은 6억 달러(약 7천억 원)에 이르는데, 바로 이 점이 트럼프 대통령이 유네스코 탈퇴를 결정한 이유 중 하나라고 AP통신이 짚었다.
   이스라엘의 분담금 미납액은 1천 만달러(약 15억 원) 정도다. 한편, 제2차 세계대전 이후 미국이 주도해 창설한 유네스코이지만 미국이 유네스코를 탈퇴한 게 이번이 처음은 아니다. 1984년 로널드 레이건 정부는 유네스코가 소련의 이익을 옹호한다는 것을 구실로 탈퇴한 바 있다. 미국은 이후 조지 부시 정부 시절인 2003년 유네스코에 재가입했는데, 15년 만에 두 번째로 탈퇴하는 기록을 세웠다.

버렸고 2018년까지의 수년간 분담금도 내지 않았으므로, 2018년부터 유네스코 분담금 1위 국가는 일본이 됐다.[2] 그 전에도 일본의 입김은 강력했지만 앞으로는 더 심할 것이다.

일본의 역사관은 일관되게 과거에 저질렀던 '창피하거나 더러운' 역사는 우선 숨기고 보자는 것이다. '손바닥으로 하늘을 가릴 수 있는가'라고 반박해도 눈도 꿈쩍 않는다. 앞으로 그들의 지배를 받았던 우리는 특히, '유네스코와 일본'이라는 주제에서 열 받을 일이 많을 것이다. 힘없는 민족의 설움이니 당장은 어쩔 도리가 없다.

2015년 일본 '메이지(明治) 산업유산들(군함도[3]를 포함한 23곳)'이 유네스코 세계유산(문화유산)으로 등재될 당시, 일본은 해당 시설과 관련한 '전체 역사'를 알려야 한다는 전제조건에 동의해놓고 이런저런 이유를 들며 미꾸라지처럼 빠져나가는 작태를 보였다. 세계유산위원회는 시설들의 등재를 결정하되, 일본 측에 각 시설의 전체 역사를 이해할 수 있는 '해석 전략'을 준비하도

---

2) 「아시아경제」, 2019.9.24. 〈한국이 유네스코 제도 개혁을 방해했다?〉 이종길 기자
   2018년은 일본이 유네스코 분담금 1위였다. 그러나 2019년은 중국에 이어 2위다. 그 이유는 우리나라와 중국, 필리핀, 네덜란드 등 8개국 단체 14곳이 2016년에 '일본군 위안부 기록물'의 세계기록유산 등재를 신청한 데 반발하여, 일본이 분담금(연간 약 390억 원)의 일부를 미납했기 때문이다.
   유네스코는 '일본군 위안부 기록물'에 대해 2017년 등재 보류 권고 결정을 내렸다. 이 때문에 심사는 최대 4년간 보류된다.

3) 영화 「군함도(The Battleship Island)」(2017.6.26. 개봉, 류승완 감독, 황정민·소지섭·송중기·이정현 주연): 소설 「군함도」(한수산, 2016)가 원작.
   작가 한수산(1946~)이 일제 강점기 강제징용 당하고 나가사키 원폭 투하로 피폭된 조선인의 이야기를 그린 「군함도」를 완성하는 데 걸린 시간은 무려 27년이다. 1989년 가을 일본 도쿄의 한 고서점에서 「원폭과 조선인」이라는 책을 읽은 뒤였다. 1990년 여름부터 취재를 시작해 1993년 「중앙일보」에 〈해는 뜨고 해는 지고〉라는 제목으로 연재했다가 포기한 뒤, 2003년 다시 「까마귀」(총 5권)로 제목을 바꿔 완성한 뒤 출간했었다. 이후 2009년 「까마귀」를 1/3 가량 축소하고 「군함도」로 제목을 변경해 일본어 번역판을 내놓고, 추가 취재를 거쳐 2016년 5월 「군함도」(총 2권, 창작과비평) 완결판을 완성했다. 27년간 이 소설에 매달린 이유는 '군함도'가 지금까지도 온전히 청산되지 않은 한국과 일본의 과거사를 담고 있기 때문이다.

록 권고했었다. 이에 대해 일본 측은 이들 시설 중 일부에서 1940년대 한국인과 기타 국민이 자기 의사에 반(反)하게 동원돼 가혹한 조건에서 강제로 노역(forced to work)했다고 인정하면서 희생자들을 기리기 위한 정보센터 설치 등과 같은 적절한 조처를 하겠다고 약속했다. 그러나 일본 정부는 약속한 기한에 맞춰 2017년 11월 유네스코에 제출한 851쪽 분량의 '유산 관련 보전상황 보고서'에서 조선인 등이 강제노역을 한 산업유산 관련 종합 정보센터를 해당 유산이 위치한 나가사키(長崎)현이 아닌 군함도에서 1,000km 떨어진 도쿄에 설치하겠다고 밝혀 논란을 야기했다. 정보센터도 일반인 대상이 아니라 전문가 연구시설인 '싱크탱크' 형태로 짓겠다고 밝혔다. 또 일본 정부는 보고서에 '강제(forced)'라는 단어를 쓰지 않고, "제2차 세계대전 때 국가총동원법에 따라 전쟁 전(前)과 전쟁 중, 전쟁 후에 일본의 산업을 지원(support)한 많은 수의 한반도 출신자가 있었다"는 표현을 쓴 것도 문제로 지적됐다. 일본이 2019년 12월 2일 유네스코에 '2차 보고서'를 냈는데, 역시 달라진 건 없었다.

(2)한국의 유네스코 유산

유네스코 세계유산(UNESCO World Heritage)은 크게 세계유산(자연유산·문화유산·복합유산으로 다시 구분, 2019.12.31. 현재 한국은 14건)·인류무형문화유산(한국은 20건)·세계기록유산(한국은 16건)의 세 종류로 분류하고 있다. 일례로 해인사 '장경판전(藏經板殿)=장경각(藏經閣)'은 1995년 세계문화유산으로 등재됐고, 팔만대장경판(八萬大藏經板)은 2007년 세계기록유산으로 등재됐다.

그리고 유네스코 한국위원회 홈페이지(http://www.unesco.or.kr/

heritage)에 들어가 보면 알겠지만, 자료의 '업데이트(Update)'가 너무 늦다.
그리고 우리가 가장 관심을 많이 가지고 있는 세계유산 관련 자료도 업데이트
안 되기는 마찬가지다. 유네스코 세계유산의 목록과 내용을 파악하려면 포털
사이트(portal site)에서 '유네스코와 유산'을 치면 'heritage.unesco.or.kr'이
검색된다. 이 속으로 들어가면 '세계유산 목록'(상세내용 포함)과 '한국의 세계
유산'(상세내용 포함) 등으로 분류는 되어 있다.

〈한국의 유네스코 유산 관련 등재 요약표〉(2019년 12월 31일 기준)

대 구분	중 구분	건수(한국/세계)	비 고
세계유산:	자연유산	1 /213	제주도 화산섬과 용암동굴(2007년) 1건
	문화유산	13/869	석굴암과 불국사, 해인사 장경판전, 한국의 서원(9곳) 등
	복합유산	0/ 39	
	(합계)	14/1,121[4]	
인류무형문화유산		20/429	농악, 줄타기, 줄다리기, 씨름 등
세계기록유산		16/432 [5]	『훈민정음(해례본)』『팔만대장경판』 등

---

4) 〈2019년 WHC 43차 위원회(아제르바이잔 바쿠, 7월 6일 개최)에서 추가 등재된 현황〉
자연유산 4건, 문화유산 24건('한국의 서원(9곳)' 1건 포함), 복합유산 1건, 총 29건이 추가 등재됐다.
〈2018년 WHC 42차 위원회(바레인 마나마, 6월 30일 개최)에서 추가 등재된 현황〉
자연유산 3건, 문화유산 13건, 복합유산 3건('한국의 산사(7곳)' 1건 포함), 총 19건이 추가 등재됐다.

5) 「newsis」 2019.10.24. 〈유네스코, 세계기록유산 제도 개혁 논의-내년 가을까지 지속 결의〉 김혜경 기자
유네스코 세계기록유산은 국가별로 2년마다 2건씩 등재를 신청할 수 있다.(그러나 국제공동등재의 경우 건
수에 제한은 없다. 세계유산과 인류무형문화유산은 매년 심사 및 등재한다.)
그런데 2019년에는 세계기록유산 등재 회의가 열리지 못하고 있다. 지난 2015년 중국의 '난징(南京)대학살
문건'이 세계기록유산으로 등재된 데 이어, 2017년 한국과 중국, 그리고 일본의 시민단체들이 '일본군 위안
부 문제에 대한 자료' 등재를 신청하자, 일본정부가 반발한 데 따른 것이다. 유네스코의 사실상 최대 후원국
인 일본이 분담금 납부까지 미루며 겁박하자, 유네스코는 2020년까지 논의를 계속하기로 했다.

유네스코를 떠올리면 우리 한민족은 일단 뿌듯함을 느낀다. 위의 '요약표'에서도 알 수 있듯이, 세계 자연유산이 1건밖에 없어 서운해 할지는 모르겠으나 이것도 평균은 된다. 전 세계 200여 개 나라 중에 213개이니 평균 1국에 1개이고, 게다가 우리는 국토도 좁지 않은가. 그러나 나머지의 유산 분야에서 대한민국의 비중은 정말 대단하다. 대한민국은 나라의 수적 비중은 0.5%(1/200)밖에 되지 않지만, 세계 문화유산 비중은 1.5%(13/869), 인류무형문화유산은 4.7%(20/429), 세계기록유산은 3.7%(16/432)나 된다.

특히 유네스코 세계유산 중 '자연유산'은 그 수가 많지 않다. 전 세계적으로 볼 때 '자연유산'은 '문화유산'의 25%(213/869)에도 못 미친다. 우리나라의 경우 '제주 화산섬과 용암동굴'(2007) 1개뿐이지만 세계 각국의 평균은 된다고 방금 설명했다. 2007년 세계유산(자연유산)에 제주도를 등재시키기 위해 제주시를 중심으로 많은 예산을 쏟아 넣으며 유네스코에 엄청난 전화 공세를 퍼부었다. 우리나라에서 세계유산 중 자연유산으로는 유일하게 등재됐으니 일단은 작전성공이었다. 한편으로 자랑스럽기는 하다. 그러나 앞에서 살펴본 바와 같이 돈과 힘이 가장 크게 작용하는 유네스코에 그렇게까지 해서 등재한 일이 과연 옳았을까?

2. 세계 최초의 금속활자본 직지심체요절

훈민정음이 1997년 세계기록유산이 됐듯이 한글의 편리성과 과학성도 대단하고, 이렇게 다양한 서책들도 두말하면 잔소리다. 병인양요(丙寅洋擾, 1866)

때 프랑스 장교가 강화도를 약탈한 뒤 조선에는 다 쓰러져가는 허름한 농민의 초가집 속에도 반드시 몇 권의 책이 있다는 사실을 발견하고 심한 열등감을 느꼈다고 자책한 기록도 있다.[6]

2001년 세계기록유산으로 등재된『직지심체요절(直指心體要節)』(1377)[7]은 금속활자로 인쇄된 최초의 책으로 독일의 구텐베르크[8]보다 70년(78년 =1455-1377년) 앞선다. 2005년 한국을 방문한 미국 부통령 엘 고어(Al Gore, 1992~2000)도 같은 취지의 발언을 했다. 모든 교과서나 대부분의 역사학자들은 이 위대함만을 칭송한다. 그러나 이 '위대함' 뒤에도 '아픈 역사'가 숨어 있다. 얼마든지 많은 책을 훨씬 편하게 찍어낼 수 있는 금속활자를 만든 것까지는 좋은데, 그 덕분에 사회가 어떻게 변화됐는지에 대한 해설은 일언반구도 없다. 누가 먼저 만들었느냐가 아니라 그것을 어떻게 운용했느냐가 더 중요한 게 아니겠는가. 그들이 말하지 않는 이유는 단 두 가지다.

첫째, 금속활자 발명 이후에도 사회변화는 거의 없었다는 점이다. 권력을 쥔

---

6)『옛 그림 읽기의 즐거움(3)』오주석, 솔, 2008, p.94~95.

7)『직지: 아모르 마네트(1)』김진명, 쌤앤파커스, 2019, p.51~53. 참조.
청주 흥덕사에서 1377년(고려 공민왕 21년)에 금속활자로 간행한 최초의 책으로 정식이름은『백운화상초록불조직지심체요절(白雲和尙抄錄佛祖直指心體要節)』이다. '직지(直指)'는 '바로 가리킨다'는 뜻으로, '백운화상이 편찬한 마음의 근본을 깨닫는 글귀(선사들의 중요한 말씀)'이라는 뜻이다. 고려 시대의 승려인 백운화상이 부처님과 큰 스님들의 가르침과 대화, 편지 등에서 중요한 내용을 뽑아 수록했다.
상·하권 두 권 중, 현재 하권만이 프랑스 국립도서관에 보관되어 있는데, '직지심경'이란 명칭은 '직지'를 불경과 혼동하여 프랑스인들이 쓰던 잘못된 이름이다. 이를 줄여서 '직지'라고 부르는 것은 가능하지만, '직지심경'으로 부르면 안 된다. 왜냐하면 '불경(佛經)'이란 부처의 말씀을 아난존자가 옮겨 적은 것을 말하는데, '직지'는 백운화상이 역대 선승들의 선문답을 적은 것으로 불경이 아니기 때문이다.

8)『말하지 않는 세계사』최성락, 페이퍼로드, 2016, p.194~201.
구텐베르크(Johannes Gutenberg, 독일 마인츠, 1390?~1468)가 최초로 인쇄한 것은, 라틴어 문법책『도나투스(Donatus)』(350)였고, 그 다음이 '면죄부'→'시빌의 예언'→「42행 성서」순이다.

위정자들은 백성들이 똑똑해지는 것을 극도로 경계했다.[9] [10] 무식해야 아무 생각 없이 시키는 대로 다 한다. 그러니 『삼강행실도(三綱行實圖)』(1434, 세종 때)나 『내훈(內訓)』(1476, 성종 때 소혜왕후의 저서) 같은 책들만 권장됐지 세상을 고민하는 책은 꿈도 못 꾸었다. 아니, 꿈을 꾸면 죽었다. 지배층은 유교 논리를 앞세워 그저 충효사상만 강조했던 것이다. 임금이나 고관대작들이 어

---

9) 「나의 서양사 편력(1): 고대에서 근대까지」, 박상익, 푸른역사, 2014, p.150~151.

미국 부통령(1992~2000)을 지냈던 엘 고어가 2005년 한국을 방문했다. 고어는 서울 신라호텔에서 열린 '서울디지털포럼2005'에서 한국의 정보기술(IT, Information Technology) 발전에 대해 놀라움을 표시하면서, "서양에서는 구텐베르크가 인쇄술을 발명한 것으로 알고 있지만, 그 기술은 당시 교황 사절단이 한국을 방문한 이후 얻어온 것"이라고 말했다.

그는 "스위스의 인쇄박물관에 갔다가 알게 된 사실"이라며 "구텐베르크가 교황 사절단의 일원으로 한국을 방문했던 친구로부터 인쇄 기술에 관한 정보를 처음 접했다"고 전했다. 구텐베르크의 금속활자가 한국의 금속활자를 모방했다는 것이다. 한국이 구텐베르크보다 70년 앞서서 고려시대인 1377년에 금속활자로 『직지심체요절(直指心體要節)』이라는 책을 인쇄한 사실을 바탕에 두고 한 말이다. 언론은 엘 고어의 말을 앞다투어 기사화했다. '민족주의적' 성향의 시민들이 열광한 것은 물론이다. 엘 고어에게서 영향을 받은 작가 오세영은 『구텐베르크의 조선』(2008, 예담)이라는 소설을 발표하기도 했다.

엘 고어의 말은 허황되지는 않을 것이다. 그렇다고 학계에서 공인된 역사도 아니다. 유추는 가능하지만 기록된 증거가 존재하지 않는다. 백 보를 양보해서, 그것이 사실이라 할지라도 생각해야 할 문젯거리가 남는다. 서양 세계에서 근대를 탄생시킨 '변혁'의 수단으로 기능했던 인쇄술이, 한국을 비롯한 동양 사회에서는 역사를 바꾸는 데 거의 영향을 미치지 못했다는 점이다. 우리가 활판인쇄술을 먼저 발명했음에도 불구하고 역사 변혁의 힘으로 활용하지 못했던 이유는 '책'에 대한 동양 사회 특유의 관점 때문이다. 동양 사회의 정치 지배자들이 보기에 책은 일반 대중이 읽을 필요가 없는 것이었다. 경전이나 역사서를 인쇄한 목적도 주로 보관용이었지 열람하거나 널리 유포시키기 위한 것은 아니었다. 이런 연유로 동양의 활판인쇄술은 안타깝게도 역사 변혁의 추동력으로 작용하지 못했다.

10) 「생각의 융합」, 김경집, 더숲, 2015, p.27~28.

『직지심체요절』이 구텐베르크보다 70년이 앞선 금속활자다. 서양에서 구텐베르크의 인쇄술이 없었다면 르네상스도, 종교개혁도 불가능했을 것이다. 진정한 의미의 근대 역사가 펼쳐지게 된 것은 단연코 그의 인쇄술 덕분이다. 그리고 이러한 차이는 결국 서양과 동양이 역전되는 중요한 계기가 되었다. 누가 먼저 만들었느냐가 아니라 그것을 어떻게 운용했느냐가 더 중요하다는 점이 여기에서 새삼 드러난다.

강명관은 「조선시대 책과 지식의 역사」에서 중국·조선·일본 가운데 조선에만 서점이 없었다는 사실을 지적한다. 조선에서의 책은 「삼강행실도」처럼 백성을 교화할 목적으로 찍어낸 윤리서적 위주였고 대부분은 소규모로 발행하여 귀족들의 신분과 가문의 과시용으로 쓰였다. 출판업자와 서적상이 아니라 국가에서 독점한 출판은 활성화될 수 없었고, 양반의 상징인 책을 판매하는 것은 저속한 행위로 여겨졌으며 금기시되었다. 따라서 서점이 있을 까닭이 없었다.

중국에서는 이미 송나라 시대에 출판사와 서점이 있었고, 일본도 도쿠가와 막부 이후 민간 출판사와 서점이 폭발적으로 늘어나 에도 시대를 '서물(書物)의 시대'라고 부를 정도였다고 한다.

그런 의미에서 본다면 서양에서 책은 중세를 붕괴시키고 근대로 나아가는 데 기여했지만, 고려와 조선의 책은 중세적 질서를 고착화시키는 도구였던 셈이다. 서양에서 책은 변화의 원동력이었지만 조선에서 책은 체제 유지용이었기 때문이다.

떤 실정을 범하든 어떤 추태를 부리든 백성은 그들에게 나라에 무조건 충성해야 했다. 고민할 필요도 없이 무조건이었다. 아니, 고민해본들 별반 다를 게 없었을 것이다. 책 근처에도 갈 수 없었고, 더 중요한 점은 그런 책들은 아예 없었으니까! 나라와 백성을 버리고 제 살길만 찾아 떠난 선조도 임금이니까 무조건 우러러볼 수밖에 없었다. 그래야만 했고 그게 충성이었으니까. 하지만 퇴계 이황이나 남명 조식 같은 지식인들은 저항하기도 했다. 세상을 바라보는 눈과 지혜가 있었으니까. 그러나 '유교는 곧 충효'라고 하여 완벽한 '충효사상'으로 변질시킨 것은 일본 제국주의라고 배병삼 교수(1959~)는 지적한다.[11]

둘째, 책에 있는 내용을 그저 수동적으로 받아들일 뿐 더 깊은 고민을 하지 않기 때문이다. 더 깊은 생각을 하지 않더라도 사건·연도·인물 등만 달달 외우면 '수능점수'를 얻는 데는 별 지장이 없으니까. 삶의 목표가 '향기 나는 인생'이 아니라 우선 '수능점수 올리기'니까.

3. 조선통신사

---

11) 『글쓰기의 최소원칙』, 김훈 등 14인, 룩스문디, 2008, p.138~139.
〈유교를 (완전한) '충효사상'으로 변질시킨 것은 일본 제국주의다〉
유신정권 때 학교마다 붙어 있던, '부모에 효도, 나라에 충성' 같은 구호를 보자. 이런 구호를 대할 때마다 '유교에 대해 이를 간' 이들도 많다. 유교의 바이블인 『논어』를 읽다보면, 결코 '부모에 효도, 나라에 충성'은 없다. 도리어 "부모에겐 효도하되, 나라에는 무작정 충성해선 안 된다"는 이야기가 나온다. 실은 '부모에 효도, 나라에 충성'이라는 표현은 일본 제국주의 영향을 받은 군국주의 구호이다.(…)
도리어 군국주의적 충효사상은 맹자가 특히 저항했던 논리다. 그리고 퇴계 이황이나 남명 조식 같은 유학자들이 저항했던 것 역시 '충은 곧 효'라는 논리였다. 그래서 사화(士禍)가 났다. 350명? 누가 통계를 냈지만, 그 많은 선비들이 칼 아래 죽었던 것이다. 그것은 나라를 위해 충성하다 죽은 것이 아니다. '사(士)'가 가진 자율성, 국가권력으로부터 자율성을 확보하기 위해 투쟁한 것이다. 그런 맥락이 우리 근세 100년 속에서 왜곡되어버린 것이다. 그러니까 사실 우리가 조선시대를 제대로 이해하기 위해서는 일본 제국주의 하에서 왜곡된 여러 개념들을 바로잡아야 하는 작업의 산을 또 넘어야 하는 것이다.(배병삼 영산대 교수, 1959~)

'조선통신사'라는 명칭에 의문을 가져본 적이 있는가? 좀 이상하지 않는가? 조선통신사는 일본의 입장에서 부르는 명칭이고, 우리나라 입장에서는 '일본통신사'로 불러야 옳다. '조선통신사기록물'은 일본과 공동 등재된 항목이다. 한국 측 63건 124점, 일본 측 48건 209점이 등재된 것이다. 2017년 10월 31일 발표된 '세계기록유산' 등재 소식에 우리나라의 온 신문방송은 '조선통신사 기록물'을 포함한 3건의 등재소식을 알렸고('조선통신사 기록물'은 한일공동등재라는 사실 포함), '일본군 위안부 기록물'은 일본의 전방위적인 방해 공작으로 실패했다는 소식만 전했다. 그러나 내 기억으로 '조선통신사'라는 '용어'에 대한 비평을 단 기사는 단 하나도 없었다. 몰라서 그랬던 건지, 국격(國格)이 손상되는 치욕이라서 그랬는지는 잘 모르겠다.

그러면 통신사 또는 일본통신사가 왜 조선통신사로 불리게 되었는가? "한일관계사에 대한 연구를 일본인 학자들이 먼저 시작했는데, 그들이 쓰는 명칭이나 용어를 무비판적으로 수용한 결과이다. '조선통신사'는 '조선에서 온 통신사'라는 뜻으로 일본에서 불렸던 명칭이다. 실은 일본 사료에도 '조선의 통신사', '조선국의 통신사', '조선으로부터의 통신사' 등으로 기술되어 있다."[12]

---

12) 「조선통신사, 한국 속 오늘」, 심규선 「동아일보」 고문, 월인, 2017. p.아래 페이지.
〈조선통신사란 명칭은 일본 학자들이 쓰는 일본 입장에서의 용어다〉
통신사란 조선시대 일본에 대한 교린정책을 실현하기 위해 일본의 막부 장군에게 파견한 조선의 국왕사절단을 가리킨다. 조선왕조를 건국한 태조 이성계는 8세기 후반부터 6000여 간간 단절됐던 일본과의 국교를 무로마치 막부(室町幕府·실정막부, 1336~1573)와 재개했다. 1401년에는 조선이, 1403년에는 일본이 명나라의 책봉을 받았는데, 1404년 3대 장군 아시카가 요시미쓰(足利義滿·족리의만)가 '일본국왕사'를 조선에 파견함으로써 정식으로 국교를 열었다. 그 후 양국은 활발하게 사절을 교환했다. 조선에서 일본 막부에 보낸 사절을 '통신사(通信使)'라 하고, 일본의 막부에서 조선으로 보낸 사절을 '일본국왕사(日本國王使)'라고 불렀다. '통신(通信)'이라는 말은 '신의로써 통호(通好)한다'는 뜻이며, 통신사는 외교의례상 대등한 국가 간에 파견하는 사절을 의미한다.(p.19)
현재 통용되고 있는 '조선통신사'라는 명칭이 잘못된 것이라는 주장을 1992년에 처음으로 필자(하우봉 전북대학교 사학과 교수)가 제기했다(「동아일보」, 1992.5.22., 15면 '나의 의견' 코너). 그 근거로 「조선왕조실록」이나 「통신사등록」 등 조선시대의 사료에는 '통신사(通信使)'나 '신사(信使)' 혹은 '일본통신사'로 되어 있고, '조선통신사'란 명칭은 전혀 나오지 않는다는 점을 들었다. 조선은 일본에 보내는 통신사이므로 '일본통신사'

물론 한국의 국력이나 '조선(일본)통신사'에 대한 연구 성과는 일본에 훨씬 못 미치기 때문에 '조선통신사'라는 이름으로나마 등재된 것만이라도 다행으로 봐야 될지는 모르겠다. 그러나 최소한 우리의 힘이나 지식이 약해서 이렇게 된 사실 정도는 알려줬어야 되지 않았을까. 우리에게 창피한 과거는 무조건 덮어버리는 게 맞는 것일까. 다시 단재 신채호 선생(1880~1936)의 말씀이 떠오른다. "역사를 잊은 민족에게 미래는 없다!" 과거의 부끄러움과 슬픔을 알고 되새겨야 역사의 아픈 전철을 밟지 않을 텐데 말이다.

라고 불렸던 것이다.

그러면 통신사 또는 일본통신사가 왜 조선통신사로 불리게 되었는가? 한일관계사에 대한 연구를 일본인 학자들이 먼저 시작했는데, 그들이 쓰는 명칭이나 용어를 무비판적으로 수용한 결과이다. '조선통신사'는 '조선에서 온 통신사'라는 뜻으로 일본에서 불렸던 명칭이다. 실은 일본 사료에도 '조선의 통신사', '조선국의 통신사', '조선으로부터의 통신사' 등으로 기술되어 있다. '조선통신사'는 후대의 학자들이 명명한 것인데, 최초로 사용한 사람은 1930년 일본에서 통신사 연구를 시작한 마쓰다 고(松田甲·송전갑)로 알려져 있다.(p.42, 하우봉 전북대학교 사학과 교수)

조선통신사는 앞서 보았듯이 15세기부터 19세기까지 조선시대 전체에 걸쳐 파견되었다. 하지만 오늘날 우리는 대체로 임진왜란을 경계로 그 이후인 1607년부터 1811년까지 총 12차례 일본에 파견된 조선후기의 사절단을 지칭하는 것이 일반적이다. 그것은 조선후기 통신사가 임진왜란의 상처를 딛고 이뤄낸 선린 외교 사행인 데다, 조선전기 통신사와 비교할 수 없을 정도로 문학·학술·예능·생활문화·기술문화 등 다양한 분야에서 문화교류 활동을 활발히 펼쳤기 때문이다. 곧 조선통신사는 오랜 기간 조일(朝日) 문화교류의 실질적인 공식 통로 역할을 수행했던 것이다.(p.61, 한태문 부산대학교 국어국문학과 교수)

제6장

한강의 기적 인가, '정글 자본주의' 인가

1. 박정희에 대한 상반된 견해

"남한의 절대 권력자 박정희(朴正熙, 1917~1979.10.26. 향년 61세)는 여러 가지 면에서 김일성(金日成, 1912~1994, 향년 82세)과 대조적이었다. 김일성이 항일 유격대였던 반면에 박정희는 일본육군사관학교를 졸업하고 일본 육군 장교로 복무했으며, 강제적이기는 했지만 잠시나마 다카기 마사오(高木正雄)라는 일본 이름도 갖고 있었다."[1]

"박정희 대통령이 있었기에 오늘날 발전된 대한민국이 있고 우리가 이만큼 잘 먹고 잘 살 수 있게 됐다." '친박 망령'은 여기에서 출발한다. 박정희가 없었으면 오늘날 우리는 필리핀처럼 후진국의 틀에서 헤어나지 못해 밥도 제대로 먹지 못하고 있을 것이다. '배고파봐라! 좌파고 진보고 평등이고 뭐고 다 필요 없다'고? 과연 그런가? 극명하게 갈리는 양측의 견해를 보자.

먼저 극보수파의 맹주인 정규재의 책 『정규재TV 닥치고 진실』(2014)에 실린 조갑제(전 「월간조선」 편집인, 1945~)의 글이다.

【문턱이론이라는 게 있다. 한국은 이승만 대통령이 씨를 뿌리고, 박정희 대통령이 근대화 산업화를 길러내서 중산층을 만들어냈다. 그렇게 만들어진 중산층이 구각을 깨는 민주화의 기반이 되었다. 그런 의미에서 본다면 민주주의가 가능한 물질적 토대를 만들어낸 사람은 박정희라고 아주 역설적으로 얘기할 수 있다. 박정희는 한마디로 말하면 근대화 혁명가라고 말할 수 있다. 5·16과 유신에 대한 부정적인 평가는 차치하고, 박정희와 군인 엘리트의 효율적인 리더십이나 국가 경영이 없었다면 대한민국의 근대화는 불가능했다고 본다.(칼럼니스트 조갑제)】[2]

이제는 서울대학교 공과대학 이정동 교수(1967~)가 저서 『축적의 길: Made in Korea의 새로운 도전』(2017)에 〈'한강의 기적'은 기적이 아니다〉라는 제목으로 쓴 글을 보자.

【한국 산업의 성공적인 발전 사례를 놓고 개발도상국의 사람들과 이야기를 나누다 보면, 꼭 답답해지는 대목이 있다. 특히 자기나라의 산업발전에 관심과 열의가 많고, 한국 산업에 대해 이것저것 공부하거나 들은 이야기가 많은 개도국 출신 유학생들이나 공무원들일수록, 한국의 발전 과정에서 리더십이 큰 역할을 했다고 이야기하는 경우가 많다. 특정인(박정희?)을 언급하면서, 바로 그런 강력한 리더십이 있었기에 한국 산업이 발전할 수 있었다고 이야기한다. 조금 더 나아가면, 자기 나라는 바로 그런 강력한 리더가 없기 때문에 안 된다는 자조적인 이야기까지 듣게 된다. 이때가 답답한 순간이다.

리더 개인의 특성 문제는 전혀 본질이 아니다. 독특한 리더가 결국 발전의 핵심이라면, 사실 더 이상 논의할 거리가 없어진다. 산업발전을 위해 강력한 리더를 키우라거나 구입

2) 「정규재TV 닥치고 진실」 정규재, 베가북스, 2014, p.314~316.

하라고 권고할 수도 없는 노릇이지만, 개도국이 아니라 현재 어려움에 처해 있는 우리나라의 경우에도 별다른 시사점이 없기 때문이다.

비슷한 맥락으로 흔히 '한강의 기적'이라고 이야기하는 경우가 많은데, 기적이라는 표현 역시 다시 반복하기 어려울 정도로 희귀하다는 뉘앙스를 갖고 있으니 문제가 있기는 마찬가지다. 계속 반복할 수 있으면 기적이 아니지 않은가. 탁월한 리더 때문이었다거나, 참으로 기적이라고밖에 달리 표현할 수 없다고 생각하는 순간 더 이상 논리적으로 이야기가 진행되지 않는다. 한국산업의 성장은 특정한 개인의 리더십 때문이거나 하늘이 내려준 기적의 결과가 아니라, 충분히 설명 가능한 논리적 귀결이기 때문이다.(즉 한국인의 우수성, 높은 교육열, 근면성 등이 오늘날 한국을 만든 것이다. – 이상준) 기적은 착시다. 한국산업의 기적적 성공은 기적이 아니라 탁월한 실행 역량을 확보하였기 때문에 이루어진 것이다.]³⁾

이처럼 극명하게 엇갈리는 박정희의 평가에 참조가 될 만한 것으로, 유시민(1959~) 작가가 책『나의 한국현대사』(2014)에 수록한 글이 있다.

【우리 국민들은 반세기 동안 숨 가쁜 속도전을 펼친 끝에 50년 전에는 상상하기 어려웠던 현대적 국민경제를 만들었다. 하지만 그에 대해 모두가 똑같은 규범적 평가를 내리는 것은 아니다.

어떤 이들은 이것을 '한강의 기적'이라고 하며, 박정희 대통령을 무에서 유를 창조한 '반신반인(半神半人)의 위대한 지도자'라고 칭송한다. 김대중·노무현 정부 때 민생이 파탄에 빠지고 국민 경제가 성장 동력을 잃어버렸다고 비판한다.

---

3) 「축적의 길: Made in Korea의 새로운 도전」 이정동, 지식노마드, 2017, p.226~227.

하지만 다른 사람들은 한국 경제가 불평등과 반칙이 난무하는 약육강식의 '정글자본주의'라고 비판하며 그 책임을 박정희 대통령에게 묻는다. 민주주의를 제대로 하면서 경제 발전을 이루었다면 골고루 잘 사는 나라가 될 수 있었다고 주장한다. 심각한 빈부격차와 살벌한 경쟁풍토, 재벌 대기업의 탐욕과 횡포, 심각한 고용불안과 비정규직의 확산, 세계 최고 수준의 노동시간과 자살률, 참혹한 환경파괴 등 한국 사회의 부정적 현상이 모두 박정희 독재에서 시작되어 신자유주의에 굴복한 김대중·노무현 정부 때 본격화했다고 지적한다.][4]

2. 박정희의 달빛

박정희 대통령은 1961년 5월 16일 군사정변으로 정권을 장악한 후 1967년 헌법 개정을 통해 장기집권의 기틀을 마련했다. 그는 공(功)도 많지만 과(過)도 만만치 않다. 1964년 8월 제1차 인혁당(인민혁명당) 사건, 1971년 8월 실미도 사건, 1973년 8월 김대중 납치사건, 1974년 민청학련사건, 1974년 4월 제2차 인혁당 사건, 1978년 2월 21일 동일방직 여성노조원에 대한 똥물 테러 사건 등 독재를 위해 무자비한 학살을 자행했다. 그리고 박정희 정권 시절인 1961년 1,700명이 납치돼 강제노역에 동원된 '서산개척단'이라는 사건을 들어본 적이 있는가? 참고로 1980년부터 시작된 현대건설의 충청남도 서산시의 간척지 개발사업과는 무관하다. 다큐멘터리 영화 「서산개척단」(2018.5.24. 개봉, 이조훈 감독)에서 밝힌 실상은 이렇다.

---

4) 「나의 한국현대사」, 유시민, 돌베개, 2014, p.103.

【서산개척지는 100만 평이었고 1981년 첫 농사를 지었으나 강제노역자들에게 줘야 할 임금 등 현재가치로 1조 6천억 원에 이르는 미국의 원조금 PL-480 자금은 박정희의 선거자금으로 전액 유용됐고 노역자들에게는 단 한 푼도 지급되지 않았다. 더 나아가 개척지 농지도 당초 약속과 달리 노역자들에게 분배되지 않고 정부 명의로 소유권 등기를 해버린 상태다.(현 충남 서산군 인지면 모월3리 일원이며, 현재 약 20명의 당시 강제노역에 희생된 분들이 여기에 살고 있다.)

그나마 전남 장흥의 개척지 200만 평은 노역자들에게 분배는 됐다.】

또한 독재 권력을 앞세워 사리사욕을 한 사안은 어떠한가. 이 대목에서 댄 세노르·사울 싱어가 이스라엘이 발전한 이유를 체계적으로 분석한 『창업국가(Start-Up Nation)』(2010)라는 책이 생각난다. "이스라엘 정부가 깊숙이 관여한 집중 개발 노력은, 경제에 대한 정부의 지나친 간섭이라는 좋지 않은 선례를 남기기도 했다. 이런 시스템은 작고 이상적인 개발도상국에서 특히 유효했다. 이스라엘 정부에 투명성이라고는 없었지만, '모든 정치인이 가난하게 살다 세상을 떠났으며 시장에 개입해 간섭하고 하고 싶은 대로 다 했지만, 그 와중에 어느 누구도 착복하지는 않았다.'"[5]

3. 냉철하게 짚어보면?

이제 대충 매듭을 지어보자. '친박파'들이 늘 주장하듯이 '경제개발 5개년 계

---

5) 「창업국가(Start-Up Nation, 2010)」 댄 세노르·사울 싱어, 다할미디어, 2010, p.147.

획' 등으로 우리의 경제력이 급성장한 것은 맞다. 그런데 그게 박정희의 강한 리더십이 있었기에 가능했던 것일까? 만일 누군가가 민주적이고 공정하게 이 나라를 이끌었다면 오늘과 같은 풍요는 없고 과연 필리핀처럼 기아에 허덕이고 있을까? 단연코 아니다! 왜냐하면 우리는 높은 교육열, 근면성 등 우수한 인자를 가진 민족이기 때문이다. 이건 부인할 수 없는 사실이다. 일례로, 병인양요(丙寅洋擾, 1866년) 때 프랑스 장교가 강화도를 약탈한 뒤 조선에는 다 쓰러져가는 허름한 농민의 초가집 속에도 반드시 몇 권의 책이 있다는 사실을 발견하고 심한 열등감을 느꼈다고 자책한 기록을 남겼다.[6]

그렇더라도 리더십이 없으면 불가능하다고? 계몽주의를 살펴볼 필요가 있을 것 같다. 계몽주의란 18세기에 프랑스·영국·독일 등에서 일어난 사상 문화운동이다. 몽매한 민중을 이성으로 깨우친다는 뜻이다. 그런데 계몽주의 덕분에 유럽이 근대화에 성공할 수 있었을까? 아니다. 오히려 히틀러 같은 독재자만 만들어냈다. 관련 글 두 편을 보면 판단이 설 것이다.

【정치철학자 존 그레이[7]는 나치의 파시즘적 폭력도 서구 문명의 일탈이 아니라 서구 문명이 내장하고 있는 논리와 폭력의 결과라고 단언한다. 그는 이렇게 말한다. "나치 역시 어떤 의미에서는 계몽주의의 산물이다."】[8]

【하이에크(1899~1992)[9]가 자유사회를 기술하고 그 원리를 분명하게 하기 위해 정열을 기울여 개발한 것이 '자생적 질서' 개념이다. 이에 따르면, 인류에게 유익한 사회제도

---

6) 「옛 그림 읽기의 즐거움(3)」, 오주석, 솔, 2008, p.94~95.

7) 존 그레이: John Gray, 런던 정치경제대학 교수, 정치철학자, 「가짜 여명: 전 지구적 자본주의의 환상(False Dawn: The Delusions of Global Capitalism, 1998·2009)」(이후, 2016) 등 저자, 1948~.

8) 「시대와 지성을 탐험하다」, 김민웅 교수·목사, 한길사, 2016, p.341~342.

9) 하이에크: Friedrich Hayek, 오스트리아 출신 자유주의 경제학자, 1899~1992.

100

의 대부분은 인간이 의지를 가지고 계획적으로 만든 것이 아니라 자신들의 개별적인 목적을 추구하기 위해 서로 관계를 맺으려고 노력하는 과정에서 의도하지 않게 생겨난 결과물이다. 간단히 말해서, 자생적 질서는 인간행동에서 생겨난 것이기는 하지만 인간의 계획을 통해 만들어진 것이 아니다. 자생적 질서에 속하는 대표적인 것이 언어다.

그런데 자생적 질서와는 전혀 상이한 사상이 있다. 프랑스 계몽주의 전통의 계획 사상이 그것이다. 이것은 인류에게 유익한 모든 제도는 엘리트들이 계획하여 만든 것이라고 믿는 사상이다. 이에 따르면, 질서를 위해서는 항상 계획이 필요하다. 완장을 차고 질서를 잡는 사람이 없으면 질서가 생겨나지 않는다는 것이다. 이는 데카르트·홉스·루소·벤담·케인스·롤스로 이어지는 전통으로, 프랑스 혁명의 이념적 기초이기도 했던 프랑스 계몽주의는 파시즘과 나치즘 그리고 사회주의를 출산하는 데에서 최고 절정을 이룬다.

하이에크는 프랑스 계몽주의와는 달리, 질서를 창조하기 위해서는 창조자로서의 주권자가 필요하다는 생각을 버렸다. 더불어 이런 생각을 인간이성에 대한 무제한적 신뢰를 전제하는 '구성주의적 합리주의'라고 비판했다. 인간은 그 어떤 엘리트라고 해도 질서를 창조할 수 있을 만큼 전지전능하지 못하다는 것이다. 그는 프랑스 계몽주의를 비판하면서 질서를 잡는 주체가 없어도 저절로 질서가 생성되고 유지된다는 사상을 확대, 발전시키는 데 주력했다.]10)

영국의 철학자 J. S. 밀은 『공리주의(Utilitarianism)』(1863)에서 다음과 같이 썼다. "배부른 돼지보다는 배고픈 인간이 더 낫다. 배부른 바보보다는 배고픈 소크라테스인 것이 더 낫다. 즉, 바보나 돼지가 덜떨어진 이유는 그들은 (상대

10) 『하이에크, 자유의 길』 민경국, 한울아카데미, 2007, p.15~16.

방에 대한 배려 없이) 자신들의 입장에서만 생각하기 때문이다." 인간은 밥만 배불리 먹는다고 행복해지지 않는다. 그것은 행복의 1차적인 관문을 통과했을 뿐이다. 인본주의 심리학자 아브라함 매슬로우[11]는 '욕구 5단계설(Hierarchy of Needs)'에서 저차원의 욕구가 실현되면 점차 고차원의 욕구를 추구한다고 주장했다. 즉, '1단계 생리적 욕구(본능적인 수준에서의 욕구, 식욕이나 수면욕 등)→2단계 안전의 욕구→3단계 애정과 소속의 욕구→4단계 존경받고자 하는 욕구→5단계 자아실현의 욕구'가 그것이다. 그리고 현대인은 옛날 왕들보다 더 편리한 삶을 살고 있으며, 그들이 낙원이라고 상상한 것 이상의 생활을 영위하고 있다. 그래서 행복해졌을까? 세계적 베스트셀러[12]의 저자이자 예루살렘 히브리대학교 역사학과 교수인 유발 하라리(Yuval Harari, 1976~)도 이렇게 말했다. "우리는 과거 어느 때보다 훨씬 강력한 힘을 갖고 있습니다. 그러나 과거보다 분명 더 '안락'한 삶을 살고 있는 게 사실입니다. 하지만 우리가 선조들보다 훨씬 더 '행복'한지는 의문입니다."[13]

이제 알겠는가! "등 따시고 배부르니까 고마운 줄 알고, 끽소리 하지 말고 엎드려 있어라"와 같은 무식한 말은 하지 말라! 저개발국에서 힘들게 살아가는 사람들과 우리나라를 단순 비교하여 말하지 말라! 앞에서 말했듯이 인간의 욕망은 단계별로 커지는 게 지극히 정상이다. 이런 욕망의 추구가 개인의 스트레스도 될 수 있지만, 인류문명 발전의 원동력이 된다는 점도 명심하자.

---

11) 아브라함(혹은 에이버러햄) 매슬로우: Abraham H. Maslow, 미국, 1908~1970.
12) '인류 3부작' 『사피엔스(Sapiens, 2011)』(김영사, 2015), 『호모 데우스: 미래의 역사(Homo Deus: A Brief History of Tomorrow, 2015)』(김영사, 2017), 『21세기를 위한 21가지 제언: 더 나은 오늘은 어떻게 가능한가(21 Lessons for the 21st Century, 2018)』(김영사, 2018) 등이 있다.
13) 『궁극의 인문학: 시대와 분야를 넘나드는 9인의 사유와 통찰』 전병근, 메디치미디어, 2015, p.120~121.

은둔의 역사는
망각돼 버렸고

양지의 역사만
부각돼 있다

제2편
아시아

제 1 장

신대륙 발견과 임진왜란

1. 100년 주기설

중세시대 동서양의 역사에 내 나름대로 붙인 '100년 주기설'이라는 게 있다. 우연의 일치겠지만 100년 주기로 역사의 흐름을 바꾼 사건이 일어났다는 것이다. 이를 보면 '『동방견문록』 완성(1296년 귀국하여 1306년 발간, 마르코 폴로)→조선왕조 건국(1392년)→신대륙 발견(1492년, 콜럼버스)과 레콩키스타(Reconquista, 1492년, 이사벨 여왕이 그라나다를 점령하여 이베리아 반도에서 이슬람 세력을 공식적으로 소멸시킨 국토회복운동)→임진왜란 발발(1592년)'로 연결되는 일련의 역사적으로 중대한 사건이 일어났다.

1296년경 마르코 폴로가 원나라(몽골) 쿠빌라이 칸 치하에서 17년간 봉직하다가 이탈리아로 귀국하여 『동방견문록』을 발간하여 서양에 동양의 문물과 사상을 소개했고(마르코 폴로가 아예 동방에 발을 디디지도 않았다는 설도 있다), 1392년 이성계가 조선을 건국했으며, 1492년에는 콜럼버스가 스페인 이사벨 여왕을 후원에 힘입어 신대륙을 발견했다. 당시 콜럼버스는 마르코 폴로의 『동방견문록』(제2판)에 심취해 있었으며, 동방의 무역로를 기존의 아프리카 최남단 희망봉을 돌아서 가는 것이 아니라 지구가 둥글다는 당시의 이론을 믿고 서쪽을 향해하여 동쪽의 인도에 도착하고자 했던 것이다. 그러다 우연히 신대륙을 발견하게 된 것인데 그는 죽을 때까지 자기가 발견한 곳이 신대륙이 아니라 인도라고 믿었다(따라서 아메리카 원주민을 아직도 우리는 '인디언' –'인도 사람'이란 뜻– 이라고 부른다). 아메리고 베스푸치(Amerigo Vespucci)가 1499~1504년까지 두 차례 콜럼버스가 간 항로를 따라 여행하여 콜럼버스가 발견한 땅은 인도가 아니라 신대륙임을 알아냈고 자기가 신대륙을 발견했다는 거짓 내용의 책을 냈고, (그의 친구이기도 한) 독일 지도제작자 마르틴 발트제뮐러(Martin Waldseemüller)가 1507년 그의 이름을 따서 '아메리카' 대륙이라고 명명하여 이처럼 불리게 됐다(영국인 상인으로 이탈리아 항해사 조반니 카보토의 대서양 횡단을 지원한 리처드 아메리크(Richard Ameryk, 웨일즈인으로 브리스틀 지역의 부유한 상인)의 이름에서 유래됐다는 견해도 있다[1]).

스페인과 포르투갈은 신대륙에서 금은보화 등 수많은 재화와 신작물들을 약탈했다. 이렇게 쏟아진 신대륙의 재화는 당시 동방무역 위주로 상업을 하던 포르투갈 상인에 의해 일본에까지 전파됐으며 이 과정에서 1543년에 포르투갈 상인들이 처음 조총을 가지고 왔는데, 그 조총의 위력을 첫눈에 알아보고 대량 구입한 사람이 바로 오다 노부나가(織田信長, 1534~1582)였다. 그를 이은 도요토미 히데요시(豊臣秀吉, 1537~1598)가 조총의 힘으로 1590년에 일본천하를 통일하고 중국 대륙까지 집어삼킬 목적으로 일으킨 전쟁이 1592년

---

1) 『지식의 반전(The Book of General Ignorance, 2006)』 존 로이드 외1, 해나무, 2009, p.270.

의 임진왜란이다.[2]

역사는 이렇게 동·서양사를 통섭하여 전체적인 안목으로 살펴볼 필요가 있다.

2. 콜럼버스의 신대륙 발견

(1)아시아인(2만 년 전)→바이킹(서기 1000년경)→콜럼버스(서기 1492년)

크리스토퍼 콜럼버스가 1492년 10월 12일 신대륙을 발견했다. 그러나 기실 신대륙의 첫 번째 발견자는 아메리카 원주민들이었다. 그들은 아시아에서 베링 해협 육로를 통해 2만 년 전에 아메리카로 건너온 것으로 추정된다. 그 뒤 두 번째 발견한 사람들은 바이킹이었다. 그러나 1000년경에 일어난 이 사건은 세상에 별로 알려지지 않았다.[3]

빙하기 말기인 2만 년 전, 빙하 규모가 절정에 이르렀다. 그 당시 해수면은 오늘날보다 120m나 아래에 있어서 아시아와 북미 대륙이 붙어 있었다. 이 연결로를 따라 15,000년 전에 북미 대륙에 인류가 걸어서 처음 이주했다. 인류는 세계 곳곳으로 이주하면서 극한 기후 조건에 내성을 가지게 되었다. 지구상 그

---

2) • 오다 노부나가(49세 사망): "울지 않는 새는 필요없다(죽여버리겠다)." 강성이고 독불장군이었다.
  • 도요토미 히데요시(62세 사망): "울지 않는 새는 내가 울리겠다." 하층민 출신으로 최고의 권좌에 오른 명실상부한 영웅. "이슬처럼 왔다가 이슬처럼 사라지는 게 인생이구나!"는 인생무상에 대한 명언을 남겼다.
  • 도쿠가와 이에야쓰(徳川家康, 1542~1616, 73세 사망): "나는 새가 울 때까지 기다리겠다." 결국 최후의 승자가 되었다.
3) 「달러이야기: 달러의 탄생과 세계지배의 역사」, 홍익희, 한스미디어, 2014, p.17.

어떤 기후에서도 살아남을 수 있게 된 것이다.[4]

그린란드를 처음 발견한 사람은 살인을 저질러 아이슬란드에서 추방되었던 노르웨이 태생의 붉은 머리 에리크(Erik the Red)였다. 그는 30살에 살인죄를 저질러 3년간 해외 추방을 당하게 되었는데 이를 계기로 985년에 그린란드 서남해안에 도착하여 탐험을 시작한다. 그린란드를 사람이 살 수 있는 땅이라고 판단한 에리크는 그 섬에 '푸른 섬(그린란드)'이라는 그럴 듯한 이름을 짓고 자원이 풍부한 곳이라고 과장하며 이주할 사람들을 모았다. 한편, 비아르니 헤르율프손은 붉은머리 에리크와 그가 모집한 사람들이 그린란드로 이주할 당시 가족과 떨어져 있었다. 가족이 모두 그린란드로 떠났다는 소식을 접한 뒤 뒤늦게 그린란드로 향하지만 정처없이 바다 위를 표류하게 된다. 바다를 떠돌던 그는 울창한 삼림으로 뒤덮인 커다란 땅덩어리를 발견한다. 무사히 그린란드에 도착한 헤르율프손은 자신이 새로운 땅을 발견했다고 말하며 숲이 울창한 신대륙에 대해 이야기했다. 에리크의 아들인 레이브 에릭손(Leif Ericson)은 '새로운 땅'에 흥미를 느꼈고, 헤르율프손으로부터 구체적인 정보를 얻은 뒤 북아메리카로 원정을 떠난다. 레이브 에릭손은 모험심 강한 35명과 함께 그린란드를 출발하여 북아메리카 지역에 도착한다. 이 지역은 좋은 기후에 땅이 평평하고 식물이 잘 자라 겨울을 나기에 충분했다. 그들은 그곳에서 겨울 한 철을 지내고 목재와 과일을 잔뜩 싣고 그린란드로 돌아온다. 레이브는 그곳에서 맛본 맛 좋은 과일에 대해 자주 이야기했는데, 그 과일은 바로 포도였다. 그는 포도라는 이름을 따 그가 발견했던 북아메리카 지역을 '빈란드(Vinland)'라고 불렀

---

4) 『파란하늘 빨간지구』, 조천호, 동아시아, 2019, p.33.
2만 년 전부터는 기후가 따뜻해지면서 빙하가 후퇴했다. 마침내 12,000년 전에 빙하기를 뒤로하고, 현재의 따뜻한 간빙기인 홀로세(Holocene)에 들어섰다. 홀로세는 인류가 자연과 조화로운 '완전한 시대'라는 뜻이다. 그전보다 기후 변동성이 매우 작은 안정된 시기였다. 이때 구석기에서 신석기로의 전환이 일어났다.

다. 당시 레이브 에릭손이 밟았던 곳은 지금 캐나다 래브라도 남부 해안·뉴펀들랜드·노바스코샤 반도였고, 그가 겨울을 났던 빈란드는 확실하지는 않지만 뉴잉글랜드 지역일 가능성이 크다고 알려져 있다. 레이브 에릭손은 북아메리카 탐험 이후에도 그의 동생들과 함께 자주 탐험에 나섰고, 여러 번 이주를 시도했다. 하지만 북아메리카 원주민과의 충돌 과정에서 화살을 맞은 동생이 목숨을 잃으면서, 이주 계획은 실패로 돌아간다. 하지만 그 후에도 목재와 식량 확보를 위해 북아메리카를 자주 오갔다는 기록이 남아 있다. 1492년, 크리스토퍼 콜럼버스가 아메리카 대륙을 발견했다고 하지만 그가 실제로 발견한 곳은 카리브해의 산살바도르 섬이었을 뿐이다. 그러나 그보다 훨씬 더 전에 레이브 에릭손이 발견한 곳은 실제 북아메리카 대륙의 북동부 지역이었다. 그렇다면 아메리카 대륙의 최초 발견자는 레이브 에릭손이라고 정정되어야 하지 않을까?[5]

(2)콜럼버스의 신대륙 발견

크리스토퍼 콜럼버스(Christopher Columbus, 1451~1506, 향년 55세)는 바다에서는 마법의 손을 가지고 있었다. 그는 오리엔트(동방 세계)로 가는 꿈에 대해 항상 이야기했다. 하지만 동쪽이 아니라 서쪽으로 항해해서 그곳에 도착하고 싶어 했다. 당시 대부분의 사람들은 이미 지구가 둥근 것을 알고 있었다. 콜럼버스는 1451년 이탈리아에서 태어났고, 포르투갈로 이주해 그곳에서 결혼했다. 아들이 둘 있었고, 포르투갈 왕족에게 그의 꿈을 이룰 수 있도록 자

---

5) 「50개의 키워드로 읽는 북유럽 이야기」, 김민주, 미래의창, 2014, p.302~304.

금 지원을 요청했지만 거절당했다. 콜럼버스는 화가 나서 다시 스페인으로 이주했다. 그는 스페인의 페르디난트 왕과 이사벨 여왕 부부에게 탐험을 할 수 있도록 돈을 대 달라고 8년 동안이나 졸랐다. 콜럼버스는 자신의 계획을 이야기했다. 그가 발견한 모든 것은 스페인의 재산으로 귀속시키고, 자신은 금과 향료의 10%만 갖는다는 내용이었다. 왕과 여왕은 마침내 그의 항해를 승낙했다. 1492년, 100여 명의 남자들이 세 척의 배에 올랐다. 배의 이름은 '니냐'·'핀타'·'산타마리아'였다. 콜럼버스 나이 41살 때였다. 망원경·선글라스, 테가 있는 모자, 선박용 화장실 같은 것이 발명되기 전이었고, 그래서 얼마 되지 않는 기본적인 것들만 싣고 지도에 표시도 되어 있지 않은 바다 서쪽을 향해 출발했다. 그는 결국 33일 만에 육지를 발견했다. 그곳은 그가 처음 생각했던 오리엔트는 아니었지만 육지는 육지였다. 콜럼버스는 그곳을 스페인 소유라고 주장했다. 그리고 그곳을 '히스파니올라'(아이티·도미니카 두 나라가 있는 서인도 제도 중부 섬)라고 불렀다(첫 번째 항해에서 산살바도르 섬에 최초로 도착했고, 다시 배를 몰아 히스파니올라 섬을 발견했다). 콜럼버스는 4차례의 항해로 수많은 아메리카 지역과 섬을 발견했지만 정작 죽을 때까지 변함없이 인도로 알고 있었다.[6]

16세기에 건설된 스페인 남부 세비야 대성당(Sevilla Cathedral, 1403~1506)[7]에는 콜럼버스를 기념하는 조각상과 그의 유품 등이 즐비하다. 콜럼버스로부터 출발하여 그의 후발주자들이 신대륙에서 원주민들의 목숨을 빼앗고 강탈한 엄청난 금은보화로 장식한 제단도 물론 있다.

---

6) 『옛사람의 죽음 사용 설명서(How They Croaked, 2011)』 조지아 브래그, 신인문사, 2014, p.51~54.

7) 6세기(527년)에 터키 이스탄불(콘스탄티노플)에 세워진 성 소피아 성당의 규모는 1,000년 동안 세계 최대였는데, 마침내 16세기에 건설된 스페인 남부 세비야 대성당에게 그 지위를 넘겼다.

"세비야 대성당의 콜럼버스 유품 중에는 그가 읽었던 수많은 책들도 있는데, 특히 마르코 폴로의 『동방견문록』(1296년 귀국하여 1306년 발간)을 펼쳐보면 '황금' 등 특정 키워드 옆에는 별도로 직접 메모를 한 흔적들이 많다. 그가 이 책에 얼마나 심취했는지를 알 수 있다."[8] 이 성당에는 콜럼버스의 묘(Sepulcro de Colón)도 있다.[9]

"역사는 300년 동안 콜럼버스에 대해 잊고 있었다. 1800년대에 스페인 왕은 왕립기록보관소에서 콜럼버스의 항해일지를 찾아냈고, 콜럼버스는 마침내 신세계를 발견한 공로를 인정받았다. 수년이 지난 뒤, 콜럼버스의 유해는 항해를 몇 번 더 했다. 처음에 그는 스페인에 묻혔다. 그 뒤 기록에는 그의 가족이 유해를 오늘날 아이티와 도미니카공화국이 있는 히스파니올라로 갖고 갔다고 적혀 있다. 몇 년이 지난 뒤 그의 시신은 쿠바로 옮겨졌다. 이들 나라들은 아직도 콜럼버스의 유골을 가지고 있다고 주장한다. 유골에 대한 DNA 실험 결과 과학자들은 최소한 콜럼버스의 유골 가운데 일부가 스페인과 쿠바 그리고 아이티에 있다는 것을 확인했다. 도미니카 공화국은 콜럼버스 유해 확인 시험을 거부했다."[10]

---

8) EBS다큐프라임 2016.8.29. 방송 '앙트레 프레너'
   Entrepreneur는 혁신을 실제 사업에 접목한 '창조적 파괴자'라는 뜻이다.

9) 『달러이야기』, 홍익희, 한스미디어, 2014, p.17~19.
   콜럼버스(Columbus)는 영어식 성이고 그의 실제 성은 콜론(Colon)이다. 당시 '콜론'은 이탈리아에 살고 있었던 유대인들의 성으로 콜럼버스 스스로도 다윗 왕과 관련 있다고 자랑하였다. 그는 개종 유대인 '마라노'라는 설이 있다. 마라노는 종교재판을 피해 가톨릭으로 거짓 개종한 유대인을 부르는 경멸어다. 최근 유대 연구가들에 따르면 콜럼버스는 1391~1492년 사이에 스페인에서 추방된 유대인이라는 주장이 제기되고 있다. 당시 스페인에서는 마녀사냥식 종교재판이 성행해 유대인들이 추방되거나 스스로 탈출했다.

10) 『옛사람의 죽음 사용 설명서(How They Croaked, 2011)』, 조지아 브래그, 신인문사, 2014, p.57~59.

3. '토르데시야스 조약'(1494.6.7.)과 '사라고사 조약'(1529.4.22.)

이 두 조약은 최초로 세계 영토를 분할한 조약이다. 물론 당시 가장 세력이 강했던 스페인과 포르투갈 사이에 맺은 조약이다. '토르데시야스 조약(Treaty of Tordesillas)'은 1494년 6월 7일, 스페인의 북서부 마을인 토르데시야스에서 맺은, 스페인과 포르투갈 간의 전 지구영토의 관할을 정한 조약이다. 새 항로 개척으로 '발견'한 식민지를 둘러싸고 에스파냐와 포르투갈은 치열한 경쟁을 벌였다. 경쟁이 심해지자 교황 알렉산더 6세가 두 나라를 화해시키면서, 1493년 대서양에 있는 아조레스(Azorez) 군도에서 서쪽 480km 지점에 남북으로 죽 선을 긋고, 포르투갈은 그 동쪽을, 에스파냐는 서쪽을 각각 지배하라고 나눠줬다. 아조레스(Azorez)는 북대서양에 있는 포르투갈령으로, 리스본에서 1,500km 서쪽에 소재한 인구 약 25만 명의 섬이다. 이 섬은 북아프리카 최서부 세네갈에서 약 620km 떨어진 카보베르데 제도(Cabo Verde)와 경도상 위치가 거의 같다. 다시 말해 당초에는 리스본에서 약 2,000km 서쪽을 경계로 분할했다.[11]

그러나 포르투갈이 불만을 제기함에 따라 1494년 다시 서쪽으로 2,000km 더 옮겨 경계를 확정한 것이다. 결국 리스본에서 4,000km 서쪽이 경계가 됐다. 이 일련의 과정을 통해 1494년 6월 7일 확정한 영토경계 조약이 '토르데시야스 조약'이다.[12]

---

11) 『아마존: 정복과 착취, 경외와 공존의 5백년(Tree of Rivers: The Story of The Amazon, 2008)』 존 헤밍, 미지북스, 2013, p.38~40.

12) 『시사에 훤해지는 역사: 남경태의 48가지 역사 프리즘』 남경태, 메디치, 2013, p.172~174.

이로써 포르투갈은 아프리카와 아시아를 차지하고 에스파냐는 아메리카 대부분을 차지했다(브라질은 경계선에 겹쳐져서 포르투갈이 차지). 이 조약의 결과 브라질은 현재 중·남미에서 유일하게 포르투갈어를 사용하는 나라가 됐으며, 나머지는 전부 스페인어를 사용한다.[13]

또 하나의 중요한 조약이 1529년 4월 22일, 아시아의 경계를 확정한 '사라고사 조약(Treaty of Saragossa)'이다. 이 일련의 과정을 보자.

마젤란(Magellan, 1480~1521)은 포르투갈 출신 스페인 항해가다. 아프리카를 돌아 아시아로 가는 항로가 아니라 서쪽으로 항해를 하여 남미를 통과해 아시아로 가는 항로를 개척, 결국 지구가 둥글다는 것을 증명한 인물이다. 그는 1519년 9월 항해를 시작했으나 귀환 1년 전인 1521년 4월 27일 필리핀 세부(Cebu) 섬에서 원주민들과의 전투 중 살해됐다(세부에는 마젤란의 기념비도 있다). 함대의 지휘관을 계승한 후안 세바스티안 엘카노는 세계 일주 항해를 이룩하고, 1522년 9월에 유럽으로 (당초 5척의 배로 출항했으나 18명이 겨우 남은 1척의 배로) 귀환하면서 새로운 의문이 생기게 된다.

그것은 지도에 남북으로 선을 그어 스페인과 포르투갈의 경계를 정하고 있었지만, 지구가 둥글면 불완전한 경계인 것이다. 따라서 분할의 의미가 유명무실하다는 것은 당연한 의문이었다. 특히 양국은 당시 동남아의 '말루쿠 제도'(인도네시아 말라카 해협 주변 섬들)의 귀속을 둘러싸고 치열한 다툼을 벌이고 있었다. 말루쿠 제도는 당시의 귀중품이었던 향신료의 일대 산지였기 때

---

13) 히스파니아(Hispania)는 현재 이베리아 지역으로 지브롤터·스페인·포르투갈을 포함한 지역이다.
　Hispania 분류: Hispanic – 스페인어를 쓰는 나라에서 온 사람
　　　　　　　　Latinx – 라틴아메리카에서 온 사람
　　　　　　　　　　　(Latino로 불렸으나, 'o'가 남자를 뜻하므로 성평등 차원에서 'x'로 사용)

문이다.

이렇게 아시아의 선긋기를 위한 교섭이 새로 발효된 것이 1529년 4월 22일에 비준된 '사라고사 조약'이다. 사라고사 조약은 말루쿠 제도의 동쪽 297.5 리그를 통과하는 자오선을 두 번째 경계로 했다. 이 자오선은 뉴기니 섬 중앙부(와 일본 동쪽 앞바다)를 통과한다(경계선의 동쪽인 태평양 쪽은 스페인이 지배하고, 서쪽은 포르투갈이 지배하게 되어 일본뿐만 아니라 홍콩·마카오를 포함한 아시아권이 대부분 포르투갈의 영역이 되었다). 포르투갈은 이 조약을 맺고 아시아의 지위를 보전 받는 대신, 스페인에 배상금을 지급하게 된다. 이에 따라 마카오에 대한 포르투갈의 권익이 승인되었다(1543년 일본에 조총을 전달한 것도 이 때문이다).

한편, 스페인은 호주 전역에 대한 우선권을 획득했지만, 포르투갈에 의한 조사를 금지한 흔적은 없다. 필리핀은 자오선의 서쪽인데 이 조약에서 (예외적으로) 스페인령이 되었다(토르데시야스 조약상으로도 당시 필리핀은 스페인이 지배하고 있었다). 필리핀(Philippines)이라는 국명은 1571년 공식 점령한 펠리페 2세(Philip II, 1556~1598 재위)의 이름을 딴 것이다.

4. 임진왜란

일본의 1차 침략(임진왜란)이 '정명가도(征明假道, 중국 명나라를 치는 데 필요한 길을 빌려 달라)'의 명분이었다면, 2차 침략(정유재란)은 '조선 점령'이 주목적이었다. 당시 일본의 흉흉한 민심을 돌리기 위해 도요토미는 조선침략에서 탈출구를 찾았던 것이다. 정유재란은 또 동아시아 3국이 싸운 16세기 최대

규모의 국제 대전이었다. 포르투갈계 용병과 타타르 출신 거인, 몽골의 기마병, 먀오족 등 동남아시아 소수민족들도 대거 참전했던 것이다.[14]

임진년인 1592년(선조 25년) 이성계가 조선을 건국한 지 꼭 200년이 되는 해였다. 바로 그해 4월 13일(양력 5월 23일), 일본은 역사상 최대인 800척의 배에 30여 만의 대병력을 9개 부대로 편성하고는, 대마도를 거쳐 부산 앞바다를 통해 조선 땅을 침범했다. 이로써 7년간에 걸친 더없이 무모하고, 참혹하며, 지루한 전쟁의 서막이 올랐다. 왜적의 침략 사실이 처음 조정에 닿은 것은 4일 만인 4월 17일(양력 5월 27일) 이른 아침이었다. 경상 좌수사 박홍의 장계가 처음 전해진 것이다.(→ 4월 30일(양력 6월 9일) 선조 피난 → 5월 2일(양력 6월 11일) 왜군이 한양까지 진격했다). 그리고 12월, 명나라에서는 제독 이여송을 대장에 임명하여 4만의 군사가 압록강을 건넜다(1597년 정유재란 때 명나라 지원군의 규모는 (수군 포함) 10만 명이었다).[15]

조선군의 아무런 저항을 받지 않고 부산에 도착한 왜군은 이튿날 새벽부터 부산진성을 에워싸고 잔인한 공격을 개시했다. 그 첫 전투에서 부산진 첨사 정발(鄭撥)이 전사하고, 수많은 백성과 가축까지 몰살당하고, 성은 함락되고 만다. 왜군은 다시 군대를 나누어 서쪽의 다대포를 쳤다. 이 전투에서 첨사 윤흥신(尹興信)이 순국하고, 다음 날인 4월 15일에는 동래성마저 무너지며 부사 송상현(宋象賢)이 목숨을 잃었다. 침략 이틀 만에 벌써 경상 해안은 왜적의 손에 들어가 있었다.[16]

임진왜란 직전의 인구가 1,000만이 좀 넘었다고 하는데, 전쟁 후 인구가

---

14) 『정유재란: 잊혀진 전쟁』, 안영배 기자, 동아일보사, 2018, p.4·37.

15) 『징비록(1604년경)』, 류성룡 저/김흥식 역, 서해문집, 2003, p.50·145.

16) 『이순신, 신은 이미 준비를 마치었나이다』, 김종대 전 헌법재판소 재판관, 시루, 2014, p.102~103.

150만 명이다. 인구의 80%가 줄었다고 보기는 어려울 것 같고, 대략 150만 ~200만 명 정도가 희생된 것으로 보인다.[17]

병자호란은 또 어떤가. 1636년(병자년) 12월 10일(양력으로는 1637년 1월 5일) 청나라 태종은 10만 대군을 이끌고 조선을 급습했고 인조는 남한산성으로 피신을 갔다가 46일 만에 항복하고 청 태종에게 세 번 무릎을 꿇고 아홉 번 머리를 조아리는 치욕, 즉 '삼배구고두례(三拜九叩頭禮)'를 당했다. 소현세자와 봉림대군을 비롯해 셀 수 없이 많은 백성이 포로로 끌려갔으며 그중 대부분은 여인이었다. 천신만고 끝에 속환된 여인들에게 조선의 남자들은 '환향녀(還鄉女)'라며 손가락질을 했다. 오늘날 여성을 경멸하는 의미로 쓰는 '화냥년'의 유래다. (임진왜란 직전 약 800~1,000만 명이던) 조선의 총인구수는 병자호란 이후인 1669년에는 501만8,000명으로 파악됐다.[18] 그리고 병자호란 후 청에 끌려간 조선 백성은 약 50만 명에 달했다.[19] 즉 병자호란으로 당시 인구의 약 10%가 인질 등으로 끌려간 것이다! 현재 남한을 기준으로 환산하면 5백만 명, 남북한을 합치면 8백만 명이라는 어마어마한 수치다. 뼈저린 반성을 하지 않

---

17) 『글로벌 한국사, 그날 세계는: 인물 vs 인물』, 이원복·신병주, 휴머니스트, 2016, p.148. (이원복 덕성여대 전 총장, 2015.2.~2018.6. 역임)
  (이상준: 정확한 통계자료가 없어 이견이 많으나 대략 1,000만 명 미만으로 예상된다.)
18) 『고쳐 쓴 한국 근대사』, 강만길, 창비, p.117. ; 『한국사 13』, 방동인, 1974, 재인용.
19) 『역사평설 병자호란(2)』, 한명기, 푸른역사, 2013, p.282~284.
  [피로인(被擄人)들의 고통과 슬픔]
  "우리가 끌고 가는 피로인들 가운데 압록강을 건너기 전에 탈출에 성공하는 자는 불문에 부친다. 하지만 일단 강을 건너 한 발짝이라도 청나라 땅을 밟은 다음에 조선으로 도망쳐오는 자는 조선이 도로 잡아 보내야 한다."
  청 태종 홍타이지가 1637년 1월, 항복을 받을 당시 조선 조정에 제시했던 피로인 관련 조건이었다. 참으로 무서운 내용이다. 당시 서슬 퍼렇던 청의 위협 앞에서 조선 조정은 이를 어기기 어려웠다. 실제 청으로 잡혀 갔다가 조선으로 탈출을 시도했던 피로인들의 운명은 가혹했다. 탈출 도중에 붙잡혀 죽는 것이 다반사였고, 겨우 목숨을 건지더라도 발뒤꿈치를 잘리는 혹형(酷刑)을 받기도 했다. 끔찍한 일이었다. 참혹하기 그지없는 '피로인 문제'야말로 병자호란이 남긴 가장 큰 비극이자 인조정권을 고민하게 했던 문제였다.

으니 아픈 역사가 반복되는 것이다.

「동아일보」안영배 기자의 글을 통해 임진왜란~정유재란에 걸쳐 극악무도했던 일본의 반인륜적 작태 중 일부를 보자.

【〈오사카성〉

일본 간사이(關西) 지방의 최대 도시 오사카(大阪) 시를 상징하는 오사카성. 도요토미 히데요시가 일본을 통일한 후 절대 권력을 과시하기 위해 지은 성(1583년 준공)이다. 히데요시는 이 성에서 임진왜란을 기획하고, 또한 정유재란을 명령했다. 성의 중심부인 천수각(天守閣, 일본군 지휘부이자 망루대)은 침략전쟁 지휘부였다는 사실이 믿기지 않을 정도로 아름다운 성이다. 히데요시 당시는 더 화려했다. 1585년 완성된 천수각은 일본 왕이 거주하던 교토(京都)의 고쇼(御所)보다 웅장하고 사치스러웠다. 천수각에서는 성 아래 마을과 저 멀리 요도가와 강까지 굽어다볼 수 있었다. 그러나 지금의 오사카성은 히데요시의 작품은 아니다. 도쿠가와 이에야스가 히데요시가 지은 성을 완전히 허물고 새로 지었던 성을, 1930년대에 재현한 것이다. 그것도 원형대로가 아니라 콘크리트 재료로 만들었다. 히데요시가 공들여 지었던 5층짜리 천수각도 8층(높이 55m)으로 복원됐다. 다만 천수각 내에 전시된 조립식 황금다실(黃金茶室)은 히데요시가 만든 그대로 남아 있다.

〈조선인 노예사냥〉

일본 규슈 서북단 사가(佐賀) 현 가라쓰(唐津) 시의 나고야성(아이치 현의 나고야성과 구별해 히젠나고야성). 가라쓰는 일본인들이 중국을 가리키는 표현인 '당(唐)'으로 가는 '나루(津)'라는 뜻으로, 예전부터 대륙을 오가는 항구였다. 이곳에서 부산까지는 해로로 278km 남짓이다. 왜군의 출병 거점지이자 전선 사령부인 나고야성이 세워진 배경이다. 도요토미 히데요시는 1592년 불과 5개월 만에 이 성을 완성했다. 면적은 약 17만m². 히데요시가 평생의 역작으로 지은 오사카성 다음가는 크기였다. 그는 전쟁 초기에 나고야성 천수각에 머물면서 명령을 내렸다. 성 주변의 반경 3km 내는 일본 각지에서 차출된 다이묘(大名·영주)들의 진영으로 북적거렸다. 다이묘들은 이곳에서 휘하 부대원들을 이끌고 조선으로 치러 가고, 이곳으로 귀환했다. 임진왜란과 정유재란을 통틀어 20만 병력이 나고야성에서 조선으로 출병했다. 지금도 당시의 진영 터에는 성벽과 토루 등이 비교적 양호한 상태로 남아 있다.

"일본에서 온갖 상인들이 (조선으로) 왔다. 그중에 사람을 사고파는 자도 있었다. 본진의 뒤를 따라다니며 남녀노소 할 것 없이 사들였다. 새끼로 목을 묶은 후 여럿을 줄줄이 옭아매 몰고 가는데, 잘 걸어가지 못하면 뒤에서 몽둥이로 두들겨 팼다. 지옥의 아방(阿房)이라는 사자가 죄인을 잡아들여 괴롭히는 것이 이와 같을 것이다."(『조선일일기(朝鮮日日記)』 1597.11.19.)

왜군의 종군의승(從軍醫僧)인 게이넨(慶念)은 "조선인들을 원숭이처럼 묶은 뒤 우마(牛馬)를 끌게 하고, 무거운 짐을 지고 가게 하면서 볶아대는 일본 상인들의 행태를 차마 눈으로 볼 수 없다"고 기록했다. 정유재란 발발 첫해 초겨울, 호남을 비롯한 대부분의 남부 지방이 왜군의 수중에 떨어진 때였다.

〈포르투갈까지 개입한 국제 노예거래〉

16세기 일본 나가사키항에서 포르투갈 상인들과 예수회 선교사, 일본인들이 교류하는 장면을 담은 「남만병풍(南蠻屛風)」도 있다. 일본인들이 조선인을 노예로 파는 데는 포르투갈인들이 적극 개입돼 있었다. 당시 전 세계 노예시장을 장악하고 있던 포르투갈 노예상들은 수단과 방법을 가리지 않는 인간사냥으로 악명이 높았다. 포르투갈 노예상들의 사주를 받은 일본인들은 조선인 납치를 일확천금의 기회로 생각했다.

넘쳐나는 조선인 노예들로 인해 전 세계 노예시장의 가격이 하락할 정도였다. 조선인 부녀자와 아이의 경우 한 명 가격이 당시 일본의 화폐 단위로 약 2~3문 정도였다. 조총 1정 값은 120문이었다(**조선인 노예 50명의 값이 조총 1정의 값이었다니!**).

1598년 3월경 당시 나가사키에 머물렀던 이탈리아 상인 프란치스코 카를레티는 "조선에서 남자와 여자, 소년과 소녀 등 나이를 가리지 않고 헤아릴 수 없이 많은 사람들이 붙잡혀 왔다. 이들은 모두 극히 헐값에 노예로 팔려나갔다"(『나의 세계 일주기(My Voyage Around the World)』)고 기록했다.

카를레티는 12스쿠도(scudo, 포르투갈 옛 화폐단위, 일본 화폐로는 약 30엔)를 지불하고 조선인 5명을 사들였다. 카를레티는 이들을 나가사키의 예수회 교회에서 세례를 받도록 한 뒤 인도로 데려가 4명을 풀어주고, 나머지 한 명은 이탈리아 플로렌스(피렌체)까지 데려가 자유인으로 방면했다. 카를레티는 그 한 명이 로마에 있을 것이며, 이름이 '안토니오'로 알려져 있다고 기록했다. 이후 안토니오는 로마에 정주하면서 교회 일에 종사하다가 화가 루벤스의 눈에 띄어 「한복 입은 남자(Man in Korean Costume)」의 그림 모델이 됐다고 한다(그림 속 모델이 한국인이 아닌 중국인이라는 등 여러 이설도 있다).[20]

---

[20] 『어쨌든 미술은 재밌다』, 박혜성, 글담출판, 2018, p.21~25.

[페테르 파울 루벤스는 어떻게 「조선 남자」(1617)를 그릴 수 있었을까?]
1983년 영국 크리스티 경매에 등장해서 모두를 깜짝 놀라게 한 작품이 있다. 드로잉 경매 사상 최고가인 324,000파운드(6억6천만 원)를 기록한 루벤스(Peter Paul Rubens, 독일 출생, 1577~1640)의 아주 작은 드로잉 「조선 남자」이다.
미국 J. 폴게티미술관에서 낙찰받으며 세간의 주목을 받은 이 그림 속 주인공은 놀랍게도 한복을 입은 조선 남자였다. 머리는 상투를 틀어 탕건을 쓰고 조선 중기의 도포를 입었으며, 두 손을 가지런히 마주 잡은 모습이 마치 조선 남자처럼 보인다. 루벤스는 어떻게 「조선 남자」를 그릴 수 있었을까?
1617년 「조선 남자」가 그려질 당시 조선은 서양과 교역이 없었다. 네덜란드 선원 하멜이 14년의 표류생활을 마치고 1668년 「하멜표류기」를 썼으니 「조선 남자」와는 무관하다.
그런데 「조선 남자」의 사연은 임진왜란(1592년)과 정유재란(1597년)에 있다. 침략자 일본은 조선인을 생포해 유럽 각지에 노예로 판 것이다. 이때 조선에서 유럽으로 팔려간 사람이 루벤스 그림 속 모델이라고 추측된다. 모델의 이름은 안토니오 코레아로, 이탈리아 상인 프란체스코 카를레티가 쓴 「라조나멘티」에 그 내용이 있다.
「라조나멘티」는 1964년 미국에서 「세계일주기」로 출간되면서 알려졌다. 이 책에 따르면 카를레티는 아버지와 함께 세계 일주를 하던 중에 일본 나가사키에 정박한다. 그때 임진왜란 당시 생포된 조선인 5명을 노예로 산다. 항해 중에 부친이 인도에서 사망하면서 그곳에 노예 4명을 풀어주고 피렌체에 도착한 후 다시 1명을 풀어준다.

정유재란 시기 조선인 납치 규모는 어마어마하다. 한국 학계에서는 10만 명 규모로 보는 반면, 일본 측은 처음에는 5~6만 명으로 추정하다가 현재는 2~3만 명 수준이라고 주장한다. 그러나 일본 측 주장은 역사적 기록에 비춰 터무니없이 축소된 것으로 여겨진다.

전쟁이 끝난 후 조선 조정은 피로인을 고국으로 불러들이려 했다. 그러나 실제로 돌아온 수는 공식적으로 5,000~7,000여 명밖에 되지 않았다. 돌아온 이가 적은 이유는 일본 측의 비협조, 조선 조정의 어정쩡한 피로인 대우 정책 등을 꼽을 수 있다.

〈도요토미 히데요시 "조선인의 코를 베어 와라!"〉

도요토미 히데요시를 신으로 받드는 도요쿠니 신사는 그의 전공을 과시하는 듯 코무덤을 아래로 굽어다보는 위치에 화려하게 조성됐다. 일본 교토(京都) 시 히가시야마(東山) 구의 옛 대불사 터(대불전). 정유재란의 주범 도요토미 히데요시를 신으로 받들어 모시는 도요쿠니 신사(豊國神社)가 있는 곳이다.

이곳에서 서쪽으로 100m쯤 걸어가다 보니 대로변에 경주의 중형급 규모 고분과 비슷한 크기의 무덤 하나가 눈에 들어왔다. 무덤 위에는 돌로 된 석탑(오륜탑)이 있는데 마치

풀려난 조선인은 로마에서 세례명인 '안토니오 코레아'로 살았다고 한다. 이 책을 근거로 안토니오 코레아가 로마에 있었던 시기에 루벤스도 로마에 있었다고 가정하면, 이 그림의 주인공은 조선 남자인 안토니오가 되는 것이다.

루벤스가 1618년에 그린 「성 프란시스코 하비에르의 기적」에도 중앙에 한복 입은 남자가 있다. 이 그림의 모델 또한 조선에서 온 안토니오 코레아로 추측된다. 하지만 모두 추측일 뿐이다. 루벤스가 외교관으로 아시아 지역에 다녀온 후 외교성과를 기념하기 위해 아시아 의복을 입은 모델을 그렸다는 설도 있다.

또 다른 추측은 루벤스가 일본이나 명나라에 파견된 예수교 선교사가 보내온 조선인 그림을 보고 그린 것이라는 설이다. 하지만, 조선 복식 전문가들은 이 그림의 옷은 조선 옷과 일치하지 않는다고 한다. 동전 폭이 넓고 바지는 그려져 있지 않으며 머리 장식은 허술하기 때문에 상상력으로 그린 것이라는 주장이다. 그래도 시대 상황을 감안한다면 그 정도 흉내 낸 것만 해도 사실성을 인정해야 할 것 같다.

이 특별한 그림은 우리나라에서 2차례 전시됐다. 그림에 얽힌 이야기는 몇 편의 책으로도 나왔고, 뮤지컬로 공연되기도 했다. 이 그림을 소재로 한 오세영의 소설 「베니스의 개성상인」은 스테디셀러였다.

루벤스가 그린 「조선 남자」가 진짜 조선 남자라면 이는 서양인이 그린 최초의 조선 사람이 된다. 우리에게 아주 중요한 유산이다. 이 남자가 누구인지 기록은 없지만, 이 시기에 일본 노예무역이 있었고, 카를레티의 책에 조선인 노예에 대한 언급도 있다. (우리의 역사적 아픈 치욕의 한 예다.)

이 그림은 미국 J. 폴게티미술관에 소장되면서 작품명이 「한복 입은 남자」에서 「조선 남자」로 바뀌었다.

무덤을 짓누르고 있는 듯한 분위기다. 무덤 앞 입간판에는 '이총(耳塚·귀무덤)'이라는 제목 아래 '조선 군민 남녀의 코나 귀를 베어 소금에 절여서 일본에 가지고 들어왔다'고 쓰여 있다. 세계 전쟁 역사상 유례를 찾아보기 힘든 왜군의 '코베기' 만행을 증언하는 현장이다.

"사람이 귀는 둘이 있고 코는 하나뿐이니 코를 베어 한 사람 죽인 것을 표시하여 바치고, 각기 코를 한 되씩 채운 뒤에야 생포하는 것을 허락한다."(『난중잡록』, 『간양록』)

1597년 2월 조선 재침을 명령한 도요토미 히데요시가 그해 6월 15일 내린 지시다. 임진왜란부터 이어지는 지루하고도 성과 없는 전쟁에 대한 반전(反戰) 분위기, 교토 일대를 재로 만든 대지진으로 인한 민심 이반 등으로 히데요시는 곤경에 몰려 있던 터였다. 이번 재침에서 확실한 성과를 보여줘야 정권의 안위를 보장받을 수 있다고 판단한 히데요시는 왜군들이 조선군과 적극적으로 싸우도록 내몰기 위해 극단적인 살육을 강요했다. 사실 왜병들은 2월 조선에 재출병한 이후 7월 칠천량 해전이 벌어지기 전까지 6개월간 이렇다 할 전투 없이 조선 민간인들을 납치해 노동력을 착취하거나 노예로 파는 등 '사람 장사'에 열을 올리고 있던 상황이었다.

히데요시의 지시로 그해 7월 칠천량 해전 이후부터 시작한 조선인 코베기는 매우 조직적으로 진행됐다. 조선인들을 무자비하게 학살해 악명이 높았던 가토 기요마사는 이렇게 기록했다.

"일본인 한 사람당 조선인의 코가 세 개씩 할당됐다. 그 코를 고려(조선)에서 검사관이 검사한 뒤에 큰 통에 넣어 소금에 절여서 일본에 보냈다."(『청정고려진각서(淸正高麗陣覺書)』 참조)

"적은 3도를 유린했으며 천리에 걸쳐 창을 휘두르고 불을 질러 적이 지나간 자리는 거의 초토화됐다. 우리나라 사람들을 잡으면 그 코를 모두 베어 위세를 과시했다."(『징비록』 참조)

이때 왜군이 얼마나 많은 코를 베어갔는지 정확한 집계는 없다. 다만 일본 측 기록인 『조선물어(朝鮮物語)』에서는 정유재란 당시 조선 사람 코 18만5,738개, 명군 코 2만9,014개 등 모두 21만4,752개의 코가 일본으로 보내졌다고 기록하고 있다. 히데요시 사후 일본인들은 코무덤 즉, 비총(鼻塚)을 귀무덤으로 둔갑시켰다. 코보다는 귀를 베어간 것으로 하는 게 후대에 상대적으로 덜 잔혹하게 보인다고 생각했을까. 조작의 주역은 에도 막부 시대(1603~1868)의 유학자 하야시 라잔(林羅山)이었다. 라잔은 1642년 발간한 저서에서 "일본군 장수들이 관례적으로 군공(軍功)을 증명하기 위해 코 약간과 귀 약간을 보냈다고 한다. 히데요시는 이것을 대불전 근처에 묻어주고 이총이라고 불렀다고 한다."(『풍신수길보(豊臣秀吉譜)』 참조)고 기록했다. 출처불명의 말을 근거로 비총을 이총으로 둔갑시킨 것이다.]21)

---

21) 『정유재란: 잊혀진 전쟁』, 안영배 기자, 동아일보사, 2018, p.27~28, 96~116.

제2장

러시아 연해주와 사할린의 달빛

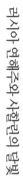

1. 스탈린에 의한 고려인 강제이주와 '회상의 열차'

강만길 교수의 저작 『회상의 열차를 타고: 고려인 강제이주 그 통한의 길을 가다』(1999)를 통해 고려인 강제이주의 아픈 역사를 알아보자.

【〈1997년 9월 10일 최초 운행된 '회상의 열차'〉

1937년에 소련의 스탈린 정권은 연해주 지역에 사는 우리 동포들을 중앙아시아 지역으로 강제이주시켰다. 1997년 9월 10일, 그 60주년을 기념하기 위해 러시아 고려인협회와 한국의 '우리민족서로돕기운동본부'가 공동으로 강제이주 때의 여정을 따라 운행하는 특별열차를 내고 그 이름을 '회상의 열차'라고 했다. 블라디보스토크에서 우즈베키스탄 타슈켄트까지 약 8,000km 거리다. 이후에도 여러 단체에서 '회상의 열차' 여행을 다양하게 비공식적으로 운영 중이다.

소련 및 러시아와의 국교가 열리면서 시베리아 지역의 우리 민족 해방운동에 대한 이해를 높이기 위해 현지에 가봐야겠다는 생각을 가졌지만 기회가 잘 오지 않았다. 그런데 마침 공동대표의 한 사람으로 참가하고 있는 '우리민족서로돕기운동본부'의 요청이 있어서 친구 성대경 교수와 함께 '회상의 열차'를 타게 됐다.(p.29) (1990.9.30. 한-러 수교, 1991.12.26. 소련 해체)

우리 일행 중 누군가 '회상의 열차'가 가지는 의미를 말해 달라고 하자 러시아 고려인 협회장 이 올레그 씨가 대답했다. 그는 '회상의 열차'가 가지는 의미는 고려인의 명예회복에 있다고 말했다. 1994년에 고려인명예회복법이 러시아 의회에서 통과되었지만 아직까지 그것이 실현되지 않고 있기 때문에 고려인들의 명예회복을 위해 '회상의 열차'를 운행한다는 것이다.(p.37)

'회상의 열차'가 가지고 있는 또 하나의 목적은 이번 행사를 통해서 여태까지 적극적으로 말을 못하고 있었던 고려인 자치주 설치 문제까지도 거론하려는 것이었다. 이 올레그 씨의 말에 의하면 1996년까지 2만6천 명의 고려인들이 중앙아시아에서 연해주로 옮겨왔으며, 지금도 돌아오기를 희망하는 고려인들이 많다고 했다.

중앙아시아지역 고려인들의 연해주 이주 문제는 러시아 고려인들의 생각과 중앙아시아 고려인들의 생각 사이에, 그리고 러시아 정부와 중앙아시아의 카자흐스탄이나 우즈베키스탄 정부 사이에 차이가 있음을 알게 된다. 러시아 지역의 고려인들은 중앙아시아 지역의 고려인들이 러시아 지역으로 옮겨오기를 원하는 것 같고, 중앙아시아 지역의 고려인들은 반드시 그런 것 같지는 않으며, 러시아 정부는 또 옮겨오기를 바라는 것 같은데 중앙아시아 국가들은 옮겨가기를 바라지 않는 것 같다는 말이다.(p.41~42)

〈고려인들은 왜 강제이주되었는가?〉[1][2]

고려인들이 연해주 지역에 이주한 당초에도 러시아인들은 "만약 러시아와 중국이나 일본 사이에 전쟁이 일어날 경우 러시아에 사는 고려인들이 이들 적국의 간첩망으로 이용될 가능성이 있다"는 우려를 가지고 있었다. 이 같은 생각이 바탕이 된 것이라 생각되지만, 러시아혁명이 성공한 후(1917년) 러시아공산당은 이미 일본 영토가 된 한반도 지역과의 접경지대에 사는 고려인들을 다른 지방으로 이주시키려는 계획을 가지기 시작했다.

그러나 1922년에 진행되었던 이 계획은 한인들의 강력한 반발로 말미암아, 그리고 대규모 이주계획을 실현시키기에는 아직 정치적으로나 경제적으로 그 여건이 마련되지 못한 단계라고 볼 수 있기 때문에 실행이 되지 못했다. 소련공산당이 연해주 고려인들의 이주 문제를 다시 들고 나온 것은 1926년 12월 6일이었다. 전연방소비에트집행위원회 간부회의가 고려인들의 토지정착 문제에 대해 4가지 결정을 했다. 그리고 이 결정은 1927년 1월 28일부로 러시아연방 인민위원회결정으로 확인되었다.

---

1) 2017.12.15. 방송 〈'KBS스페셜' 고려인 강제이주 80년, 우즈벡 사샤 가족의 아리랑〉
   ① 2,500여 명의 고려인 지식인 강제 처형
   1937년 9월 강제이주 직전에 연해주에 거주하던 고려인 항일독립투사와 지식인 등 2,500여 명을 비밀리에 처형했다. 일본제국에 동조한다는 누명을 씌웨(항일운동의 대부 최재형 선생은 1920년 4월 7일(양력) 일본 경찰에 의해 이미 처형당했다.)
   ② 스탈린(1922~1952년까지 30년간 통치)이 강제이주를 자행한 이유
   다음과 같은 어지러운 상황을 우려하여 혹시 고려인들이 일본에 동조할 가능성을 아예 없애버리기 위해 강제이주시킨 것이다!
   첫째, 동쪽에서는 일본이 중일전쟁(1937년 7월 7일~1945년 8월 제2차 세계대전 끝)을 일으켜, 소련의 동쪽이 불안했고,
   둘째, 서쪽의 상황을 보면, 독일의 분위기가 심상치 않았다.
2) 「우크라이나, 드네프르 강의 슬픈 운명: 역사·정치·경제·사회의 모든 것」, 김병호, 매경출판, 2015, p.50~51. 〈스탈린 강제이주와 우크라이나의 고려인〉
   우크라이나에는 3만 명 남짓의 고려인들이 살고 있다. 러시아(10만 명를 포함한 독립국가연합(CIS) 각지에 사는 50만 명의 전체 고려인 숫자에 비하면 작은 규모지만 우크라이나 내 소수 민족 가운데 그처럼 강인한 생명력을 가진 민족도 없을 것이다. 특히 고려인과 우크라이나인은 스탈린 압제(1922~1952년까지 30년간 통치)의 피해자였다는 점에서 공통분모가 있다.

소련 당국은 이 계획에 의해 블라디보스토크 구역에 있는 고려인 15만 명(당시) 중 약 10만 명을 구역 밖으로 이주시키려 했다. 그러나 고려인들의 반대와 소련 당국의 준비 부족으로 1928년~1929년 사이에 1,279명이, 1930년에 1,626명이 이주했을 뿐이었다. 1930년에 이주한 고려인들 중 170명이 카자흐스탄으로 갔다. 이 이주 계획은 1931년 2월에 중단되었다.

1937년에 들어서서 숙청이 시작되면서 일본이 파견한 스파이가 한반도, 만주 등 중국 북부, 소련에 퍼져 있다는 기사가 소련 공산당 공식 일간지 「프라우다(Pravda)」에 게재되었다. 일본이 이 해 7월 7일 중일전쟁을 도발하자 소련은 8월 21일 중국의 국민당 정부와 불가침 조약을 맺었다. 중국과 불가침 조약을 맺은 바로 그날, 소련 인민위원회와 볼셰비키당 중앙위원회는 극동 변경지역에서 고려인들을 이주시키는 결정을 채택했다. 그 공식적인 이유는 "극동지방에 일본 정보원들이 침투하는 것을 차단하기 위한 목적"이라 했다.(p.71~74)

(1991년 12월 26일자로) 소련이 무너지고 러시아가 개방되면서 1937년 강제이주에 대한 비밀문서들이 개방되기 시작했다. 이창주(李昌柱) 교수(러시아 국립 상트페테르부르크 국제관계학부 석좌교수이자 국제한민족재단 상임의장)가 펴낸 『1920년~30년대 러시아의 고려인 비록(秘錄)』에는 소연방인민위원회의·전 연방공산당 중앙위원회의 1937년 8월 21일자 '극동지방 국경지구 조선인 주민의 추방에 대해서'라는 문서가 수록되어 있다. 그것에 의하면 "소연방인민위원회의·전 연방공산당 중앙위원회는 다음과 같이 결의한다. 극동지방에서의 일본의 스파이 행위 침투를 저지하기 위해 다음의 모든 조처를 취할 것"이라 하고 12개조의 결정을 했다. 여기에는 "즉시 퇴거에 착수하여 1938년 1월 1일까지 완료할 것"이라는 내용이 들어 있다.(p.57~58)」[3]

---

3) 「회상의 열차를 타고: 고려인 강제이주 그 통한의 길을 가다」, 강만길, 한길사, 1999.

2. 연해주의 고려인과 사할린 동포

　연해주(沿海州), 즉 프리모르스키 지구(Primorsky Kray)의 현재 인구 230만 명 중 고려인은 약 4~5만 명(강제이주 귀환자 3만 명 포함)이다. 연해주 최대의 도시는 블라디보스토크(Vladivostok, '동방 정복'[4]이라는 뜻으로 인구 약 60만 명, 루스키 섬·Русский осторов이 절경)이고, 이곳에서 북쪽으로 약 100km 차로 2시간 거리에 있는 연해주 제2의 도시는 우수리스크(Ussuriysk, 조선인들이 러시아에 들어온 최초의 땅이다)로 인구는 약 17만 명, 제3의 도시는 나호트카(Nakhodka, 동쪽 항구도시)로 인구 약 16만 명이다.

　러시아에는 또 하나의 아픈 섬 사할린이 있다. 포츠머스(미국 뉴햄프셔 주

---

4)　『우리가 미처 몰랐던 편집된 과학의 역사(Science: A Four Thousand Year History, 2008)』 퍼트리샤 파라, 21세기북스, 2010, p.543~544.
　　1961년 4월 12일, 소련의 유리 가가린(Yuri Gagarin)이 인간으로는 처음으로 우주를 비행했다. 인류로서는 최초로 지상에서 301km 높이에서 1시간 48분 동안 지구 궤도를 도는 우주 비행을 하고 지구로 귀환했기 때문에, 38만km의 거리인 달까지 비행한 것은 아니었다. 그가 탄 우주선의 이름은 '동양'을 의미하는 '보스토크(Vostok)'였다.
　　{유리 가가린은 1961년 인간 최초로 우주로 나가 지구를 본 후 이렇게 말했다.
　　"지구는 푸르다. 멋지고 경이롭다. 여기선 어떤 신도 보이지 않는다."-『우리가 사는 세계』 후마니타스 교양교육연구소, 천년의상상, 2015, p.15}
　　{아폴로 11호는 인류 최초의 달 탐사목적 착륙선으로 1969년 7월 16일에 쏘아 올려져 7월 20일 협정세계시(UTC) 20:17분에 달에 탐사선을 착륙시켰다. 닐 암스트롱(Neil A. Armstrong, 1930~2012)은 다음날인 21일 새벽 2시 56분에 달 표면에 첫발을 내디뎠다. 닐 암스트롱은 달 표면에 첫발을 내딛고 다음과 같은 말을 남겼다.
　　"이 일이 나 개인에게는 작은 한 걸음에 불과하지만, 인류에게는 대단한 도약이다."
　　("That's one small step for man; one giant leap for mankind.")
　　그리고 미 항공우주국과의 교신 내용에는 다음의 말도 있다.
　　"아름다웠다. 계획한 그대로였으며 연습한 그대로였다."-『무지개 원리』 차동엽 신부, 동이, 2007, p.132}
　　{이상준: 에드윈 버즈 올드린(Edwin E. Aldrin, Jr.=Buzz Aldrin, 1930~)은 두 번째 내려 2인자의 대명사로 불리며, 마이클 콜린스(Michael Collins, 1930~)는 아폴로 11호 사령선에서 대기했다.
　　영화 「퍼스트맨(First Man)」(2018.10.18. 개봉, 라이언 고슬링 주연, 데미안 셔젤 감독, 스티븐 스필버그 제작총괄)은 제임스 R. 한센(James R. Hansen)이 2005년에 쓴 전기 『퍼스트 맨: 닐 암스트롱의 일생(The First Man: The life of Neil A. Armstrong)』이 원작으로, 실패와 좌절을 딛고 일어선 '평범한 가장이자 한 인간' 암스트롱에 초점을 맞춘다.}

에 있는 군항도시) 조약으로 러일전쟁 이후부터 1945년까지 일본이 섬의 남쪽 지역을 점령하고 있었다. 많은 일본 기업이 사할린에 진출했고, 궁핍한 일본의 농민들도 일거리를 찾아 이주했다. 강제 연행된 조선인도 많이 있었다. 일본이 패전할 당시에는 일본인이 약 40만 명, 조선인이 약 4만 명 정도 살았다. 1946년 12월, 연합군 총사령부와 소련이 협정을 체결하여 일본인은 대부분 귀국했다. 그러나 여러 사정으로 사할린에 남을 수밖에 없었던 일본인도 많았다. 현재 사할린에 남은 일본인 약 400명 중 70%가 여성이다. 이들은 바로 조선인 또는 소련인과 결혼한 여성이었다. 외국인과 결혼한 여성은 일본 국적이 인정되지 않았고, 자녀들도 일본 국적이 아니었기 때문에 그들은 일본으로 돌아갈 수 없었다.[5]

한편, 사할린에 연행되어 강제노동을 해야 했던 조선인 역시 그대로 이국땅에 방치되었다. 소련이 북위 38도 이북 출신자 가운데 북한에 돌아가기를 바라는 사람들만 귀국시켰기 때문에, 사할린에 남겨진 조선인은 약 80%가 38도 이남 출신이다. 한국인의 귀국 운동은 소련이 해체된 1991년 이후 극적으로 진행되었다. 그때부터 조금씩 귀국이 진행되다 2014년 말까지 4,293명('사할린한인역사기념사업회' 홈페이지와 여러 매체 참조)이 한국에 영구 귀국했다. 사할린에서 귀국한 한국인은 경기도 안산시 '고향마을'을 비롯해 경북 고령 '대창양로원' 등지에 정착했다. 오랜 소원이었던 고국행이 현실로 이루어진 것이다. 그러나 영구 귀국을 할 수 있는 대상은 1945년 8월 15일 이전에 사할린에 거주했거나 출생한 사람과 그 배우자였기 때문에 이들의 자손은 귀국할 수

---

5) 「사할린 잔류자들(2016)」, 현무암, 파이차제 스베틀라나/서재길, 책과함께, 2019, p.290.
 일소공동선언(1956)을 통해, 그때까지 일본으로 돌아가지 못한 많은 일본인 여성이 1957~1959년까지 조선인 남편 및 자식과 함께 귀국했다. 1957년 8월~1959년 9월 766명의 일본인 여성과 1,541명의 조선인 남편 및 그들의 자식이 일본으로 귀국했다. 이 집단 귀환을 '후기집단 귀환'이라고 부른다.

없어 어쩔 수 없이 이산가족이 되었다. 따라서 귀국하고 싶지만 자식들과 헤어지기 싫어 사할린에 남은 사람도 있는 것이다.[6] [7]

3. 최재형 선생과 이상설 선생

(1)최재형 선생

연해주는 항일 독립운동의 주요 거점이었던 만큼 위대한 독립투사들도 많았다. 대표적인 인물인 최재형 선생과 이상설 선생을 간략하게 소개하고자 한다. 먼저, 교과서엔 한 줄도 실리지 못한 잊힌 의인으로 순국 100주기를 앞두고 있는 최재형(崔在亨, 함경북도 경원군 출생, 1858? 1860?~1920) 선생이다. 함경북도 노비 출신이라 정확한 출생연도도 모른다. 하지만 그는 (안중근의 1909년 10월 26일) 하얼빈 의거를 지원한 러시아 '한인민족운동 대부'였고, 전 재산을 바쳐 안중근 의사를 돌본 "진짜 카네기 같은 사람"(도올 김용옥)이었다. 문재인 대통령 부부는 2017년 9월 6~7일 러시아 블라디보스토크에서 열리는 제3차 동방경제포럼 참석차 러시아를 순방했다. 부인 김정숙 여사는 방러 첫 일정으로 항일 독립운동의 주요 거점이었던 연해주 우수리스크에 있는 '고려인 문화센터'를 방문하고, '이상설 선생 유허비'[8]는 참배했다. 그러나

---

6) 「한국과 일본 그 사이의 역사」, 한일공동역사교재 제작팀, 2012, p.190.

7) 「사할린: 이규정 현장취재 장편소설」(전3권, 1996→개정판 2017)도 있다.
    이규정: 경남 밀양 출생, 신라대학교 교수, 소설가, 1937~2018.4.13. 향년 82세.
    소설 「사할린」은 1996년 출간된 「먼 땅 가까운 하늘」의 개정판.

8) '이상설 선생 유허비'는 우수리스크 인근 솔빈강변에 있다. 솔빈강(率賓江, 수이푼강=라즈돌나야강·Reka

같은 우수리스크 시내에 있는 '최재형 선생 고택'은 방문하지 않은 점은 아쉬웠다. 최재형 선생 관련 신문기사 중 일부를 소개한다.

【▷ 사망 후 가족은 강제이주, 무덤도 못찾아

(…)안중근 사망(1910.3.26) 후 일본 압박으로 최재형의 입지는 좁아졌다. 하지만 1911년 독립후원단체 '권업회(勸業會)'를 세워 항일운동을 지속한다. 1919년엔 상하이 임시정부 재무총장에 추대되기도 했다.

그러나 1920년 4월 5일. 그는 일본군 손아귀에서 벗어나지 못하고 붙잡혔다. 재판 없이 이틀 만에 총살당했다. 당시 상황은 정확치 않다. 최재형기념사업회 문영숙 상임이사[9]는 "최재형이 감옥을 옮기던 중 총살당했다는 게 일본측 기록"이라며 "그냥 끌고가다 쏴 죽였다는 딸들의 진술과 배치된다"고 설명했다.

묘소는 찾을 수 없다. 일본이 가족에도 장지 위치를 알리지 않아 매장지는 유실된 상태라고 문 이사는 말했다. 이후 1937년, 최재형 가족도 소련 정권에 강제이주당해 뿔뿔이 흩어졌다. 자녀 1명은 키르기스스탄(Kyrgyzstan) 지역으로, 1명은 카자흐스탄(Kazakhstan)으로 가는 식이었다. 2018년 초 겨우 찾아낸 최재형 선생 부인 최 엘레나 여사의 묘소는 키르기스스탄 비쉬케크(Bishkek) 공동묘지에 있다.

Razdolnaya은 926년 발해 멸망 당시 거란과의 항쟁에서 발해 병사들이 피로 물드는 걸 보고 발해 여인들이 슬피 울었다고 하여 '슬픈강' 또는 '죽음의 강'이라는 아픈 전설이 있다.

9) 현재 사단법인 최재형기념고려인지원사업회(최재형기념사협회로 통칭) 상임이사를 맡고 있는 문영숙 작가(1953~)가 쓴 소설 「까레이스키, 끝없는 방황」(푸른책들, 2012)은 스탈린에 의한 고려인의 강제이주를 소재로 하고 있다. 문영숙은 조선인들이 멕시코로 이주하여 겪은 기구한 인생사를 다룬 「에네껜 아이들」(푸른책들, 2009) 및 「독립운동가 최재형: 시베리아의 난로 최 페치카」(서울셀렉션, 2014)라는 소설도 썼다.
최재형기념사업회는 특히 2020년 최재형 순국 100주년을 앞두고 2017년 11월 22~23일 서울 용산아트홀 대극장에서 뮤지컬 「페치카(PECHIKA): 안중근이 끝까지 지킨 그 이름」을 공연했다. 2018년 7월 5일 「페치카」 갈라콘서트도 KBS홀에서 무료로 2차례 개최했다.
그리고 이수광(충북 제천 출신, 대한민국 팩션의 대가, 1954~) 작가도 역사소설 「대륙의 영혼 최재형」(랜덤하우스코리아, 2008)에서 '한국의 체 게바라' 최재형의 파란만장한 삶을 조명하고 있다.

▷ 교과서엔 한 줄도 없다

독립운동에 인생 모든 걸 쏟았지만, '최재형'이란 이름은 한국인에게 아직 생소하다. 고등학교 한국사 교과서에도 그는 없다. 1952년 사망한 최재형의 부인 최 엘레나도 완전히 잊힌 상태. 남편뿐 아니라 항일의병, 그리고 남겨진 안중근 가족까지 돌봤던 그는 키르기스스탄 비쉬케크 공동묘지에 묻혀 있다. 묘소 위치는 올해 초에 비로소 확인됐다.

▷ 국립묘지 안장은 불가능할까.

문 이사는 "공훈기록이 남지 않아 '최재형 가족'이란 기록만 갖고는 안장이 안 된다는 국가보훈처의 답변을 들었다"고 말했다.

▷ "정부가 더 관심 기울였으면…"

정부는 1962년 최재형을 안중근 등과 함께 유공자로 서훈했지만 '대우'는 그에 못 미쳤다. 러시아(구 소련) 국적이었기 때문이란 의견이 지배적이다. 묘소 대신 위패를 국립묘지에 모신 것도 2015년이 돼서다. 국가보훈처는 올해부터 순국추모행사를 지원하기 시작했다. 2018년 가을엔 그의 고택이 있는 러시아 우수리스크에 '최재형 기념관'이 문을 연다.

문 이사는 "정말 많은 일을 하신 분인데 남은 사료가 많이 없어 안타깝다"며 "국가의 적극적인 관심이 필요하다"고 말했다.]10)

(2)이상설 선생

보재(溥齋) 이상설(李相卨, 충북 진천 출생, 1870~1917, 향년 47세)11) 선

---

10) 「헤럴드경제」, 2018.4.21. 윤현종 기자.
11) 「뉴시스」, 2018.3.14. 〈헤이그특사 주역 이상설 선생 추모일은 순국일에 맞춰야〉
  -현재 4월 22일(음력 3월 2일) ⇒ 4월 1일(음력 윤 2월 10일)로-

생은 1907년 을사늑약(1905년 11월 17일)의 부당함을 알리기 위해 대한제국 고종의 특사로 이준(1859~1907.7.14 자결, 49세)·이위종(1884~1924?, 40세) 선생과 함께 네덜란드 헤이그 제2회 만국박람회에 특사로 파견됐다(1907.4.22~7.14). 그러나 외교권이 없는 나라의 대표라는 제국주의 열강의 반대로 실패하고, 이후 각국에서 외교운동을 벌였다. 1914년 이동휘·이동녕 등과 함께 중국과 러시아령 등에 있는 동지를 모아 대한광복군정부(최초의 국외 임시정부)를 세웠다. 러일전쟁(1904.2.8.~1905.9.5. 포츠머스 조약) 10주년을 맞아 반일감정이 고조된 러시아 분위기와, 한민족이 연해주에 최초로 이주한지(1863년 가을) 50년이라는 시점에 맞춰 군자금을 모을 수 있다는 복안도 깔려 있었다(6개월 후 해산). 그러나 1914년 3월(?) 출범한 대한광복군정부는, 같은 해 7월 28일 제1차 세계대전 발발로 러시아가 전시 체제에 돌입하고 러일동맹이 성립됨에 따라 러시아 정부의 탄압을 받아, 그해 9월에 그 모체인 권업회와 함께 더 이상 활동하지 못하게 되고 말았다. 이상설 선생은 일본으로부터 사형 선고를 받고 러시아에 머물며 항일운동을 전개하던 중 1917년 병으로 숨을 거뒀다. 그는 근대수학 교과서 『산술신서(算術新書)』(1900년, 사범학교 및 중학교용)를 집필해 근대수학 교육의 아버지로도 불린다.

「동아일보」 김광현 논설위원은 〈두 영웅의 만남〉이라는 칼럼에서 "안중근이 가장 존경한 인물은 이상설"이라고 했을 정도로 이상설의 내공은 대단했다.

1907년 '헤이그특사 사건'의 주역이자 충북 진천의 대표적인 독립운동가인 보재 이상설 선생의 추모일이 순국일과 달라 이를 바로잡아야 한다는 주장이 제기됐다. 충북대 박걸순 교수는 선생의 순국일이 일제 측 기밀문서와 「신한민보」(1917.5.24.) 신문 등을 근거로 1917년 4월 1일(음력 윤 2월 10일)이라고 주장하고 있다. 이상설선생기념사업회는 해마다 4월 22일(음력 3월 2일) 추모제를 거행하고 있다.(진천 강신욱 기자)

【1905년 을사늑약 보름 전 의정부 참찬에 발탁된 보재(溥齋) 이상설은 늑약이 아직 고종 황제의 비준 절차를 거치지 않아 효력이 발생하지 않았다는 걸 알고 "차라리 황제가 죽음으로써 이를 폐기해야 한다"는 상소를 올렸다. 그의 기개는 높았다. 그는 1907년 이준 이위종과 함께 고종의 밀사로 헤이그 만국평화회의에 파견돼 열강 대표를 상대로 을사늑약의 부당함을 피를 토하는 심정으로 호소했다. 그러나 제국주의 시대 약소국 특사에게 돌아온 것은 멸시와 냉담뿐. 이 사건을 빌미로 일제는 고종을 강제 퇴위시키고 군대를 해산한 뒤 1910년 강제합병으로 치닫는다.

▷궐석재판에서 일제로부터 사형선고를 받은 이상설은 간도, 하와이, 상하이를 거쳐 블라디보스토크로 옮겨 다니며 독립운동을 벌였다. 조국의 군대 해산을 바라본 안중근 역시 망명길에 올라 간도를 거쳐 1909년 의병활동을 위해 블라디보스토크로 왔다. 두 애국독립투사의 만남은 필연이었다. 이토 히로부미를 처단한 안중근 의사는 뤼순 감옥에서 이상설에 대해 "재사로서 법률에 밝고 필산(筆算)과 영어, 일본어, 러시아어에 능통하다. (…)애국심이 강하고(…) 동양평화주의를 친절한 마음으로 실천하는 사람이다"라고 평을 남겼다.

▷최근 일본과 러시아 극동문서보관소에서 '일제 스파이의 대부'로 불리던 식민지 조선의 첫 헌병대장 아카시 모토지로의 비밀 보고서가 발견됐다. 이 보고서는 "안응칠(안중근 의사)의 정신적 스승이자 사건 배후는 이상설" "안응칠이 가장 존숭(尊崇)하는 이가 이상설"이라고 언급했다. 영웅은 영웅을 알아본다고 했는데 바로 이런 경우다.

▷유학자였지만 이상설은 화장하고 제사도 지내지 말라는 유언을 남겼다. 망국의 신하로 묻힐 조국이 없고 제사도 받을 수 없다는 뜻이었을까. 요즘 밖으로는 구한말을 연상시킬 만큼 나라가 긴박하고 안에서는 혼돈이 드러나고 있다. 이런 때일수록 선생의 기개

와 애국심이 그리워진다. (2018년 4월) 22일이 선생의 101주기다.]¹²⁾

12) 「동아일보」, 2018.4.20. 〈두 영웅의 만남〉

제3장

히로시마·나가사키에 투하된 원자폭탄과 옥쇄(玉碎)

1. 일본의 진주만 공습

1941년 12월 7일 일본 해군의 하와이 진주만 공습은 미국에게 정보와 전술적 재앙을 안겨 줬지만, 일본이 제2차 세계대전 당시 저지른 최악의 전략행동이기도 하다.[1] 일본은 왜 진주만을 공습하였는가? 미국의 석유 금수조치(일본 석유수입의 80% 차지)에 반발하여 공습하면서 태평양대전에 개입했다는 표면적인 이유가 전부는 아니다. 일본은 당초부터 훨씬 부유하고 인구도 많은 미국을 패배시켜 정복할 수 있다는 생각은 하지 않았다. 처음부터 일본의 의도는 그들이 내건 조건대로 미국이 평화협정을 체결하도록 하는 데 있었다. 일본의 조건은 동남아시아와 태평양에 위치한 섬 지역의 지배권을 인정받는 것이었

---

1) 『잘 생겼다 대한민국』, 이영훈·황인희, 기파랑, 2014, p.154~155.
1941년 6월 이승만은 『일본 내막기(Japan Inside Out)』라는 책을 펴냈다. 이 책에는 일본이 미국을 공격할 것이라는 내용이 담겨 있다. 그런데 그해 12월 기어이 미국과 일본과의 전쟁이 터졌다. 실제 전쟁이 일어나자 그의 책은 미국에서 베스트셀러가 되었다. 이승만은 이때 미국의 정계·군부·언론계에서 적지 않은 지지자를 얻었다.

다.[2]

진주만 기습 공격은 계획된 것이었다. 공론가들은 프랭클린 D. 루즈벨트 대통령이 일본의 공격 계획을 미리 알았지만 자신의 야심을 채우기 위해 이를 숨겼다는 증거를 제시했다. 루즈벨트는 미국이 서부 유럽의 연합군에 가세해 참전하기를 몹시 원했으나 여론의 반대에 부딪혔다. 미국 국민의 88%가 연합군에 합류하는 방안에 반대했다. 네덜란드·한국·영국 요원들이 일본의 진주만 공격 가능성에 대해 반복적으로 경고했으나 미국 정부는 의도적으로 위협을 무시했다는 음모론도 있다.[3]

2. 히로시마·나가사키에 투하된 원자폭탄

1945년 4월에 벌어진 오키나와 전투에서는 약 264,000명(미국 23,000명, 일본군 91,000명, 오키나와 인구 50만 명 중 150,000명)이 사망했다(당시 오키나와 인구는 50만 명으로 제주도의 2배였다. 2019년 말 기준으로도 제주도 인구는 약 67만 명이고 오키나와는 약 140만 명으로 여전히 2배 많다). 일본군도 약 10만 명이 전사(한국인 약 1만 명 추정)하는 엄청난 피해를 입었다.[4] 1997년에는 사이판(Saipan)의 부속 섬인 티니안(Tinian)의 밀림에서 한인 유골 5

2) 「역사를 바꾼 100가지 실수 (100 Mistakes That Changed History, 2012)」 빌 포셋, 매일경제신문사, 2013, p. 482~485.

3) 「세기의 음모론: 우리가 믿는 모든 것은 조작되었다(Conspiracy Theory, 2010)」 제이미 킹, 시그마북스, 2011, p. 238~240.

4) 「어제까지의 세계(The World until Yesterday, 2012)」 재레드 다이아몬드, 김영사, 2013, p.192.

천여 구가 발견되기도 했다.[5]

히로시마에 투하된 원자폭탄은 서태평양 사이판의 티니안에서 발진한 3기의 B-29 중 에놀라 게이(Enola Gay)호에 '리틀 보이(Little Boy)'라고 명명된 핵폭탄(우라늄탄)이 장착되었고, 6시간의 비행 후인 1945년 8월 6일 8시 15분에 히로시마에 투하되었다(포로수용소가 없는 대도시가 히로시마였기 때문이라는 설도 있다). 이로 인해 약 20만 명이 희생되었고, 저항을 계속하다가 3일 후인 9일 오전 11시 2분에 나가사키(長崎)에 또 한 번의 핵폭탄(플루토늄탄, 암호명 팻맨·Fat Man)을 맞고 10만 명의 국민이 더 희생된 다음에야 항복을 선언했다(나가사키는 미쓰비시 중공업이 있던 도시였다).

티니안 섬에는 원자폭탄을 투하한 전투기의 출격장이 보존되어 있는데, 일본 관광객들은 이곳을 방문할 때마다 울분을 참지 못해 심하게 훼손시킨다고 한다.

3. 원자폭탄 투하에 대한 인식의 차이

(1)서양의 견해

서양의 의식 있는 역사학자들은 서양 발명품인 원자폭탄을 최초로 투하한 사실에 대해 매우 비판적이다. 핵심은 무고한 서민들의 수많은 인명을 살상했다는 데 맞춰져 있다. 2016년 5월 27일, 버락 오바마 전 미국 대통령이 71년 만

---

5) 「라면을 끓이며: 김훈 산문집」, 김훈, 문학동네, 2015, p.91~92.

에 히로시마를 방문해 피폭자 위령탑에 헌화하기도 했다. 오바마 대통령은 원폭 기념비에 헌화하면서 한국인 원폭 피해자에게도 애도를 표했다. 노엄 촘스키와 함께 미국의 대표적인 '실천적 지식인'이자 역사학자·사회운동가였던 하워드 진(Howard Zinn, 1920~2010)의 다음 글을 보자.

"미국 국민 90%는 히로시마에 원자폭탄을 떨어뜨리기 몇 달 전에 도쿄로 날아가서 무차별 폭격을 가해 하룻밤 만에 10만 명을 죽인 사실을 모른다고 단언할 수 있다. 연합군이 일본에서 죽인 민간인 수는 합계 50만 명이 넘는다. '뭐, 그들이 진주만을 폭격했잖아, 그건 정말 심각한 일이었다고.' 혹자는 그렇게 말한다. '그 사람들(죽은 사람들 대부분)'이 진주만을 폭격한 게 아니다. 그 아이들이 진주만을 폭격한 게 아니다. 우리는 폭력을 이용한 보복과 앙갚음이라는 관념을 떨쳐내야 한다. 그렇게 이 모든 것을 다시 생각하기 시작했다. 히로시마 원자폭탄 투하를 조사하고, 폭격의 이유로 제시되었던 명분을 조사해 보았다. 그들은 '히로시마에 원자폭탄을 떨어뜨리지 않으면 일본을 침공해야만 하고, 그러면 수백만 명이 죽을 수밖에 없다'고 말했다. 나는 모든 사실을 조사해보고 그게 다 헛소리였다는 걸 알았다. 일본의 항복을 받아내기 위해서 일본을 침공할 필요는 없었다. 전쟁 직후에 미국이 일본에 보낸 공식 조사팀인 전략 폭격 조사단(Strategic Booming Survey)이 일본 장교들과 관료들을 인터뷰했다. 그들은 일본이 전쟁을 끝낼 준비가 되어 있었다고 결론지었다. 바로 다음 주는 아니었을지 모르지만, 어쩌면 두 달, 석 달이 걸렸을지는 모르지만 말이다."[6]

---

6) 「역사를 기억하라: 하워드 진 연설문집 1963~2009(Howard Zinn Speaks, 2012)」, 하워드 진, 오월의봄, 2013, p.453.

(2)'옥쇄(玉碎)'로 수없이 희생됐을 피점령국의 입장까지 고려할 경우

태평양전쟁의 주체세력이 아닌 무고한 시민들이 희생된 데 대한 안타까움은 두말할 필요가 없다. 게다가 히로시마와 나가사키 원폭으로 발생한 총 74만 명의 원폭 피해자 중 한국인 피해자는 10여 만 명에 달한다.[7] 그런데 당시 일본 제국주의 압제로 핍박받고 있던 우리나라뿐만 아니라 아시아 국가들의 '더' 무고했던 시민들이 '옥쇄'로 수백만 명이 더 희생됐을 수도 있다는 점까지 고려하면 좀 복잡해진다.

문제는 포위된 많은 일본군들이 항복하지 않고 옥쇄(玉碎)라고 불리는 극단적인 자살을 선택했다는 것이다.[8] 만일 일본이 원자폭탄으로 한 방에 무너지지 않고 서서히 괴멸됐을 경우에는 '옥쇄'로 인해 엄청난 희생이 뒤따랐을 것이란 점이다. 조정래 작가의 다음 글을 보자.

"원폭투하 직전 당시 제주도 인구는 20여 만 명이었다. 일본군은 여기서도 틀림없이 옥쇄(玉碎)를 강요했을 것이다. 그것은 그들의 불문율이었으니까.

---

7) 「매일경제」, 2016.5.27. 〈칼럼 따라쓰기 895: 히로시마〉 채경옥 논설위원
  원폭으로 히로시마 인구의 약 30%인 7만 명이 그 자리에서 즉사했다. 1945년 말 총 사망자는 166,000명으로 집계됐고 1950년까지 피폭 후유증으로 사망한 사람까지 합치면 약 20만 명에 이른다.
  한국인 원폭 희생자도 적지 않았다. 대한제국 황족인 이우 공이 대표적이다. 일본프로야구의 전설인 장훈의 큰누나 역시 원폭으로 인한 전신 화상 때문에 12세에 사망했다. 히로시마와 나가사키 원폭으로 발생한 총 74만 명의 원폭 피해자 중 한국인 피해자는 10여 만 명에 달한다.
  5만 명은 즉사했고, 43,000명이 영구 귀국했다. 일본에 남은 7,000명 중 현재 생존자는 2,600여 명이다. 1974년부터 2015년까지 기나긴 소송 끝에 일본인 피해자에게 국한됐던 무료 전액 치료를 일본 외 타국 어디에 있든 지원받는 것으로 재판이 마무리됐다.

8) 사이판(Saipan)은 북마리아나 제도 미국 연방의 가장 큰 섬이자 수도이며 인구는 65,000명이다. 북마리아나 제도는 한국에서 동남쪽으로 3,000㎞ 떨어진 미국령 16개 섬을 일컫는다. 태평양 전쟁이 끝나가던 1944년 6월 15일, 미국 해병대는 일본 본토 공습을 위한 북마리아나 제도 장악의 일환으로 3주일 동안의 전투를 벌여 사이판 섬을 점령하고 비행장을 건설했다.
  이 사이판 전투가 벌어지는 동안 일본군들은 대부분 반자이 돌격 같은 방식으로 자살을 택했으며, 일본인들도 '반자이 절벽'이라 불리는 절벽에서 자살했다. 사이판 본섬에는 만세 절벽(Banzai Cliff)과 자살 절벽(Suicide Cliff)이 있다.

원자폭탄이 투하되지 않았더라면 일본군 5~6만에, 조선인 15만, 도합 20여만 명이 또 죽어갔을 것이다. 그리고 미군이 본격적으로 일본 본토에 상륙작전을 개시하게 되면 또 몇 십만 명이 죽게 될 것이고, 일본군 대본영이 있는 도쿄까지 진격하는 동안에 또 몇 십만 명이 죽게 될 것이다. 이것은 역사에서 용납되지 않는 '가정법'이 아니다. 원자폭탄이 투하되지 않았더라면 일본왕의 고집에 따라 옥쇄(玉碎) 등에 의해 필연적으로 100만 명 이상, 200~300만까지 희생이 야기될 수밖에 없는 상황이었다. 역사 인식에서 이 점을 간과해서는 안 된다."[9]

4. 독일과 일본의 전쟁 후 행보(반성)의 차이

한마디로 요약하면 독일은 '공존'의 행보를, 일본은 '독존'의 행보를 걷고 있는 것이다. 이러한 차이는 지정학적 여건뿐만 아니라 민족성과 문화 등 많은 요인에 기인한다. 어찌됐건 독일은 공존과 상생의 나라로 인정받았고 결국 별 반감 없이 통일을 달성했다. 그러나 한국은 남북한 상호 교감도 아직은 걸음마 단계이고, 특히 일본과 중국 등 '독존'을 중시하는 강대국들에게 둘러싸여 험난한 분단의 길을 계속 걸어가고 있는 것이다. 일례로 일본은 독일과 달리 제2차 세계대전의 전범국으로서의 참된 반성은커녕 군국주의의 길로 점점 치닫고 있는 실정이다.

이원복(1946~) 덕성여대 전 총장(2015.3.~2018.6.)이 베스트셀러 『먼나라

9) 「정글만리 3」 조정래, 해냄, 2013, p.207~209.

이웃나라: 에스파냐편』[10]을 기념하여 2013년 5월 23일 동국대학교에서 특강을 했다. 〈세계 역사 여행: 일본과 독일의 역사의식과 역사 교육〉이란 주제로 강연한 내용에서 독일과 일본의 제2차 세계대전 후 내딛고 있는 행보의 차이를 알아보자.

첫째, 독일은 9개 나라와 국경을 접하고 있지만 일본은 홀로 떨어져 있는 섬나라라는 지정학적 여건의 차이이다. 독일은 주변국과 어우러져 살아갈 수밖에 없으나 일본은 독단적으로 홀로 서기를 할 수 있는 지정학적 차이가 있다.

둘째, 독일은 역사상 수많은 전쟁을 겪어왔고, 각 전쟁에서 패배한 경험이 많다. 반면 일본은 태평양 전쟁(제2차 세계대전)에서 최초로 패배한 것으로 인식하고 있다. 일본은 임진왜란이나 정유재란의 패배는 인정하지 않고 있다.

셋째, 종교와 사회 관습의 차이다. 독일은 기독교 사회이기 때문에 실수를 인정하고 잘못을 참회하는 문화가 있는 반면, 일본은 천황을 필두로 한 독불장군식의 사회이며, 과오에 대하여 할복과 자결을 함으로써 모든 죄가 치유된다

---

10) 독일 유학 시절인 1981년 10월부터 1986년까지 「소년한국일보」에 5년 3개월 동안 총 1,376회 연재했다. 이듬해인 1987년 그걸 묶어 책을 냈고, 2012년 대대적으로 새로 그려 리모델링했다. 2013년엔 에스파냐로 15번째 권을 마쳤다. 유럽 7개국(영국·프랑스·독일·이탈리아·네덜란드·스위스·에스파냐)과 미국(3권), 일본(2권), 중국(2권), 한국 등 32년 동안 모두 11개국을 다뤘다.(2018년 말 개정판 발간)
'먼나라 이웃나라' 시리즈는 계속되어 「먼나라 이웃나라 한국: 베트남어판」(한국어·영어·프랑스어·일본어·중국어·대만어·타이어·에스파냐어·독일어에 이어 10번째 언어)을 2016년에 출간했고, 2018년에는 발칸반도(16), 동남아시아(17), 중동(18), 캐나다·호주·뉴질랜드(19), 오스만 제국과 터키(20)까지 펴냈다. 향후에는 러시아와 인도 편을 구상하고 있다. 이 시리즈의 누적 발행 부수는 1,800만 부, 누적 발행 쇄수는 2,000쇄를 넘었다.
1966년에 서울대학교 공과대학 건축공학과에 들어가 6년간 학교를 다녔지만 만화 그리는 작업을 계속하느라 학업(전공)에는 소홀하여 졸업은 하지 못했다. 1970년대 초반부터 「새소년」 등지에서 '성천경' '이상권' 등의 필명으로 활동하면서 일본식 그림체를 차용하여 감동극화물·모험물·개그물·로봇물 등을 전전하며 만화를 그려왔다. 1975년에 만화를 본격적으로 공부하겠다는 일념으로 독일 뮌스터대학교로 유학을 떠나 1981년까지 6년간 배우면서 자신만의 그림체를 찾아내게 되었다.
1981년에 뮌스터대학교 졸업 이후 '먼나라 이웃나라'를 그릴 적에도 계속 유럽에 체류하다 형들의 권유로 1984년에 귀국하여 덕성여대 산업미술학과(현 시각디자인학과) 교수로 재직한 뒤 교양만화 하나에 몰두하게 되었다.

고 믿는 자칭 의리파의 문화이다.

넷째, 독일은 그들이 자행한 만행을 남겨 교훈으로 삼고 있지만, 일본은 그들이 당한 것들을 남겨 국수주의를 자극하고 있다. 독일은 총리를 포함한 많은 사람들이 아우슈비츠를 방문하고, 독일 내의 유대인수용소를 보존하여 후세들에게 그들이 저지른 만행을 교훈삼아 재발을 방지하려고 노력하고 있으나, 일본은 그들이 저지른 만행들의 흔적은 모두 없애고 그들이 당한 피해를 부각시켜 패권주의를 유발한다. 아우슈비츠 수용소는 1947년 7월 폴란드 의회가 박물관으로 영구 보존키로 결의해 현재는 박물관과 전시관으로 꾸며져 있고, 1979년 유네스코는 이곳을 세계유산으로 지정했다. 폴란드는 이곳을 회복하자마자 아우슈비츠(Auschwitz)를 옛 이름인 오시비엥침으로 되돌렸다. 이에 비해서 일본은, 야스쿠니 신사나 히로시마 원폭기념관 등을 통해 그들이 당한 결과만을 강조하고 있다.

다섯째, 독일은 주변국과의 우호관계나 유대관계가 없이는 존속하기 어렵다는 인식을 하고 있으나, 일본은 독불장군식으로 눈에 뵈는 것이 없다. 일본의 이 이면에는 동북아시아 힘의 균형을 염두에 두고 있는 미국의 인식과도 연계되어 있다. 일본의 왜곡된 역사 인식은 향후 아시아, 더 나아가 세계의 평화를 저해할 수 있다는 논지를 통해 미국을 일깨워야 한다.

여섯째, 또한 한국과 중국 등 아시아의 일본 피해국들이 힘을 합쳐 일본의 왜곡된 역사관을 바로잡아야 한다. 일본 역시 '강자에게는 약하고 약자에게는 강하다'는 힘의 원리를 절대적으로 믿는 나라이다. 일본의 왜곡된 역사관을 바로잡기 위한 중국의 선행과제는, 그들 자신이 왜곡하고 있는 동북공정 등 왜곡된 역사관의 재정립이다. 아시아의 강자인 중국에 대해 말할 것 같으면, 자기 자신의 오물을 청소하지 않고 어떻게 남의 허물을 탓할 수 있겠는가?

제4장

중국의 패권주의

1. 고구려가 삼국통일을 했으면 한반도 전체가 중국의 속국이 됐을 수 도 있다

만일 고구려가 삼국통일을 하고 나라가 망하지 않았다면, 우리나라는 강대국으로 우뚝 섰을 것이다. 그 이유를 보자.

첫째, 옛날과 달리 먹는 문제는 국제무역을 통해 전 세계무대에서 해결할 수 있기 때문에 굳이 전쟁을 일으킬 필요가 없다. 더 나아가 북한의 지하자원과 만주의 석유에 더하여 한민족의 우수성이 발휘되었을 것인 바, 우리나라는 강대국이 되었을 것이다.

둘째, 한반도의 지정학적 중요성 때문에 사회주의 국가인 중국과 러시아는 함부로 쳐들어오지 못했을 것이다. 동서 간의 힘의 균형이 필요하며, 동북아시아의 중심에 우리나라가 존재하기 때문에 서방 진영(일본과 미국 등)의 이해관계를 중국 등이 무시하고 함부로 점령할 수가 없는 것이다. 중국이 비교적 쉽게 신장·위구르나 티베트, 몽골 등을 지배한 것과는 달리, 해양을 끼고 있는 우리나라는 지정학적 영향력이 훨씬 크기 때문에 서방 전체의 이해관계가 걸려 있다는 점이다. 즉, 강대국 중국과 그 주변국들만으로 투쟁하던 과거와 달리, 현대는 여러 강대국들이 있는 전 세계를 무대로 하기 때문이다.

그러나 문제는, 고려와 조선시대를 거쳐 여태까지 우리나라가 중국에 복속되지 않고 살아남아 있을 경우에 말이다.[1] 아쉬운 점이야 이루 말로 다 표현할 수도 없지만, 우선 한라산[2]에서부터 백두산[3]까지만이라도 정확히 못을 박자.

이어서 설명하겠지만 중국은 '동북공정'을 포함한 여러 공정(工程)을 통해 아직도 주변국들을 집어삼키려 혈안이 되어 있다. '고구려 삼국통일'이야 이미 물 건너간 사실이고, 가정일 뿐이니 각자가 깊이 판단해볼 문제다.

2. 중국의 공정들

(1)중국의 민족 분포

---

1) 「말하지 않는 한국사」 최성락, 페이퍼로드, 2015, p.22~26.

2) 「뉴스1코리아」 2016.12.19. 〈한라산 높이는 1,950m보다 3m 낮은 1,947.06m〉(2016.12.19. 제주도 세계유산본부 발표).
기존 1,950m는 1966년 평균해수면 기준으로 측정하여 사용해 왔던 것이다.

3) 〈백두산 높이는 한국은 2,744m, 북한과 중국은 2,750m로 제각각이다〉
이유인 즉, 한국은 인천 앞바다를 기준으로, 북한은 원산 앞바다를 기준으로 고도를 측정하는데, 인천 앞바다의 평균 수위가 원산보다 6m 높기 때문에 이런 차이가 나는 것이다. 이때 사용되는 기준은 평균 수면 높이로 이를 수준점(해발 0m)이라고 한다.
1962년 체결(1964년 이행)된 '조중변계조약'으로 백두산 천지의 54.5%는 북한, 45.5%는 중국에 귀속됐다. 이에 따라 백두산 봉우리 16개 중 9개는 북한 소유이고 7개는 중국 소유이다. 오늘날 백두산(중국명 창바이산·長白山·장백산) 천지(天池)를 관광하는 우리는 중국을 통해, 즉 백두산이 아닌 장백산을 통해 천지를 보는 것이다. 1인당 5만 원의 입산료도 모두 중국에 귀속된다!
백두산 등정 코스는 동파·서파·남파·북파로 나뉘는데, 이 중 동파만 북한 땅이고 나머지는 중국 영토이다. 제3차 남북정상회담(2018.9.18.~20.)을 위해 평양을 방문한 문재인 대통령이 김정은 국무위원장과 함께 2018년 9월 20일 올랐던 길도 동파 코스였다.

우선 중국의 민족 분포를 살펴보자. 현재 중국의 인구는 약 14억 명이다. 이 중 92%가 한족이고 나머지 8%는 55개 소수민족이 차지하고 있다. 소수민족 중 장족 인구가 가장 많아 1,700만 명 정도이고, 그 다음으로는 만주족(1,000만), 회족(900만), 요족(750만), 위구르족(740만), 이족(660만), 토가족(580만), 몽골족(490만), 포이족(260만), 동족(260만), 묘족(210만) 정도이다. 조선족은 약 200만 명으로 중국 인구 중 0.1%를 차지하며 소수민족 중 12위(한족 포함 13위)이다. 주로 우리나라와 인접한 동북 3성{지린성(吉林省·길림성), 랴오닝성(遼寧省·요녕성), 헤이룽장성(黑龙江省·흑룡강성)}인데 특히, 가장 많이 분포하는 곳은 지린성을 중심으로 하는 옌볜(延邊·연변)조선족 자치주이다.

　"가장 많은 소수민족인 광시 장족(壯族) 자치구 지역은 탑카르스트(석회암이 빗물에 녹아 형성된 지역)로 유명한 구이린(桂林·계림) 등의 관광지가 개발되어 관광 수입이 많은 곳이다. 중국은 소수민족의 중국 대륙 내 독립을 막기 위하여 자치권을 부여하는 등 많은 회유책을 사용하고 있다. 왜냐하면 소수민족의 인구 비중은 8%이나 영토 비중은 64%로 중요하므로 소수민족이 독립하게 되면 엄청난 영토 손실을 보기 때문이다. 또한 소수민족이 분포하는 지역은 대체로 지하자원이 풍부하거나 전략적으로 중요한 요충지이기 때문에 더더욱 중국은 소수민족들의 독립을 막으려 하고 있다. 표면적으로는 자치권을 부여하여 소수민족의 정체성 및 자율성을 인정하는 듯 보이지만 중국은 약 92%를 차지하는 한족을 이주시켜 소수민족의 순수성과 정체성을 약화시키는 정책에 심혈을 기울이고 있다.(p.91~92) 대표적인 곳이 시짱(티베트) 자치구이고, 조선족 자치주에도 한족의 이주가 대거 늘어나 현재는 약 61:31의 비율로 한족이 조선족을 앞지르고 있다.(p.129)"[4]

(2)중국의 공정들

중국은 한족(漢族) 중심의 중원(서안 등) 상고사를 연구하는 단대공정(하·夏, 상·商, 주·周 3대 왕조 연대 확정사업)과 탐원공정(중국 역사의 시원을 찾는 것으로 중국 역사의 영역을 확대하려는 사업)을 시작으로 해양변강공정을 추진해 일본(다오위다오·센카쿠 열도)과 우리나라(이어도)와 영해상의 분쟁을 일으키고 있다.

육지에서도 서남공정(西南工程)·서북공정(西北工程)·동북공정(東北工程, 고구려와 발해는 물론 백제까지도 편입 주장) 등의 이름하에 중국 주변국의 역사까지도 중국의 역사로 강제 편입하려고 혈안이 되어 있다. 서남공정(西南工程)을 일으켜 티베트의 역사를 중국의 역사에 편입시키고 티베트의독립 열망을 꺾기도 하였다. 그리고 현재 중국의 소수 민족인 위구르족이 사는 지역(신장·위구르 지역)도 서북공정(西北工程)을 추진하여 중화인민공화국으로 역사화하였다. 특히 동북공정(東北工程)으로 한반도의 고대사를 잠식하고, 조선족에 대한 통제와 북한에 대한 영향력을 강화하려고 하고 있다. 중국 동북 3성은 동북쪽에 위치한 지린성·랴오닝성·헤이룽장성 등 3성이다. 이지역을 중국의 통일적 다민족국가론에 의해서 자기의 역사로 강제 편입하려고 하고 있다. 이런 중국의 동북공정식 역사이론은 우리 민족의 역사인 고조선사·부여사·고구려사·발해사 등 우리의 정체성 있는 역사를 중국의 역사로

---

4) 「속속들이 살펴보는 우리 땅 이야기」, 이두현 외 5인, 푸른길, 2013.

강제 편입하려는 것이다.[5]

　고 최인호(1945~2013) 작가도 광개토대왕에 대한 소설 『왕도의 비밀』(1995)로 인해 중국비자가 취소된 사연을 얘기했다. 실제로 1990년대 말 최인호 작가가 K회장과 여행을 떠나기 위해서 중국 대사관에 비자를 신청했더니 발급 이틀 만에 취소되었으며, 전해 들은 말로는 '최인호가 중국에 매우 불필요한 사람'이기 때문이라는 비자 거부 이유를 밝혔다고 한다. 이어서 그는 흔히 중국 동북쪽 변경지역 안에서 전개된 모든 역사를 중국 역사로 만들기 위한 동북공정이라는 프로젝트가 2002년에 시작된 것으로 알고 있는데, 그가 경험한 바로는 이미 그 이전부터 실행되고 있었음이 분명하다고 강조했다. 소설 『왕도의 비밀』(1995)이 중국에서 판금된 것도 2002년 이전이었기 때문이다.[6]

(3)동북공정

　2017년 9월에 「동아일보」에 실린 두 편의 신문기사를 보면 지금 중국이 추진하고 있는 동북공정의 엄청난 작전을 알 수 있을 것이다.

【〈중국의 동북공정과 오랑캐[7]〉

---

5) 「동북공정 바로알기」 경상남도교육청, 2013, p.14.

6) 「누가 천재를 죽였는가(유작)」 최인호/김성봉, 여백, 2017, p.157~158.

7) 「오랑캐의 탄생(Ancient China and Its Enemies: The Rise of Nomadic Power in East Asian History, 2002)」 니콜라 디코스모, 황금가지, 2005, p.22·132.
　　[중화(中華)'와 '오랑캐'라는 개념을 체계화하여 화이사상(華夷思想)의 토대가 된 사마천의 「사기」]
　　기원전 1세기경, 변경은 한층 더 결정적으로 '변모'했다. 이때 비로소 북방의 역사와 민족이 의도적으로 조사되기 시작한 것이다. 당시 흉노와 중국의 관계는 중국 역사의 여명과 함께 발생한 정반대되는 두 원리 사이의 대립으로 인식되었으며, 이러한 인식을 확립시킨 것은 사마천(司馬遷, 기원전 145~기원전 90)의 「사기」(기원전 90년경)였다. 역사가 사마천은 스스로 거대한 계획을 세우고 내륙아시아 역사를 이제껏 인식되지 않았

중국 역사에서 이민족은 배타와 멸시, 공포의 대상이었다. 동서남북의 오랑캐를 일컫는 동이(東夷), 남만(南蠻), 서융(西戎), 북적(北狄)이라는 글자 속에 짐승이나 벌레 또는 무기가 들어있는 것도 이 때문이다. 그러나 지금은 다르다. 자칫하면 분열할 수 있는 56개 민족을 하나로 통합하기 위해서다. 과거 이민족 역사를 자국사로 편입하는 '동북공정(東北工程)'도 이런 정치적 의도에서다.

▷"왕망이 나라를 건국한 서기 9년 동서남북의 이민족들이 사신을 보내왔다. 동쪽에서 온 나라는 현도, 낙랑, 고구려, 부여였다."(『한서』 권99 중 '왕망전') 중국 역사서에 처음으로 고구려가 등장하는 대목이다. 중국이 최근 펴낸 '동북고대민족역사편년총서'의 고구려편 첫 장이다. 왕조별로 펴낸 역사총서는 중국은 물론 한국의 역사서까지 샅샅이 뒤져 연대별로 정리했다. 과거엔 남의 역사로 치부해 무시했던 이민족 역사를 하나하나 찾아내 자국 입맛에 맞게 꿰맞추고 있다.

▷중국은 이번 총서에서 고조선, 부여, 고구려, 발해에 이어 백제까지 자신들의 고대사에 포함시켰다. 총서에 포함된 왕조 중 거란(契丹)을 제외한 나머지는 모두 한민족이 세운 왕조다. 중국의 백제 역사 편입은 고구려의 경우와 의미가 다르다. 중국이 현재의 영토 안에서 일어난 모든 역사를 자국사로 보는 '속지주의 역사관'에서 벗어나 한반도에서 건국된 고대 왕조까지 자국사로 포함시켰기 때문이다. 총서는 백제가 만주에서 건국된 부여의 일파라는 점을 들어 백제 전기(前期)는 자국사라고 강변했다.

던 유형으로 '구체화'함으로써 북방에 대한 경험적 조사의 문을 열었다.(p.22)
[동이(東夷), 서융(西戎), 남만(南蠻), 북적(北狄)]
초기 중국의 이방인 개념에는 거주 지역에 따라 동쪽의 이, 서쪽의 융, 남쪽의 만, 북쪽의 적으로 인식되는 것 외에 또 다른 구조가 있었다. 바로 만과 이는 항상 연합하거나 동화할 수 있는 이방인의 범주에 넣는 반면, 융과 적은 국외자 또는 동화될 수 없는 적대적인 존재로 보는 것이었다. 이처럼 도식적으로 표현된 윤리적·정치적 위계 속에서, 북쪽과 서쪽에 거주하는 사람들은 중앙이 행사하는 도덕적 영향력에 더 반항적이며 따라서 도덕적으로 더 멀어진 존재로 간주되었다. 하지만 이러한 이방인들을 언급한 문헌들은 주위의 지리 영역과 '종족적' 실재를 체계적으로 조사하거나 경험적으로 묘사하지 않은 채 단지 지적 세계로 표현했을 뿐이다.(p.132)

▷현재 동북공정에 참여 중인 학자는 200여 명에 이른다. 한국사 연구 학자는 1,000명이 넘는다고 한다. 중국 정부는 5년 기한의 한시적인 동북공정 프로그램이 2007년에 마무리됐다고 주장하지만 실은 10년이 지난 지금도 계속되고 있다. 그런데도 우리는 중국만이 주장하는 속지주의 역사관이나 일사양용론(一史兩用論, 한 역사가 두 국가에 동시에 속할 수 있다는 주장) 등 동북공정의 기본 논리조차 제대로 반박하지 못하고 있다.】[8]

【〈中, 고구려에 이어 백제까지 중국사에 편입했다〉

　-중국『동북고대민족역사편년총서』주장-

　이상훈 육군사관학교 군사사학과 교수는 12일『백제역사편년』『고구려역사편년』등『동북고대민족역사편년총서』5권에 대한 분석 결과를 밝혔다.

　{중국 정부가 기금을 지원한 중국의 역사서에서 고구려, 발해는 물론이고 백제까지 중국사의 일부로 편입시킨 것으로 확인됐다.

　고구려, 백제, 부여 역사를 중국사 연호(年號) 중심으로 서술한 총서에는 중국 학계에서 처음으로 백제의 역사가 초기부터 중국사라는 주장이 등장했다. 집필을 주도한 중국 창춘사범대 장웨이궁(姜維公·55) 교수는 '백제역사편년' 속 18쪽에 이르는 '백제기원문제탐토(百濟起源問題探討)'라는 제목의 소논문에서 "우리 중국 학계는 그간 백제를 한국사 범주로 인식했지만 백제 전기 역사는 중국사에 속한다"고 주장했다.}(이상훈 교수가 발표·지적한 내용)

　장 교수는 "백제가 4세기 중엽 한강 유역으로 주무대를 이동했어도 백제가 중국사라는 사실은 바뀌지 않는다"고 강조했다. 기원전 2세기부터 4세기 중엽까지 한강 유역이 중원(中原) 왕조의 소유였기 때문이라는 게 장 교수의 주장이다.

---

8)「동아일보」2017.9.14.〈동북공정과 오랑캐〉(하종대 논설위원)

백제 멸망 당시 당(唐)이 백제 지역에 웅진도독부를 세워 '백제가 멸망하며 중국에 예속됐다'는 주장은 과거 중국 정부가 주도한 '동북공정(東北工程)' 당시에도 있었다. 하지만 초기부터 백제가 중국사라는 주장이 나온 것은 처음이다. 소논문에는 백제의 기원 자체가 현재 중국 지린성 지린시에 있던 부여에서 갈라져 나온 것임을 강조한다. 총서의 다른 책인 '부여역사편년'에서는 부여에 대해 '아국(我國) 동북소수민족정권', 즉 중국사로 소개했다. 총서를 한데 모아 보면 부여에서 갈라져 나온 백제도 결국 중국사라는 논리다.

해당 총서는 2002~2007년 중국이 동북공정 프로젝트를 진행했던 당시 이를 주도했던 중국사회과학원의 기금을 지원받아 집필됐다. 총서의 각권 왼쪽 상단에는 '국가사회과학기금중점항목성과(國家社會科學基金重點項目成果)'라고 명시돼 있다. 총서 집필을 주도한 장 교수는 동북공정 프로젝트 당시 연구원으로 참여했던 학자다.

이 총서가 「동아일보」 단독 보도(2017.1.19.)로 알려진 이후 3월 발해, 거란편년이 추가로 발간된 사실도 확인됐다. 해당 편년을 통해 중국 동북지역 고대사를 중국사로 편입시키기 위해 논리를 강화한 흔적들도 엿보인다. '발해역사편년'에는 고구려 출신 대조영(?~719)이 세운 발해(698~926)의 228년 역사보다 발해가 멸망한 뒤 거란이 발해 지역에 세운 동단국(東丹國, 926~1220)의 294년 역사를 비중 있게 정리했다. 책 뒷부분에 부록으로 넣은 '발해연호대조표'에는 '발해-중원왕조-일본-신라-고려' 순으로 배열해 발해를 당시 동시대 한국사로 분류되는 신라, 고려와 분리시켰다.

국내 학계에서도 중국사로 인정하는 거란을 부여, 고구려, 백제, 발해와 함께 총서로 묶은 부분도 눈에 띈다. 고구려, 백제, 발해, 부여역사편년은 서한(西漢), 수(隋), 당 등 중국 고대국가 연호 중심으로 사료가 정리됐다. 하지만 '거란역사편년'은 거란이 국가를 세운 900년대 이후부터 '거란태조야율아보기신책원년(916)' 같은 거란 고유의 연호가 사용됐다.

이 교수는 "총서는 부여에서 고구려와 백제가 갈라져 나왔고, (고구려 이후 등장한) 발해가 중국사로 인식되는 거란에 흡수되면서 결국 중국 동북 고대국가 모두 중국사의 일부라는 이해체계를 보여주고 있다"며 "총서를 통해 한국사를 접하는 중국 일반인 및 학자들은 신라를 제외한 한국 주요 고대국가 모두가 중국사라는 인식을 가질 수 있다"고 지적했다.]⁹⁾

(4)서남공정

티베트(Tibet)는 중국의 속국이 된 지가 거의 70년이 되어가고(1951년 병합되어 1965년부터 중국의 '티베트족 자치주'로 전락해버렸다), 티베트 독립을 위해 2009년 2월 승려가 최초로 분신한 이래 100명이 넘는 승려가 분신한 나라다.¹⁰⁾ 티베트 최고의 성지는 카일라스{6,714m, Kailas·Kailāśa Parvata, 산스크리트어로 '수정(水晶)'을 의미}인데, 성산(聖山) 카일라스를 불자들은 세계의 중심인 수미산(須彌山)이라고 믿는다.¹¹⁾ 티베트의 영적 지도자인 달라이 라마가 이런 조국을 떠나 인도에서 티베트 망명정부를 이끌면서 전 세계를 향해 '행복전도사' 역할을 하는 것을 볼 때, 정말 그의 도력(道力)(?)은 대단하

---

9) 「동아일보」 2017.9.13. 〈中, 고구려에 이어 백제까지 중국사에 편입〉(김배중 기자)

10) 2017년 11월 109번째 승려가 분신했고, 일반인 포함 151명이 분신하여 126명이 사망했다.(2018년 9월말 현재)

11) 영화 「영혼의 순례길(Paths of the Soul)」(2015 중국, 2018.5.24. 개봉, 장양 감독)
    "순례는 타인을 위한 기도의 길이야!"(총 11명이 함께 순례에 나서는 이야기 참조)

다는 생각이 든다.[12) 13)]

---

12) 『티베트 역사산책』 다정 김규헌, 정신세계사, 2003, p.306~308.

국공내전(國共內戰)을 끝낸 붉은 인민해방군에 의해 1951년 국토를 점령당한 뒤, 티베트의 겔룩파(황모파·黃帽派)는 강력했던 통치권을 잃어버린다. 그리고 1959년 무력항쟁의 실패로 법주이며 국왕인 제14대 달라이 라마와 정부관리·귀족들, 그리고 겔룩파의 핵심 지도자들은 후일을 기약하며 대거 인도로 망명길에 오르게 된다(8~12만 명이 망명길에 올랐다고 하지만 통계마다 편차가 많다).

그 후 무신론적 공산주의의 붉은 중국 아래서 허울 좋은 '서장자치구'라는 이름 하에 본토에 남아 있는 민초들은 핍박을 받기 시작한다. 더구나 1966년부터 10년간의 문화혁명에 의해 치명적인 상처를 받게 되어, 그 많던 고색창연한 전통적인 사원은 거의 파괴되고 승려들은 강제로 환속(還俗) 당하게 된다.

그러나 1984년부터 이른바 '개혁개방정책'으로 종교의 자유가 부분적으로 허용되고 관광용 사원들도 복구되기 시작하여 겔룩파는 어느 정도 다시 소생한다. 그 상태는 지금도 진행 중에 있다고 할 수 있다. 달라이 라마의 부재중에 티베트 국내 민심의 구심점은 겔룩파 서열 2위에 해당하는 제11대 빤첸(반선·班禪) 라마가 대신하고 있는데, 아직 어린 티가 가시지 않은 소년이지만 그에 대한 민중의 사랑은 (일부 부정적인 시각이 없는 것은 아니지만) 별 변함이 없다.

달라이와 빤첸 라마의 관계(티베트에서는 지방에 따라 이 둘의 관계가 때로는 동등하게, 때로는 종속적으로 인식되고 있다. 현재 인구에 회자되는 유행가에서는 둘의 관계가 형제로 묘사되고 있다)를 한마디로 정리하기는 어렵지만 다 같은 겔룩파의 전생론에 의한 활불(活佛)이라는 공통점이 있다. 다만 달라이 라마가 관음보살의 화신이고 빤첸이 아미타불의 화신이라는 점과, 전통적으로 전자는 '위' 지방, 그러니까 라싸의 영주이고, 후자는 '짱' 지방, 즉 티베트 제2의 도시인 시가쩨의 영주라는 차이점이 있다.

{이상준: 판첸라마는 티베트 불교의 영적 지도자로 아미타불(阿彌陀佛, 서방정토에 머물면서 중생을 극락으로 인도한다는 부처)의 화신이다. 종교적으로는 달라이 라마 다음가는 지위다. 달라이 라마는 관음보살(觀音菩薩, 자비의 마음으로 중생을 구제한다는 보살, 석가모니의 스승으로 일컬어진다)의 화신이다.}

지금과 같이 미묘한 상황 아래서는 국내에 남아 있는 어린 빤첸이 중국의 어용이라는 따가운 시선을 면할 수 없는 것은 사실이다.

13) 『황하에서 천산까지』 김호동, 사계절, 2011, p.22~26.

제14대 달라이 라마인 텐진갸초(Bstan-'dzin-rgya-mtsho, 라모 톤둡)는 1935년에 중국의 칭하이 성(티베트의 동북부 지역)에서 티베트인 부모 밑에서 태어났다(만 3세가 되기 전에 제13대 달라이 라마의 환생으로 인정되었다). 1940년에 티베트의 통치자인 달라이 라마가 되었지만, 티베트 국민이 1950년부터 그 나라를 점령한 중국 공산군에 대항하여 반란을 일으켰다가 실패하자 1959년에 인도로 망명했다.

1959년4월 제14대 달라이 라마(종교와 정치의 최고 지도자 또는 교주를 일컫는 티베트 말)인 24세의 텐진갸초가 약 80 명의 티베트인들과 함께 인도로 망명했다. 14대 달라이 라마(Lhamo Dondrub, Dalai Lama)는 1935년 7월 6일 출생했다.

1949년 장개석이 이끄는 중국 국민당이 대만으로 쫓겨나고 공산당이 대륙을 석권한 직후 중국은 티베트가 중국의 일부임을 공식적으로 선언했다. 그리고 다음해인 1951년 '제국주의 압제로부터 300만 티베트 인민을 해방시키고 중국의 서부 변방에 대한 방위를 공고히 하기 위해 인민해방군의 진군을 지시했다'는 발표로 2~3만의 군대가 라싸(히말라야 산맥의 3,650m 고지)에 진군했다.

당시 17세인 라마는 상황의 위중함을 분별할 나이가 못되어 중국의 요구를 뿌리치지 못하고 전인대회 등에 참석했다. 1958년 티베트인들의 저항운동이 시작되고 중국군이 포탈라궁 등 포격을 가해 12,000명 이상의 티베트인이 사망하는(티베트인들에 대한 중국의 박해가 반복되자 1959년 반란을 일으키지만 12만 명이 학살되는 참담한 결과만 남김) 등 참혹한 현실에서 망명했다. 현재 인도 서북부 다람살라(Dharamshala)에는 10만 명에 이르는 티베트인이 망명 중이다.

중국의 문화혁명이 끝난 직후 달라이라마는 티베트 문제에 대해 국제적인 관심을 끌기 위해 적극적으로 나섰다(문화혁명은 마오쩌뚱(모택동)에 의해 주창된 사구(四舊), 즉 오래된 사상·문화·풍속·습관을 타파하자는 운동이다). 1979년부터 각국을 순방하며 티베트의 입장을 설명하고 있으며, 1981년 미국을 방문하여 하

영국 「파이낸셜 타임스」의 기자를 거쳐 저널리스트로 왕성하게 활동하고 있는 팀 마샬(Tim Marshall)이 『지리의 힘: 지리는 어떻게 개인의 운명을, 세계사를, 세계 경제를 좌우하는가』(2015)에서 〈중국은 왜, 티베트에 목숨 거는가〉라는 제목으로 쓴 다음의 글에서 서남공정의 실상을 파악할 수 있다.

"중국에게는 일종의 '지정학적 공포'가 있다. 만약 중국이 티베트를 통제하지 못하게 되면 언제든 인도가 나설 것이다. 인도가 티베트 고원의 통제권을 얻으면 중국의 심장부로 밀고 들어갈 수 있는 전초 기지를 확보하는 셈이 되는데, 이는 곧 중국의 주요 강인 황허·양쯔, 그리고 메콩강의 수원이 있는 티베트의 통제권을 얻는 거나 다름없다. 티베트를 '중국의 급수탑'이라고 하는 것도 바로 이런 이유에서다. 미국에 버금가는 물을 사용하지만 인구는 5배나 많은 중국으로서는 이것만큼은 포기할 수 없다.

사실 관건은, 인도가 중국의 강물 공급을 중단시키고 싶은가가 아니라 과연 인도에게 그럴 능력이 있는가이다. 수세기에 걸쳐 중국은 이런 일만은 절대로 발생하지 못하도록 해왔다. 배우 리처드 기어와 자유티베트운동(Free Tibet Campaign)은 티베트에 대한 중국의 부당한 점령을 줄곧 규탄해 왔고, 이제는 한족의 티베트 정착 정책에 대해서도 항의하고 있다. 그러나 달라이 라마, 티

버드 대학에서도 강연했다. 1987년 미국을 다시 방문한 그는 '5개조평화안'('스트라스부르 제안'이라 함)'을 내 놓았고, 이 제안은 중국 측이 주장하는 것처럼 티베트에 대한 중국의 주권은 인정하되 티베트의 진정한 자치권과 정치적 민주주의를 보장하라는 것이다. 즉, 중국이 홍콩이나 대만에 대해서 주장하듯 '1국가 2체제'를 티베트에 대해서도 적용하라는 것이다.
이 주장에 대해 중국은 끝까지 독립을 주장하는 의도라고 보고 거부하였고, 티베트인들도 일부는 중국의 주권을 인정하는 부분 때문에 반대했다. 이런저런 이유로 1988년 8월 라싸에서는 라마승들이 바코르 거리에서 시위하는 사건이 터졌고, 9월에도 중요한 사원의 승려들이 모여서 행진을 벌였는데, 모두 '달라이 라마의 도당'으로 찍혀서 체포됐다. 시위대는 그해 겨울과 이듬해 봄까지 계속되었는데, 군대가 발포하여 사상자가 생겼고, 티베트인들은 한족의 상점을 불태웠다. 결국 1989년 3월 계엄령이 선포되고 말았다. 바로 그해에 달라이 라마에게 노벨 평화상이 수여됐다.
티베트는 중국의 고대 국가시대부터 예속과 독립이 반복된 정치적 혼란의 관계였다.

베트 독립운동 단체, 할리우드 스타들과 세계 제2위 경제대국과의 싸움은 그 결과가 불을 보듯 뻔하다. 누구든 서구인들이 티베트 문제를 거론하면 중국은 굉장히 예민하게 반응한다. 위험하다거나 체제 전복을 시도하는 것도 아닌데도 신경질적으로 반응한다. 중국인들은 티베트 문제를 인권이라는 프리즘을 통해 보기보다는 '지정학적 안보'의 틀에서 본다."[14]

3. "장성에 오르지 않으면 사내대장부가 아니다(不到長城 非好漢)"(?)

우리 민족의 아픈 역사와 애환을 중심으로 한 소설을 주로 쓴 조정래(전남 선암사 출생, 1943~) 작가가 현재 중국을 시대배경으로 하여 3권짜리 소설 『정글만리』(2013)를 발간하여 베스트셀러가 됐다. 이 소설 속에는 '마오쩌둥의 명언'인 "장성에 오르지 않으면 사내대장부가 아니다(不到長城 非好漢, 부도장성 비호한)"를 소개하면서, '이 장성에 올라 무수한 사람들의 신음과 통곡을 듣지 못하면 참된 대장부가 아니다'라고 했어야 한다고 비판하는 대목이 나온다. 잠시 소설 내용을 살펴보자.

【"모든 권력은 총구로부터 나온다." 이 말은 마오쩌둥(毛澤東·모택동)의 3대 명언 중

---

14) 『지리의 힘: 지리는 어떻게 개인의 운명을, 세계사를, 세계 경제를 좌우하는가(Prisoners of Geography, 2015)』, 팀 마샬, 사이, 2016, p.33~34.
{이상준: 2017년에 히말라야의 안나푸르나 트레킹도 할 겸 공식행사 목적으로 네팔을 다녀왔다. 그런데 무슨 이유 때문인지 그 이후부터는 중국에 입국할 때마다 추가 심문을 받고 입국하는 불편을 겪고 있다. 네팔은 티베트와 달리 독립된 국가인데 말이다. 네팔 수도 카트만두에서 경비행기로 30분 거리에 있는 중소도시 포카라(Pokhara)는 안나푸르나(Annapurna)를 가기 위한 길목이다. 포카라에는 '티베트 난민촌'이 있는데 여길 방문해서 그런지—현대는 '감시 사회'니까—, 아니면 네팔 주변국들을 배회하는 것만으로도 위험인물이 되는 것인지는 잘 모르겠다.}

첫 번째 것이었다.(…)(두 번째 명언은 "하늘을 떠받치는 절반은 여자다"이고, 세 번째 명언은 "인구는 국력이다"란 말이다. ─이상준)

만리장성 입구에 모택동의 시 한 구절이 붙어 있다. '장성에 오르지 않으면 사내대장부가 아니다(不到長城 非好漢)'. 그 시구를 보는 순간 직감적으로 떠오른 생각은 '인민을 위해 혁명을 했다는 사람이 어찌 저럴 수 있을까' 하는 거였다. 그 기나긴 성을 쌓기 위해 저 진시황 시절부터 청나라 때까지 2천여 년에 걸쳐서 얼마나 많은 백성들이 죽어갔는데, 인민을 위해 혁명을 했다는 사람이 그 장성에 올라 봉건 왕조의 폭정에 분노하거나, 불쌍한 백성들의 희생은 전혀 슬퍼하지 않고 사내대장부의 기상만 뽐내고 있는 게 아닌가.

이미 1,900여 년 전 후한의 진림(陳琳)이란 시인이 '그대 장성 아래를 보지 못했는가, 죽은 사람들의 해골이 서로 지탱하고 있는 것을'이라고 시를 썼다. 모택동은 시를 지을 줄 안다고 뽐내면서 시를 지었지만 정작 사나이 기상만 뽐낼 줄 아는 군인일 뿐이었고, 사람의 슬픔을 아파하는 시인의 마음도, 혁명가의 사랑도 없었던 것이다. 그가 진짜 시인이 되었으려면 이런 시구 하나가 첨가되어야 한다. '이 장성에 올라 무수한 사람들의 신음과 통곡을 듣지 못하면 참된 대장부가 아니다.']¹⁵⁾

북경의 쥐융관(居庸关·거용관, 북경에서 서북쪽으로 50km 지점에 있으며 도보로 만리장성에 오르는 코스) 장성 위와, 빠다링(八达岭·팔달령, 북경에서 서북쪽으로 75km 지점에 있으며 케이블카로 등정하는 코스) 장성 입구에는

---

15) 「정글만리(2)」, 조정래, 해냄, 2013, p.163~165.
　　선암사(仙巖寺)는 전라남도 순천시 승주읍 죽학리 조계산 동쪽 기슭에 있는 사찰이다. 소설 「태백산맥」 등의 저자 조정래의 출생지(부친이 스님)다. 조정래는 선암사에서 아버지 조종현과 어머니 박성순 사이의 4남 4녀 중 넷째(아들 중 차남)로 태어났다. 그의 아버지는 일제시대 종교의 황국화 정책에 의해 만들어진 시범적인 대처승이었음을 조정래 작가는 스스로 밝히고 있다. (「정글만리(3)」, p.406.)(한국의 대표적 불교 종파인 조계종은 승려들의 결혼을 허락하지 않지만, 일본의 승려들은 반드시 독신일 필요가 없었다.)

모택동이 1935년에 지은 시비(詩碑)가 있다. '장성에 오르지 않으면 사내대장부가 아니다(不到長城 非好漢, 부도장성 비호한)', 내 눈에는 한족을 뜻하는 한(漢) 글씨를 2배로 크게 쓴 점이 '확' 눈에 들어왔다. 글자 그대로의 뜻은 '장성에 오르지 않으면 한족을 좋아하지 않는다'는 뜻으로, 바로 여기에도 '한족 중심주의'가 짙게 깔려 있다는 점이다. 방금 조정래 작가는 '마오쩌둥이나 진시황이 무수한 중국 백성들의 신음소리를 들었어야 했음'을 아쉬워했다. 나는 한 걸음 더 나아가 '한(韓)'민족이기에 '한(漢)'만을 중시하는 그 말에 살이 떨렸다. 그리고 동쪽의 작은 나라 우리 대한민국이 떠올랐다. 포털사이트에 들어가 보라. 유명인사는 물론이고 일반인들도 이 시비(詩碑) 앞에서 기념사진을 찍어 경쟁적으로 올려놓았다. 그 앞에서 기념사진이야 얼마든 찍을 수 있다. 그러나 그 깊은 의미도 모른 채 마오쩌둥 운운하며 이제 '대장부가 됐다'고 난리들을 치고 있다. 세상을 정확히 모르면 이 지경이 돼버린다. '두 눈 뜨고도 코 베인다'는 말이 딱 들어맞는 격이다. 제발 각성하라.

'한족(漢族)'이 세상의 전부라는 '한족중심주의'는 이곳 말고도 수없이 많은 곳에서 접할 수 있다. 천혜의 요새, 호산장성(虎山長城), 즉 고구려 천리장성의 일부였던 박작산성(泊灼山城) 이야기를 예로 들겠다. "연암 박지원이 쓴 『열하일기(熱河日記)』(1883)는 1780년 5월 25일(음력)부터 10월 27일까지 약 5개월간 약 3,700리(1,500km)를 좇으며 기록한 연암(燕巖) 박지원(朴趾源, 당시 43세, 1737 영조 13~1805 순조 5)의 유쾌한 유목일지이다(음력 6월 24일 압록강 도착). 연암이 밟았던 여정은 이렇다. 의주→압록강→랴오양(遼陽·요양)까지의 기록인 「도강록(渡江錄)」편을 시작으로 선양(瀋陽·심양=盛京·성경, 청나라의 첫 수도) ⇒ 산하이관(山海關·산해관, 랴오양성과 인접한 허베이성(河北省·하북성) 북쪽 친황다오(秦皇島·진황도) 시의 바다와

맞닿은 곳. 베이징에서 동북 방향 290km, 자동차로 3시간 거리} ⇒ 황성{皇城 =연경: 연나라의 수도인 베이징(北京·북경)} ⇒ 고북구{古北口, 현재 고북수진(古北水镇)이며 사마대만리장성(司馬台長城)이 있다} ⇒ 열하{熱河, 지금의 청더(承德·승덕)} ⇒ 다시 베이징까지의 여정을 총 24편으로 구분하여 기록한 것이 『열하일기』다. 압록강~연경의 거리는 약 2,300리(920km), 연경~열하의 거리는 약 700리(280km, 현재는 도로개선으로 250km) 왕복하여 총 3,700리(1,500km)의 여행 기록이다."[16] 사행단의 규모는 전체 250여 명이었고[17], 연경~열하 구간은 총 74명(말 55필)으로 줄여서 행차했다.[18] 우리나라 사신들이 남긴 중국 여행기록은 650여 종이나 되지만 연암 박지원의 『열하일기』가 단연 으뜸이다.[19]

"『열하일기』에는 조선의 출발지점은 소상하게 나와 있으나, 중국 측 상륙지점은 모호하다. 평안북도 의주 건너편인 단둥(丹東·단동·Dandong)에서 동북쪽 20km, 해발 146m의 호산은 그 형세가 마치 호랑이가 누워 있는 모습과 비슷해서 붙여진 이름인데 우리나라의 마이산(馬耳山: 전북 진안, 685m)과 비슷하게 생겼다. 중국은 명나라 성화 5년(1469)에 축조한 성이라면서 애써 그 연혁을 늘려 얘기하지만, 1990년대에 이르러서야 만리장성의 기점을 산하이관에서 단둥까지 최소 1천km를 연장하여 발표했고, 장성을 보수·증축한 것은 2005~2006년이었다. 물론 『열하일기』에는 호산에 관한 어떤 기록도 보

---

16) 『세계최고의 여행기 열하일기(상)』 박지원/고미숙, 그린비, p.4~6.

17) 『연암 박지원과 열하를 가다』 최정동, 푸른역사, 2005, p.50.

18) 『세계최고의 여행기 열하일기(상)』 박지원/고미숙, 그린비, p.138.

19) 『경남신문』 2017.11.7. 허권수 경상대 한문학과 명예교수, 동방한학연구소장. '『열하일기』의 흔적을 찾아서' 여행(2017.11.2~5)

이지 않는다."[20]

"만리장성의 동쪽 끝은 일반적으로 산해관이라고 알려져 왔는데, 최근 중국 당국은 산해관보다 훨씬 오른쪽으로 물러난, 압록강 하구가 빤히 내려다보이는 이곳 호산이 만리장성의 동쪽 끝이라고 주장하면서 이 성을 복원해놓았다. 역사적 의미가 별로 없는 성터를 장성 모양으로 복원해놓고 옛날부터 있었던 만리장성의 흔적이라고 우기고 있는 것이다. 명백한 역사 왜곡임은 말할 나위가 없다. 그들이 호산장성을 통해 말하고 싶은 것은 '요동 지역은 옛날부터 중국 땅이고 동쪽 오랑캐들이 이 지역에 들어와 살았던 적이 없다'는 것이다. 그러나 연암의 『열하일기』에도, 담헌의 『을병연행록』에도 이 호산장성에 대한 언급은 없다. 그때는 없었기 때문이다. 이 호산장성의 복원 역시 최근의 '동북공정'에 입각한 고구려사 왜곡과 관련이 없다고 말하기는 힘들 것이다."[21]

『열하일기』에도 등장하는 친황다오(秦皇島·진황도) 시의 산하이관(山海關·산해관)에 있는 천하제일관(天下第一關) 장성 위에도 마오쩌둥이 썼다는 '장성에 오르지 않으면 사내대장부가 아니다(不到長城 非好漢)' 글자를 새긴 시비(詩碑)가 있다. 베이징 여행할 경우 보게 되는 쥐융관 장성과 빠다링 장성과는 달리 1열이 아니라 2열로 (편집)되어 있다. 그리고 산하이관 중 노용두(老龍頭)는 바다까지 닿아 있으며 그 의미 자체가 노용(老龍) 즉 큰 대역사의 시작(우두머리, 頭·두)인 바, 여기가 만리장성의 동쪽 끝임을 스스로 밝히고 있다. 장성의 끄트머리에는 '노용두(老龍頭)', 해변에는 '明長城地理信 息标石(명장성지리신 식표석)'. 그들 스스로가 자가당착에 빠져 있으면서까지 우

---

20) 「속 열하일기」 허세욱, 동아일보사, 2008, p.23~25. 〈천혜의 요새, 호산장성〉

21) 「연암 박지원과 열하를 가다」 최정동, 푸른역사, 2005, p.58~59.

겨대니 참 기가 막힐 노릇이다.

서인범 동양사학 교수는 『연행사의 길을 가다』(2014)에서 호산장성을 만리장성으로 둔갑시키는 중국의 작태를 비판하고 있다. 이를 소개한다.

【압록강변을 따라 15km 정도 가다보면 호산장성에 다다른다. 호랑이가 누워 있는 형상이라 해서 '호산(虎山)'이라고 불렸다. 양옆으로 삐쭉 솟은 2개의 봉우리가 마치 호랑이의 귀와 같아 호이산(虎耳山)이라고도 한다. 『조선왕조실록』에는 마이산(馬耳山)이란 이름으로 등장하는데, 호산이란 이름은 청나라 때 붙은 것이다. 높이가 146m 정도밖에 되지 않는 나지막한 산이지만, 앞쪽으로는 강이 흐르고 주변에는 평야만이 펼쳐져 있어 사뭇 높게 느껴진다.

안내판 지도를 보니 "만리장성의 동쪽 끝이 호산장성, 서쪽 끝은 자위관(嘉峪関, 가욕관)"이라는 설명이 붙어 있다. 호산장성은 명나라 성화 5년(1469) 건주여진의 침입을 방비할 목적으로 축조되었다. 1990년대 초 중국의 장성 전문가 나철문 등이 실태조사를 벌여 명나라 장성의 동쪽 끝 기점으로 결정했다.

이후 2차례에 걸친 복구공사를 통해 1,250m를 보수증축하면서 성루·적루·봉화대 등을 설치해 장성의 총 길이가 8,858.8km로 늘어났다. 2012년 중국 「광명일보(光明日報)」는 장성이 동쪽으로 압록강을 거쳐 흑룡강성(黑龍江省) 목단강(牧丹江)까지 이어졌다며 그 길이를 21,196km로 발표했다. 장성의 동쪽 끝이 산해관에서 어느 순간 이곳 호산장성으로, 또 목단강으로 연장된 것이다.

동국대학교 고구려사 전문가인 윤명철 선생은 호산장성이 고구려의 박작성을 가리키며, 당나라와 벌인 전쟁에서 자주 등장한다고 말한다. 『삼국사기』「고구려본기」에 "박작성은 산에 쌓은 험준한 요새이고 압록강에 둘러싸여 견고했다. 공격해도 함락시킬 수 없었다"는 기록이 있다. 648년 당나라가 수군 3만 명을 거느리고 해주(海州)를 출발해 압록강으로 들어와 100리(약 40km)를 거슬러 올라 이 성에 이르렀다는 기록도 있다.

2010년 5월 〈고구려성, 만리장성으로 둔갑하다〉라는 제목으로 'KBS 역사스페셜'에서는 박작성이 전형적인 고구려성이라며 당시 축성 양식인 쐐기돌을 이용해 성을 쌓는 방법을 소개했다. 고구려는 돌로 성을 축조한 반면, 중국은 흙으로 성을 쌓았다. 그러다가 명나라 이후에 들어서야 벽돌로 축조하기 시작했다.

성의 주인을 둘러싼 의문을 품은 채 장성 입구 왼쪽 큰 바위에 붉은 글씨로 쓰인 시 한 수를 마주했다.

"맑고 맑은 푸른 강물/ 높고 높은 호산 머리/ 예서부터 장성이 시작되어/ 만 리로 뻗어가 중국을 지키네!

淸淸綠江水(청청록강수) 巍巍虎山頭(외외호산두) 長城以此始(장성이차시) 萬里壯神州(만리장신주)"

장성이 이곳에서 시작된다는 것을 사람들에게 선전하는 내용이다. 장성의 시점이라니! 장성의 끝을 계속해서 연장하는 행태와 모순이 아닌가! 장성의 시작과 끝이 계속 바뀌는 것을 보면 이 시(詩)도 언젠가 조용히 사라지는 것은 아닐지 모르겠다.]22)

---

22) 『연행사의 길을 가다: 압록강 넘은 조선 사신, 역사의 풍경을 그리다』, 서인범, 한길사, 2014, p.79~80.

제5장

베트남전쟁

1. 베트남의 위대함

베트남은 정말 대단한 나라다. 우리나라 기업들이 현지에 많이 진출해 있고 개발도상국이라고 하여 자칫 쉽게 생각할 수 있으나 그렇지 않다. 우리는 기분이 별로일지 모르겠지만 세계 역사학자들의 눈에는 베트남 국격이 거의 중국과 맞먹을 정도다. 관련 글을 보자.

"일본과 베트남은 중국 주변부 구성원이면서 동시에 제국적 작위 수여 기능을 행사했다는 점에서 중국의 경쟁자였다. 중국을 중심으로 하는 조공 무역 체계는 이 영토적 실체들에게 상호 통합의 정치·경제적 틀을 제공했지만, 이 틀에서는 중심부인 중국에 대해 주변부를 구성하는 부분들이 상당한 자주성을 가지고 있었다. 이 체계 내에서 조공 사절단은 위계적이면서도 경쟁적인 '제국적 작위 수여' 기능을 수행했다고 한다. 예를 들면, 한국·일본·류큐(琉球, 오키나와) 열도와 베트남·라오스 등은 모두 중국에 조공 사절단을 보냈다. 하지만 류큐 열도와 한국은 일본에도 조공 사절단을 보냈고, 베트남은 라오스에게

171

조공 사절단을 요구했다. 따라서 일본과 베트남은 중국 중심 체계의 주변부 구성원이면서 동시에 제국적 작위 수여 기능을 행사했다는 점에서 중국의 경쟁자였던 것이다."[1] [2] [3]

특히 베트남은 몽골군의 침입도 물리쳤다. 송나라를 멸망시키고 3차에 걸쳐 베트남을 침략한 50만 몽골 대군을 하롱베이 해협의 해전에서 승리하고 전멸시켰다.[4]

"베트남은 10세기부터 독립왕국을 이루었으나 19세기에 프랑스의 식민지가 되고, 20세기 전반에는 일본의 침략을 당한다. 1941년 호치민(1890~1969)이 주도하여 베트남독립동맹(베트민＝월맹)을 결성하고 일본군과 싸우다, 45년 일본이 연합국에 항복하자 베트남 민주공화국의 독립을 선언한다. 제2차 세계대전 기간에 독립을 약속했던 프랑스는 태도를 바꾸어 이를 인정하지 않고, 그 결과 이듬해부터 54년까지 베트남과 프랑스는 제1차 인도차이나전쟁

---

1) 「체계론으로 보는 세계사(Chaos and Governance in the Modern World System, 1999)」 조반니 아리기 외 다수, 모티브북, 2008, p.395.

2) 「더불어숲: 신영복의 세계기행(1998·2015)」 신영복, 돌베개, 2015, p.87.
　　　〈세계에서 가장 강인한 세 민족(Strongest Three): 한국·베트남·이스라엘〉
베트남은 한국, 이스라엘과 더불어 세계에서 가장 강인한 세 민족의 하나로 불린다. 바람에 날리는 아오자이의 가냘픈 서정도 그렇지만 결코 강골이라 할 수 없는 베트남 사람들의 몸 어디에 그러한 강인함이 도사리고 있는지 의아하다.

3) 「정글만리 3」 조정래, 해냄, 2013, p.347. 〈못차지한 한국과 베트남〉
중국이 수천 년 동안 차지하려고 애썼지만 실패한 두 나라가 한국과 베트남이다. 그래서 중국을 대국으로 인정하고 서로 사이좋게 살며 특산물을 교역하자고 해서 만든 제도가 조공(租貢)이다(조공도 군신의 의미가 있어 '공무역'이 대등한 용어 －이상준). 그리고 속국이란 신식말로 하면 식민지인데, 식민지란 강한 나라가 약한 나라를 완전히 지배해서 모든 권한을 다 뺏어버리는 걸 말한다. 그런데 한국과 베트남은 중국에 모든 권한을 뺏기고 지배당한 적이 한 번도 없고, 그들 스스로 군대를 가지고 나라를 지켰고, 딴 나라와 외교활동을 펼쳤고, 자기들 법을 가지고 나라를 운영한 당당한 독립국가였다.
다만 운명적으로 영토가 작고, 인구가 적어서 인접한 큰 나라한테 괴롭힘을 당한 것뿐이다. 중국은 스스로 대국이라고 뻐기고 싶어서 계속 속국이라는 말을 써왔는데, 그건 '우린 주변의 작은 나라나 괴롭히는 못된 짓을 해왔다'고 스스로 입증하는 것밖에 안 된다.

4) 「천년전쟁: 무릎 꿇지 않는 베트남－중국」 오정환 MBC 전 보도본부장, 종문화사, 2017. 3장, p.129~193.

(1946~1954)을 치른다. 1954년 5월 7일 프랑스군의 거점인 디엔비엔푸를 함락하면서 독립한 베트남은 7월 제네바휴전협정에 따라 북위 17°선(중부 도시다낭 바로 위쪽)을 경계로, 베트남민족 인민전선(베트민의 후신)이 주도하며 하노이가 수도인 북베트남과, 프랑스군의 지휘를 받던 베트남인들이 주도하며 사이공이 수도인 남베트남으로 나뉜다. 이에 수많은 사람이 고향을 떠나 남으로 혹은 북으로 향했다.

제네바협정은 남북 베트남을 통합하기 위해 1956년에 국제감시위원회의 감독 아래 베트남 전역에 걸쳐 자유선거를 실시하도록 했다. 그러나 남베트남의 고 딘 디엠 총리가 이를 거부하고 경찰정치를 펼치자 제대군인과 지식인들이 베트콩(Viet Nam Cong San)을 결성, 게릴라전(戰)을 전개한다. 베트콩은 1960년에 베트남민족해방전선(NLF)의 군사조직이 된다. 북베트남은 1959년 조직적으로 이들을 지원하기 시작, 라오스·캄보디아 국경을 따라 남베트남에 이르는 호치민로(路) 건설에 착수한다. 사회주의 체제인 북베트남 주도로 베트남이 통일되는 것을 막기 위해 미국이 개입한다. 이것이 제2차 인도차이나전쟁, 곧 '베트남전쟁'이다.

1961년 1월 케네디 대통령은 비전투군사요원을 파견하여 이른바 '특수전쟁'-게릴라전·비밀전(정보 수집·선전·파괴활동)을 전개한다. 1964년에 미군 구축함 매독스호가 북베트남의 초계정들에게서 사격을 받았다는 이른바 '통킹만 사건'이 일어난다. 뒤에 미 국방부의 베트남 비밀보고서(펜타곤 페이퍼)가 폭로됨으로써 미국의 조작이었음이 드러나지만, 1964년 8월 4일 존슨 대통령은 이 사건을 계기로 북베트남 폭격명령을 내린다. 이때부터 전투부대가 투입되기 시작하여, 1969년에는 참전미군 규모가 최대 549,500명에 이른다. 우리나라도 파병, 그 인원이 모두 31만 명이 넘었다.

베트남전쟁은 동원병력·사상자 수·항공기 손실·탄약사용량·전쟁비용 면에서 제1차 세계대전을 웃돌았고, 사용탄약량·투하폭탄량에서는 제2차 세계대전의 규모를 훨씬 넘어섰다. 역사상 가장 큰 파괴전쟁이었다.

1968년 1월 30일 북베트남군과 NLF는 무신(戊申)년 뗏(음력설날)을 기해 대공습을 감행한다. 그 전해부터 미국 내의 반전운동이 힘을 더해갔고, 미국정부는 남베트남 반군을 진압할 수 있으리라는 확신을 점점 잃게 된다. 파리에서 평화회담이 시작되고, 1973년 초까지 회담이 지지부진하게 진행된 끝에 미군과 외국군이 철수한다(1973년 3월 미군 및 한국군 등 철수 완료). 1975년 NLF와 북베트남군은 총공세를 시작, 4월 30일 남베트남정부는 무조건 항복을 선언하고, 사이공이 함락된다.

1976년 남북베트남통일국회에서 프롤레타리아 독재국가를 선포, 베트남사회주의공화국이 성립한다. 수도는 하노이로 정하고, 사이공은 호치민 시로 이름이 바뀐다."[5]

아무튼 근·현대에도 베트남의 국격은 흔들리지 않았으며, 베트남과의 전쟁에서 수모를 당한 나라는 미국만이 아니다. 1954년 공산주의와 민족주의를 내세운 북베트남이 독립 쟁취를 위해 당시 세계열강 가운데 하나였던 프랑스와 싸워 디엔비엔푸에서 그들을 물리쳤다. 프랑스(제1차 인도차이나[6] 전쟁, 1945~1954)에 이어 미국과의 전쟁에서도 승리한 후(제2차 인도차이나 전쟁: 1955~1975),[7] 1979년 킬링필드의 크메르 루주와의 전쟁 및 점령

---

5) 「전쟁의 슬픔(The Sorrow of War, 1993)」 바오 닌, 예담, 1999, p.6~7.

6) 인도차이나는 '인도(India)와 중국(China) 사이에 있는 반도'라는 뜻이다.

7) 〈베트남전쟁의 주요 일정과 미국·한국 지상군의 개입〉

(1979~1989), 1979년 북쪽 국경을 침범한 중국마저 이겨냈다. 전력 면에서 볼 때 상대가 되지 않았던 베트남은 10여 년 간격으로 프랑스·미국·중국을 연파했다.

2. 베트남전쟁의 다른 관점

(문)베트남전쟁에서 죽은 베트남 사람들의 이름을 모두 새기려면 미국의 베트남 참전용사비 크기의 벽이 몇 개나 필요할까?

(답)69개(⇒ 즉, 베트남인 희생자 약 400만 명 = 미군 희생자 약 6만 명 × 약 69배)

(문)웨스트포인트 육군사관학교를 졸업하려면 베트남전쟁에 관한 강의를 몇 개 들어야 할까?

(답)0개[8]

1955.11.1. 전쟁 시작→1961.1. 미국 게릴라작전으로 개입→1964.8.2.~4. 통킹만(Gulf of Tongking) 사건(미국이 조작)~1964.8.7. 폭격명령→1965.3. 미국·한국 지상군 파병~1973.3. 미국·한국군 철수→1975.4.30. 남베트남정부 항복 선언.
(한국군은 총 312,853명이 파병되어, 4,624명이 전사, 1만여 명이 부상당했다. -『대안교과서 한국 근·현대사』, 교과서포럼, 2008, p.192)
베트남전쟁과 관련하여 아래의 책들을 추천한다.
『아무것도 사라지지 않는다(Nothing Ever Dies: Vietnam and the Memory of War, 2016)』, 비엣 타인 응우옌, 더봄, 2019.
『천년전쟁: 무릎 꿇지 않는 베트남─중국』, 오정환 MBC 보도본부장, 종문화사, 2017.(베트남 건국에서부터 1979년 중국과의 전쟁에서 승리까지를 다룬 베트남 천년전쟁사)
『동조자(1·2)(The Sympathizer, 2015)』, 비엣 타인 응우옌, 민음사, 2018.(전쟁 말기 미군의 철수 과정과 미국으로 망명한 남베트남 군인들의 고뇌를 다룬 소설. 2016년 퓰리처상 수상작)
『전쟁의 슬픔(The Sorrow of War, 1993)』, 바오 닌, 예담, 1999.(베트남문인회 최고상 수상소설)

8) 『마르크스와 함께 A학점을(How to Take an Exam··· & Remake the World, 2001)』, 버텔 올먼, 모멘토, 2012, p.31.

제2차 세계대전 뒤부터는 미국이 개입한 전쟁에서 희생자 수가 치명적으로 늘어났다. 제2차 세계대전 뒤 미군이 개입한 첫 대규모 국제전인 한국전쟁에서 민간인 250만 명과 군인 55만 명을 포함 최소 300만 명이 사망했다. 이어진 베트남전쟁(1955~1975년)에선, 미국이 본격적으로 개입하기 시작한 1965년부터 1975년 사이에만도 340만 명(로버트 맥나마라 미국 전 국방장관 추산)에서 510만 명(베트남 정부 발표, 1995년)에 이르는 희생자가 발생했다.

1971년 베트남에서 태어나 사이공(현 호치민)이 함락된 1975년에 난민이 되어 미국으로 이주하여, 현재 교수이자 소설가로 활약하고 있는 비엣 타인 응우옌(Viet Thanh Nguyen)은 저서 『아무것도 사라지지 않는다』(2016)에서 미국의 패권주의와 약소국의 아픔에 대해 이렇게 썼다.

【나는 미국인에게 만큼은 베트남전쟁의 의미를 간결하게 설명해줄 수 있는 해답을 찾아냈다. 마틴 루터 킹 주니어(Martin Luther King Jr.)의 연설에서였다. "미국인의 영혼에 온통 독이 퍼져 있다면, 그 독성분의 일부분은 분명 '베트남'일 것이다." 대부분의 미국인들은 꿈에 대한 설교로 킹 목사를 기억한다. 하지만 이 연설은 일종의 예언이었다. "베트남전쟁은 미국의 정신을 깊이 좀먹어 들어가는 질병의 징후이다. 만약 이 냉엄한 현실을 무시한다면, 우리는 '다음 세대를 걱정하는 성직자와 평신도' 위원회를 조직해야 할 것이다. 그들은 과테말라와 페루를 걱정하게 될 것이다. 타일랜드와 캄보디아를 걱정하게 될 것이다. 모잠비크와 남아프리카를 걱정하게 될 것이다. 미국인의 삶에 진지한 변화가 일어나지 않는다면, 우리는 이런 나라들뿐 아니라 다른 수많은 나라들을 위해 행진해야 할 것이고 끊임없이 집회에 참석해야 할 것이다." 정확하게 1년 뒤, 그는 암살당했다.

그는 이라크와 아프가니스탄을 언급하지 않았으나, 미국인들은 그 이후에 일어난 두 나라의 분쟁이 베트남전쟁과 연관성이 높다고 보았다.(…) 쿠바의 혁명가 체 게바라(Che

Guevara, 아르헨티나 출생, 1928~1967)는 미국의 점령에 대항하여 벌인 베트남전쟁이 아메리카와 아프리카 그리고 아시아에서 자유와 독립을 꿈꾸는 사람들에게 희망을 불어넣을 것이라고 말했다. 그러나 오늘날 베트남과 미국 혁명은 자국의 동맥경화를 해결하기 위해 소환하는 기억일 뿐이다.(p.11~14)

펜타곤이 베트남에서 벌인 소모적 전쟁은 할리우드 영화 「지옥의 묵시록(Apocalypse Now)」(1979 제작, 프란시스 포드 코폴라 감독)[9] 그리고 전 세계의 영화 스크린 속에서 다시 한 번 베트남전을 치르면서 정치적인 캠페인으로 되살아났다. 이러한 캠페인은 걸프전 당시 미국이 저지른 폭력에 대한 '충격과 경외감'을 무마시키는 방식의 전조 증상이었다. 전 세계를 빈틈없이 장악한 미국 언론은 그 당시 엄청난 구경거리처럼 그 사건을 보도했다. 이라크와 아프가니스탄에서 벌인 미국 전쟁도 같은 식으로 선전되었다.(p.27)】[10]

---

9) 「문학의 명장면: 현대 영미 문학 40」, 김성곤, 에피파니, 2017, p.113~114.
가장 비정치적이고 비제국주의적인 작가로 알려진 조셉 콘라드(Joseph Conrad, 폴란드 출생 영국 작가, 1857~1924)의 소설 「어둠의 속(Heart of Darkness)」(1899)은 영화 「지옥의 묵시록(Apocalypse Now)」 (1979 개봉)의 원작소설이다. 「오리엔탈리즘(Orientalism)」(1978)에서 서구인들이 생각하는 동양의 이미지가 서구의 편견과 왜곡에서 비롯된 허상임을 비판한 사이드(Edward W. Said, 1935~2003, 팔레스타인 출신의 문화 비평가이자 사회 비평가)는 조셉 콘라드는 물론이고 찰스 디킨스나, 제인 오스틴까지도 예리하게 비판했다.
{「어둠의 속」은 서구인의 탐욕스런 제국주의 역사의 현장을 직접 경험한 콘래드의 문명 고발서이다. 문명화라는 성스러운 이름 아래 휴머니즘을 말살하는 서구문명에 절망한 작가의 회의적 시각이 짙게 깔려 있다. 영국 템스 강가나 유럽을 타락시킨 인간의 이기심이 이제는 문명의 손때가 묻지 않았던 순수한 태고의 자연 내부까지 뻗쳐가는 인간 본성의 사악함을 통찰하는 작가의 내적 성찰이 깊이 배어나는 작품이다. - 홍덕선 성균관대 영문학과 교수}

10) 「아무것도 사라지지 않는다(Nothing Ever Dies: Vietnam and the Memory of War, 2016)」, 비엣 타인 응우옌, 더봄, 2019.
책의 제목은 토니 모리슨의 소설 「빌러비드(Beloved, 1987)」(문학동네, 2014)의 한 구절 "아무것도 사라지지 않는다(Nothing Ever Dies)"에서 따왔다. 이 소설은 '여성 노예'에 초점을 맞춰 노예제라는 특수한 상황에서 폭력을 겪은 사람들의 이야기다.

3. 베트남전쟁 당시 한국군 전투부대의 차별과 인권 문제

연세대학교 국어국문학과 신형기 교수는 "베트남에 투입된 한국군은 부당한 고용계약에 묶인 군사 프롤레타리아"였음을 강조한다.

【실제로 베트남의 전장에서 한국군이 확인하게 되었던 것은 한국군에 대한 처우가 미군과 달라도 크게 다르다는 점이었다. 미군과 '동등한' 입장에서 싸우는 동맹군이라면 이 심각한 차별을 문제시해야 했다. 차별에 대한 불만은 대체로 미국(군)을 향한 항의의 형식을 취했다. 한국군 전투부대가 처음으로 정글에 투입되고 난 뒤 다음과 같은 말들이 쏟아져 나왔다는 것이다. "우리는 가난한 나라의 군대이기 때문에 부잣집 미국 애들이 받는 만큼 월급을 요구하지는 않는다. 그러나 적과 싸우는 데 있어 장비의 차별을 둔다는 것은 너무하지 않은가?" "체격이 더 좋은 미군은 M16이라는 가벼운 총을 사용하는데 한국군은 정글에서 부적절한 구식 M1소총을 쓰고 있고, 작전에 투입되는 한국군은 60kg이 넘는 군장을 지고 도보로 이동해야 하지만, 미군은 장비·식량·탄약은 물론 물탱크까지 헬리콥터가 투하해준다"는 볼멘소리였다. 황색거인(한국군)은 그에 걸맞은 대접을 받고 있지 못했다.

파견된 한국군 병사의 최저 봉급은 30달러였고 1급 전사자에게는 48개월분의 봉급을 지급하게 되어 있었다. 실로 '하루 1달러'에 목숨을 거는 것이 한국군 병사들의 처지였던 것이다. '한국군 일병이 봉급으로 받는 33달러는 미국병사가 받는 것의 1/10도 안 된다'는 사실 앞에서 한국군(인)들은 다시금 자신들이 '가난한 나라'에 속해 있음을 확인했을 것이다. 이 명백한 차별은 그들을 베트남에 오게 만든 국가 간의 거래가 애당초 공정하지 않았음을 뜻했다. 육사 출신의 한 소대장은 다음과 같이 말한다.

"1명의 병사가 죽을 때마다 생각나는 것은 우리 맹호병사들에 대한 처우문제다. 적어도 자유와 평화를 위한다는 한 개의 깃발 아래 싸우는 동맹군이라면 그 생명의 값어치는 같아야 하지 않을까? 실제로 이념이 생명의 값어치를 계상하는 데서 결정적 인자일 수는 없었다. 생명의 값어치 문제는 베트남에 투입된 한국군으로 하여금 자신들이 부당한 고용계약에 묶인 군사프롤레타리아임을 새삼 깨닫게 했으리라. 그들이 자신들의 베트남행을 결정한 거래의 당사자는 아니었지만 그들에겐 합당한 고용을 요구할 권리가 있었다. 베트남에서 싸우는 '노력의 대가가 금전으로 환산되는 현실'에서, "정당하고 공평한 대우를 바라고 싶은 것은 당연한 이성의 주장이 아닐까?"라는 반문은 한국군 병사들이 어떻게 자신들의 위치를 파악하고 있었던가를 보여주는 한 예다.(…)

한국군 병사들에게 베트남전은 고통스러운 전쟁이었을 테지만 자신들이 누구인가 하는 물음 앞에서 혼란스러울 수밖에 없었다는 사실은 더 고통스러운 일이었음이 분명하다. '월남전의 승리'가 한국에서의 경제건설을 좌우하는 열쇠로 여겨졌던 상황에서, 병사들은 모든 불평등과 부당함을 견디며 '싸움으로 건설'해야 하는 조국의 역군이어야 했다. 그렇게 불리고 스스로도 그렇다고 여김으로써 그들은 자신들이 한 행위를 외면할 수 없었다. 동원된 군사프롤레타리아들은 자신들의 처지와 행동에 대해서 말할 수 없고 말해서도 안 되었던 것이다. 그들이 자신들이 참여한 전쟁을 외면하거나 그에 대한 언급을 보이콧한 이유는 근본적으로 여기에 있는 것이 아닐까?]¹¹⁾

우리만 피해자일까? 우리도 베트남과 필리핀 등지에서 엄청난 인륜적 범죄를 저질렀다. 라이따이한(Lai Taihan, 베트남)과 코피노(Kopino, 필리핀)¹²⁾가

11) 「시대의 이야기, 이야기의 시대: 이야기로 읽는 한국 현대사」, 신형기, 삼인, 2015, p.303~306.

12) 코피노는 한국 남성과 필리핀 현지 여성 사이에서 태어난 2세를 필리핀에서 이르는 말이다. 코리안(Korean)과 필리피노(Filipino)의 합성어이다. 현재 필리핀에는 약 3만 명의 코피노가 있는데, 이들 중 상당수의 아버

그 예다. 현재 베트남에는 라이따이한(베트남전쟁에 참전했던 한국인과 베트남인 사이에 태어난 2세)가 약 1만~2만 명 정도 있는데, 이들에 대한 무책임함도 고뇌해야 할 과제이다. 그뿐만이 아니다. 베트남전쟁 때 우리가 죽인 수많은 베트남인에 대한 사죄와 반성도 이뤄져야 한다. 지난 2018년 4월 19일 서울 여의도 국회 정론관에서 열린 '베트남전 한국군 민간인학살 진상규명 촉구를 위한 생존자 기자회견'도 있었다.[13] [14] [15] [16] 이 역시 약소국 설움의 한 단면이 아니겠는가!

베트남 중남부에 있는 도시 퀴논(Quy Nho'n, 즉 '꾸이년'으로 다낭과 냐짱

지는 무책임하게 한국으로 가버렸거나 연락이 두절된 상태다. 최근 관광·사업·유학 등의 사유로 필리핀에 간 한국 남성들에게 버림받은 코피노가 여전히 증가하고 있다. 코피노 엄마들은 "아이의 아빠가 양육 의지가 없어 홀로 양육해야 하는 만큼 과거 양육비뿐만 아니라 장래 양육비까지 줘야 한다"고 주장한다.

13) 「news1」 2018.4.19. 〈베트남 학살 생존자 "왜 한국군은 사과하지 않나요?"〉
–21~22일 한국 정부를 피고로 앉힌 '시민평화법정' 참여–(류석우 기자)

14) 여러 매체 2018.1.28. 〈베트남, 축구 준우승에 열광… "박항서는 베트남의 히딩크"〉
–U23 챔피언십 준우승(2018년 1월 27일)–
2002 한일 월드컵 때 히딩크 감독 밑에서 수석코치를 맡았던 박항서 감독(경남 산청 생초면, 1959~)이 23살 이하 베트남 축구팀 감독을 맡아 아시아축구연맹 대회에서 준우승을 이끌어 냈다.(…) 불과 3개월 전에 23살 이하 대표팀을 맡은 박항서 감독은 베트남의 히딩크로 불리며 국가적 영웅으로 떠올랐고 한–베트남 우호 관계에도 큰 기여를 한 것으로 평가된다. 이후 박항서 감독은 베트남 축구대표팀 감독도 맡았다.
즉 박항서 감독은 베트남 축구대표팀과 U–23 대표팀을 모두 이끌고 있다.

15) 여러 매체 2018.8.29. 〈2018년 아시안게임에서 축구 4강 신화를 이뤘다: 지금까지는 16강이 최고 성적〉(한국 금, 일본 은, UAE 동, 베트남 4위)
박항서 감독이 이끄는 베트남 축구대표팀이 아시안게임에서 사상 처음 4강에 진출하자 베트남이 발칵 뒤집혔다. 23세 이하(U–23) 베트남 축구대표팀이 27일 아시안게임 남자축구 8강전에서 시리아를 연장 끝에 1대 0으로 꺾고 4강에 진출하며 베트남 축구역사를 다시 쓰자 전 국민이 열광했다. 현지 언론 등에 따르면, 베트남 전역에서 수백만 명이 거리로 뛰쳐나와 국기를 흔들며 "땡큐 박항서, 땡큐 코리아"를 외치며 환호했고, 폭죽을 터트리거나 북과 꽹과리를 치며 축하했다.
앞서 베트남은 일본과 바레인을 각각 1대0으로 연파하며 8강에 올랐었다. 그러나 공교롭게도 한국과 준결승전에서 맞붙어 4강으로 만족해야 했다.(한국 3 : 베트남 1)

16) 여러 매체 2019.12.10. 〈박항서 감독 '베트남 우승': 동아시안게임 남자 축구〉
박항서 감독이 이끄는 22세 이하(U–20) 베트남 축구 대표 팀이 '2019 동남아시안게임(SEA Games)' 남자 축구 결승전에서 인도네시아를 상대로 3대0으로 완파하면서 60년 만에 우승컵을 차지했다.
지난 2017년 베트남 축구 대표 팀 지휘봉을 잡은 박 감독은 2018 아시아축구연맹(AFC) U–23 챔피언십 준우승, 2019 자카르타–팔렘방 아시안게임 4위, 스즈키컵 우승에 이어 또 새로운 역사를 썼다.

사이 위치)은 영국 일간지 「가디언」이 뽑은 세계 10대 휴양지이지만, 베트남 전쟁 당시 우리나라 청룡부대(여단급)–맹호부대(사단급)가 투입된 곳이다. 꽝응아이(Quang Ngai)성 빈선현 빈호아(B nh H a) 마을 입구에 세워져 있는 '한국군 증오비(맹세비)'에 대한 아픈 역사도 느끼고 가야 한다. 청룡부대는 1966년 12월 3일부터 6일까지 이 마을 주민 430명을 학살했다. 한국에 82곳의 (베트남전) 참전기념탑이 세워진 반면에, 베트남에 세워진 한국군증오비 60여 곳 중 현재 남아 있는 것은 3곳에 불과하다. 베트남에는 푸엔성 뚜이오아시(市)·화히엡남현(縣), 베트남 꽝응아이성 등 3곳에 '한국군 증오비'가 남아있다.[17]

【퀴논은 맹호부대가 주둔했던 베트남 중남부에 있는 도시다. 1973년 맹호부대가 철수하기 직전까지 한국군 11만 명 정도가 투입된 곳으로 군사 작전이 175,000번 이상 행해졌다고 한다. 말하자면 한국군에게 베트남전쟁 그 자체를 상징하는 도시인 셈이다.

1972년 3월, 나(명진 스님)는 부산항에서 출발하는 미국 군함을 타고 6박 7일간 항해 끝에 퀴논에 도착했다.

퀴논은 보통 봄부터 가을까지가 건기이다. 그래서 고통스러운 더위보다 기분 좋은 날씨가 매일 이어진다. 얼마 전 영국의 일간지 「가디언」에서 퀴논을 세계 10대 휴양지에 선정했다고 한다. 전쟁이 치러지던 그곳을 이제 관광객들이 찾고 있다.

2015년 4월 베트남 민간인 학살 문제를 국내에 처음 제기한 구수정 박사가 베트남전쟁 민간인 학살 피해자 두 분을 한국에 모시고 온 적이 있다. 조계사에서 이들을 모시고 토론회를 하기로 했다. 그런데 보수 단체의 압력을 받은 조계종이 행사장 대여를 취소하고 말았다. 그 후 경북대학교에서 토론회를 진행하게 됐다.

---

17) JTBC '차이나는 클라스' 71회, 2018.8.1. 방영〈베트남전쟁을 아시나요?〉 한베평화재단 구수정 이사

보수 단체의 압력에 조계종이 행사를 취소한 게 미안스러워 강원도에서 대구로 내려 갔다. 부끄러운 마음에 행사장 중간쯤 앉아 두 분의 증언을 귀 기울여 들었다. 갑자기 주 최 측에서 내게 인사말을 요청했다. 무대 앞으로 걸어가는데 다리가 후들거려서 도저히 걸을 수 없었다. 아무 말도 할 수 없었다. 그 자리에 무릎 꿇고 용서를 구했다. 그것 말고 달리 내가 할 수 있는 건 없었다.

그해 여름 나는 40년 만에 베트남을 찾았다. 빈호아 마을 입구에는 '한국군 증오비'가 세워져 있었다.

"하늘에 가닿을 죄악 만대를 기억하리라. 한국군들은 이 작은 땅에 첫발을 내딛자마자 참혹하고 고통스러운 일들을 저질렀다. 수천 명의 민간인을 학살하고, 가옥과 무덤과 마을들을 깨끗이 불태웠다."

나는 비 오는 땅바닥에 엎드려 참회의 절을 올렸다. 모르고 한 죄는 반복될 수 있다. 베트남 사람을 향했던 총부리가 광주 시민들을 향해 불을 뿜은 것처럼 말이다.]18]

18) 「힘 좀 빼고 삽시다: 아픔을 끌어안고 사는 우리들에게」, 명진 스님, 다산책방, 2019, p.107~111.
명진 스님(충남 당진, 1950~)은 여섯 살 때 어머니가 자살로 생을 버리자 방황을 시작했다. 초등학교 때부 터 일 년에 한 번꼴로 전학하며 가는 학교마다 말썽을 일으켰다. 싸움을 일삼고 선생님들에게 대들다 대학 을 보내주겠다는 친척의 회유로 무주 관음사에 들어가 대학 입시를 준비했다. 그곳에서 만난 젊은 스님에게 깨달음을 얻고 '나'를 찾기 위해 출가했다. 행자 시절 당대 최고의 스님으로 불리던 성철 스님 밑에서 수행하 다 계를 받기 닷새 전 해인사 백련암을 뛰쳐나왔다. 스물다섯 살에 동생을 잃고 속리산 법주사에서 계를 받았 다.(p. 앞표지 저자 소개)
광주민주화운동을 계기로 사회문제에 관심을 갖게 됐다. 1986년에는 1980년 10·27법난 규탄대회를 주도 하여 성동구치소에 수감됐다. 1994년 조계종 총무원장 3선 반대 집회를 주도하여 종단 개혁의 발판을 마련 했다. 2006년 봉은사 주지를 맡아 천 일 동안 매일 천 번씩 절을 했고 '재정 공개'를 했다. 2010년 11월 봉은 사 주지에서 물러난 뒤 '재정 공개'는 도로아미타불이 돼버렸다.(p.232) 노무현 전 대통령 영결식 불교 의식 집전을 위해 딱 하루 외출했다. 2017년 조계종 적폐 청산을 위해 꼬박 이십 일 동안 단식했다. 이명박 대통령 을 강하게 비판하고, 총무원장에 맞서 종단 비판을 하다 반백 년 세월 동안 몸담았던 조계종으로부터 승적을 박탈당했다.(p.203~204) 그 후 '사단법인 평화의길'을 세웠다. 이 조직은 내 마음의 평화와 우리 이웃의 평화 그리고 한반도의 평화를 위해 걷고 또 걷는 새로운 단체다.(p.207)
출가하고 오십 년 동안 '나는 누구인가'를 물었다. 「힘 좀 빼고 삽시다」는 오십 년 수행의 여정을 담고 있다. 저서로는 「중생이 아프면 부처도 아프다」(2011), 「스님, 어떤 게 잘 사는 겁니까」(2018) 등이 있다.

제3편
전 세계

제 1 장

오리엔탈리즘

1. 오리엔탈리즘이란?

『오리엔탈리즘(Orientalism)』(1978)은 서구인들이 생각하는 동양의 이미지가 서구의 편견과 왜곡에서 비롯된 허상임을 비판한 사이드(Edward W. Said, 1935~2003, 팔레스타인 출신의 문화 비평가이자 사회 비평가)의 대표 저서이다.

이 책에서 말하는 오리엔탈리즘은 동양에 대한 서양의 사고방식이자 식민지주의·인종주의·자민족 중심주의와 결부된 지배의 방식이다. 이로 인해 동양 또한 스스로를 제대로 자각하지 못하고 서양에 의해 굴절된 동양의 모습을 받아들이고 있다. 사이드는 이 책에서 오리엔탈리즘으로 대표되는 동양에 대한 서양의 사고와 인식의 본질을 규명하고, 다양한 종류의 권력과 그 지배 현상에 대한 통찰을 보여준다.

사이드는 지식인을 "국가의 권위나 권력의 보상에 흡수·통합되어 자신의 지위나 권위를 강화하는 데 몰두하는 전문 직업인이 아니라, 인간의 비참함과 억압에 대한 진실의 표준들 안에서 빈민, 불이익을 받는 자들, 목소리를 내지 못하는 자들, 대변되지 못하는 자들, 힘없는 자들에 대한 재현, 즉 사회적 혹은 시대적인 고통에 대한 재현 행위를 언어 발화적 맥락에서 실천하는 사람들"이라고 규정한다. 사이드는 이런 맥락에서 지식인을 추방자·주변인·아마추어로, 그리고 권력을 향해 진실을 말하려는 언어의 저술가로 묘사한다. 이 가운데 주목할 단어는 '아마추어'이다. 사이드는 『권력과 지성인』에서 현대의 지식인이 당면한 가장 큰 문제점으로 전문직업인의 태도, 즉 '전문 직업주의(Professionalism)'를 든다. 가령 안정적인 경제력을 갖춘 채 연구실 밖 세계에는 관심이 없는 폐쇄적인 문학 교수의 태도가 그렇다.[1]

존 그레이[2]는 나치의 파시즘적 폭력도 서구 문명의 일탈이 아니라 서구 문명이 내장하고 있는 논리와 폭력의 결과라고 단언한다. 그는 이렇게 말한다. "나치 역시 어떤 의미에서는 계몽주의의 산물이다."[3]

【[오리엔탈리즘의 추종자들과 비판자들]

중국과 인도, 나아가 동남아시아와 서아시아가 1800년 이전까지만 해도 유럽보다 더 활동적이었고 또 세계 경제에서 차지하는 비중이 훨씬 컸다는 사실이다. 그럼에도 불구하고 "역사가들은 유럽이 자기를 중심으로 세계경제를 구축해 왔다는 것을 진작부터 알고 있었다"는 주장은 전혀 사실이 아닐 뿐더러 반역사적이라는 점이다. 실제로 유럽은 자기를 중심으로 세계경제를 구축하지 않았다. 유럽은 신대륙의 화폐로 열차에 오르는 승

---

1) 『지식인: Vita Activa 개념사 27』 이성재, 책세상, 2012, p.81~82.
2) 『가짜 여명: 전 지구적 자본주의의 환상(False Dawn: The Delusions of Global Capitalism, 1998·2009)』 존 그레이, 이후, 2016. p.314~315, 342~351. 참조.
   존 그레이: John Gray, 런던 정치경제대학 교수, 정치철학자, 『가짜 여명(2000)』 등 저자, 1948~.
3) 『시대와 지성을 탐험하다: 김민웅의 인문정신 1』 김민웅 교수·목사, 한길사, 2016, p.341~342.

차권을 샀을 뿐이다. 이런 역사적 사실은 역사나 역사적 이해에 바탕을 둔 모든 사회이론에 만만치 않은 도전장을 내민다.(p.45)

'서양'은 자신을 제외한 나머지 세계의 상당 지역을 '오리엔탈리즘'이라는 호칭으로 묶어 왔다. '서양'과 '나머지'라는 대립상은 새뮤얼 헌팅턴(Samuel Huntington 1993·1994, 『문명의 충돌(The Clash of Civilizations and the Remaking of World Order, 1996)』 등 저술)이 쓰기 시작했다(새뮤얼 헌팅턴의 시각도 '서양중심주의'의 연장선에 있다. 이 책은 다양성 속의 통일성이라는 관점을 일관되게 전개한다. p.111). 서양에서는 오리엔탈리즘에 대한 학문적 연구가 왕성하게 이루어지고 있다.

팔레스타인계 미국인 에드워드 사이드가 1978년에 발표한 『오리엔탈리즘』은 이런 서양의 이데올로기적 관점을 예리하게 분석하고 비판한 역작이다. 그는 스스로 '예외'라고 주장하면서 타자와 구별하고 세계의 나머지를 구획하려는 서양의 시도 안에서 오리엔탈리즘이 어떻게 작동하고 있는지를 보여주었다. 사미르 아민(Samir Amin, 이집트 출생 프랑스의 신 마르크스주의 역사학자, 1931~)도 1989년에 쓴 『유럽중심주의』에서 이런 예외주의 과정을 통렬히 비판했다.

유럽의 뿌리가 그리스와 로마(또는 그에 선행하는 이집트나 메소포타미아)에만 한정된 것이 절대로 아니다. 유럽의 뿌리는 아득히 먼 선사시대 이후로 아프로–유라시아 전역에 광범위하게 뻗어 있었다고 보아야 한다. 더욱이 유럽은 19세기에 '유럽중심적세계관'이 발명되어 전파되기 전, 그러니까 근세까지만 하더라도 아시아에 의존하고 있었다.

이 유럽중심적인 관점은 여러 갈래로 구성되어 있는데, 그중에서도 카를 마르크스·베르너 좀바르트 같은 정치경제학자, 에밀 뒤르켐·게오르크 지멜·막스 베버 같은 사회학자의 입장이 두드러진다. 특히 막스 베버(Max Weber)[4]는 유럽중심주의의 특성을 공들

---

4) 『마르틴 루터, 한 인간의 운명(Martin Luther, Un destin, 1928·1944)』 뤼시앵 페브르, 이른비, 2016, p.355~356. [막스 베버 「프로테스탄티즘의 윤리와 자본주의 정신」의 억지 논리]

여 조립하고 편성하고 윤색했다. 이 연구자들은 '유럽의 기적'을 설명하는 데 지대한 공헌을 했다. 에릭 존스는 똑같은 제목으로 『유럽의 기적』(1981)이라는 책을 썼다. 그러나 존스의 책은 마르크스와 베버에서 오스발트 슈펭글러, 아놀드 토인비를 거쳐 제2차 세계대전 이후 특히 미국에서 우후죽순처럼 쏟아져 나온 서양의 예외성을 옹호하는 입장에 이르기까지, 서양 사회과학과 역사학이라고 하는 거대한 빙산의 눈에 보이는 일각에 불과하다.

역사학자인 호지슨(Hodgson 1993)과 블로트(Blaut 1992 · 1993a · 1997)는 근대 유럽사와 세계사가 펼쳐지는 과정에서 유럽 밖의 지역에서 이루어진 모든 공헌은 깡그리 무시하고 '예외적'인 유럽 내부의 원인과 결과만을 보려고 하는 태도를 비좁은 터널 안에서 밖을 내다보는 '터널 역사관'이라며 비웃는다. 블로트가 지적하듯이 1492년(콜럼버스 신대륙 발견) 또는 1500년 무렵의 유럽은 아시아와 아프리카에 비해 전혀 우위에 있지도 않았고 질적으로 판이하게 다른 '생산양식'이 있지도 않았다. 1500년에도 그 이후에도, 유럽이 또는 유럽의 '자본주의'가 300여 년 뒤에 승리를 거두리라고 예견할 아무런 이유가 없었다. 호지슨은 16세기와 17세기에 일어난 경제적 · 과학적 · 합리적 '기술주의'의 발전에 힘입어 훗날 중대한 '질적 변화'가 일어났다고 평가하지만, 그것은 유독 유럽에서만 배타적으로 나타난 것이 아니라 전 세계적으로 나타난 현상이었다고 주장한다.(p.64~67)

「프로테스탄티즘의 윤리와 자본주의 정신」이라는 막스 베버의 테제는 마치 국내에서 공인된 사실처럼 인식되고 있으나 역사의 지지를 받기 어렵다. 무엇보다도 예정설이라는 비관주의적이고 금욕주의적인 교리가 탐욕적인 자본주의 발전에 기여할 수 있다고 생각하는 것 자체가 기이하다.
역사적으로 자본주의는 이미 중세 도시에서 발아했으며, 16세기 종교개혁 시대에 아메리카 대륙과의 교역이나 가격혁명과 같은 경제상황에서 발전했다. 자본주의는 종교개혁을 기다릴 필요가 없었다. 자본주의는 종교개혁 덕분에 발전했다기보다 종교개혁이라는 악조건에도 불구하고 발전을 멈추지 않았다고 보아야 옳을 것이다. 막스 베버는 단지 자본주의와 종교개혁이 시기적으로 일치한다는 점에서 그 상관관계를 따져보며, 16세기 사람들은 세속적인 성공을 구원의 확실한 징표로 인식했고, 이것이 자본주의 발전에 기여했다는 식으로 (논리에 맞지 않는) 설명을 한 바 있다.(해제: 김응종 충남대 서양사 교수)
막스 베버: Max Weber, 독일 사회학자, 「프로테스탄티즘의 윤리와 자본주의 정신」 저자, 1864~1920

19세기 중반에 이르러 유럽인의 대(對)아시아관, 특히 중국관은 근본적으로 변해버렸다. 레이먼드 도슨(Raymond Dawson)은 『중국이라는 카멜레온: 유럽의 중국문명관 분석』(1967)이라는 의미심장한 제목의 책에서 이런 변화의 양상을 추적하고 분석한다. 유럽인은 처음에는 중국을 '실례와 모델'로 삼아야 할 나라라고 보았다가 나중에는 "영원히 정체된 민족"이라고 불렀다. 왜 이렇게 돌변했을까? 산업혁명의 도래와 아시아에 대한 유럽의 식민지배의 본격화는 유럽인의 의식을 바꾸어 놓았다. 이제 유럽인은 모든 역사를 '발명했다'고까지 말할 수 없을지 몰라도 적어도 유럽이 주도적으로 이끌어가는 것처럼 날조된 보편주의를 발명했다. 그러다가 19세기 후반부터는 세계사가 완전히 다시 쓰여졌을 뿐 아니라, '보편적 사회과학'이라는 것이 단순히 유럽의 원리에 따른 것이 아니라 '유럽중심적' 발명으로서 새롭게 탄생했다.

마르크스는 아프리카는 물론이고, '아시아'의 특징을 규정할 때도 자료를 선택적으로 참조했던 것으로 보인다. 마르크스에게 영향을 미친 고전과 경제학자 중에서 애덤 스미스는 "중국을 비롯하여 고대 이집트…… 힌두스탄이 이룩한 부와 농경수준을 환상적으로 묘사한 기록을 신뢰"했다(애덤 스미스 『국부론』 p.348 재인용). 이 점에서 마르크스는 몽테스키외 같은 논객, 장 자크 루소, 제임스 밀 같은 계몽철학자의 견해를 선호했는데, 그들은 아시아와 '오리엔트'의 부와 농경수준이 아니라 '전제(專制)'를 '자연스런' 조건과 '통치모델'로서 '발견'했던 것이다. 마르크스는 또 "인도에서 러시아에 이르기까지 가장 잔혹한 국가 형태는 동양적 전제"라고 언급했다. 마르크스는 이런 국가 형태가 오스만[5]·페르시아·중국을 비롯한 '오리엔트' 전체의 속성이라고 보았다. 그는 '오리엔트'의 바

---

5) 「100년의 기록: 버나드 루이스의 생과 중동의 역사(Notes on A Century, 2012)」, 버나드 루이스 외, 시공사, 2015, p.299.
의자는 전통적으로 중동 문화가 아니다. 사막 지역에는 나무가 많지 않기 때문에 목재가 귀하고 비싸서, 보통 예술가의 조각 재료로만 쓰인다. 따라서 가구는 양모와 가죽으로 만들어지는 경우가 많은데, 목축을 많이 하기 때문에 양모와 가죽이 비교적 풍부한 덕분이다. 사람들은 보통 카펫 위에 놓인 쿠션이나 방석에 앉아 금속 쟁반 위의 음식을 먹는다. 이 방석을 유럽에서 '오스만'이라고 불렀다.(또한, 사라센은 '천막에 사는 사람'이라

191

탕에 깔려 있는 것이 바로 고루한 '아시아적 생산양식'이며, "전통적이고 후진적이며 정체된 상태"에 머물러 있던 아시아 전지역의 생산력을 영원한 무기력으로부터 각성시킨 것은 서양의 침입과 거기에 묻어 온 자본주의였다고 주장했다.

마르크스는 중국과 인도의 구매력이 유럽 시장에 활력을 불어넣었다는 사실을 인정하면서도 영국은 인도에게 인도의 미래를 보여주었고, 미국은 1846년 멕시코와 벌인 전쟁을 통해 멕시코를 진보시켰다고 생각했다. 더욱이 16세기에 -또 유럽에서- 자본(자본주의라고까지는 말하지 않지만)이 생성된 이후 유럽에 있어서 '봉건제에서 자본주의로의 이행'과 발흥하는 '부르주아지'가 세계를 변모시켜 나갔다는 것이다.

마르크스는 아시아가 유럽보다 훨씬 낙후되었다고 생각했다. 유럽의 '봉건제'는 적어도 자체 내에 '자본주의로 이행'할 수 있는 맹아를 갖고 있었기 때문이다. 이와는 대조적으로 '아시아적 생산양식'은 고착화된 정체성으로부터 탈피하여 약동하기 위해서는 유럽에서 발생한 이런 이행(移行)에서 유래된 진보성의 수혜를 받아야 한다고 마르크스는 주장했다. 유럽 시장에 활력을 불어넣은 것은 아시아라고 말한 사람의 입에서 그런 발언이 나온 것이다. 아시아가 이렇게 정체된 원인은 '자본주의적 생산방식'의 결여 때문이라고 그는 마음대로 단정 짓는다. 그것이 결여되는 바람에 아시아 전지역은 "각 촌락으로 나누어져 저마다 완전히 분리된 조직을 가지고 있었으며 그 자체로 작은 세계를 형성했다"는 것이 마르크스의 결론이다.

당연히 막스 베버는 자본주의의 기원이 유럽에 있고, 자본주의 특징이 유럽적이라는 점에 대한 마르크스의 견해에 동조하며 좀바르트(Werner Sombart, 독일의 경제학자 및 사회학자, 1904년부터 베버와 함께 『사회 과학 및 사회 정책』을 편집, 1863~1941)와도

는 뜻으로 유럽인이 이슬람을 경멸하는 용어다.)
「오리엔탈리즘(Orientalism)」(1978)의 저자인 에드워드 사이드(Edward W. Said, 1935~2003, 팔레스타인 출신의 문화 비평가이자 사회 비평가)는 버나드 루이스를 오리엔탈리스트의 수장으로서 사악한 역할을 수행했다고 비난하기도 했다.(p.11 · 365 참조)

생각을 같이한다. 베버는 연구를 더욱 심화시키려 했을 뿐이다. 좀바르트는 자본주의가 유럽에서 탄생하게 된 필수불가결한 조건으로 유럽의 '합리성'을 들면서, 그 기원이 유대교에 있다고 주장했다. 베버도 이런 입장을 수용했다. 그는 농경을 위한 대규모 관개사업에 기반을 둔 '동양적 전제'에 대한 논의를 가일층 윤색하여 아시아는 자력으로는 '자본주의'는 고사하고 어떤 경제발전도 이룩할 수 없는 태생적 한계를 지니고 있다는 논리를 전개했다. 베버는 아시아에 있는 여러 문명에 대해서 '도시'와 '종교'에 대해서 연구하는 수고를 마다하지 않았다.

베버 자신이 자기가 연구한 동양사회에서 이런 요소들이 모조리 결여되어 있었다는 사실을 확인하지 못했다면 도대체 '서양(the West)'이 가졌고 '나머지(the Rest)'가 갖지 못한 그 요소, 그 본질적인 차이라는 것은 무엇일까? 마르크스에게 그것은 '자본주의적 생산양식' 이었다. 그것에 베버는 누락되어 있던 요소인 '종교'를 추가했다. 고유의 종교가 여타 요소와의 상호작용을 통해 '자본주의적 양식'을 낳았다는 것이다. 세계의 주요 종교를 고찰한 끝에 베버는 이 종교들은 모두 신화적이고 신비적이고 마술적인 요소, 한마디로 반(反)합리주의적인 요소를 가지고 있었으므로 이런 종교를 독실하게 믿는 신자는 현실을 합리적으로 파악하는 데 불리한 입장에 놓일 "수밖에 없었다." 그러나 유럽인은 달랐다. 유럽인은 "프로테스탄티즘의 윤리와 자본주의의 정신"의 수혜를 받았다. 마르크스 못지않게 단호한 어조로 베버는 이런 윤리와 정신이 자본주의의 피와 살이라고 주장했다. 베버의 이론은 마르크스의 이론보다도 이해하기 더 어려워졌다.

이런 유럽중심주의는 19세기의 사회학으로부터 막강한 원군을 얻었다. '사회학의 아버지'로 일컬어지는 오귀스트 콩트와 헨리 메인 경 같은 사회학자는 '과학'과 '계약'에 바탕을 둔 새로운 형태의 사유와 사회조직, 낡은 '전통적' 사유와 사회조직을 구분하면서 전자가 후자를 대체했다고 주장했다. 역시 사회학계의 거두인 에밀 뒤르켐은 '유기적' 사회조직과 '기계적' 사회조직을 구분했으며, 페르디난트 퇴니에스는 전통적인 '공동사회'가 현대의 '이익사회'로 이행한다고 주장했다. 다음 세대인 탤콧 파슨스는 '보편주의적' 사회형태와 '개별주의적' 사회형태로 구분했으며, 로버트 레드필드는 전통적인 '민속(folk)' 사회와 근대적인 '도시' 사회의 대비와 이행, 또는 적어도 둘 사이의 '연속체'를 발견했으며 '하등' 문명과 '고등' 문명의 공생을 발견했다고 주장했다. 20개가 넘는 문명을 연구한 토인비(Toynbee 1946)조차 '서양' 문명의 고유성을 선포했으며, 슈펭글러(Oswald Spengler, 독일 역사학자, 1880~1936)는 서양 문명의 '몰락'을 경고했다.(p.72~79)]6)

영국의 인도 아시아대륙 정복으로 아시아에서 서양 세력의 팽창은 완전히 새로운 단계로 접어들었다. 한편으로는 네덜란드의 패권 아래 시작된 '아시아 초 세계 경제'의 해체를 완성했으며, 다른 한편으로는 영국에 아시아 세력의 최후 보루인 중국 제국과 (중국) 제국을 중심으로 하는 동아시아 세계 경제를 정복하는 데 필요한 자원을 조달했다.

그 결과 인도에 있는 유럽 회사들은 분열된 정치 구조를 상대했고 이 구조 안에서 결국 회사들 중 하나(동인도 회사)가 지배적이 되었다. 이와는 대조적으로, 중국에서는 유럽인들이 통일된 정치 구조일 뿐 아니라 유럽에서는 여전히 필적할 상대가 없고, 대부분의 유럽 방문객들에게 감탄을 자아낼 만큼의 크기와 부와 힘을 가진 통일된 정치 구조를 상대했다.

중국의 이미지를 실추시키고 결국 완전히 파괴한 것은, 이론과학에서의 유럽이 우위가 아니라 전쟁과 상업에서의 유럽의 우위였다. 유럽의 상인들과 모험가들은 중국과 무역하려는 사람들이 직면하는 관료적이고 문화적인 장애에

---

6) 『리오리엔트(ReOrient: Global Economy in the Asian Age, 1998)』 앙드레 군더 프랑크, 이산, 2003,
   Andre Gunder Frank: 독일 출생 경제학자·역사학자, 1929~2005.

대해 불평하며 문인 계급이 지배하는 제국의 군사적 취약성을 오래전부터 강조해왔다. 다니엘 디포(Daniel Defoe, 영국, 1659~1731)의 『로빈슨 크루소(Robinson Crusoe)』(1719)로 소설화되고, 조지 앤슨(George Anson) 선장의 저작으로 간주되는 여행기인 『세계 일주 항해(A Voyage around the World)』(1748)에 의해 논픽션의 진지함으로 인정받은 이 비난과 불평이, 점차적으로 중국을 관료주의적으로 억압적이며 군사적으로 약한 제국으로 보도록 부정적인 견해가 되었다.

이 부정적 견해는 몽테스키외(Montesquieu, 프랑스 계몽사상가, 1689~1755)와 디드로(Denis Diderot, 프랑스 백과전서파, 1713~1784)와 루소(Jean Jacques Rousseau, 1712~1778) 같은 저명한 프랑스 계몽사상가들의 호응을 얻었다. 더 중요한 것은, 이것이 서양인의 정치적 상상 속에서 중국을 본받아야 할 모델이 아니라 서양인의 생각에서 패권이 되어가고 있었던 영국적인 상업 지향적 자유주의 국가 모델의 대척으로 변화시키는 데 기여했다는 사실이다.[7]

동양적이라는 수식은 그 정확한 의미 부여도 없이 막연히 낭만적인·감상적인 색깔을 띠어 왔다. 바로 이것이야말로 사이드가 말하는 오리엔탈리즘에 우리 동양인 자신도 세뇌되어 있음을 나타낸다. 자신을 신비화시키는 것은 정신병자나 사이비 종교의 교주 또는 무당의 경우뿐이리라. 예컨대 족보는 한국인의 고유한 신앙인 양 신비화되어 왔다. (한국을 사랑했다는) 어느 일본인은 족

---

7) 『체계론으로 보는 세계사(Chaos and Governance in the Modern World System, 1999)』 조반니 아리기 외 다수, 모티브북, 2008, p.358~362.
지오바니 아리기: Giovanni Arrighi, 존스홉킨스대 사회학 교수, 1937~2009.

보에 모든 것을 거는 한국인을 그렸고 그것이 한국에서 영화로도 만들어진 적이 있다. 그리고 그 족보는 지금 미국의 옌칭연구소에 한국 문화의 상징인 양 수집되어 있다. 족보란 지배집단의 가계였고, 상징이었고, 증명이었고, 부적이었다. 그것은 일제 강점기에 그 교묘한 식민지 기술에 의해 마지막 명예로 대중화되었다. 누구나 그것을 갖기 위해 광분했고, 모든 사람이 양반이 되는 희극이 벌어졌다. 그것은 일제가 날조한 오리엔탈리즘의 극단적 형태였다. 그리하여 씨족 이기주의가 한국인의 심성이 되었다. 그리고 박물관에는 소위 옛 지배계급의 고려자기나 금관이 있다.

다행히도 우리는 「007」로부터 시작하여 「인디아나존스」에 이르는 최근의 동양 수색이나 나폴레옹에서 슐레이만(Heinrich Shliemann, 터키에서 트로이 문명의 실재 흔적을 발견, 1822~1890) 그리고 「아라비아의 로렌스」에 이르는 군사 정보조직에 의한 동양 착취의 대상은 아니었으나, 일반적으로 알려지지 않은 수많은 강탈이 일본이나 서양인에 의해 저질러진 것은 사실이다. 우리는 인디언 영화나 「타잔」에서 '야만적인' 동양을 대상으로 하여 그 악한을 죽이고 가련한 금발 여주인공을 구출한다는 미국식 오리엔탈리즘을 지난 수십 년간 수없이 보아왔고 손뼉도 쳤다. 그 할리우드 쓰레기를 '명화극장'이란 이름하에 이 나라의 국영방송은 매주 국민들에게 강요했다. 주연 배우는 국민적 영웅이었고, 청년은 우상이 되었다.

우리나라만큼 미국 내지 미군의 오리엔탈리즘이 거의 완전히 먹힌 나라가 또 있을까? 이 세계 최후의 친미국으로 남은 영광스러운 그 실체가 바로 오리엔탈리즘의 중독이 아니겠는가? 그리고 그것은 학문의 경우 한국을 지배하는 외국 학위 소지자 중 90% 이상의 미국 박사, 아니 권위를 갖는다는 외국 박사들에 의해 보증되고 있다. 인문·사회과학 분야의 한국의 외국박사는 대부분

오리엔탈리스트이다.

오늘날 서양은 분명히 동양보다 앞선 구석이 있다. 그러나 그것이 식민지 착취에 의한 부의 축적 위에서 가능했다는 사실을 분명히 인식해야 한다. 서양이 동양보다 앞서 있다는 것은 인정하되, 배울 것은 정확히 배워야 한다.

그리고 정작 외국을 돌아다니는 관광객의 일부는 우리 모두의 피땀을 열심히 낭비하고 있는 부류이다. 하버드나 소르본에도 그런 사람들로 우글거린다. 그리고 하버드를 우상화한다.「하버드대학의 공부벌레들」「러브스토리」「하버드 스토리」니 뭐니 하는 온갖 지식 상업주의가 그것을 위하여 등장해서 서양 사대주의를 강화한다.[8]

서양 철학과 동양 사상과의 차이를 '있는 그대로의 다름'으로 이해하지 못하고 우열이나 장단으로 재단하려는 어설픈 해석들은 대체로 동일한 오류를 되풀이할 수밖에 없었다. 주로 서구에서 타방에 대한 명백한 근거 없이 문화적 우월감을 갖게 된 것은 세계 자본주의적 질서의 구축과 맞물려 만연했던 소위 '유럽중심주의적 세계관'에 빠져 있었기 때문이다.[9]

2. 에드워드 사이드의 위대함

서구 문헌에 나타난 동양에 대한 서구인들의 편견을 고발한 에드워드 사이드의 명저『오리엔탈리즘』은 출간되자마자 서구의 문단과 학계에 커다란 충

---

8) 「오리엔탈리즘(Orientalism, 1978)」 에드워드 사이드/박홍규 역, 교보문고, 2007, p.644~645, 655.
　(이 책의 역자이자 영남대학교 법대 교수인 박홍규의 글. 1952~)
9) 「인간 본성의 역사」 홍일립, 에피파니, 2017, p.164~165.

격을 주었다. 우리가 미처 제국주의자라고 생각하지 못했던 수많은 서구의 작가들과 지식인들이 사실은 자기도 모르게 (어떤 이들은 의도적으로) 제국주의 이데올로기에 젖어 있었다는 것을 이 책이 지적했기 때문이다.

사실 『오리엔탈리즘』을 피해갈 수 있는 19세기 유럽의 명사들은 거의 없다. 이 책에서는, 아라비아 편인 줄 알았던 영화 「아라비아의 로렌스」(1962)[10]의 T. E. 로렌스도, 또는 약자인 동양 편인 줄 알았던 칼 마르크스조차도 동양은 미개한 지역이고 서구화되어야 한다는 편견을 가진 제국주의자였다는 사실이 드러난다. 가장 비정치적이고 비제국주의적인 작가로 알려진 조셉 콘라드[11]나, 찰스 디킨스나, 제인 오스틴조차도 사이드의 예리한 화살을 피해가지는 못한다.

이 책이 "오리엔탈"이라는 말에 담겨있는 편견을 지적했기 때문에, 미국대학의 '오리엔탈 스터디즈' 학과들은 이 책 출간 이후 모두 학과 명칭을 '동아시아학과'로 바꾸는 일도 일어났다.

사이드의 위대함은 그가 단순히 '오리엔탈리즘'만 비판한 것이 아니라, 서구에 대해 동양이 갖는 '옥시덴탈리즘(Occidentalism)'도 똑같이 비판했다는 데 있다. 그는 서구 제국주의로 인해 나라를 잃고 평생을 타국에서 망명객으로 살았지만, 자신이 아랍인이라는 이유만으로 무조건 아랍 편만을 들지는 않았다.

---

10) 『역사의 역습: 카오스 이론으로 세계문명사를 분석하다』, 김용운, 맥스, 2018, p.37.
   영화 「아라비아의 로렌스(Lawrence of Arabia)」(1962)는 '아랍대봉기'(오스만튀르크 제국을 상대로 아랍부족연합이 1916년에 일으킨 국토회복 무력항쟁)를 그린 영화다. 아랍은 오스만튀르크로부터의 독립을 믿고 영국인 로렌스에게 협력한다. 그러나 영국과 프랑스, 러시아는 자국의 이익만을 위해 지도 위에 직선을 그어 영토분할을 한다(Sykes-Picot 협정). 아랍 세계의 다양한 민족과 종족·종교 등의 다름과 차이를 무시한 처사였다. 로렌스는 모국 영국의 아라비아 정책에 실망하여 자살과도 같은 자동차 사고로 1935년 사망했다.

11) 조셉 콘라드: Joseph Conrad, 폴란드 출생 영국 작가, 1857~1924, 소설 『어둠의 속(Heart of Darkness)』(1899)은 영화 「지옥의 묵시록(Apocalypse Now)」(1979 개봉)의 원작소설이며 『비밀요원(The Secret Agent)』도 있다.

그는 이스라엘의 시온주의자들도 비판했지만, 동시에 아랍의 극단주의자들도 비난해서 양쪽에서 비난과 협박을 받았던 또 다른 의미에서의 망명객이었다. 『문화와 제국주의(Culture and Imperialism)』(1993)에서 사이드는 토머스 핀천[12]이 외쳤던 것처럼, "서구 제국주의와 제3세계 국수주의는 서로를 좀먹어 들어간다"라고 비판했으며, 서구 제국주의로 인해 나라를 빼앗겨 돌아갈 곳도 없으면서도, 서구에 대한 원한을 갖는 대신 이렇게 멋진 말을 남겼다. "나는 어쩔 수 없는 이유로 인해 서구교육을 받은 아랍인으로 태어나 자랐다. 나는 언제나 그 둘 중 하나에만 속한다기보다는 그 두 세계에 다 속하는 것으로 느끼며 살아왔다. 내가 자신을 '아웃사이더'라고 부를 때, 그것은 슬프거나 박탈당한 것을 의미하지는 않는다. 오히려 그 반대로 제국이 나누어놓은 두 세계에 다 속해 있다는 것은 그만큼 그 두 세계를 더 잘 이해할 수 있다는 것을 의미한다."

사이드는 가해자를 원망만 할 것이 아니라, 과거의 식민지 경험을 긍정적으로 바꾸어보자고 제안한다. "제국주의는 나쁘지만, 그래도 성과가 있다면 세계를 하나로 연결한 것이었다. 그렇다면 오늘날 우리가 해야 할 일은 증오와 원한과 복수보다는, 그 역사적 경험을 서로 연결하는 일이 되어야만 할 것이다."

토머스 핀천처럼, 에드워드 사이드 또한 문화는 국경을 넘어 부단히 서로 뒤섞인다고 보았다. "부분적으로는 제국주의에 의해 모든 문화는 서로 연결되어 있다. 그 어떤 문화도 단일하거나 순수할 수는 없다. 모든 문화는 혼혈이며 다양하고 다층적이다." 그래서 사이드는 자기문화 우월주의나 문화적 순혈주

---

12) 토머스 핀천: Thomas Ruggles Pynchon, Jr., 미국 작가, 「49호 품목의 경매」 등 작품을 남긴 포스터모더니스트, 1937~.

를 경계한다. "편집중적인 국수주의자들은 유감스럽게도 교육현장에서 청소년들에게 자신들의 문화적 독창성을 숭상하고 찬양하며, 타 문화는 비하하도록 가르치고 있다." 문화는 우월로 나누어지는 것이 아니라, 차이로 구분되는데, 국수주의자들은 그것을 깨닫지 못한다는 것이다. 사이드는 문화가 겹치는 영역을 새로운 가능성으로 제시하며 대위법적으로 사물을 바라보아야 한다고 말한다.

과연 사이드는 아랍인이면서 기독교도였고, 동양인이면서 서구교육을 받았으며, 팔레스타인 옹호자이면서도 아라파트와 결별했다. 그의 이름 에드워드 사이드 또한 서양이름과 동양이름의 혼합이다. 프로 실력을 갖춘 피아니스트였던 사이드는 이스라엘인 작곡가 다니엘 바렌보임과 같이 분쟁지역에서 연주회를 열어 이스라엘과 팔레스타인의 화해를 추구했으며, 백혈병에 걸렸을 때도, 뉴욕의 유대계 병원인 '마운트 사이나이' 병원에서 진료를 받았다.

명저 『오리엔탈리즘』과 『문화와 제국주의』를 통해 탈식민주의의 원조로 부상한 사이드는, 격동의 한 시대를 대표하는 망명객이었고, 자신의 삶 자체가 문학의 명장면이었던 영원한 경계선상의 지식인이었다.[13]

3. 인어아가씨? 인어아저씨?

(1)우주의 기원과 인류의 탄생

---

13) 「문학의 명장면: 현대 영미 문학 40」 김성곤, 에피파니, 2017, p.113~117.

신화는 문헌이나 체계적 이론으로 정리되지는 않았으나, 글자나 기록이 나타나기 훨씬 이전에 형성되어 의식을 지배하였으므로 사상에 포함시킬 수 있다. 일반적으로 신화는 세대를 이어 구전(口傳)되던 것이 후대에 채록(採錄)을 거쳐 문학적으로 재구성되었다. 따라서 각국에는 고유한 신화가 전해져 내려오고, 이를 통해 각 민족의 의식구조를 파악할 수 있다는 사실은 상당히 보편화되어 있는 인식의 틀이다.

세계적으로는 그리스 로마 신화가 가장 널리 알려져 있고 내용도 풍부하다. 그리스 로마 신화와 중국 신화는 모두 혼돈에서 최초의 신이 생겨나고, 여기서 나온 남신과 여신이 결합하면서 인류가 시작되었다는 설정이 거의 동일하다. 후대에 그리스 로마 신화는 인간의 형상을 한 신들이 인간과 더불어 희로애락을 즐기고 영웅적인 존재들이 등장하는 등 서사적 이야기로 재정립된다. 내용도 다양하고 구성도 복잡할 뿐 아니라 문학성도 뛰어나 세계적으로 많은 독자층을 확보하고 있다.

반면 중국의 신화는 단독의 책에 정리 기록되어 있는 것이 아니라 지리서인 『산해경(山海經)』(전국시대, 즉 기원전 3~기원전 4세기 무렵)을 비롯해 각종 역사서에 단편적으로 흩어져 있다는 점에서 차이를 보인다. 중국의 신화는 혼돈에서 나온 반고(盤古, 서기 90년 기전체 역사서인 『한서(漢書)』의 저자인 반고·班固와는 다른 인물)로 인하여 세상이 만들어지고 이후 반고로부터 나온 음과 양을 상징하는 복희(伏羲)와 여와(女媧)에 의해 인류가 전개되었다는 것으로, 설정이 상당히 동양적이다. 이러한 내용이 기록에 보이기 시작한 것은 육조시대이며, 미술에 등장하는 것은 한대(漢代, 기원전 206~기원후 220)부터이다. 그러므로 신화가 시각적 이미지인 미술작품에 표현된 것은 문자로 기록된 것보다 앞선다고 할 수 있다. 신화가 생성되는 시기가 신석기시대부터라고 한다면, 미술이나 기록에 나타나는 것은 훨씬 후대다.

　중국의 신화는 일반적으로 창세신화·영웅신화·자연신화 3가지로 분류하고 있다. 창세신화는 우주의 기원과 인간의 탄생을 다룬 것으로, 인간 세상이 어떻게 만들어졌는가라는 근본적인 물음에 대한 설명이라고 할 수 있다. 창세신화는 전 세계적으로 등장하는 현상이며 성경의 첫 부분도 신화적인 내용으로 시작된다. 다만 전설시대에 중국에서는 황하가 홍수 때마다 범람하는 것을 어떻게 다스리는가가 당시 인간의 생존과 직결된 중대한 과제였기 때문에, 치수(治水)와 관련된 내용이 영웅신화에 포함되어 있는 것이 특이한 점이다.

- 창세신화

　중국에서는 반고가 천지를 만든 창세신화의 주인공이며, 그가 혼돈 상태의 알에서 깨어나 점차 성장함에 따라 맑은 기운과 탁한 기운으로 나뉘며 하늘과 땅이 만들어졌다고 한다. 이와 관련해 가장 이른 기록인 삼국시대에 서정(徐整, 220~265)이 쓴 『삼오력기(三五曆紀)』이다.

　이처럼 반고에 의해 하늘과 땅이 만들어진 다음, 그 공간에서 인류가 살아갈 수 있는 자연 조건인 천지만물이 완성되었다. 반고의 육신이 하나하나 해체 분리되어 천지만물로 변하였으니, 그러한 내용은 청대 마숙(馬驌, 1621~1673)이 지은 『역사(繹史)』 권1에서 인용된 서정의 『오운력년기(五運歷年記)』를 통해 확인할 수 있다.

- 영웅신화

　중국의 고대문명 발전과 관련한 대표적인 신화는 삼황오제(三皇五帝)이며 이러한 개념은 당나라 사마정(司馬貞, 679~732)이 『사기(史記)』의 「오제본기(五帝本紀)」를 보충하면서 「삼황본기(三皇本紀)」를 추가하는 과정에 성립된 것이다. 하지만 후한 중반인 151년 무렵 조성된 산동성 가상현 무량사(武

梁祠) 서벽에 삼황오제가 표현되어 있어서, 역사 기록보다 훨씬 앞서서 삼황
오제라는 개념과 인식이 형성되었다는 사실을 확인할 수 있다. 삼황은 천황
(天皇)·지황(地皇)·인황(人皇)을 비롯해 여러 가지 설이 있으며 일반적으로
복희(伏羲)·신농(神農)·수인(燧人)을 말한다. 오제도 삼황과 마찬가지로 일
정하지 않고 설이 분분하다.

• 자연신화

자연은 세상에 스스로 존재하는 해·달·별을 비롯하여 바람·비·구름·천
둥·강산 등이나 그로 인해 나타나는 모든 현상을 포함한다. 자연신화는 각 민
족이 처한 지리적 환경과 밀접한 연관이 있기 때문에 이를 통해 그 민족의 자
연관을 엿볼 수 있다. 특히 전국시대에 편찬된 『초사(楚辭)』에 자연신에 관한
내용이 다수 실려 있으며, 대개 성격이나 행동은 의인화되었지만 형상은 특이
한 동물 모양을 하고 있는 것이 일반적이다.

중국의 태양신은 희화(羲和)라는 여신이며, 제준(帝俊)의 아내로 10개의 태
양을 낳았다. 그리고 10개의 태양이 동시에 하늘로 올라가 가뭄으로 지상을
혼란케 하였기 때문에 명궁인 예(羿)가 하나만 남겨두고 모두 화살로 쏘아 죽
여버렸다. 태양을 시각적으로 표현한 가장 이른 사례는 호남성 장사시(長沙
市) 마왕퇴(馬王堆) 1호묘에서 출토된 「T자형 백화(帛畵)」(기원전 2세기, 호
남성박물관)이다. 상단 오른쪽에는 붉은색의 둥근 원 안에 삼족오(三足烏)로
보이는 검은 새가 그려져 있고, 왼쪽에는 두꺼비가 초승달 위에 표현되어 달을
상징하고 있다. 이러한 도상은 현대 화상석은 물론 고구려 고분벽화에서도 자
주 보이므로 역시 동아시아 전역에서 숭배되었던 것으로 짐작된다.

달은 태양과 짝을 이루어 표현될 정도로 태양 다음으로 중요시되었던 자연
신이다. 제준의 또 다른 아내인 상희(常羲)가 12개의 달을 낳았다고 할 뿐 다

른 이야기는 전하지 않는다. 다만 달과 관련된 신화로는 달을 모는 신인 '망서(望舒)', 달에 토끼가 살고 있다는 '월중유토(月中有兎)', 예의 부인인 항아가 불사약(不死藥)을 먹은 다음 달로 도망쳤다는 '항아분월(嫦娥奔月)' 등이 있다. 이 가운데 항아분월이 대표적이며, 전국시대 초기에 신선사상과 불사 관념이 성행하면서 서왕모(西王母) 이야기에 영웅신 예(羿)와 그의 아내 항아 이야기가 결합되어 생겨난 것으로 보고 있다. 이러한 내용은 후한의 장형(張衡, 78~139)이 쓴 『영헌(靈憲)』에 기록되어 있다.[14]

(2)동양신화와 서양신화의 차이

위엄 있지만 바람기를 어찌 못하는 제우스, 정절을 내세우면서도 마음속에 뜨거운 질투를 감추고 있는 헤라, 여전히 요염한 자태로 뭇 남성들의 시선을 한 몸에 받고 있는 아프로디테.[15]

아, 그런데 아무리 살펴보아도 그들의 반대편 한쪽에서 오랫동안 군림했던 신들의 모습이 보이지 않는다. 제우스의 권능에 필적할 만한 황제(皇帝), 헤라

---

14) 「사상으로 읽는 동아시아의 미술」 한정희·최경현, 돌베개, 2018, p.17~33.

15) **티탄(Titan)의 12자녀**: 그리스 신화에서 우라노스(Ouranos, 라/Uranus, 하늘)와 가이아(Gaia·대지) 사이에는 모두 12명의 자녀가 출생하였으나 이들은 당시의 결혼 풍습인 혈통우선원칙에 따라 대부분 친족끼리 결혼을 하게된다.
제우스(Zeus): 크레타섬에서 태어난 그리스 신화 최고의 신으로, 그는 올림포스 12 티탄에 속하는 크로노스(Chronos)와 레아(Rhea)의 6남매 중 막내이다.
아프로디테(Aphrodite): 우라노스의 피에 서려 있던 사랑의 정기는, 바다에 떨어져 거품이 되어 떠돌다가 뒷날 퀴프로스 섬에서 한 아름다운 여인을 빚어낸다. 사랑의 여신 아프로디테가 바로 이 여신이다. 아프로디테(Aphrodite)라는 말은 '거품(Aphros)'에서 '태어난 여신'이라는 뜻이다. 한편, 「일리아스」와 「오디세이아」의 작가인 호메로스는 아프로디테를, 제우스와 5촌 조카인 디오네(Dione, 4촌인 아틀라스의 딸) 사이에 태어난 것으로 묘사하고 있다.
기혼의 여신은 그리스 시대는 아프로디테(Aphrodite, 로마시대는 비너스(Venus)이다. 처녀인 여신은 그리스 시대는 아르테미스(Artemis, 미혼의 처녀신), 로마시대는 디아나(Diana, 다이아나)이다.

처럼 여신들을 지배했던 여와(女媧), 아프로디테와는 또 다른 우아한 매력의 소유자 서왕모(西王母), 그들은 도대체 어디에 있기에 아직도 돌아오지 않는 것일까? 이제라도 그들을 찾아보아야 하겠다. 비록 지금은 기억마저 희미해졌지만 우리 존재의 근원이자 의식의 뿌리인 동양의 신들을.

• '인어아저씨(?)' 저인(氐人)

『산해경(山海經)』(기원전 3~4세기경)이라는 중국의 오래된 책을 살펴보면, 사람 같기도 하고 물고기 같기도 한 괴물이 나타난다. 물고기 모습을 한 이 괴물에게는 저인(氐人)이라는 이름이 붙어 있다. 저인은 분명히 '인어'이지만 우리에게 익숙한 '인어아가씨'가 아니라 '인어아저씨(?)'이다. 서양의 동화나 그림책에 익숙해 있는 우리에게 '인어아저씨'란 그야말로 낯설기 짝이 없다. 하지만 인어아가씨가 아닌 인어아저씨가 등장한다는 점이 바로 동양신화의 매력이다. 인어아가씨도 예쁘지만 인어아저씨야말로 정말 재미있는 상상력이 아닌가. 지금까지 통념과는 달리 인어가 남자일 수 있다는 상상은 우리에게 많은 것을 가르쳐준다.

사람마다 상상하는 것이 다르다는 것, 그래서 세상에는 굉장히 다양한 이야기가 무궁무진하게 존재할 수 있다는 것, 그것이 우리가 동양신화의 세계로 들어가는 입구에서 배우게 될 소중한 교훈이다. 서양의 그리스 로마 신화나 안데르센 동화는 수많은 이야기들 중의 하나일 뿐 전부가 아닌 것이다.

그리고 또 한 가지 중요한 사실은 인어아저씨 저인이야말로 우리 조상들이 상상했던 인어라는 점이다. 하지만 인어아저씨가 우리에게 주는 첫인상은 어떤 느낌일까? '웃기네. 뭐, 이런 인어가 다 있어?' 이렇게 생각하지 않을까? 사실은 누구보다도 우리와 친하게 지냈을 인어아저씨가 언제부터 이렇게 남처럼 서먹서먹해진 것일까? 이유는 간단하다. 먼 데서 온 예쁜 인어아가씨하고 친하게 지내다 보니 정작 우리 곁의 인어아저씨와는 멀어진 것이다. 불쌍한 인어아저씨, 그만 예쁜 인어아가씨 때문에 버림을 받고 만 것이다.

• 동양의 소 머리 신 염제(炎帝)와 서양의 소 머리 괴물 미노타우로스

이번에는 천 년도 더 된 무덤에 그려진 벽화를 본다. 벽화 속에는 소머리를 한 사람이 있다. 아니 괴물인지도 모르겠다. 그런데 손에 벼이삭을 쥐고 어디론가 달려가고 있다. "어, 이게 누굴까?" "미노타우로스(Minotauros)" "그래, 맞았다." 하지만 이것은 100% 정답이 아니다. 왜일까? 이건 크레타 섬의 미노타우로스가 아니고 동양의 미노타우로스이기 때문이다.

어쩌면 독자들은 이렇게 물을지도 모르겠다. "동양에도 미노타우로스가 있었다고요?" 물론이다. 신화라는 것이 원래 그런 것이 아닌가. 동양 사람이든 서양 사람이든 어차피 똑같은 사람이기 때문에 신화 속에는 얼마든지 비슷한 상상이 많이 나타나게 마련이다. 그러나 이러한 유사함 뒤편에는 인어아가씨와 인어아저씨의 차이처럼 언제나 다른 점이 있다.

무엇이 다를까? 먼저 서양의 미노타우로스를 한번 보자. 크레타 섬 미노스(Minos) 대왕의 왕비 파시파에(Pasiphae)가 멋진 황소를 좋아해서 소머리를 한 괴물 미노타우로스를 낳았다는 이야기는 잘 알려져 있다. 그런데 이 미노타우로스는 괴물이어서 사람을 잡아먹고 살다가 나중에는 다이달로스의 미궁에서 영웅 테세우스에게 처치되고 만다. 그러니까 소머리를 한 미노타우로스는 괴물이지 훌륭한 신은 아닌 셈이다.

이처럼 그리스 로마 신화에서는 대개 사람의 몸과 동물의 몸이 섞여 있는 존재를 부정적으로 보았다. 왜 그랬을까? 아마 그리스 사람들은 만물 중에서도 인간이 가장 으뜸이라고 생각했기 때문일 것이다. 그래서 동물의 몸이 섞여 있는 것은 무언가 불완전한 것으로 생각했다. 올림포스의 위대한 신들을 한번 생

각해보자. 그들은 얼마나 멋있는 미남 미녀의 몸을 하고 있는가.

그럼. 이번에는 동양의 미노타우로스를 보자. 소머리를 한 이 사람은 염제신 농(炎帝神農)이라고 불렸는데, 괴물이 아니라 불의 신이자 농업을 발명한 신이었다. 자애로운 이 신은 인류에게 좋은 일을 많이 했다. 하루에 백 번씩이나 이름 모를 풀을 직접 씹어서 맛보고 몸에 유익한 약초와 해로운 독초를 분별하여 인간들에게 알려준 것도 이 신이었다.

그런데 어째서 동양에서는 이토록 훌륭한 신을 멋있는 미남으로 그리지 않고 흉측한 괴물로 그렸을까? 고대 동양에서는 모든 것을 인간 중심으로만 생각하지 않았다. 그리고 자연에 대한 경외심이 높아 자연에 가까운 동물을 인간보다도 더 신성하게 여겼다. 이 때문에 동양신화에서는 성스러운 신이 동물 몸을 한 경우가 많다. 물론 동양신화에도 동물의 몸을 한 괴물이 없는 것은 아니지만 그리스 로마 신화와 비교해보면 상대적으로 동물의 몸을 그렇게 부정적으로 여기지만은 않았다.

• 중국의 신화는 동양 각국의 신화다

참, 지금까지의 이야기와는 성격이 좀 다르지만 한 가지 유의해야 할 점이 있다. 그것은 염제가 그려져 있는 무덤의 주인이 고구려 사람이라는 점이다. 염제는 중국 신화의 신인데 그 신이 고구려의 무덤에서 출현한다는 사실은 무엇을 의미할까?

신화가 생겨나던 시절의 중국 대륙은 통일된 한 나라가 아니었다. 수많은 민족이 함께 어울려 살았고, 고구려 사람의 조상도 지금 중국 사람의 조상도 같이 살면서 신화를 만들었던 것이다. 따라서 염제는 중국 사람뿐만 아니라 고구려 사람도 함께 숭배했던 신일 수 있다. 아울러 지금의 중국 신화 속에는 중국 사람의 신화는 물론 여러 민족의 신화도 함께 담겨 있다. 중국 신화는 사실 동양신화라고 불러도 좋을 것이다.

그렇다면 인도도 동양에 있는데 인도 신화도 동양신화라고 불러야 하지 않을까? 인도 신화를 동양신화라고 부르기도 하지만, 신화의 내용을 좀 더 자세히 살펴보면 인도 신화는 사실 그리스 로마 신화에 무척 가깝다는 것을 알 수 있다. 인도의 언어와 민족은 지금의 서양 사람과 같은 기원을 가지고 있기 때문에 인도 신화는 속 내용에서 오히려 서양신화와 한 계통인 것이다.

• 오리엔탈리즘(서구중심주의 역사관)에서 벗어나야 한다

지금까지 잊힌 신들에 대한 탐색을 통해 우리는 결정적인 사실을 깨닫게 된다. 그것은 동양의 신들이 사라진 것이 아니라 여전히 우리 곁에 있는데도 우리의 눈이 그들을 알아보지 못한다는 점이다. 인어아가씨와 미노타우로스에 익숙해진 우리의 눈은 저인과 염제를 그리스 로마 신화의 우스꽝스러운 변종으로 인식할 뿐 우리 스스로와 동일시하지 않는다. 그러나 동양의 신화는 특정한 신화의 변종도, 특정한 상상력의 아류도 아니다. 동양신화는 자신만이 갖는 아름다운 광채, 곧 아우라(Aura)가 있고, 그 아우라는 오늘날 동양 문화에 짙은 그림자를 드리우고 있다.[16]

4. 오리엔탈리즘의 추종자들

(1)'피타고라스의 정리'는 이미 2천 년 전에 동방에서 발명됐다

---

16) 「이야기 동양신화」 정재서 이화여대 교수, 김영사, 2010, p.6~12.

히파수스(Hippasus)는 이탈리아 출신으로 피타고라스학파 철학자이자 수학자이다. 그는 무리수 $\sqrt{2}$를 발견하여 살해됐다. 피타고라스는 '세상이 정수의 비(比)'로 이루어졌다고 천명했으며 이를 믿었다. 히파수스는 직각변이 각각 1인 직각삼각형 빗변은 $\sqrt{2}$가 되며 이는 1.41421… 이 되는 무리수라는 것을 알아냈다. 무리수의 발견은 세상을 '정수의 비례적 구성'이라 주장해온 피타고라스학파의 기본 틀을 무너뜨리는 사안이었다. 히파수스는 이 비밀을 다른 사람들에게 누설했다. 피타고라스학파는 이 비밀이 확산되는 것을 방지하기 위하여 그를 죽일 수밖에 없었다. 이리하여 무리수의 존재는 서양역사 속에서 잊힌 것이다.[17]

그런데 피타고라스가 태어나기 2,000년 전(기원전 2700년경)에 메소포타미아 문명의 바빌로니아(현 이라크 지역)에서는 이미 피타고라스 정리와 무리수 등을 완벽하게 이해하고 받아들이고 있었다는 사실이다. 피타고라스 정리가 피타고라스의 순수 발명품일까? 우리가 단지 피타고라스를 기억하는 이유는 '증명'을 통해 법칙을 만들었기 때문이다.

피타고라스는 바빌론과 이집트 등을 약 20년간 돌아다녔는데 그는 이곳에서 직각삼각형에 대한 수학적 원리를 배웠을 것이다. 이집트의 피라미드는 그가 목격하기 2,000년 전(기원전 2500년 전후)에 이미 건축된 것인데 피라미드는 직각삼각형 원리의 보고(寶庫)라 할 만큼 엄청나게 많은 수학적 원리가 적용되어 있다.[18]

피타고라스가 이집트에서 공부하고 있을 때, 페르시아가 이집트를 침공했다. 페르시아군은 당시 이집트에 있던 학자들을 모두 바빌론으로 끌고 갔다(대대적인 바빌론 유수는 기원전 597년과 기원전 586년 두 번에 걸쳐 이미 일어났다)[19]. 피타고라스도 이들과 함께 바빌론으로 끌려갔는데, 이것이 그에게는 일종의 전화위복이 되었다. 바빌론에 머무는 12년간 그 나라의 발달된 문명을 접할 수 있었기 때문이다. 피타고라스는 이집트의 점성술사와 학자들로부터 방대한 양의 지식을 습득했다.

이렇게 이집트 문명과 메소포타미아 문명을 두루 섭렵한 피타고라스는 고향을 떠난 지 40년 만에 사모스 섬으로 돌아왔다. 그가 귀향했을 때 사모스 섬은 폭군 폴리크라테스에게 시달리고 있었다. 폭군 밑에서는 자신의 이상을 실현시킬 수 없다고 생각한 피타고라스는 기원전 532년경 남이탈리아의 그리스 식민지 크로톤 섬으로 갔다.

크로톤 섬에서 피타고라스는 놀라운 화술로 자신의 경험과 지식, 사상을 전파했다. 피타고라스 학파는 학문 공동체이자 신앙공동체·정치공동체로 주된 교의는 수학과 종교였으나, 이에 그치지 않고 가족·생활법·음악·의술·정치·우주 생성론 등 다양한 분야에 대해 연구했다.[20]

---

19) 유프라테스강은 티그리스강과 더불어 세계 4대 문명의 하나인 메소포타미아 문명의 발상지로 꼽히는 곳이다. 예나 지금이나 유프라테스강은 번영의 강이자 한숨의 강인 것 같다. 이 유프라테스강을 절망에 가득 찬 눈으로 바라보던 사람들이 있었다. 바로 유대인들이다. 바빌론의 침략으로 포로가 되어 잡혀가 노예가 된 이들은 강가에 앉아 고향을 생각하며 눈물지었다. 구약성경의 「시편」 137편에는 이런 유대인들의 심정이 고스란히 담겨 있다. 이것이 바빌론 유수다.
1970년대 자주 듣던 보니 엠(Boney M)의 〈바빌론의 강가에서(By the Rivers of Babylon)〉는 바로 이 시를 바탕으로 만든 것이다. 보니 엠 멤버들이 놀라운 가창력으로 워낙 '신나게' 불러서 본래의 애틋함이 잘 느껴지지 않지만 이 곡은 고향을 잃고 떠도는 사람들, 즉 디아스포라(Diaspora)의 노래다. 근 2,000년 동안이나 나라 없이 이 나라 저 나라 유랑하며 살았던 유대인들이 그 대표적인 예이며, 바빌론 강가는 이런 디아스포라의 상징적 공간이다.

20) 「음악사를 움직인 100인」, 진회숙, 청아출판사, 2013, p.15.

'피타고라스 정리'의 발견자는 그보다 1천 년 이전에 중국인이라는 견해도 있다. 바로 중국인 수학자인 지즈강이 쓴 『수학의 역사(數學的歷史, 2009)』 (더숲, 2011)이다. 이 책이 주장하는 내용은 다음과 같다.

중국인들이 만들어낸 수학은 위대했다. 십진법을 사실상 처음 사용한 것도 중국인이었다.

"현대의 십진법에 가장 근접한 위치기수법은 중국의 산대 계산법이다. 산대는 손가락 몇 배만 한 길이의 작은 대나무 막대를 산관 위에 올려놓고 계산하는 방식이다. 남북조 시대의 『손자산경(孫子算經)』(서기 5세기경)에는 산대로 계산하는 구결이 기록되어 있다."

피타고라스 정리를 먼저 알아낸 것도 역시 중국인들이었다. 피타고라스 정리를 '구고의 정리'라고 불렀으며 이미 실생활에 사용하고 있었다. 상고가 고대 중국의 주공에게 답한 내용을 옮겨 적으면 이렇다.

"곡척을 접어 아랫변을 3, 직각인 세로변을 4가 되도록 하면 빗변은 5가 됩니다. 그리고 아랫변과 세로변을 한 변으로 하는 정사각형을 그립니다. 이미 그려진 빗변의 반대 방향으로 곡척을 사용하여 또 정사각형을 그립니다. 이 직각삼각형 아래·옆·위에 각각 정사각형을 붙이면 큰 정사각형을 얻게 됩니다. 즉 길이가 3·4·5인 세 정사각형이지요. 두 삼각형의 넓이의 합은 25이고, 이는 큰 사각형의 넓이와 같습니다."

서양보다 1,000년이나 앞서서 정확한 원주율을 계산해서 사용한 것도 중국인들이었다. 음수를 수학에 도입한 것도 중국 수학이 먼저였다.[21]

21) 『이명현의 과학 책방: 별처럼 시처럼, 과학을 읽다』, 이명현, 사월의책, 2018, p.297~298.

(2)마라톤

　마라톤은 기원전 500년경부터 기원전 448년 사이에 있었던 3차에 걸친 페르시아 전쟁(Greco-Persian Wars) 중 제2차 전쟁의 분수령이 된 마라톤 전투(Battle of Marathon, 기원전 490년)에 그 기원을 두고 있다. 이 전쟁에서 포위된 페르시아 군은 6,400명의 전사자를 낸 반면, 아테네군은 단지 192명만 전사한 엄청난 대승이었으며 이를 알리기 위해 페이디피데스(Pheidippides)가 아테네까지 단숨에 달려가 노심초사하던 시민들에게 승리의 소식을 전한 후 사망했다는 전설에 기원을 두고 있다.[22]

　이란은 서구 중심주의 피해자다. 동서 문명을 융합한 지구촌의 중원인데, 그리스·로마와 꾸준히 맞선 '죄' 탓에 서양인에게 기괴한 나라로 찍혔다. 예컨대 페르시아 대 그리스의 전적은 11전 8승 1무 2패쯤 된다는데, 이란을 제외한 '전 세계'에서 그 2패만을 배우고 알게 된다. 살라미스 해전(Divine Salamis, 기원전 480)은 그리스 본토가 유린된 풍전등화의 상태에서 이순신 장군의 승전보처럼 외로웠기에 더욱 기념비적인 승리였다. 해전 당시 지중해 버전의 '가미카제(신풍)'가 있었다. 세계사에서 유럽을 '보존'시킨 전투였다.

---

22) 「숫자로 풀어가는 세계 역사 이야기」, 남도현, 로터스, 2012, p.16~21.
　　그가 달린 거리는 대략 40km 내외일 뿐이며 42.195km의 현 거리는 다음과 같은 역사가 있다. 1896년 제1회 아테네 올림픽에서 마라톤이 처음 선보였을 때는 약 41km였고, 이후의 대회들도 정확한 규정 없이 대략 400여 m 내외에서 경기가 진행되었다. 1908년 제4회 런던대회도 40km 코스였으며 출발지는 윈저성 부근이었다. 이때 영국 왕실이 출발 광경을 직접 보고 싶다고 요청하여 출발지를 성 동쪽 베란다 부근으로 이동하면서 길이가 42.195km가 되었고, 1924년 7회 대회부터 이를 공식화했다.(윈저성은 런던 서쪽 약 37km 지점에 있는데, 정복왕 윌리엄 1세가 템즈강 북안의 절벽 위에 축성한 것이 기원이다. 1276년 에드워드 1세로부터 시(市) 특허장을 받았고, 에드워드 3세에 의해 개축되었다.)
　　그러나 헤로도토스는 전투가 벌어지기 전에 아테네가 스파르타에 도움을 요청하기 위해서 잘 훈련된 주자(走者) 페이디피데스(피디피데스·필리피데스라고도 함)를 보냈던 것뿐이라고 했다. 그는 약 2일 동안 240㎞ 정도를 달렸다고 한다.

다른 하나는 12만 다국적군이 2,000km를 행군한 뒤 노 젓는 배로 상륙했다가 1만여 아테네 군에게 패한 것이다. 그것이 마라톤 전투였다.[23] 질 수 없는 전투에서 패배한 페르시아는 이를 치욕으로 여겼고, 훗날 이란 스포츠에서 마라톤 종목은 사라졌다. 그런데 뜻밖에도 2016년 브라질 리우 올림픽에 이란 마라토너가 출전했다. 그는 결승선 앞에서 쓰러졌으나 기어이 골인했다. 올림픽 정신을 보여준 그는 서방 언론에서 큰 화제가 됐다. 그러나 이란에서 마라톤은 여전히 환영받지 못하는 종목임에는 변함없다.

두 전투에서 그리스 자유 시민들은 과연 영웅적이었다. 그러나 페르시아는 여전히 세계 최강이었다. 베트남이 미국을 물리쳤다고 해서 베트남이 지구 최강이 아닌 것과 마찬가지다. 그리스가 조각배였다면, 페르시아는 28개 민족 100만 대군을 탑재한 항공모함이었다.

18세기 이후 역사의 승자인 서구가 거인을 비대증 환자로 비하하면서 페르시아는 시대에 뒤떨어진 덩치 큰 공룡 취급을 당했다.[24]

(3)영화 「300」(2006, 미국, 잭 스나이더 감독)

페르시아와 그리스 간에 제3차 전면전이 벌어진 중심지는 그리스 해안(살라미스 전투·Divine Salamis, 기원전 480년)이다. 페르시아 제국의 다리우스 황

23) 이희수 한양대 교수 특강, 2014.7.25.
  전쟁터까지 페르시아(현 이란) 군은 약 2,800km를 원정 온 것이다. 이 전쟁은 그리스의 승리라기보다는 방어에 급급하다가 결국 성공한 경우다. 이를 서구의 편향된 시각으로 해석하면 대승이었으나, 사실은 소극적 방위에 성공한 케이스일 뿐이다. 이를 기념하여 만든 마라톤을 이란에서는 절대적으로 싫어한다. 이란은 마라톤 경기뿐만 아니라 이를 시청하는 것도 법으로 금지하고 있으며, 1974년 테헤란 아시안게임에서는 마라톤 종목을 채택하지 않았다. 현재도 이란은 IOC 등에 올림픽 종목에서 마라톤을 뺄 것을 강력히 주장하고 있다.
24) 「이란-페르시아, 바람의 길을 걷다」 김중식, 문학세계사, 2017, p.28~29.

제는 마라톤 전투의 패배로 인해 상처 입은 자존심을 만회하기 위해 다시 그리스 원정에 나설 기회를 노린다. 하지만 속주 이집트에서 반란이 일어나며 그리스 원정은 연기되고, 다리우스는 그러던 중에 세상을 떠난다. 뒤를 이은 크세르크세스 1세는 이집트 반란을 진압하고 고대하던 그리스 원정 준비에 들어간다.

「300」이라는 영화를 기억할 것이다. 기원전 480년 페르시아 아케메네스 왕조의 크세르크세스 1세는 100만 대군을 이끌고 그리스를 침략하지만, 테르모필레 계곡을 지키던 단 300명의 스파르타 병사들과 힘겨운 전투를 벌이게 된다는 내용의 영화다. 크세르크세스의 대군이 정말 100만 명이었고, 계곡을 방어하던 스파르타인들이 300명뿐이었는지는 물론 알 수 없지만, 이런 전투가 있었다는 것만은 사실일 것이다.

하지만 영화의 왜곡은 상상을 초월한다. 빨간 팬티 하나만 입은 스파르타 병사들은 모두 아놀드 슈워제네거에 버금가는 빵빵한 근육을 가졌지만, 페르시아 병사들은 여성스럽고 약간은 변태 같다. 크세르크세스 황제 역시 눈, 코, 귀를 피어싱한 변태 서커스 광대같이 생겼다. 나치 조각가 아르노 브레커(Arno Breker) 작품에 등장할 만한 스파르타 병사들이 "스파르타!!!"라고 외치며 돌격하면 수천, 수백 명의 페르시아 병사들은 장난감 군인같이 쓰러져 버린다.

하지만 다시 한 번 기억해보자. 페르시아는 서인도에서 이집트와 터키까지 지배하던 당시 최고의 슈퍼 파워였다. 아케메네스 왕조는 다양한 민족과 종교를 인정하는 다문화 제국을 완성했다.

하지만 스파르타는 장애인과 '나쁜' 유전자를 가진 신생아를 버려버리는 전체주의 국가였다. 스파르타 영토의 원주민이었던 '헬로트'인들을 그들의 노예로 만들어 모든 농사와 일을 시켰다. 스파르타 청년들은 헬로트인 한 명을 쥐도 새도 모르게 죽여야만 진정한 성인으로 인정받았다.

다민족, 다문화 전통을 자랑하던 세계 최고의 슈퍼 파워 페르시아와 시골 변두리 전체주의 마을의 인종차별주의자들인 스파르타의 전투. 어떻게 이것이 「300」이라는 영화에서와 같이 왜곡될 수 있었을까?

답은 단순하다. 어차피 역사는 승자가 쓰기 때문이다. 페르시아는 그리스를 점령하지 못했지만, 추후 알렉산더 황제는 아케메네스 왕조를 무너뜨렸다. 그리스의 역사는 그리스인들이 남겼다. 페르시아인들의 역사 역시 그리스인들이 남겼다. 하지만 그리스인들이 남긴 페르시아의 역사는 그리스인들이 남기고 싶었던 페르시아 역사였지, 페르시아인들의 역사는 아니었다.

세계 최고의 아케메네스 왕조 전문가인 프랑스 석학 피에르 브리앙 교수가 2003년 프랑스에서 출간한 『알렉산더 그늘 아래의 다리우스(Darius in the shadow of Alexander)』(Harvard University Press, 2016.1.5. 출간)가 드디어 영어로 출간됐다. 아케메네스 왕조의 마지막 황제 다리우스. 그리스-로마, 그리고 유럽 역사, 그리고 유럽 역사를 고스란히 받아들인 일본, 그리고 일본 역사학을 그대로 가져온 우리나라에서의 해석은 간단하다. 마치 신 같은 알렉산더가 무능하고 퇴폐적인 다리우스 황제를 물리쳤다는 것이다. 폼페이에서 발견된 '알렉산더 모자이크'에서의 다리우스 황제는 두 눈을 크게 뜬 멍청한 겁쟁이일 뿐이다.

브리앙은 질문한다. 지난 수천 년 동안 알렉산더 황제의 그늘 아래 잊혀져 버린 다리우스. 그는 누구였을까? 세상을 정복하겠다는 터무니없는 꿈을 이루기 위해 수많은 병사와 친구들을 희생한 알렉산더. 반대로 포로가 된 사랑하는 가족을 구하기 위해 제국의 왕관을 포기하려 했던 다리우스. 우리가 진정으로 존경해야 할 사람은 누구일까? 잔인한 승자일까? 아니면 가정적인 패자일까?
[25]

(4)단테의 서사시『신곡』(1321)

단테 알레기에리(Dante Alighieri, 1256~1321)가 지은 서사시『신곡(神曲, Divina Commedia)』(1321)은 「지옥(Inferno)편」·「연옥(Purgatory)편」·「천국(Heaven)편」의 3부로 이루어졌고, 각 33칸토(Canto, 曲)와 도입 부분의 첫 칸토를 합해 100개의 칸토와, 총 14,233행으로 구성된 장편 서사시다. 라틴어 대신 최초로 피렌체의 지역 언어(Florentine Dialect)로 쓰인 작품으로, 훗날 르네상스 시대 마키아벨리(N. Machiavelli, 1469~1527)가 쓴『군주론』등과 함께 오늘날의 이탈리아어 표준어 형성에 크게 기여한 대작이다. 단테가 1308년부터 죽기 1년 전인 1320년에 완성한 작품으로 그의 개인적 사랑과, 정치적 꿈을 이루지 못한 '분노'를 기쁨과 축복의 언어로 승화시킨 서사시의 결정판이다.

단테는 아리스토텔레스(Aristoteles, 기원전 384~322)가 구축한 우주의 위계질서와 그것을 기독교적으로 재구성한 토마스 아퀴나스(Saint Thomas Aquinas, 1224~1274)를 이어받아『신곡』의 세계를 만든다.[26]

『신곡』은 1300년 봄 부활절 주간에 예수가 십자가에 못 박혀 죽기 전인 목요일 밤부터 부활한 다음 날인 수요일까지의 얘기다. 즉 단테는 죽음 이후의 세계로 순례를 떠나는데 그의 순례는 금요일에 시작하여 지옥에서 3일, 연옥

---

25) 『어떻게 질문할 것인가』, 김대식, 민음사, 2017, p.113~115.

26) 『모든 것은 빛난다(All Things Shining, 2011)』, 휴버트 드레이퍼스 외, 사월의책, 2013, p.217.

에서 3일, 천국에서 1일을 머문다. 그리스도의 수난과 부활의 사이클에 맞춰 단테 자신이 구원의 여정을 걷고 있는 것이다. 정확히 단테는 1300년 3월 25일 부활절 목요일 밤에 여행을 시작하여 4월 1일 목요일 아침에 여행을 마친다. '아비뇽 유폐(Avignonese Captivity, 아비뇽 유수(幽囚))' 직전 교황인 보니페이스 8세(Boniface VIII = 보니파키우스)가 선포한 성년(聖年)이 1300년이어서 이 시기를 배경으로 삼았다.

지옥의 맨 밑에는 사탄의 왕인 루시퍼(Lucifer)가 있고, 연옥의 정상에는 에덴동산, 그리고 천국에는 하느님을 상징하는 천상(Empream)이 있다. 지옥에서 죄를 뉘우치고 연옥에서 회개하고 깨끗한 심령이 되어 천국으로 가는 '오지 트레킹'이라고도 할 수 있다. 즉 절망에서 시작해 희망과 사랑으로 매듭을 짓는 여정이다. 그는 지옥에서 천국까지 결코 홀로 갈 수 없기에 2인의 도움을 받는다. 그때의 인간 중 최고의 지성으로 알려진 로마의 시인 버질(Virgil, 라 Vergilius · 베르길리우스, 기원전 70~기원전 19)과 어린 시절 단테의 짝사랑이었던 베아트리체(Beatrice)다. 베아트리체는 축복과 아름다움의 상징이기도 하다. 버질은 연옥의 끝까지 단테를 인도하고, 천국은 베아트리체가 인도한다. 버질은 그의 서사시 『아이네이스(Aeneis)』(기원전 29~기원전 19)에서 트로이의 아이네이스(Aeneas) 후예인 아우구스투스(Augustus, 로마제국의 초대 황제, 기원전 27년~서기 14년 재위)가 제우스(Zeus)의 지도를 받아 로마의 황금시대를 건설했다고 묘사했으며, 아우구스투스 황제의 스승으로 알려진 인물이다. 베아트리체는 단테가 『신곡』을 쓰게 한 결정적 영감을 준 여성이다. 『신곡』을 주제로 한 예술 작품들은 다음과 같이 무수히 많다.

• 「비너스의 탄생」으로 유명한 보티첼리(Sandro Botticelli, 1444~1510)는 『신곡』의 내용을 현대의 벽걸이 달력과 같이 그림과 글로 표현하려 했다.

현재 92개의 양피지가 남아있는데, "천국의 기쁨은 인간이 표현할 수 있는 영역이 아니라"고 판단해 「천국편」 32칸토에서 작업을 중단했다.

- 『신곡』을 즐겨 읽던 미켈란젤로(Michelangelo Buonarroti, 1475~1564)도 삼위일체 하느님을 「피에타(Pieta)」로 표현했다. 땅에서 제한된 시각으로 보는 예수는 고통스런 얼굴을 하고 있지만 하늘에서 보면 평온한 모습을 띠고 있는 '피에타'이다. 그리고 족히 50세가 넘었어야 할 성모 마리아를 젊고 순결한 모습으로 승화시켜 표현했다.

- 헝가리의 작곡가 리스트(Franz Liszt, 1811~1886)는 「단테 심포니(Dante Symphony)」를 「지옥」과 「연옥」편만 담은 후 친구이자 미래의 사위인 바그너(Richard Wagner, 1813~1883)에게 '천국편' 작곡을 요청했다. 오페라 「탄호이저(Tannhauser)」(1845)를 작곡한 바그너는 "천국의 기쁨을 음악으로 나타낼 수 없다(The joys of Paradise were not representable in music)"며 거절했다고 한다.

- 영국의 바이런 경(Lord Byron, 1788~1824)도 단테를 존경하며 『신곡』을 애독한 인물이다.

- 프랑스 낭만주의 대표화가인 들라크루아(Delacroix, 1798~1863)[27]도 「지옥」편 칸토 8에 나오는 '지옥의 단테와 버질(Dante and Virgil in Hell)'로 불리는 「단테의 조각배(The Barque of Dante)」(1822)를 그려 그에 대한 경의

---

27) 1830년 7월 혁명의 승리를 형상화한 그림인 「민중을 이끄는 자유의 여신(La Liberté = Liberty Leading the People)」(1830~1831, 루브르 박물관, 파리)은 분명 본 적이 있을 것이다. 동료들의 시신을 밟고 전제 왕정에 거국적으로 항쟁하는 다양한 계급을 묘사한 이 그림은 프랑스혁명의 이념을 대표하는 상징으로 유로화로 통합되기 전 100프랑짜리 지폐를 장식하기도 했다.
이 그림 때문인지 들라크루아는 혁명을 옹호했던 급진적 진보주의자라고 알려지기도 했지만, 이는 거의 확실하게 오해다. 그는 정치적 입장을 전혀 표명하지 않았으며 오히려 불안정하게 요동치는 사회에 불만이 많은 보수주의자에 가까웠는데, 아마도 불우했던 유년 시절의 영향 탓이었을 것이다. 그도 오리엔탈리즘(동양 비하)의 전형이었다. 인종 차별과 유럽중심주의는 계몽주의가 낳은 또 하나의 병폐였다.

를 표했다.[28)]

- 로댕(Rodin, 프랑스, 1840~1917)의 비서로 일하기도 한 라이너 마리아 릴케가 로댕의 「지옥의 문」이 어디에 그 영감(靈感)의 뿌리를 두고 있는지 설명한 부분이다. 「지옥의 문(La Porte de l'Enfer, 조각 석고, 파리 오르세 미술관)」은 시적 영감으로 충만한 작품이다. 비록 조형예술이지만, 로댕은 시가 지닌 그 웅혼하고도 격정적인 힘을 「지옥의 문」에 가득 쏟아 부었다. 릴케에 따르면 이 시의 뿌리는 단테뿐 아니라 또 다른 위대한 시인 보들레르에게도 뻗어 있다. 단테가 지옥에서 본 그 격정, 보들레르가 인간의 심층심리로부터 들은 그 신음을 로댕은 영원히 잊을 수 없는 모뉴먼트로 우리 앞에 빚어 놓았다. "모든 희망을 버려라. 너, 여기 들어오는 자여!" 로댕은 「지옥의 문」을 1880년 프랑스 정부의 요청으로 착수해 작고하는 1917년까지 30년 넘게 공을 들이고도 끝내 완성하지 못했다. 30년이 넘는 세월의 탐구가 말해주듯이 이 조각은 로댕에게 일종의 화두가 된 작품이라고 할 수 있다. 인간의 실존적 고뇌와 예술의 존재 의의에 대한 로댕의 집요하고도 치열한 질문이 돋보이는 작품이다. 이 작품을 통해 로댕은 묻는다. 왜 인간은 번뇌의 바다에 스스로를 끊임없이 내던지며, 왜 예술은 이를 가장 중요한 주제로 다뤄왔는가? 로댕은 「지옥의 문」의 부분적인 모티프들로부터 독립적인 작품들로 분화되는 다양한 주제와 영감을 얻었다. 그 대표적인 것들이 「세 그늘」「키스」「아담」「이브」「추락하는 사람」「나는 아름답다」「순교자」「우골리노와 그의 아들들」「생각하는 사람」 등이다. 이 가운데 「키스」(대리석, 1888~1898, 파리 로댕

---

28) 「유럽넛셸(Europe in a Nutshell)」, 조영천, 나녹, 2017, p.94~102.

미술관 : Musée Auguste Rodin)는 워낙 대중적으로 널리 알려져 있을 뿐 아니라 지금도 많은 이들로부터 사랑을 받는 작품이다. 로댕이「지옥의 문」을 제작하면서「키스」의 모티프를 생각한 것은, 작품의 원천이 된 단테의『신곡』지옥편에서 파올로와 프란체스카라는 무척이나 인상적인 비련의 주인공들을 만났기 때문이다. 두 사람은 13세기 말에 실존했던 사람들이다.[29]

- 가톨릭이 말하는 내세는 천국(Heaven)과 림보(Limbo), 연옥(Purgatory, '씻다'는 뜻), 지옥(Inferno)의 4가지이다. 가톨릭 신학에서 림보(Limbo)란, 비록 벌을 받지는 않아도 하느님과 함께 영원히 천국에 사는 기쁨을 누리지 못하는 영혼이 머무는 천국과 지옥 사이의 경계지대를 이른다. 영화「인셉션(Inception)」(2010.07.21 개봉, 크리스토퍼 놀란 감독)의 림보(Limbo)도 마찬가지이다. 구약의 조상들이 그리스도가 강생하여 세상을 구할 때까지 기다리는 곳(조상들의 림보), 영세 받지 못하고 죽은 유아 등과 같이 원죄 상태로 죽었으나 죄를 지은 적이 없는 사람들이 영원히 머무는 곳(어린이의 림보) 등 두 가지로 나눌 수 있다. 고성소(古聖所)라고도 한다.[30]

- 댄 브라운(Dan Brown)의 소설『인페르노(Inferno)』(2013)는『로스트 심벌』이후 4년 만에 쓴 것인데, 이 작품의 무대는 이탈리아 피렌체이다. 작가가 단테의『신곡』가운데 '지옥(Inferno)'편에서 영감을 받아서 썼다는 이 소설에선『다빈치 코드』의 주인공인 '로버트 랭든' 하버드대 교수

---

29) 『이주헌의 프랑스 미술관 순례』, 이주헌, 랜덤하우스, 2006, p.86~89.

30) 『신을 옹호하다: 마르크스주의자의 무신론 비판(Reason, Faith and Revolution, 2009)』, 테리 이글턴, 모멘토, 2010, p.15.

가 다시 등장한다.[31]

중세 말을 장식하는 단테의 장편 서사시 『신곡』은 기독교 문학의 걸작으로 유명하다. 안내인은 단테가 경애했던 고대 로마 시인 베르길리우스(Publius Vergilius Maro, 기원전 70~기원전 40)로, 그는 연옥까지는 함께할 수 있지만 천국을 안내할 수는 없다. 왜냐면 다신교 시대의 인간이어서 기독교 구제를 받지 못했기 때문이다.

단테의 유려한 운문 묘사는 누구나 짐작하듯 연옥과 천국보다 지옥편이 압도적으로 생생하고 풍성하다. 덕분에 귀스타브 도레(Paul Gustave Doré, 1832~1883), 윌리엄 블레이크(William Blake, 1757~1827) 같은 후세 화가들까지 모두 지옥편을 그렸고, 입구의 '지옥문'("이 문을 지나는 자, 모든 희망을 버려라!")은 오귀스트 로댕의 청동 작품으로 결실을 맺었다.

『신곡』의 지옥은 아리스토텔레스의 『니코마코스 윤리학』에 언급된 세 가지 악, 즉 '방종' '악의' '수성'을 바탕으로 세분화한 것이다. 구약 성경의 '십계명'과도 겹친다.

문을 지난 단테와 베르길리우스는 땅 밑으로 깊숙이 내려갔다. 그곳은 사발 모양으로, 맨 위의 첫 번째 고리에서 맨 아래 바닥의 아홉 번째 고리까지 아래

---

31) 댄 브라운(Dan Brown, 1964~)은 미국 출신으로 종교와 예술관련 소설가로 유명하다. 그는 미국 최고 명문 사립고등학교인 필립스 엑시터(Phillips Exeter Academy)와 에머스트 대학(Amherst College)을 졸업, 영어 교사로 지내다 작가로 변신했다. 2005년 「타임」지 선정 '세계에서 가장 영향력 있는 인물 100인'에 선정되었고, 그가 쓴 베스트셀러 소설은 아래와 같다.
「Digital Fortress」(1988)로 소설계에 데뷔.
「천사와 악마(Angels & Demons, 2000)」 바티칸을 둘러싼 과학과 종교 간의 대립을 그린 소설.
「다빈치 코드(The da Vinch Code, 2003)」 레오나르도 다 빈치 작품에 숨겨진 기독교 비밀을 파헤친 소설.
「로스트 심벌(The Lost Symbol, 2009)」 세계 최대 비밀단체인 프리메이슨의 '잃어버린 상징'을 찾아 나서는 소설 등이 유명.
「오리진(Origin, 2017)」 "우리는 어디에서 와서 어디로 가는가?"(폴 고갱의 유명한 그림 제목이자, 그의 산문집 제목이다).

로 내려갈수록 좁아지고, 죄도 중하고, 벌도 끔찍했다. 각각의 고리는 몇 개의 구릉으로 나뉘어 있는데, 어느 구릉이나 망자가 가득했다. 단테가 정한 죄의 경중은 다음과 같다.

지옥문으로 들어가 맨 먼저 보게 되는 '구역': 기회주의

첫 번째 고리: 바르게 살았지만 세례를 받지 않았다

두 번째 고리: 음란

세 번째 고리: 폭식

네 번째 고리: 탐욕

다섯 번째 고리: 분노와 나태

여섯 번째 고리: 이단

일곱 번째 고리: 폭력(살인, 자살, 동성애, 은행가 등)

여덟 번째 고리: 사기(연금술, 문서 위조 등)

아홉 번째 고리: 배신

석관 속에서 불타는 이단자, 종교를 분열시킨 죄로 머리와 몸·내장까지 갈가리 찢긴 무함마드, 루시퍼에게 으깨어진 배신자 유다 등, 단테는 신화의 인물부터 실존 인물까지, 온갖 '악인'을 온갖 방법으로 고통을 주었다. 심지어 자신을 피렌체에서 추방했던 정적까지 -아직 팔팔하게 살아 있는데- 지옥으로 떨어뜨려 원한을 풀었다. 어떤 의미에서는 이 또한 무섭다.

윌리앙아돌프 부그로(William-Adolphe Bouguereau, 프랑스 화가, 1825~1905)는 여덟 번째 고리의 열 번째 구릉을 묘사한 그림 「단테와 베르길리우스」(18850, 파리 오르세 미술관)을 그렸다. 사기꾼과 위조 화폐를 만든 이들의 지옥이다. 다 죽어가는 흑발의 남자는 단테와 동시대인일 뿐만 아니라 같은 길드(직업조합)에서 함께 화학을 공부했던 카포키오(Capocchio)다. 연금

술로 위조 화폐를 주조한 죄로 1293년에 화형을 당했다. 붉은 머리 남자도 역시 같은 시대를 살았던 피렌체의 잔니 스키키(Gianni Schicchi)다. 그는 문서 위조범이다.

예술가의 상상력이 얼마나 멀리 뻗어가는지도 새삼 알게 된다. 25세의 프랑스 화가 부그로는 젊은 야심을 발휘해 보는 이의 간담을 서늘하게 하는 무서운 그림을 그렸다. 이탈리아 작곡가 자코모 푸치니(Giacomo Puccini, 1858~1924)와 대본 작가 조바키노 포르차노(Giovacchino Forzano, 1884~1970)는 음울한 단테의 운문에서 유쾌한 오페라를 뽑아냈다.

클래식 음악 애호가라면 잔니 스키키라는 이름에서 곧바로 반응이 오지 않을까. 바로 푸치니의 여러 오페라 중 유일한 희극 「잔니 스키키」(1918)다. 직접 관람하지 않았더라도 이 오페라의 아리아 〈오, 사랑하는 나의 아버지(Omio babbino caro)〉의 아름다운 멜로디는 틀림없이 들어본 기억이 있을 것이다. 연주회에서 곧잘 연주되고 영화 「전망 좋은 방(A Room with a View)」 「G. I. 제인(G. I. Jane)」 「하얀 궁전(White Palace)」 등에 쓰였다.

이 오페라는 유쾌한 코미디이지만, 스키키의 사기 수법은 전해지는 그대로 묘사된다. 병사한 부자의 유산을 차지하려는 유족이 스키키에게 도움을 청하자 그는 부자인 양 행세하며 공증인에게 유언서를 바꾸도록 해 값나가는 당나귀와 제분소를 감쪽같이 손에 넣는다. 스키키가 자신의 딸과 약혼자의 청순한 사랑을 위해 벌인 이 요란스러운 소동이 웃음을 자아낸다. 스키키는 마지막에 관객을 향해 이렇게 말했다. "자신은 이제 지옥행을 피할 수 없겠지만, 부디 위대한 단테 선생이 정상 참작을 해주길 바란다." 열렬한 가톨릭 신자로서 피렌체에 대한 애국심이 투철했던 단테는 -유머 감각도 없었던 터라- 절대로 정상 참작을 하지 않았다. 단테가 묘사한 지옥의 잔니 스키키는 '능글맞고 짓궂지만 딸을 사랑하는 초로의 시골 남자'였던 푸치니 오페라와는 전혀 다른, 즉 인간 중에서 저토록 잔혹한 자를 본 적이 없다고 할 정도로 지독한 모습이었다.[32]

그리고 단테의 『신곡』에 대한 찬양은 대충 다음과 같다.

- 단테는 『신곡』을 통해 유럽 정치 지형의 중심에 있던 교황청, 신성로마제국 그리고 프랑스의 왕권 간의 갈등을 여과 없이 표현했다. 『신곡』은 인생의 고뇌를 완전한 사랑과 연결해서 새로운 언어로 승화시킨 작품이다.[33]
- 단테는 『신곡』을 통해 사람들이 현재의 삶과 죽은 다음의 삶을 비교하게 함으로써, 자유로운 자신의 행동에 스스로 책임을 져야 한다는 것을 알려 주려고 했다. 지금의 행복을 얻기 위해서는 스스로 도덕적이고 윤리적인 삶을 살아야 함을 강조했고, 이는 황제가 모든 사람의 행복에 대한 키를 쥐고 있으며 행복의 전도사라는 교황청의 의견과는 대립된다. 단테는 『신곡』을 통해 교황과 황제의 잘못을 널리 알리고자 하였다. 귀족과 지도자들의 의견에 반기를 든 단테는 도망을 다니면서 『신곡』을 집필했다. 15년이 걸린 것도 이 때문이다. 이 책으로 단테는 이탈리아 문학의 아버지라는 영광을 얻었다.[34]
- 단테는 육체를 지닌 존재로서 유일하게 내세, 즉 지옥·연옥·천국을 여행한 사람이다. 지옥은 빛이 전혀 들지 않는 완전한 어둠의 세계이다. 그리고 빛은 곧 구원의 상징이다. 토머스 엘리엇(Thomas Stearms Eloit)은 "서양의 근대는 단테와 셰익스피어에 의해 양분된다. 그 사이에 제3자는

---

32) 『신(新) 무서운 그림(2016)』, 나카노 교코, 세미콜론, 2019, p.67~72.

33) 『유럽넛셸(Europe in a Nutshell)』, 조영천, 나녹, 2017, p.102.

34) 『필로소피컬 저니(Philosophical Journey)』, 서정욱, 함께읽는책, 2008, p.227~235.

존재하지 않는다"라고 말했다. 그런가 하면 아르헨티나의 작가 보르헤스 (Jorge Luis Borges, 1899~1986)는 "단테의 문학은 모든 문학의 절정이다"라고 말했으며, 서양문학사에서 세 손가락 안에 꼽히는 괴테 역시 "단테의 문학은 인간의 손으로 만든 최고의 것이다"라며 단테를 찬미하는 데 주저함이 없었다. 이 대단한 찬사들을 통해 우리는 단테의 뛰어남을 미루어 짐작할 수 있다.

단테가 신곡의 제목으로 처음 정했던 것은 『단테 알리기에리의 코메디아 (La Divina Commedia di Dante Alighieri)』이다. '코메디아'는 희극이라는 말로 생각할 수도 있지만, 그 의미는 사뭇 다르다. 단테가 '코메디아'라는 용어를 제목으로 붙이게 된 연유는 그 자신이 『서간문』에서 밝혔듯이, 비참한 시작에서 행복한 결말에 이르는 내용이라는 점, 비극과 달리 이탈리아 속어로 쓰였고 등장하는 인물들도 평범한 사람들이 대세를 이룬다는 점, 그리고 무엇보다 하느님과 인간의 결합을 다루었기 때문이라고 한다.

또 하나 중요한 것이 각운이다. 『신곡』은 모두 3연체 형식으로 이루어져 있다. 다시 말해 한 연이 모두 3행으로 이루어져 있다는 것이다. 이를 통해서도 이 작품이 낭송용이라는 것을 확인할 수 있다. 일부를 보자. "우리 인생길 반 고비에/올바른 길을 잃고서 나는/어두운 숲에 처했었네."[35]

- 단테를 중세의 종결자라고 할 수 있는 것은 바로 베아트리체를 향한 연모 때문이다. 기독교적 보수성이 극에 달한 중세 시대에 연모와 같은 감정은 직접 표현할 수 없는 금기의 대상이었다. 그럼에도 단테는 기독교 세상의

---

35) 『인문학 명강: 서양고전』, 김상근 교수 외, 2014, p.179~193. (박상진 부산외국어대 이탈리아어과 교수)

천국과 지옥을 여행하는 와중에 끊임없이 사랑을 표현한다. 때문에 실존했던 베아트리체의 감정이 어떠했든지 간에 이 여인의 존재는 역사적으로 기릴만하다. 단테의 불멸의 애끓는 사랑은 결과적으로 인류에게 커다란 선물이 되었으니까. 사랑의 힘으로 단테는 위대한 문학을 생산했으며, 그 문학은 중세를 딛고 새로운 시대를 여는 데 기여했다.

피렌체로 돌아오지 못한 단테는 1321년 마지막 망명지였던 라벤나에서 56세의 나이로 숨을 거두었다. 피렌체가 단테를 재평가하게 된 것은 그로부터 한 세기가 지난 뒤의 일이었다.[36]

그러나 단테도 오리엔탈리스트(동양 폄하주의자)였다. 단테가 말하는 '마오메토(Maometto)', 곧 마호메트는 『신곡』 「지옥편」 제28곡에 등장한다. 그가 있는 곳은 지옥의 아홉 골짜기 가운데 여덟 번째, 사탄이 있는 지옥의 본거지를 둘러싼 음울한 개천인, 열 개의 악의 참호 가운데 아홉 번째이다. 그러므로 단테는 마호메트에 이르기 전에, 죄가 더 가벼운 사람들이 갇혀 있는 여러 골짜기를 통과한다.

곧 육욕의 죄를 범한 자, 돈을 탐낸 자, 먹기에 미친 자, 세례를 받지 않은 자, 분노하는 자, 자살한 자, 신을 모독한 자들이 있는 골짜기들이다. 마호메트 뒤에는 사탄 자신이 있는 지옥의 본거지에 이르기까지 오직 거짓말한 자와 배신자(유다·브루투스·카시우스가 포함된다)가 있을 뿐이다.

그리하여 마호메트는 단테가 중상모략을 일삼아 분열시키는 화근의 씨앗을 뿌렸던 사람으로 부른 범주 속에 포함되어 철저한 악덕의 계층에 속해졌다. 마

---

36) 『예술의 사생활: 비참과 우아』 노승림, 마티, 2017, p.11~17.

호메트가 영원한 운명으로 받게 된 형벌은 특히나 혐오스러운 것이었다. 단테의 표현에 의하면, 마호메트는 구멍이 찢어진 통처럼 뺨에서 항문까지 두 쪽으로 완전히 찢어진 꼴이다.

그리고 이슬람에 대한 단테의 언급은 이에 그치는 것만이 아니다. 「지옥편」의 첫 부분에는 몇 명의 이슬람교도가 등장한다. 단테는 그들의 위대한 도덕성과 업적을 존경하고 있으나, 그들이 기독교도가 아니므로 비록 가벼운 정도이지만 그들을 지옥에 떨어뜨려야 했다. 영원성이라는 것이 시대의 차이를 균등하게 만든다고 하여도, 단테는 기독교 이전의 선각자들을 기독교 이후의 이슬람교도와 같은 '이교도'라는 범죄의 동일 범주에 집어넣는, 엄청난 시행착오와 변칙을 태연히 범하고 있다. 심지어 『코란』의 예언자로서 예수의 이름을 들고 있는데도, 단테는 결코 위대한 이슬람교도의 철학자나 군주들이 기독교를 근본적으로 알지 못했다고 주장하고 있다.[37]

그런데 아이러니하게도 무함마드의 여행을 담은 『계단』으로부터 단테가 영감을 얻어 『신곡』을 썼다는 주장도 있다.[38]

(5) 복식부기의 발명자는 루카 파치올리가 아니라 아랍인 또는 인도인이었다

회계는 회사의 가계부다. 회계는 상업이 발달함에 따라 자연스럽게 생길 수

---

37) 「오리엔탈리즘(Orientalism, 1978)」, 에드워드 사이드/박홍규 역, 교보문고, 2007, p.129~131.
   (이 책의 역자이자 영남대학교 법대 교수인 박홍규의 글. 1952~)

38) 「여행, 길 위의 철학: 플라톤에서 니체까지 사유의 길을 걷다(I Viaggi dei Filosofi, 2010)」, 마리아 베테티니 외, 책세상, 2017, p.10.
   방법이 조금 다른 이슬람 세계의 여행 이야기들이 있다. 그중에서도 가장 특이한 것은 무함마드의 신비로운 여행인데, 그는 '묵상'을 통해 예루살렘과 하늘나라에까지 간다. 아마도 무함마드의 이 여행을 담은 「계단」으로부터 단테가 영감을 얻은 듯하다.

밖에 없는 기술이었다. 어떤 방식으로 기록·계산을 하든지 간에 수많은 거래를 일목요연하게 파악하고 손익을 계산해야만 했다. 따라서 우리나라에서는 고려시대에 상업이 가장 발달했던 개성에서 만들어진 송도사개치부법(松都四介置簿法)을 효시로 삼는다. 서양의 경우에도 역시 상업이 발달했던 르네상스 시대에 이탈리아의 수도사이자 수학교사였던 루카 파치올리(Luca Pacioli, 1447~1517)가 기원이라고 하는데, 여기에는 이견도 있다.[39]

레오나르도 다빈치(Leonardo da Vinci, 1452~1519)는 루카 파치올리를 흠모했다. 그는 전형적인 르네상스인이다. 평생 상업 교육을 받은 루카는 마법사이자 체스 기사였으며, 수수께끼를 사랑하는 프란체스코회 수도사이자 수학교사였다. 오늘날 파치올리는 역사적으로 가장 유명한 회계사로 알려져 있다.

파치올리는 복식부기의 아버지로 알려져 있지만, 사실 처음부터 복식부기를 개발했던 것은 아니다. 알라 베네치아나(Alla Veneziana), 즉 '베네치아 방식'으로 알려졌던 복식부기는 그보다 2세기 앞선 1300년경 처음 등장했다.[40]

베네치아 사람들은 실용성이 떨어진다는 이유로 로마숫자를 버리고 아라비아숫자를 받아들였다. 그리고 복식부기의 개념도 이슬람 세상, 혹은 인도로부터 받아들였다. 이슬람 지역에서는 복식부기의 기원을 말해주는 수천 년 전 유물이 발견되었다.[41]

---

39) 「경제학 팟캐스트(Fifty Things That Made the Modern Economy, 2017)」 팀 하포드(「파이낸셜 타임스」 수석 칼럼니스트, 경제학자), 세종서적, 2018, p.161. 〈복식부기는 이슬람 또는 인도의 발명품이다〉

40) Alfred W. Crosby, 「The Meadure of Reality: Quantification and Western Society, 1250~1260」 Cambridge University Press, 1996, Chapter 10 재인용.

41) Omar Abdullah Zaid 〈Accounting System and Recording Procedures in the Early Islamic State〉 「Accounting Historians Journal」 31(2), December 2004, pp.149~170. ; Jane Gleeson-White, 「Double Entry: How the Merchants of Venice Created Modern Finance」 London: Allen and Unwin, 2013, p.22. 재인용.

아니면 복식부기가 새로운 아라비아숫자를 상업적인 목적으로 받아들인 베네치아 상인의 발명품일 가능성도 있다.

(6)소설 『로빈슨 크루소』(1719)와 『방드르디, 태평양의 끝』(1967)

대니얼 디포(Daniel Defoe, 영국, 1659~1731)의 소설 『로빈슨 크루소(Robinson Crusoe)』(1719)는 1659년 9월 30일 좌초하여 카리브 해의 무명섬에서 28년 2개월 10일 체재한 것을 배경으로 한다. 대니얼 디포는 푸줏간 집 아들이었다.[42]

『로빈슨 크루소』와 대척점으로 비교되는 소설이 있는데 바로 『방드르디, 태평양의 끝』이다. 미셸 투르니에(Michel Tournier, 프랑스, 1924~2016)가 1967년 발표한 소설 『방드르디, 태평양의 끝(Vendredi ou les Limbes du

---

42) 「신(新) 무서운 그림(2016)」, 나카노 교코, 세미콜론, 2019, p.96~97.
유럽은 페스트에 대한 끔찍한 기억이 있다. 기록에 남아 있는 최초의 대유행은 6세기 유스티니아누스 황제(482~565) 시대에 일어났다('유스티니아누스의 역병'이라 불렸다). 처음에는 이집트에서 발생했는데 금세 동로마 제국 전체로 퍼져 60년 넘게 맹위를 떨쳤다. 그 뒤로도 페스트는 주기적으로 이곳저곳을 습격했는데, 최대·최악의 페스트는 14세기에 대유행해 당시 유럽 인구의 1/4~1/3(2천만~3천만)의 목숨을 앗아갔다고 한다. 넷 또는 셋 중 한 명이 픽픽 쓰러졌다면 삶과 죽음에 대한 관념이 바뀌는 것도 당연하다. 죽음이 너무도 가까이 닥쳐왔기에 "메멘토 모리(죽음을 잊지 마라, 죽음을 상기하라)"는 모든 예술의 중요한 모티프가 되었다. 살인자나 이교도뿐 아니라 갓난아기와 신을 따르는 성직자까지도 같은 병으로 급사하는 것을 목격하면서 사람들은 죽음의 평등주의에 놀랐고, 신벌의 무서움을 실감했다.
페스트는 근대 이후로도 끝나지 않아 18세기까지 공포가 계속되었다. 벼룩이 매개체임을 몰랐으므로 정확한 치료법도 개발되지 않았기 때문이다. 1576년 베네치아, 1629년 밀라노, 1665년 런던, 1720년 마르세유가 참화의 목록에 올라 있다.
1665년 전후 런던에서 유행했던 페스트에 대해서는 대니얼 디포가 상세한 도큐먼트인 『전염병 연대기(A Journal of the Plague Year)』를 발표했다. 증상이 나타났다는 소식이 들려오면 모두 어찌할 바를 모르는 통에 여기저기서 나타난 점쟁이나 설교자는 신의 분노라며 회개해야 한다고 외치고, 진짜건 돌팔이건 의사는 효력이 전혀 없는 약과 치료법을 내세울 뿐이었다. 재빨리 런던을 떠난 이들, 돈도 피난처도 없어서 도리 없이 남은 빈민, 물건을 사러 보냈던 하인이 병을 달고 돌아와 집안 전체가 몰살당한 예, 환자가 나온 집을 폐쇄하도록 법으로 정했지만 감시인이 뇌물을 받고 도망치도록 한 예 등, 갖가지 드라마가 담겨 있다.
이때 런던 인구의 1/6(75,000명으로 추정된다)이 죽었다고 하는데, 도망치는 도중에 쓰러진 이들도 꽤 많았을 것이기 때문에 정확한 사망자 수는 알 수 없다.

Pacifique,)』(Vendredi는 프랑스어로 '금요일'이라는 뜻)은 1759년 9월 30일 버지니아호가 좌초하여 태평양의 스페란차 섬에서 28년 2개월 19일 체재한 것을 배경으로 한다.

이 두 소설이 좌초로 인해 문명인이 미개인의 섬에서 겪는 사건들을 전개한다는 점에서는 유사하지만, 각각이 제시하는 의미는 정반대이다. 즉, 『로빈슨 크루소』가 발달한 서구 문물을 현지에 파급시키는 신 문물우월주의 사상이 팽배했던 것과 달리, 『방드르디, 태평양의 끝』은 현지의 상태를 더 존중하여 가급적 현지의 체제와 양식을 수용하면서 조화를 이루며 살아간다는 점이 커다란 차이점이다.

무인도의 거친 자연과 인간의 흔적을 찾기 힘든 절대 고독 속에서 로빈슨 크루소가 성취한 업적은 한편으로는 불굴의 의지와 이성의 힘을 입증하는 것이지만, 그 바탕에 '야만을 길들이는 문명의 힘'이라는 세계관이 깔려 있다는 점에서 『로빈슨 크루소』는 식민주의 이데올로기의 전형이라는 비판을 받기도 한다. 식민주의는 '문명화된 백인이라면 미개한 원주민을 교화하고 인도할 도덕적 책임을 져야 한다'는 논리에 의해 정당화됐다. 로빈슨 크루소가 원주민 프라이데이를 다루는 방식이 정확히 이런 가치관에 기초하고 있는데, 미셸 투르니에는 『방드르디, 태평양의 끝』에서 이러한 '문명/야만'의 이분법을 해체하려 했다.

『흰둥이 야만인에게 무슨 일이 있었나』는 『방드르디, 태평양의 끝』과 동일한 문제의식을 품고 있는 장편소설이다. 두 작품 모두 프랑스 작가가 썼다는 점이 흥미롭다. 그러나 『흰둥이 야만인에게 무슨 일이 있었나』는 『방드르디, 태평양의 끝』과 달리 실존 인물 나르시스 펠티에(1844~1894)의 사례를 바탕

으로 하고 있다.[43]

백인은 우월하고 아시아·아프리카·중남미의 식민지인은 열등한가. 제국주의가 세계를 휩쓴 이면에는 유럽인들의 인종·문화·경제·군사적 우월주의가 짙게 깔려 있다. 다니엘 디포의 『로빈슨 크루소』(1719)는 그런 풍조를 은연중에 반영하고 있다. 18세기 로빈슨은 무인도에 표류하지만 흑인 프라이데이를 노예로 거느린다는 설정부터가 제국과 식민지 관계를 연상시킨다. 디포의 『로빈슨 크루소』는 발표 당시에는 선풍적 인기를 모았지만 현대에 들어 그에 대한 우호적인 평가는 거의 사라졌다. 작가의 제국주의적 관점이 도드라져 보였기 때문이다. 디포의 작품을 거꾸로 뒤집는 작가들이 등장했다. 2016년 초 별세한 프랑스 거장 미셸 투르니에의 『방드르디, 태평양의 끝』(1967)과 남아공 출신으로 2003년 노벨 문학상을 수상한 존 쿳시의 『포(Foe)』(1986)가 그렇다.

'방드르디'는 로빈슨의 노예인 프라이데이, 즉 금요일을 뜻하는 불어다. '포'는 작가 디포를 상징한다. 제목들부터 역설적이고 풍자적이다. 유감스럽게 『포(Foe)』는 국내에서 절판된 상태다.

디포의 로빈슨은 도망친 식인종을 금요일에 만났다고 해서 프라이데이라 부르고 노예로 부린다. 투르니에의 로빈슨도 방드르디와 처음엔 주종관계였지만 방드르디가 실수로 화약을 터뜨려 로빈슨이 일궈놓은 것이 모두 사라지자 대등한 관계로 변모한다. 싸움과 화해를 반복하며 로빈슨은 방드르디에게서 자유와 유희를 배운다. 18세기 로빈슨은 프라이데이 위에 군림했지만, 20세기 로빈슨은 방드르디를 동일한 인격체로 바라봤다.

---

43) 『문화로 읽는 세계사』, 주경철, 사계절, 2012, p.255~265.

쿳시의 『포(Foe)』는 디포와 로빈슨을 노골적으로 뒤틀어 비판한다. 로빈슨은 비열하고 아집에 가득 찬 데다 무인도에서 탈출할 엄두도 내지 않는 늙은이로 그려진다. 특히 쿳시는 디포의 원작에는 없던 수잔 바턴이란 여성을 등장시킨다. 프라이데이는 노예인 것도 모자라 혀가 잘린 벙어리로 나온다. 소수자와 이중의 고통에 대한 상징이다. 바턴은 로빈슨과 함께 구조되지만 로빈슨이 사흘 만에 죽자 소설가 포를 찾아가 로빈슨의 이야기를 들려준다. 정작 포는 편견과 거짓으로 이야기를 꾸며낸다. 이것이 디포의 『로빈슨 크루소』가 되니 무엇이 진실인지도 헷갈린다.

투르니에와 쿳시의 로빈슨은 제국주의의 민낯에 대한 서구 사회의 반성으로 읽을 만하다. 특히 쿳시는 인종차별로 악명 높았던 남아공의 네덜란드계 백인(보어인)의 후손이다. 그는 소설을 통해 식민주의자의 원죄의식을 드러내는 듯하다. 우리가 동화로만 알던 이야기 중에는 이렇듯 뒤집어 읽어야 할 작품들이 적지 않다. 『로빈슨 크루소』의 다양한 변주를 비교하며 음미하는 것은 무척 흥미로울 것이다.[44]

(7)외젠 들라크루아(1798~1863)의 오리엔탈리즘

19세기 프랑스 낭만주의 미술의 상징으로 불리는 화가 외젠 들라크루아(Eugène Delacroix, 프랑스, 1798~1863)는 프랑스인이면서 식민지 알제리인들을 미개인으로 취급했던 오리엔탈리스트였다.

1830년 7월 혁명의 승리를 형상화한 그림인 「민중을 이끄는 자유의 여신(La

---

44) 『경제로 읽는 교양 세계사』 오형규(한국경제신문 논설주간), 글담출판, 2016, p.256~257.

Liberté = Liberty Leading the People)」(1830~1831, 루브르 박물관, 파리)은 분명 본 적이 있을 것이다. 동료들의 시신을 밟고 전제 왕정에 거국적으로 항쟁하는 다양한 계급을 묘사한 이 그림은 프랑스혁명의 이념을 대표하는 상징으로 유로화로 통합되기 전 100프랑짜리 지폐를 장식하기도 했다. 이 그림 때문인지 들라크루아는 혁명을 옹호했던 급진적 진보주의자라고 알려지기도 했지만, 이는 거의 확실하게 오해다.

그는 정치적 입장을 전혀 표명하지 않았으며 오히려 불안정하게 요동치는 사회에 불만이 많은 보수주의자에 가까웠는데, 아마도 불우했던 유년 시절의 영향 탓이었을 것이다. 그도 오리엔탈리즘(동양 비하)의 전형이었다.

인종 차별과 유럽중심주의는 계몽주의가 낳은 또 하나의 병폐였다. 계몽주의라는 유럽인의 새로운 사고방식은 스스로 도덕적·지적으로 우월하다는 확신을 기반으로 생겨났다. 하지만 그들의 확신을 증명하기 위해서는 반대로 열등한 비유럽인이라는 존재가 필요했다. 인종 차별과 유럽중심주의는 아이러니하게도 이성에 근거한다고 자랑스럽게 떠들어대는 바로 그 계몽주의에서 비롯된 것이었다.[45]

---

45) 「예술의 사생활: 비참과 우아」, 노승림, 마티, 2017, p.186~192.
〈계몽주의가 낳은 인종 차별과 유럽중심주의〉
그리스 독립전쟁(1821~32)에 대한 서양 지식인과 예술가의 전폭적인 지지는 계몽주의적 사고방식의 다른 표현이었다. 이들은 위대한 서양 문명의 발흥지인 그리스가 한갓 이슬람 국가인 터키에 종속되어 있는 것이 부당하다는 논리를 끊임없이 쏟아 부었고, 덕분에 15세기 이래로 그리스를 비롯한 유럽을 지배하고 있던 터키는 기독교에 버금가는 찬란한 문명의 역사를 지녔음에도 불구하고 폭력만 쓰는 미개한 부족으로 전락하고 말았다.
들라크루아 또한 그리스 부흥운동에 적극적으로 동참한 예술가 중 한 명이었다. 「사르다나팔루스의 죽음(The Death of Sardanapalus)」(1827. 루브르 박물관)보다 3년 앞서 출품한 「키오스 섬의 학살」(1824, 루브르 박물관)은 그리스 독립전쟁을 소재로 그린 것으로 터키인들이 섬의 주민들을 학살한 사건을 토대로 하고 있다. 또한, 아시리아의 마지막 국왕으로 알려진 사르다나팔루스는 서양 문명의 이분법적 편견이 탄생시킨 허구적 존재다. 역대 국왕 중 가장 사치스럽고 폭력적이며 퇴폐적인 인물로 비난받고 있는 그의 이름은 실제 아시리아 역사에 존재하지 않는다. 이에 대해 역사가들은 기원전 600년대에 통치한 아슈르바니팔(Ashurbanipal, 기원전 685?~기원전 627)을 포함한 몇 명의 아시리아 국왕의 치적이 뒤섞여 전해진 것으로 보고 있다. 가

(8)알베르 카뮈(1913~1960)의 오리엔탈리즘

알베르 카뮈(Albert Camus, 1913~1960)는 들라크루아보다 1세기 후에 당시 프랑스의 식민지였던 알제리에서 태어났는데, 그런 카뮈도 제국주의자였고 인종 차별주의자였다. 그는 알제리의 독립에 격렬하게 반대했다. 동시대인이었던 사르트르(Jean-Paul Sartre, 1905~1980)[46] 같은 지식인의 비판을 들을 귀도, 품을 마음도 없었다. 그러나 그는 1957년 노벨문학상을 받았다. 노벨상은 그만큼 정치성이 강한 측면이 있으니까! 여러 강연에서는 그의 이중성을 탓하는 지적에 애매한 답변으로 피해갔다. 원래 마음 흐린 사람들의 이야기는 들어보면 맞는 것 같기도 하고 아닌 것 같지 않던가. 결국 그는 1960년 1월 4일, 향년 47세에 교통사고를 당해 갑자기 객사해버렸다.

후대 사람들은 『이방인』(1942)이나 『시지프의 신화』(1942)에 대해서는 자

장 광폭한 국왕이자 영토 확장에 혈안이 되었던 아슈르바니팔은 전쟁 기계로까지 묘사되곤 하지만, 동시에 아시리아 수도 니네베(현 이라크 모술 지방)에 대규모 도서관을 건립하며 문학과 학문을 적극적으로 후원했던 문왕으로도 명망이 높았다. 현재 대영 박물관이 소장하고 있는 이 니네베 도서관에서 발견된 2만여 개의 점토판에는 길가메시가 쓴 위대한 서사시가 새겨져 있는 것은 물론 수학·식물학·화학·사서학 등 고대 그리스 문명을 능가하는 수준의 학문이 발전했다는 것을 증명해주고 있다. 이슬람 국가였지만 종교와 문화의 다양성을 인정하여 서로 다른 민족들이 평화롭게 공존하게 해주는 너그러움까지 갖추고 있었다고 한다.

들라크루아의 이런 경향은 1832년 외교사절단의 일원으로 모로코와 알제리를 직접 방문한 뒤에도 크게 바뀌지 않았다. 북아프리카 이슬람인의 일상을 목격한 그는 「알제리 여인들」(1834, 루브르 박물관)을 비롯한 북아프리카 그림을 800여 점 가까이 남기며 명실상부한 오리엔탈리즘 화가로 자리매김했다. 그러나 대부분의 그림은 기존의 서양인들의 편견을 한층 더 공고히 해줄 뿐이었다. 그에게 모로코와 알제리는 폭력적이고 원시적인 공간이며 게으름의 온상이고, 비참하면서 성적으로 퇴폐한 장소였다. 서양 세계에서 악덕으로 비난받는 이 모든 요소가 들라크루아를 통해 이슬람 세계에 고스란히 투영되었다.

46) 『재판으로 본 세계사: 판사의 눈으로 가려 뽑은 울림 있는 판결』, 박형남, 휴머니스트, 2018, p.261.
드레퓌스 사건 이후 프랑스에서는 양심에 따른 지식인의 사회참여가 활발해지고 의무가 되었다. 철학자 사르트르로 대표되는 프랑스 지식인들은 제2차 세계대전(1939~1945) 때에는 레지스탕스 운동을 벌였고, 알제리 독립전쟁(1954~1962)에서는 식민지 알제리를 해방시키려고 조국 프랑스에 대항했고, 인도차이나 전쟁 때에는 프랑스(1차 전쟁 1946~1954)와 미국(2차 전쟁, 즉 베트남전쟁 1964~1975)을 비난했고, 체코를 침공한 소련(1968.8.20.)을 비난했다. 1961년 권력의 눈엣가시인 사르트르를 체포하자는 제안을 듣고 프랑스 대통령 드골이 "볼테르를 바스티유(감옥)에 넣을 수는 없다"라고 대답했다는 일화는 유명하다.

주 언급하지만 그의 어두운 면은 굳이 말하려하지 않는다. 1942년 발표되어 수많은 논란을 불러 일으켰던 알베르 카뮈의『이방인(L'Étranger)』. 노벨문학상 수상(1957년) 작가이면서 사르트르와 함께 전후 프랑스 문단의 대표적인 실존주의 작가이기도 한 그가 27세에 발표한 작품이다. 2부로 나뉜 이 소설의 1부는 주인공 뫼르소가 충동적 살인을 하기까지, 2부는 살인한 후 사형 집행을 당하기까지 뫼르소가 겪는 일을 담고 있다. 소설은 이렇게 시작된다. "오늘 엄마가 죽었다. 아니면 아마 어제였는지도 모른다"는 주인공 뫼르소의 독백으로. 카뮈는『이방인』을 통해 기계문명으로 인한 이기주의로 잘 무장된 냉혈한 뫼르소를 탄생시킨다.

알베르 카뮈는『이방인』을 사람들이 정확히 이해를 못하자, 그의 에세이 『시지프 신화(Le Mythe de Sisphe)』(1942)를 통해 반항과 저항의 의미를 알려주고자 한 것이다.[47]

시지프의 형벌은 '하늘 없는 공간, 깊이 없는 시간'과 싸우며, 부단히 바위를 밀어 올려야만 하는 것. 이것이 시지프가 치러야 하는 가없는 형벌이었다. "무용하고 희망 없는 노동보다 더 끔찍한 형벌은 없다"는 점을 신들은 이미 알고 있었던 것이다. 알베르 카뮈는 그의 에세이『시지프 신화』에서 부조리한 삶을 사는 현대인들의 일상을 시지프의 형벌과 비교하고 있다. 카뮈는 시지프를 '부조리의 영웅'이라고 불렀다.[48]

"나는 반항한다. 고로 나는 존재한다(I revolt, therefore I am)." 바로 알베르 카뮈가 했다는 명언이다. 그런 알베르 카뮈는 자신의 출생지인 알제리(당시

47)『유럽문학 기행』최태규, 창원대학교출판부, 2008, p.5.
48)『영화관 옆 철학카페』김용규, 이론과실천, 2002, p.99.

프랑스 식민지였다)의 독립에 대해서는 무관심했다. 알제리는 1962년 7월 3일 독립을 이루어냈고, 그동안 알제리 독립운동에 대해 엄청나게 박해를 했으므로 대부분의 프랑스인 거주자들은 알제리를 떠날 수밖에 없었다. 에밀 졸라와는 극명하게 비교된다. 판단은 독자에게 맡기고 그의 인종차별적이고 제국주의적인 행태를 서술한 글 세 편을 소개하겠다.

【마르크스는 동양에 대하여 동시대의 편견에서 벗어나지 못했으며, 근대 서구의 지성이란 거의 대부분이 서구중심주의자였고, 인종차별·제국주의자였다. 알베르 카뮈조차 자신의 출생지인 식민지 알제리의 독립에 대해서는 무관심했다. 그의 『이방인』은 식민지 알제리가 배경이지만 당시 알제리인과는 아무 상관이 없었고, 오늘날 그의 이름은 알제리에서 전혀 논의되지 않고 있다.(박홍규 영남대 법대 교수의 해설)】[49]

【『이방인』(1942) 『페스트(La Peste)』(1947), 그리고 『추방과 왕국(L'Exil et le royaume)』(1959)이라는 제목의 대단히 흥미로운 단편 소설집의 무대로 카뮈는 왜 알제리를 배경으로 삼았을까? 이야기의 기본 틀(『이방인』이나 『페스트』의 경우)에서 본다면 그 무대가 프랑스 본국의 어느 곳이든가, 또는 굳이 특정한다면 나치스 점령 하의 프랑스 본국 어느 곳이라도 무방한데 왜 알제리를 배경으로 삼았을까? 오브라이언(Conor Cruise O'Brien, 아일랜드 작가, 1917~2008)은 더욱 나아가 카뮈의 그런 선택이 결코 우연한 것이 아니라, 이야기의 대부분은 (가령 뫼르소의 재판과 같이) 당시 프랑스의 알제리 지배를 은밀하게 또는 무의식적으로 정당화하려는 것이었거나, 프랑스 지배의 외형

---

49) 『오리엔탈리즘(Orientalism, 1978)』 에드워드 사이드(1935~2003), 교보문고, 2007, p.13, 659~660.

을 장식하고자 하는 이데올로기적 시도였다고 지적했다.】[50]

【〈알베르 카뮈(1913~1960)의 오리엔탈리즘와 사르트르(Jean-Paul Sartre, 1905~1980)〉

　카뮈는 알제리 출신이었다. 작품들 대부분이 자신이 태어나고 성장한 알제리를 무대로 삼고 있을 정도로 알제리에 대한 그의 사랑은 의심의 여지가 없다. 그러나 인구 99%를 차지하는 아랍인 사회 속에서 1%도 채 못 되는 프랑스-알제리인 출신이었던 그는 자신을 알제리인 이전에 프랑스인이라고 생각하고 있었다.

　그는 식민지 알제리인들이 처한 곤경을 동정하여 돕기도 했지만, 독립투쟁에 대해선 반대였다. 그러한 그의 입장은 독립투쟁을 지지하는 장 폴 사르트르를 비롯한 프랑스의 진보적 지식인 그룹의 입장과 정면에 배치되는 것이었다. 알제리를 포함한 식민지들은 프랑스의 일부여야 한다는 것이 카뮈의 생각이었다. 노벨문학상 수상 차 스톡홀름에 갔을 때, 그는 한 대학생이 그의 처신을 비난하자 이렇게 답변했다.

　"나는 알제리의 거리들에서 자행되는 맹목적 테러를 거부해야 한다. 왜냐하면 그 테러들은 나의 어머니, 혹은 나의 가족을 해칠 수 있기 때문이다. 나는 정의를 믿는다. 그러나 나는 정의에 앞서 나의 어머니를 지키겠다."

　물론 여기서 '정의'란 알제리 독립 혹은 독립투쟁이다. 그것이 정의인 줄 알면서도 그것보다는 가족이 더 중요하다는 그의 발언은 알제리 독립투쟁 세력은 물론 프랑스의 진보적 지식인들을 크게 실망시켰음은 물론이다. 식민지들은 프랑스의 일부여야 한다는 것이 그의 소신이었던 것이다.

　한편 사르트르는 알제리 독립투쟁을 적극 지원했는데, 그의 활동이 얼마나 정열적이

---

50) 『문화와 제국주의(Culture and Imperialism, 1993)』 에드워드 사이드, 문예출판사, 1994, p.344.

었던지 그 투쟁이 '사르트르의 전쟁'이라고 불릴 정도였다. 사실상 그는 식민지들을 잃지 않으려는 프랑스와 프랑스 국민을 상대로 싸운 것이다.」[51]

(9) 디즈니 10명의 공주들과 오리엔탈리즘

월트 디즈니사[52]는 지금까지 10명의 공주를 탄생시켰다. 1937년 「백설공주와 일곱 난쟁이(Snow White and the Seven Dwarfs)」에 등장한 백설공주를 시작으로 「신데렐라(Cinderella)」(1950)의 신데렐라, 「잠자는 숲속의 공주(Sleeping Beauty)」(1959)의 오로라, 「인어공주(The Little Mermaid)」(1989)의 에리엘, 「미녀와 야수(Beauty and the Beauty)」(1991)의 벨, 「알라딘(Aladin)」(1992)의 자스민, 「포카혼타스(Pocahontas)」(1995)의 포카혼타스, 「뮬란(Mulan)」(1998)의 뮬란, 『공주와 개구리(The Princess and the Frog)』(2009)의 티아나, 그리고 「모아나(Moana)」(2016)의 모아나가 그 주인공들이다. 디즈니사는 공주를 주인공으로 한 작품 외에도 40편 이상의 애니메이션을 더 만들었으나 이 회사 수입의 많은 부분은 공주들이 벌어들였다.

'공주'란 신분만을 뜻하지는 않는다. 백설공주나 오로라·에리엘·자스민은 원래 공주로 태어났지만 나머지는 왕자 혹은 자신을 행복하게 해줄 강한 남자와 결혼함으로써 후천적으로 공주가 되거나 공주처럼 행복한 삶을 살게 된다.

---

51) 『소설가는 늙지 않는다』 현기영 산문집, 다산책방, 2016, p.76~78.

52) 『문화로 읽는 세계사』주경철, 사계절, 2012, p.356.
미국 중서부에서 가난한 농민의 아들로 태어난 디즈니는 아버지의 사랑을 거의 받지 못하고 어린 나이에 집을 나와 자수성가한 인물이다. 대공황 시기에 어린 시절을 보낸 그는 하루하루 사는 것이 힘겨운 투쟁의 연속이었지만, 열심히 노력하여 이를 이겨 내고 꿈에 그리던 대산업(만화영화)의 지배자가 되었다. 그런 그가 자신을 하층 출신으로부터 왕자로 변하는 주인공으로 생각하는 것도 무리는 아닐 것이다. 그는 고전 동화를 가져와서 완전히 각색하여 자신의 이야기로 만들어 갔다.

아름다운 그녀들은 각자 다른 종류의 고난을 겪고 다양한 방법으로 이를 극복하는 과정에서 착하고 친절한 마음과 희망을 버리지 않는다. 그리고 그들 앞에 '짠(…)'하고 왕자가 나타나면 행복은 눈앞에 성큼 다가오는 것이다.

그런데 디즈니사의 애니메이션에도 오리엔탈리즘이 여지없이 도사리고 있다.

첫째, 10명의 공주들 중 뮬란(중국인)과 모아나(남태평양의 폴리네시안 추장의 딸) 이외에는 모두 백인 공주이다. 이에 더해 중국인인 뮬란에서는 중국인이 아니라 일본인이라는 느낌이 팽배하다. 배경은 중국인데 의복이나 헤어스타일까지 일본풍인데, 심지어 그래서 미국에서는 더 인기가 많았다고 전해진다.

둘째, 10명의 공주들 중 막내인 '모아나' 이전까지는 모든 공주들이 결국에는 백마 탄 왕자에 의지했다. 눈처럼 하얀 피부에 흑단같이 검은 머리카락을 지닌 백설공주는 순하고, 착하고, 세상물정 모르는 순수한 아이처럼 묘사된다. 아무런 이유 없이 괴롭히는 계모의 행동에도 반항 한 번 하지 않고, 자신을 죽이려 해도 원망조차 하지 않는다. 영화 내내 집안일만 하다가 독사과를 먹고 쓰러지고, 왕자의 키스 한 번에 깨어나 해피엔딩을 맞게 되는 수동적 캐릭터로 그려졌다. 이러한 모습은 「신데렐라」와 「잠자는 숲속의 공주」에서도 그대로 답습됐다. 왕자님을 기다리며 구박받는 신데렐라나, 왕자가 깨워주어야만 삶을 영위할 수 있는 오로라 공주는 모두 "구해줘요, 왕자님!"을 외치는 수동적이고 남성의존적인 삶을 살았다.

그러나 모아나는 달랐다. 모투아나 섬의 족장의 딸로 차기 족장의 운명으로 자라난 주인공 모아나는 디즈니의 '혈통' 중심 세계관을 답습하는 캐릭터로서 이미 운명적으로 고귀할 수밖에 없다. 그러나 모아나는 결코 가만히 앉아서 리더가 되는 '금수저'가 아니다. 자신이 처한 상황에 의문을 품고, 전통을 지키면서도 더욱 발전된 방향으로 섬을 이끌어 갈 수 있는 역량을 지닌 진정한 '리더'로 성장한다. 안락한 생활을 거부하고 자신을 찾고 섬을 구하기 위한 모험을 떠난 모아나는 왕자님이나 러브라인 없이도 스스로의 매력만으로 충분히 빛을 발한다. 이러한 변화는 '여권 신장'이나 '페미니즘' 등의 사회적 변화의 힘이라고 보아야 할 것이다.

(10) '중동(Middle East)'과 '극동(Far East)', 에베레스트(Mount Everest)

우리는 Middle East를 직역해 '중동'이라고 한다. 사실 Middle East라는 표현은 서양의 오리엔탈리즘에서 비롯되었다.[53]

아시아(태평양중심지도를 사용한다) 입장에서 위치를 고려하면 '서아시아'가 정확한 표현이다. 서양에서는 아시아를 인도의 인더스강 서쪽부터 시작해서 지중해 연안까지로 보았다. 그 중간 지점에서 약간 동쪽으로 치우쳐 있기 때문에 'Middle East'라고 이름을 붙인 것이다. 우리는 유럽인의 관점이 반영된 이 표현을 아무런 저항 없이 쓰고 있는 것이다.

에베레스트산도 마찬가지다. 이 이름은 영국 측량단이 전임 단장이었던 에베레스트 경을 기려 붙인 이름이다. 하지만 본래 이름은 따로 있다. 네팔에서

---

53) 『시대와 지성을 탐험하다』, 김민웅 교수·목사, 한길사, 2016, p.580.
   유럽은 대서양중심지도를 사용하는데 이 지도에서 보면 영국의 식민지 인도와 이집트 사이의 아시아라는 뜻이 된다.

는 '하늘의 어머니'라는 뜻의 '사가르마타(Sagarmatha)', 티베트에서는 '세상의 여신이자 어머니'란 뜻의 '초모룽마(Chmolungma)', 중국에서는 '주목랑마(珠 穆朗瑪, 티베트어로 '주목'은 여신, '랑마'는 세 번째라는 뜻이므로 '제3의 여신' 이란 뜻)'라고 부른다. 하지만 우리는 여전히 세계 최고봉이 있는 그 산을 에베 레스트산이라고 부른다. 흔하게 볼 수 있는 오리엔탈리즘 중 하나다.[54]

고 신영복 교수가 책『더불어숲: 신영복의 세계기행』(1998·2015)에서 〈밤 이 깊으면 별은 더욱 빛납니다: 히말라야의 기슭에서〉라는 제목으로 쓴 글을 보자.

【〈밤이 깊으면 별은 더욱 빛납니다: 히말라야의 기슭에서〉

히말라야를 어둠속에 묻어둔 하늘에는 설봉(雪峰)대신 지금은 별이 있습니다. 우리 가 희망을 잃지 않는 것은 '밤이 깊으면 별이 더욱 빛난다(夜深星逾輝)'는 진리라고 했습 니다. 세월이 힘들고 세상이 무서운 사람들이 자주 밤하늘의 별들을 바라보는 까닭을 알 것 같습니다. 나는 오늘 저녁 이곳에서 비탈진 기슭에서 척박한 다락논을 일구며 살아가 는 사람들을 만나고 있습니다. 낮에는 설산을 지척에 두고 밤에는 찬란한 별들을 우러러 보며 살아가는 사람들입니다. 이 거대한 어둠과 별들, 그리고 신비로운 설산이 이들의 삶 속에 과연 무엇이 되어 들어와 있는가 하는 물음을 갖게 됩니다. 생각하면 우리의 삶은 이 거대한 우주 속에서 한 개의 작은 점으로 존재한다는 사실을 아득히 잊고 있는 것이 사실입니다. 이 우주와 자연의 거대함에 대한 망각이 인간의 오만이 될까 두렵습니다.

히말라야가 네팔에서 차지하는 무게는 가히 절대적입니다. 그것은 네팔의 문화이며 네팔 사람들의 심성(心性)입니다. 히말라야를 보지 않고 네팔을 이야기한다는 것은 『삼

---

54) 『엄마 인문학: 공부하는 엄마가 세상을 바꾼다』, 김경집, 꿈결, 2015, p.53~54.

국지』를 읽지 않고 영웅호걸을 논하는 격이라며 플라잉 사이트(Flying Sight)를 내게 권하였습니다. 비행기로 히말라야의 연봉(連峰)을 거쳐 최고봉인 에베레스트까지 비행하는 여행상품입니다. 나는 히말라야 산군(山群)을 비행기로 다가간다는 것이 아무래도 외람된 일이라는 생각이 앞섰습니다. 기껏 한 마리 모기가 되어 거봉(巨峰)의 귓전을 스치는 행위는 내게도 별로 달가운 일이 못 된다 싶었습니다.

(…) 포카라(Pokhara, 카트만두에서 200km 북서쪽에 위치)[55]는 히말라야를 바라보며 산길을 걷는 트레킹(Trekking)의 출발지입니다. 트레킹이란 등반과는 구별되는 것으로, 결정적인 차이는 산을 정복하거나 정상을 탐하는 법 없이 산길을 마냥 걷는 것입니다. 산과 대화를 나누는 등산인 셈입니다.(…)

히말라야의 최고봉인 에베레스트(Everest)는 영국 측량기사의 이름을 따서 명명한 것입니다. 그러나 이곳 네팔이나 티베트에서는 옛날부터 '큰 바다의 이마'(사갈고트) 또는 '세계의 여신'(초모랑마)이라 불러 왔습니다. 높고 성스러운 곳이라는 뜻을 담고 있습니다. 이곳 사람들은 정상에 오르는 일이 없습니다. 그곳은 정복의 대상이 아니라 경외(敬畏)의 대상입니다. 더구나 정상은 사람이 살 곳이 못 됩니다. 그곳을 오르는 것은 없어도 되는 물건을 만들거나 사랑하지 않는 사람을 농락하는 것이나 마찬가지입니다. 산의 높이를 숫자로 계산하는 일도 이곳에는 없습니다. 하물며 정상을 그 산맥과 따로 떼어서 부르는 법도 없습니다. '산맥이 없이 정상이 있을 수 없다'는 이치를 그들은 너무나 잘 알고 있기 때문입니다.

1953년 뉴질랜드의 탐험가 에드먼드 힐러리(Edmund Hillary, 1919~2008)가 영국의

---

55) 포카라는 네팔 수도 카트만두에서 경비행기로 30분 거리에 있는 중소도시로, 30km 이내에 안나푸르나(Annapurna, 8,091m)·다울라기리(Dhaulagiri, 8,167m)·마나슬루(Manaslu, 8,156m) 등이 있어 등산·트레킹을 위한 길목이다. 포카라에는 '티베트 난민촌'도 있다. 페와 호수(Phewa Tal) 등 포카라 인근 어디에서도 이들 산을 조망할 수 있어 관광객들이 많이 찾고 있는데, 특히 인근에 있는 사랑곳(Sarangkot, 1,600m)은 안나푸르나·마차푸차레 등 고산준봉을 조망할 수 있는 최적의 장소로 꼽히고 있다.

에베레스트 등반대에 참가하여, 셰르파 텐징 노르게이(Tenzing Norgay)와 함께 에베레스트를 최초로 정복한 사람으로 기록되고 있습니다. 그러나 그는 셰르파와 안내인 등 8천여 명의 도움으로 오른 것이라고 합니다. (그 이전에 이 산을 측량한 수학자는 인도인이므로—비록 그를 고용한 사람은 조지 에베레스트였지만—) 이름을 바꾸어 붙일 이유로 삼기에는 너무나 빈약한 역할이 아닐 수 없습니다. 지금 저만치 어둠 속에 묻혀 있는 마차푸차레(Machapuchare, 6,993m)는 네팔의 성산(聖山)으로 등산이 금지된 산입니다. 그러나 발표만 못할 뿐 누군가가 이미 그 정상을 정복(?)했다는 것은 널리 알려진 사실이라고 합니다. 쓸쓸한 이야기입니다.

당신이 네팔에 오면 먼저 히말라야의 이야기를 들어야 합니다. 등산장비를 짊어지고 히말라야의 어느 정상을 도모하거나, 래프팅을 즐기기 위하여 계곡의 급류를 찾아가기 전에 먼저 히말라야가 우리에게 들려주는 이야기에 겸손히 귀 기울여야 합니다. 모험과 도전이라는 '서부행'(西部行)에 나서기 전에 먼저 어둠과 별들의 이야기를 들어야 합니다. 그들의 숨소리에 귀 기울여야 합니다.

그리고 생각하여야 합니다. 자연이 우리에게 허락하는 문명의 크기를 생각하여야 합니다. '자연'이 우리에게 허락하는 '문화의 모범'을 읽어야 합니다. 그리고 '자연의 문화'(Culture of Nature)가 그 문화의 속성임을 다시 한 번 확인해야 합니다.][56]

(11)옴팔로스(Omphalos, '세계의 배꼽')와 지중해(Mediterranean, '세계의 중심')

그리스 신화에서 신들의 아버지인 제우스는 독수리 두 마리를 지구의 양쪽

---

56) 「더불어숲: 신영복의 세계기행(1998·2015)」, 신영복(1941~2016), 돌베개, 2015, p.350~356.

끝에 풀어놓고 서로를 향해 날아가라고 명령했다. 두 독수리가 만난 곳에 성스러운 돌 옴팔로스를 세워 신과 소통할 수 있도록 했다.

그리 오래된 일은 아니지만 유럽인들은 아시아를 크게 세 지역, 즉 근동(近東)·중동(中東)·극동(極東)으로 나누었다. "고대 그리스는 로마를 낳았고, 로마는 기독교가 지배한 유럽을 낳았고, 기독교가 지배한 유럽은 르네상스를 낳았고, 르네상스는 계몽주의 시대를 낳았고, 계몽주의 시대는 정치적 민주주의와 산업혁명을 낳았다. 이어 산업은 민주주의와 만나 미국을 낳고 생존권·자유권·행복 추구권을 구현했다."

역사를 바라보는 다른 시각도 있을 수 있다. 바로 승자의 관점에서 본 역사가 아니라 객관적인 다른 역사 말이다.[57]

---

57) 『실크로드 세계사: 고대 제국에서 G2 시대까지(The Silk Roads: A New History of the World, 2015)』 피터 프랭코판, 책과함께, 2017, p.10, 17~18.

제 2 장

네로황제는 과연 폭군이었나?

1. TV 드라마나 영화 등을 통한 역사 왜곡

현대는 속전속결을 중시하고 편리성을 극도로 추구하는 시대가 돼버렸다. 이를 반영하듯 신문은커녕 책을 통한 정보 습득은 몇몇 진골(?) 지식 추구자들에게서만 볼 수 있을 뿐이고 대부분 사람들은 TV·라디오나 영화 등을 통해 역사적 사실을 접하는 게 전부다(신문과 책마저 편향된 내용까지 수두룩하니 총체적 난국이다). 국사·세계사를 비중 있게 공부했던 중장년 세대의 경우 과거 학창시절의 교과서·참고서가 검열을 거친 왜곡된 정보가 많았으며 그마저도 '용어' 이외의 구체적인 내용은 잊은 지 오래다. 어쩌다 간혹 역사를 다룬 드라마나 영화 등을 통해 각색된 내용을 역사적 진실로 믿게 돼버린다. 또한 청소년 세대는 역사 자체를 그리 중요하게 공부하지 않는 데 더해 매체나 SNS 등을 통해 손쉽게 습득한 정보가 마치 사실인 양 믿어버리는 경우가 허다하다. 드라마나 영화의 내용은 대중의 흥미를 끌기 위해 심각한 수준까지 각색된 사실을 잊은 채 그냥 믿어버리는 즉, 한마디로 일종의 '매체 왜곡의 희생양'이 돼버린 것이다.

매체가 역사적 사실을 왜곡 또는 편향적으로 만들어버린 대표적인 사례를 들면 다음과 같다.

첫째, 을미사변(1895.8.20.=양력 10.8.)으로 일본의 총칼에 희생된 명성황후를 일제에 의해 희생된 조국의 의인처럼 만들어버린 드라마「명성황후」(KBS2 TV드라마, 2001.5.9.~2002.7.18. 124부작)와 뮤지컬「명성황후」1)다.

둘째, 원균을 위대한 장군으로 완전히 왜곡시켜버린「불멸의 이순신」(KBS1 TV드라마, 2004.9.4.~2005.8.28. 104부작)에서는 이순신과 원균의 위치가 완전히 뒤바뀌어 있다. 원균을 위대한 용장으로 그리고 심지어 이순신을 반역을 꿈꾸는 자로까지 설정하는데, 왜곡과 날조가 심하여 드라마 본연의 가치마저 의심될 지경이다. 『불멸의 이순신』은 김탁환의 역사소설 『불멸』(1998)을 모티프로 하였기 때문에 허구가 포함될 수밖에 없을 것이나, 공영방송은 대중에 미치는 영향력과 부적절한 가치관의 형성문제 등을 심각하게 고려하여야 하는 점에서는 아쉬움이 있다. 이순신(1545~1598)은 위대했다. 선조가 이순신을 죽이려 한 것은 그가 두려웠기 때문이라는 주장이 많다. 나약한 자신과 너무나 확연하게 대비되는 이순신을 선조는 '제2의 이성계'가 될 것을 우려하고 경계했다. 반면 원균(元均, 1540~1597)은 간신배로서 선조는 하수인인 원균을 좋아했다. 결론부터 말하면 이순신과 원균에 대한 검증은 이미 조선시대에 끝났다. 원균을 좋게 평가하는 기록도 제법 되지만 근거가 제시되지 못하는데

---

1) 「명성황후(THE LAST EMPRESS)」(1995년)(Acom International 제작)
조수미가 부른 〈나 가거든〉은 별도의 뮤직비디오이며, 드라마나 뮤지컬에 삽입된 곡이 아니다.

다가 거의 100%가 그를 사랑한 선조 시대에 국한된다(당파 등의 영향[2] [3]). 원균은 그를 끔찍이도 위하던 선조의 시대에 국한되는 반면 이순신은 시대를 초월하여 극한의 존경을 받았다. '제2의 이성계'가 되어 반역을 할 것에 덜덜 떨었던 기우와는 달리 이순신은 일본으로 후퇴하는 왜구을 쫓다가 사망하는 형식을 빌려 사실은 선조에게 부담을 주지 않게 하기 위해 일부러 죽음을 맞이한 것이란 설도 많다.[4]

셋째, 세종대왕을 영리하고 인자하며 조선 500년 역사상 '흠결 하나 없이' 가장 완벽한 왕으로 등극시킨 「대왕 세종」(KBS2 TV드라마, 2008.1.5.~11.16. 86부작)이다.

넷째, 권비영 작가의 『덕혜옹주』(다산책방, 2010년)는 덕혜옹주의 삶을 조명한 소설이다. 이 소설을 각색한 영화 「덕혜옹주(The Last Princess)」(2016.8.3. 개봉, 허진호 감독, 손예진·박해일 주연)도 제작되었는데, 이 영화에서는 덕혜옹주가 독립운동까지 하면서 재일 조선인 노동자들에게 조국애와

---

2) 「아시아경제」 2018.11.13. 〈최악의 졸장 '원균', 부정입시 논란도 있었다고요?〉 이현우 기자
원균은 원래 1540년 지금의 평택인 당시 충청도 진위군에서 태어났다. 그의 집안인 원주 원씨 가문은 고려 태조 왕건 때 삼한통일공신으로 유명한 원극유의 후손들로 이뤄졌으며, 조선시대에 들어서서는 문과에서 60명, 무과에서 136명이나 급제자를 배출한 당대 명문가였다. 그의 아버지 원준량도 경상도 병마절도사를 역임하는 등 당시 무관 고위직에 있던 인물이었다.
이런 훌륭한 집안 배경을 안고 자라난 그는 엘리트 코스를 밟으며 과거시험을 준비, 24살인 1564년 과거시험을 보고 합격했으나 아버지 원준량이 오늘날 감사원인 사간원으로부터 아들의 '부정입시' 탄핵을 받으면서 합격이 취소된다. 아버지가 무과 시험 감독관인 상황에서 아들을 몰래 합격시켜줬고, 이것이 감사에 드러나면서 탄핵을 받았던 것이다. 「조선왕조실록」, 「명종실록」에는 당시 상황에 대해 상세히 나와 있다.

3) 「이순신, 신은 이미 준비를 마치었나이다」 김종대, 시루, 2014, p.256~259, 280~288, 304.
이순신에 대한 모함은 당쟁과 결부되어 있는데, 이산해·윤두수·김응남 등 서인 대신들을 등에 업은 원균이 모함의 핵이었다.
원균은 1597년 7월 15~16일(양력 8월 27~28일) 칠천량(거제 칠천도)해전에서 대패하여 자신의 목숨뿐만 아니라 거북선(총 3척)을 포함한 대부분의 조선 군함을 잃게 된다. 이후 이순신은 1597년 8월 3일(53세) 삼도수군통제사에 재임명됐으나 명량해전(1597년 9월 16일, 양력 10월 25일)에서 13척(=12척+ 김응추 추가 1척)의 배로 왜적을 맞이할 수밖에 없는 상황이 벌어진 것이다.

4) 「대역죄인, 역사의 법정에 서다」 배상열, 책우리, 2009, p.326~339.

희망을 불어넣은 활동을 한 것처럼 미화했다. 이에 대해 영화비평가들은 아무리 영화지만 역사적 진실을 너무 왜곡했다고 질타했다.

그리고 네로황제의 경우 이미 '폭군'으로 알고 있던 (왜곡된) 사실에 더해, 개그맨 최양락이 1987~1991년 '네로 25시'로 맹활약했던 「쇼 비디오 자키」(KBS2 TV 연예)에서 네로황제는 '폭군'과 '웃음거리'로 완전히 뇌리에 박혀버렸다.

2. 네로는 왜 폭군으로 역사에 기록되었을까?

로마 역사가들이 네로(Nero, 로마 제5대 황제, 서기 37~68)가 폭군이라고 내세운 증거, 즉 네로가 연극배우, 전차 경주자로 활동하여 황제의 권위를 떨어뜨렸다거나, 황금 궁전을 비롯해 많은 건축물을 지어 국고를 낭비했다거나, 과도하게 세금을 올려 백성들을 괴롭혔다는 이야기는 근거와 논리가 부족하다.

네로는 54년에 즉위해서 68년 쫓겨날 때까지 약 14년 동안 통치했다. 그는 여러 기행을 일삼았고 어머니와 부인, 스승(세네카) 등을 죽였지만, 통치 시기 내내 높은 지지를 받았다. 심지어 그가 죽은 후에도 오랫동안 그를 기념하는 사람들이 많았다. 68년 빈덱스와 오토가 반란을 일으키고, 원로원이 네로를 황제 자리에서 쫓아내기로 결정하자 네로는 자살했다. 그 후 여러 장군이 황제 자리를 차지하려고 싸웠는데, 그 가운데 한 명이 비텔리우스(Aulus Vitellius, 15~69)였다. 네로를 비난했던 다른 장군들과 달리 비텔리우스는 69년 로마에 입성하여 다음과 같이 행동했다.

"비텔리우스는 사람들에게 자신이 앞으로 어떤 통치를 할지 분명하게 보여주기 위해, 군신 마르스 광장 중앙에 있는 네로의 수많은 사제들을 거느리고 가서 참배하고 제물을 바쳤다. 그리고 이후 만찬에서 한 플루트 연주자가 사람들의 박수갈채를 받자, 비텔리우스는 공개적으로 네로의 작품을 한 곡 연주할 것을 청하였다. 연주자가 네로의 노래를 부르기 시작하자 비텔리우스는 가장 먼저 그에게 박수갈채를 보냈다."[5]

비텔리우스가 이렇게 네로 계승 의지를 뚜렷하게 표방했던 것은 네로를 지지하는 세력이 매우 강력했음을 의미한다. 물론 네로를 지지했던 사람들은 평민이었다. 로마의 평민들은 네로가 죽은 후에도 오랫동안 그가 훌륭한 통치자였음을 기념했다. 그들은 네로를 추억하며 그의 무덤에 꽃을 갖다놓곤 했다. 네로가 언젠가 돌아와 평민들의 고통을 해결해줄 거라고 믿는 사람도 있었다.[6]

그런데 왜 네로는 후대에 사악한 황제라는 오명을 쓰게 되었을까? 네로가 로마의 전통을 무시하고 배우로 활동했던 것은 원로원을 비롯한 로마 지배층에게 상상할 수도 없이 사악한 것이었다. 타키투스·수에토니우스를 비롯해 네로에 대해 기록을 남긴 사람들은 모두 로마의 최고 지배층이었다. 그들은 네로가 끊임없이 로마의 전통을 무시하는 것은 곧 귀족이 누려온 특권을 무시하

---

5) 「네로 황제 연구(Annales)」, Tacitus/안희돈, 다락방, 2004, p.118, 재인용

6) 「열두 명의 카이사르(The Twelve Caesars)」, 수에토니우스/조윤정 역, 다른세상, 2009, p.364~365, 재인용

는 것이었기 때문이다. 타키투스·수에토니우스·디오 카시우스를 비롯한 로마 역사가들은 네로가 여느 황제와 똑같은 일을 했더라도 다른 황제들은 훌륭한 일을 했다고 적고, 네로는 사악한 일을 했다고 적었다. 예를 들어 로마의 황제들은 각종 기념일이나 행사 때면 여러 계층의 사람들을 궁전으로 불러 주연을 베풀곤 했다. 로마 역사가들은 황제들이 주연을 베풀면 성정이 착하고 베풀기를 좋아하는 증거라고 묘사하곤 했다. 그러나 네로가 주연을 베풀면 혹독하게 비난했다. 그들은 네로가 낭비가 심했다고 비난했지만, 사실은 그렇지 않았다.

그들이 네로를 비판했던 이유는 주연을 베풀 때조차 네로가 관습을 무시했기 때문이다. 네로는 지배층이 받아왔던 합당한 대접을 부정하고, 무명의 시민들을 환대했다. 좋은 자리는 상층 엘리트가 아니라 노예·검투사와 같은 하층민에게 내주었다. 예전에 귀족들은 좋은 자리에서 자기들끼리 좋은 음식을 먹었지만, 네로가 베푼 주연에서는 구석에서 하층민과 어울려 식사해야 했다. 황제가 보통 시민들과 함께 식사하고 있으니 그 자리에서 싫은 소리는 못 냈지만 속은 부글부글 끓었다. 그런 식사를 하고 나온 귀족들은 네로를 천하의 나쁜 놈으로 규정하고, 언젠가 기회가 온다면 없애버려야 한다고 생각했다. 기회를 엿보고 있던 그들은 64년 로마의 대화재로 민심이 흉흉해지자 네로가 불을 질렀다는 소문을 냈고, 그것을 기회로 네로를 몰아냈다. 그리고 지배층 출신이었던 로마 역사가들은 네로의 모든 행동을 사악한 것으로 기록했다. 이후 역사가들은 이 사료들을 무비판적으로 이용하여 네로를 폭군으로 규정해버렸다.

그러나 로마 역사가들이 네로를 폭군으로 규정했더라도 후대에 누군가 그 사실을 널리 알리지 않았다면 네로가 세계적으로 유명한 인물이 되지는 못했을 것이다. 로마제국이 멸망할 때까지 로마인 가운데 가장 유명한 사람은 율리우스 카이사르나 아우구스투스 황제였다. 네로가 최고 유명 인물로 부상한 것은 근대에 와서다.

네로를 폭군으로 널리 알리는 데 앞장선 것은 기독교 신자들이었다. 64~65년경 네로가 그들을 박해한 후 기독교 신자들은 네로를 세상에서 가장 사악한 통치자이자 하느님에 맞서는 '적(敵) 그리스도'로 규정했다. 신약성경의 마지막 권인 『요한계시록』에 따르면 종말의 날에 신자들을 박해하면서 악마의 권한을 행사할 짐승의 이름이 666으로 상징된다. 숫자로 이름을 표시하는 것은 고대 유대인이 널리 쓰던 방식이었다. 네로 황제의 이름, 즉 '네로 카이사르(Nero Kaisar)'를 히브리어로 번역하면 'nrun'이 되고 이를 고대 유대인의 숫자 풀이법(gematria)으로 해석하면 666이 된다. 이런 해석에 근거해서 오랫동안 네로가 '적그리스도'라는 인식이 널리 퍼져 있었던 것이다.

19~20세기에 기독교 신앙을 주제로 한 소설과 영화들이 이런 인식을 대중에게 퍼뜨렸다. 19세기 말 폴란드 작가 시엔키에비치(Henryk Sienkiewicz, 1846~1916)가 베드로의 순교를 다룬 소설 『쿠오바디스(Quo Vadis)』(1896)를 썼는데, 이 소설은 여러 나라 언어로 번역되어 베스트셀러가 되었고 노벨 문학상까지 탔다. 1951년 할리우드에서 동하던 피터 유스티노프 감독은 이 소설을 영화로 만들어 상업적으로 크게 성공했다. 이 소설에서 네로는 인류 역사상 가장 잔인하고 무도한 폭군으로 묘사되어 있다. 이 소설과 영화가 흥행에 성공하면서 네로는 폭군의 대명사가 되었다. 심지어 우리나라 개그 프로그램에까지 등장할 정도였다. 그렇게 네로는 20세기에 세계 최고의 폭군으로 자리매김하고 말았다.[7]

---

7) 『역사를 재미난 이야기로 만든 사람들에 대한 역사책』 정기문, 책과함께, 2019, p.121~125.

3. 네로황제, 샤갈의 「바이올린 연주자(The Fiddler)」(1912)와 뮤지컬 「지붕 위의 바이올린(Fiddler on the Roof)」(1964)

먼 옛날 로마 황제 네로는 도시에 불을 놓고 그것을 바라보면서 바이올린을 연주했다고 한다. 실제로는 그때 네로는 로마에서 50km나 떨어진 곳에 있었고, 애초에 바이올린이 존재하지도 않던 시절이다.(바이올린은 16세기에 처음 나왔다.) 네로의 악랄함을 강조하는 이 이야기는 이윽고 다른 형태로 전해졌다. 네로가 기독교도를 학살할 때, 아비규환 속에서 초연히, 지붕 위에서 바이올린을 연주한 누군가가 있었다고.

마르크 샤갈(Marc Chagall, 1887~1985)은 그 전설을 바탕으로 「바이올린 연주자(The Fiddler)」(1912, 암스테르담 시립 미술관)를 그렸다고 한다. 지붕 위의 바이올린 연주자는 폭정에 굴하지 않는 불굴의 영혼을 상징하는 것일까? 아니면 방랑하는 유대인 샤갈은 지붕이라는 위태로운 자리에서 연주할 수밖에 없는 연주자에게서 자기 민족의 운명을 발견했던 걸까? 아니면 이 바이올린은 인간의 운명을 노래하는 고독한 배경음악인 걸까….

여하튼 샤갈은 이 주제를 좋아해 오랜 세월 거듭 그렸다. 이 그림은 그가 처음으로 파리에 머물 때 고향 러시아를 그리워하며 그린 여러 점 중 하나이다. 바이올린 연주자를 그린 것으로는 아마도 최초의 작품일 것이다. 이 모티프는 이 뒤로 점점 세련되어져 경쾌하고 다채로워졌는데, 예술가의 초기작이 대개 그렇듯 이 그림도 거칠고 힘찬 젊음의 매력이 넘친다.

샤갈의 작품 중에서도 바이올린 연주자를 그린 그림이 가장 유명하게 된 것은 아마도 1960년대에 브로드웨이에서 폭발적으로 히트했던 뮤지컬 「지붕 위의 바이올린(Fiddler on the Roof)」(1964) 때문이리라. 이 역시 세계 여러 나라에서 상연되고 영화로도 만들어졌다. 샤갈 자신은 이 뮤지컬에 관여하지 않았지만, 홍보 담당자가 그의 그림을 사용했다. 샤갈과 원작자 숄렘 알레이헴(Sholem Aleichem, 1859~1916), 뮤지컬 주인공 테비에, 이 세 사람 모두 러시아계 유대인으로 고향에서 쫓겨나왔다는 공통점을 갖고 있다.

샤갈은 제정 러시아 말기 알렉산드르 3세(1845~1894) 시대였던 1887년, 시골 마을 비테프스크(오늘날의 벨라루스)의 유대인 게토에서 태어났다. 당시 이렇게 러시아 각지에서 격리되어 살아가던 유대인은 500만 명이 넘었는데 이는 전 세계 유대인의 4할에 가까웠다. 러시아에서도 줄곧 2등 시민으로 여겨졌던 유대인은 선대인 알렉산드르 2세(1818~1881) 암살 이래 더욱 격심한 포그롬(pogrom, 유대인 박해)을 겪었다. 암살자 중에 유대인이 있었기 때문이다.[8]

4. 네로황제 이후의 로마: 5현제 시대의 전성기와 쇠퇴

로마 제국이 명실상부한 제국이었던 기간은 길게 잡아 200년 정도이며, 더 짧게 잡으면 기원후 96년부터 180년까지 100년도 되지 못한다. 후대의 역사가들은 이 84년의 기간을 '팍스 로마나(Pax Romana)', 즉 로마의 평화라고 불렀는데 지금은 거의 고사성어처럼 사용되는 용어다(예를 들어 미국이 주도하는 평화를 '팍스 아메리카나'라고 말하는 것도 거기서 유래했다). 이 말에서 알

---

8) 「신(新) 무서운 그림(2016)」, 나카노 쿄코, 세미콜론, 2019, p.58~59.

수 있듯이 그 시기에 로마는 평화와 번영을 누렸고, 영토도 사상 최대의 규모에 도달했다. 또한 그 시기에 재위했던 5명의 로마 황제들은 모두 인품도 훌륭하고 치적도 뛰어났으므로 '5현제(賢帝)'라고 기려진다.

흥미로운 사실은 로마시대 번영의 5현제 시대에는 제위 계승이 양자로 이루어졌다는 점이다. 5현제 가운데 네르바·트라야누스·하드리아누스·안토니누스 피우스 4명이 모두 아들을 두지 못했고, 마지막 5현제인 마르쿠스 아우렐리우스만 아들 코모두스를 얻었다. 그런 탓에 그들은 휘하의 행정관이나 장군들 가운데 믿을 만한 사람을 발탁해 양자로 삼은 뒤 제위를 계승시켰다. 5현제의 한 사람인 하드리아누스는 62세에 52세의 안토니누스 피우스를 양자로 삼았는데, 때문에 아버지와 아들이 10살 차이에 불과한 적도 있었다.

물론 그들이 원해서 '양자 계승제'를 취한 것은 아니다. 어떤 지배자든 혹은 지배자가 아니더라도 자신의 친자에게 권력과 재산을 물려주고 싶은 것은 인지상정이다. 하지만 어쩔 수 없는 사정이었다고 해도 로마 황제들이 양자에게 제위를 계승시킨 것은 제국의 앞날에는 큰 행운이었다. 순전히 혈통상으로만 계승이 이루어지는 경우와 달리 실력과 경험을 갖춘 검증된 지배자가 등장할 수 있었으니까.[9]

로마의 폭군들을 보면 저마다 특이한 짓을 한두 가지씩 했는데, 코모두스는 스스로를 헤라클레스의 환생이자 세계 최고의 검투사라고 생각했고, 따라서

---

9) 「시사에 훤해지는 역사: 남경태의 48가지 역사 프리즘」, 남경태, 메디치, 2013, p.42~44.
　　　[혈통에 집착한 대가: 팍스 로마나는 100년도 안 된다]
　　　〈'팍스 로마나' 오현제의 시대(五賢帝, Five Good Emperors)의 연표〉(이상준)
　　1대 현제: 네르바(Nerva, 재위 96~98년)
　　2대 현제: 트라야누스(Trajanus, 재위 98~117년)
　　3대 현제: 하드리아누스(Hadrianus, 재위 117~138년)
　　4대 현제: 안토니누스 피우스(Antoninus Pius, 재위 138~161년)
　　5대 현제: 마르쿠스 아우렐리우스(Marcus Aurelius Antoninus, 재위 161~180년)

왕궁보다 검투장에서 훨씬 많은 시간을 보냈다. 특정 검투사의 편조차 들지 말라고 교육받은 철인황제의 자식이 하필 검투사를 꿈꾸는 소년이었다니 이 무슨 희비극이란 말인가. 역사가들 중에는 온갖 기행을 일삼은 코모두스가 심각한 정신분열증을 앓은 것으로 추정하는 이들도 있다. 그게 사실이라면 아우렐리우스가 『명상록』에서 자식들에게 '신체적 기형(deformed in body)'이 없음을 감사한 것이 무색하게, 코모두스는 그보다 심각한 '정신적 기형(deformed in mind)'이었던 셈이다.

그토록 현명했던 황제가 아들의 광기나 이상 징후를 전혀 눈치채지 못했던 것일까? 아니면 팔은 안으로 굽는다고, 알면서도 애써 눈감으며 점점 나아질 거라는 희망을 걸었던 것일까? 등잔 밑이 어두운 거였다면 철인군주로서 그의 통찰력에 의문을 제기할 수밖에 없고, 알면서도 모른 척한 거였다면 선대 황제들과 제국 시민들을 외면한 그의 비겁함에 혀를 찰 수밖에 없다. 진실은 어느 쪽일까?

영화 「글래디에이터(Gladiator)」(2000년 미국, 리틀리 스콧 감독)[10]에는 아우렐리우스가 코모두스의 한계를 인식하고 측근인 막시무스에게 대권을 물려주려 하는 장면이 나오는데, 이는 역사적 사실과 다르다. 황제는 생전이 이미 코모두스를 공동 황제(Coemperor)로 임명하는 등 후계구도를 명확히 해 두었고, 그의 사망과 함께 권력은 계획대로 코모두스에게 인계되었다. 또 영화는 코모두스가 대권을 잡은 지 얼마 지나지 않아 콜로세움에서 막시무스의 손에

---

10) 마르쿠스 아우렐리우스(Marcus Aurelius, 생애 121~180, 재위 161~180)는 『명상록』을 썼을 정도로 스토아학파 철학의 현자였고, 그가 통치하던 시대를 배경으로 한 「글래디에이터(Gladiator)」라는 제목의 영화는 각국에서 총 7편이 제작됐으며(1969년부터 2018년까지), 로마제국 5현제의 마지막 황제였다. 그토록 현명했던 황제 아우렐리우스도 아들 코모두스(Commodus, 161~192)의 광기나 이상 징후를 모른 체했다(아니면 전혀 눈치채지 못했든지). 그 결과 로마시대는 하락의 길로 접어들고 말았다.

죽고, 로마가 다시 공화정으로 돌아가는 일종의 '해피엔딩'으로 그려진다.

하지만 실제 역사에서 코모두스는 장장 11년간 재위에 있으면서 다양한 검투사 이벤트를 즐겼음은 물론이고, 각종 대규모 토목공사에다 무모한 정복 전쟁까지 일삼으며 로마의 국고를 거덜 내는 '맹활약'을 펼쳤다. 결국 코모두스는 그의 광기를 보다 못한 측근들에게 암살당했지만, 때는 이미 늦었다. 역사가들은 그의 재위 기간 동안 로마 제국의 국운이 결정적으로 기울기 시작했다는 데 대체로 동의한다. 안타까운 일이다.[11]

---

11) 『철학 브런치』 정시몬, 부키, 2014, p.240~241.

제3장

노예무역과 아프리카

1. 노예무역 개괄

16세기부터 19세기까지의 노예무역은 약 1,100만 명의 아프리카인들을(이주민들의 정확한 숫자에 대해서는 이견이 있다) 그들의 고향에서 아메리카로 강제이주시켰다. 삼각무역은 도덕적으로 비난받아야 마땅하지만 대체로 18세기에만 발생한 유럽 근대 초기 역사의 주변적 특성으로 오랫동안 간주되었다. 영국과 프랑스의 상인들은 '자질구레한 장신구'를 아프리카의 순진한 추장들에게 주고 노예를 구입했다.

대서양 노예무역에 대한 설명은 ("아프리카인들은 노예의 운명을 타고났다" "노예무역자들은 사악한 인종주의자다" 같은) 평범한 가정을 제거하고 어떤 질문이 세 대륙의 경제와 문화에 관한 심오한 지식을 필요로 하는 대답을 이끌어낼지를 검토한다. 유럽인은 왜 매우 가난한 사람들을 자신들의 문화권에서 단지 추방하지 않았을까? 왜 그들은 아메리카 원주민들을 노예로 만들지 않았는가? 그리고 가장 논쟁적인 질문으로, 아프리카인들은 노예시장을 위해 자기 고향 사람들을 생포하는 데 어느 정도로 적극적이었으며 그들이 그러한 거래에 기꺼이 가담한 이유는 무엇인가? 이러한 질문과 그 밖의 질문들에 답하기 위해서는 긴 주제 목록에서 아주 일부분만 언급하자면 유럽의 인구통계와 노동시장, 정복 이전 라틴 아메리카의 토지소유와 정치구조, 의생태학, 아프리카의 전쟁사, 전근대 유럽에서의 종교적·인종적 '타자'에 대한 태도와 상업기구 등에 대한 지식을 알아야 한다. 이러한 광범위한 역사의 원인이 한 국가 혹은 대륙의 범위마저 초월하듯이 그 결과 또한 마찬가지다.[1]

1800년대 이전에 유럽이 아프리카 대륙에 끼친 가장 강력한 영향은 대서양 노예무역을 통해 이루어졌다. 대서양 노예무역은 대체로 16세기 초에 시작해 17·18세기에 이르러 정점에 달했다.(신대륙의 원주민들이 구대륙에서 들어온 병균에 노출돼 엄청나게 사망하자, 노동력 확보를 위해 서구 점령자들은 아프리카의 노동력에 집중하게 된 것이다.)

초기에 노예무역을 주도한 쪽은 포르투갈인들이었다. 하지만 이들은 얼마 지나지 않아 네덜란드, 덴마크, 프랑스, 영국인들에게 차례로 앞자리를 내주어야만 했다. 후발 주자들은 수백만 아프리카인들을 대대적으로 아메리카 대륙에 송출했다. 불편한 진실이지만, 노예무역으로 숱한 이득을 챙긴 아프리카 사람들도 많다.

17세기에는 평균적으로 한 해에 2만 명의 노예가 거래되었다. 노예무역이 절정에 달한 18세기에는 해마다 5~10만 명에 이르는 노예들이 아메리카 대륙으로 끌려갔다. 이 숫자가 19세기에는 다소 줄어들게 된다. 기록에 따르면, 모

---

1) 『역사에 대해 생각하기(Thinking About History, 2017)』 사라 마자, 책과함께, 2019, p.89~90.

두 합해 적어도 1천만 명이 넘는 노예가 아메리카 대륙을 밟은 것으로 확인된다. 대서양을 건너는 항해 도중 2백만 명 이상이 죽었다. 기록조차 제대로 관리되지 않았던 사실을 감안한다면 실제로 거래된 노예의 수는 1천2백만 명을 훨씬 넘을 것이다. 오늘날의 서부 나이지리아 '노예해안'[2]은 17세기 후반부터 19세기 중엽까지 노예를 수급하던 근거지였다.

노예무역의 금지는 덴마크 1803년, 영국 1807년, 미국 1808년, 네덜란드 1814년, 프랑스가 1817년에 실시했다. 1815년 열린 빈 회의에서 절대 다수의 유럽 국가들은 노예무역의 철폐에 동의했다. 그러나 이를 실제로 강제하는 데에는 어려움이 따랐다. 대서양 노예무역은 그 뒤로도 쉽게 사라지지 않고 19세기까지 지속되었다.[3]

아이러니하게도 유럽인이 아프리카 중부 서해안의 노예무역으로 유명한 지역에 진출하기 전, 이 지역 아프리카 사람들의 30~60%가 이미 노예였다. 백인들의 노예로 지낸 것이 아니라 흑인들의 노예로 지냈다. 특히 아프리카 부족 추장들의 노예가 많았다. 백인 노예상들은 이 지역에서 아프리카 흑인들을 납치하러 다닌 것이 아니었다. 아프리카 추장들에게 돈을 주고 샀다. 흑인 노예들은 그래서 별 반항 없이 아메리카로 가는 배에 올랐고, 아메리카 노예 시장에 나왔다. 자기는 노예라고, 반항하고 대들지 않았다. 자기는 원래 노예였고, 이제 다른 곳으로 이동해서 다른 주인을 만나게 되는 것일 뿐이었다. 따라

2) 「언더그라운드 레일로드(The Underground Railroad, 2016)」 콜슨 화이트헤드, 은행나무, 2017, p.11. 기니만(Gulf of Guinea)은 나이지리아 좌북쪽 나라인 베냉(Benin)과 나이지리아, 그 남부의 카메룬 등이 있는 지역의 대서양을 일컫는 이름이다. 특히 베냉의 우이다(Ouidah) 항구는 노예무역 항으로 유명했다.

3) 「현대 아프리카의 역사(A History of Africa: 1800 to the Present, 2010)」 리처드 J. 리드, 삼천리, 2013, p.16, 54~55, 64.

서 어쩌면 정말 욕을 먹어야 할 사람은 아메리카에서 노예를 부린 사람과 백인 노예상이 아니라 자기 부족 사람들을 백인 노예상에게 판 아프리카 추장들일지도 모른다. 서구 제국은 이후 노예무역을 금지하는데, 아프리카 추장들은 그 조치에 대해 항의하기도 했다. 그동안 자기들에게 큰 이익을 주었던 노예 판매를 더 이상 할 수 없게 되었기 때문이다.[4]

2. 왜 링컨이 노예해방의 대명사가 됐을까?

최성락 교수는 〈남북전쟁으로 미국 노예해방이 된 것이 세계사적으로 그렇게 중요한가?〉라는 제목으로 쓴 글에서, '우리가 세계 역사를 객관적으로 보지 않고 미국의 시각으로 보기 때문'이라고 호되게 비판한다.

【사실 링컨이 노예를 해방시키기 위해서 전쟁을 한 것은 아니다. 링컨의 목적은 미국 연방제 유지였다. 연방제 유지를 위해서 남북전쟁을 했고, 노예가 많은 남부에 타격을 입히기 위해 노예해방을 선언했다. 링컨이 원래 노예해방을 목적으로 한 것은 아니지만, 어쨌든 링컨이 노예해방을 이끈 것은 맞다. 이 당시 다른 나라들은 어땠을까?

다른 나라들은 노예제를 계속 시행하고 있었고, 링컨의 노예 해방에 자극을 받아 미국을 따라 노예해방을 한 것일까? 그렇지 않다. 이 당시 이미 서구 제국들은 모두 노예제가 폐지된 상태였다. 덴마크와 노르웨이는 1803년, 프랑스는 1818년, 영국에서는 1833년에 이미 노예제를 폐지했다. 서양에서 인권이 가장 열악한 나라라고 보는 러시아도 1861

---

4) 「말하지 않는 세계사」 최성락, 페이퍼로드, 2016, p.152~156.

년에 이미 노예해방을 했다. 물론 이때까지 아직 노예해방이 되지 않은 국가들도 있기는 했다. 브라질은 1888년이 되어서야 노예해방을 했다. 하지만 선진국이라 하는 서구 국가 중에서 1863년(링컨의 노예해방령 발표)까지 노예해방이 이루어지지 않은 나라는 미국 밖에 없었다. 미국은 노예해방에서 다른 나라들보다 훨씬 늦은 것이다(더 나아가 링컨의 노예해방령은 북부를 위해 싸운 주(州)의 노예에게는 적용되지도 않아 여전히 노예 상태였다).

링컨의 노예해방은 세계사에서 어떤 의미가 있었을까? 특별한 의미가 없다. 세계에서 최초로 노예해방을 선언한 것도 아니고, 미국의 영향을 받아 다른 나라에서 노예해방을 하게 된 것도 아니다. 단지 미국에서 노예해방을 선언했다는 것뿐이다. 미국인들에게는 링컨의 노예해방이 큰 의미가 있다. 하지만 다른 나라 사람들에게 미국의 노예해방은 특별히 기억할 만한 일은 아니다. 세계 최초도 아니고, 우리가 영국의 노예해방, 프랑스의 노예해방이 어떻게 이루어졌나를 기억하지 않는 것과 비슷한 일일 뿐이다.

그런데 왜 우리는 미국 링컨의 노예해방을 기억하고, 노예해방을 이루어낸 링컨을 위대하고 좋은 대통령으로 생각하는 것일까? 그것은 우리가 세계 역사를 객관적으로 보지 않고 미국의 시각으로 보기 때문이다. 미국을 기준으로 역사를 보기 때문에 노예해방 하면 링컨을 떠올리고, 세계 최초로 하늘을 난 사람으로 라이트 형제[5] [6] [7] 를 떠올린다.][8]

---

5) 「세상을 바꾼 창조자들」, 이종호·박홍규, 인물과사상사, 2014, p.111.
　　비행기의 개발이 가능했던 것은 베르누이(Daniej Bernoulli, 네덜란드, 1700~1782) 덕분이었다. 라이트 형제를 비롯한 많은 이들이 강력한 동력 장치를 비행체에 장착하면 날 수 있다는 파격적인 아이디어를 도출할 수 있었던 것은, 그보다 약 100여 년 전에 발표된 '베르누이 정리' 덕분이었다.
　　베르누이 정리는 유체역학의 기본 법칙 중 하나다. '점성과 압축성이 없는 이상적인 유체가 규칙적으로 흐르는 경우에 대한 속력과 압력, 높이의 관계에 대한 법칙'으로, 유체의 위치에너지와 운동에너지의 합이 일정하다는 법칙이다.
　　{레오나르도 다빈치(Leonardo da Vinci, 1452~1519)는 베르누이보다 250년 전인 르네상스 시대에 새의 모양을 본뜬 비행기, 헬리콥터, 낙하산 등의 모형도와 메모를 남겼으나, 안타깝게도 이를 실행에 옮기지는 않았다. - 이상준}

6) 「올라, 브라질: 한국특파원 최초의 브라질 보고서」, 백진원, 서해문집, 2013, p.74~75.

〈브라질의 산토스 두몽(1900년), 더 이전인 영국 조지 케일리 경의 마부(1853년)가 최초?〉

브라질에서 비행기를 처음 만든 사람이 미국의 라이트 형제라고 말했다가는 큰일 난다. 브라질에서는 산토스 두몽(Alberto Santos Dumont, 1873~1932)이 비행기를 처음 만든 사람이기 때문이다. 라이트 형제는 1903년 12월 17일 플라이어(Flyer)라는 비행기를 이용해 12초 동안 260m를 날았다. 그런데 플라이어는 12마력의 엔진을 갖추긴 했지만 자체 동력을 이용해 하늘을 날았다기보다는 높은 언덕에서 아래로 내려오는 형태로 바람을 이용한 패러글라이딩 같은 비행을 했다.

반면 산토스 두몽은 1906년 10월 23일 50마력의 동력을 가진 '14-bis'라는 비행기를 만들었다. 그리고 프랑스 파리 바카텔리 공원에서 직접 탑승해 3m 높이로 60m를 비행하는 데 성공했다. 이날 행사는 소문을 들은 수많은 사람과 학계 인사, 기자가 몰려와 직접 목격했고 뉴스로 전파됐다. 그러니 진정한 의미의 세계 최초 비행기는 라이트 형제가 아니라 산토스 두몽이 만들었다는 것이 브라질 사람들의 주장이다.

더구나 라이트 형제는 1908년이 돼서야 비행기를 띄우며 세계 언론에 첫 비행을 띄운다고 전보를 쳤다. 그런데 유럽에선 이미 산토스 두몽이 1906년에 성공한 일을 왜 이제야 알리느냐고 했다. 그러자 라이트 형제는 실은 자신들이 1903년에 첫 비행에 성공했다고 끝까지 주장해 첫 비행을 자신들이 한 것으로 인정받았다. 이에 대해 브라질 사람들은 미국이 국가적으로 집요하게 개입해 사실을 왜곡한 것이라고 믿는다.

7) 『지식의 반전: 호기심의 승리(The Second Book of General Ignorance, 2010)』, 존 로이드 외1, 해나무, 2013, p.246~248.

〈비행기로 최초로 하늘을 난 사람은, 1853년의 영국 조지 케일리 경의 마부〉

우리는 그의 이름을 모른다. 하지만 그는 라이트 형제보다 50년 앞서 하늘을 날았다. 그는 요크셔의 귀족이자 항공학의 선구자인 조지 케일리 경(Sir George Cayley, 1773~1857)을 위해 일했다. 케일리는 새가 어떻게 나는지를 알기 위해 최초로 진정한 과학적 연구를 수행했다. 그는 비행을 관장하는 '양력·항력·추력'의 원리를 올바로 기술했고, 그 원리들을 토대로 삼아 일련의 비행 장치 시제품들을 만들었다. 처음에는 증기 엔진과 화학 엔진으로 날개를 펄럭이는 장치를 시도했지만 실패했다. 그래서 그는 글라이더 쪽으로 관심을 돌렸다.

1853년 스카버러 인근의 브롬프턴데일에서 그 용맹한 준남작은 망설이는 마부를 설득하여 '통제할 수 있는 낙하산(governable parachute)'을 조종하여 계곡을 날아 건너도록 했다. 이 이름 모를 고용인이 바로 공기보다 무거운 기계를 타고 하늘을 난 최초의 인간이었다. 현재 요크셔 항공 박물관에 전시되어 있는 케일리 글라이더의 현대 복제품은 1974년 브롬프턴데일을 다시 날아 건너는 데 성공했다.

라이트 형제가 유명한 비행에 나선 것은 그로부터 반세기 뒤인 1903년이었다. 그들은 케일리와 또 한 명의 잘 알려지지 않은 비행 영웅인 오토 릴리엔탈(Otto Lilienthal, 1849~1896)에게서 영감을 얻었다. 릴리엔탈은 '글라이더의 왕'이라고 알려진 프로이센 사람이었다. 꾸준히 계속 하늘을 난 사람은 그가 처음이었다. 그는 라이트 형제보다 10년 앞서 2,000회 넘게 글라이더 비행을 하다가 1896년 추락하여 사망했다. 그가 마지막으로 남긴 말은 겸허하고 신랄했다. "사소한 희생쯤은 해야지!"

{저자 존 로이드(John Lloyd): BBC의 인기 퀴즈 프로그램 제작팀인 QI 조사단의 핵심 브레인. QI TV 프로그램을 제작한 프로듀서로 세계적인 인기 프로그램 〈은하수를 여행하는 히치하이커를 위한 안내서〉 〈미스터빈〉 등을 만들었다.}

8) 『말하지 않는 세계사』, 최성락, 페이퍼로드, 2016, p.167~169.

3. 유럽열강들이 편의를 위해 지역을 나누고 인구를 끼워 맞춘 아프리카

　수단·소말리아·케냐·앙골라·콩고민주공화국·나이지리아·말리 말고도 여러 곳에서 벌어지는 수많은 민족갈등은 유럽인의 지리에 대한 생각이 아프리카의 인구학적 현실과 딱 맞아떨어지지 않는다는 점을 반영하고 있다. 아프리카에는 늘 분쟁이 있어 왔다. 예컨대 (남아프리카공화국의) 줄루족과 호사족은 유럽인들을 처음 구경하기 훨씬 이전부터 서로 어울리지 않았다. 그런데 식민주의는 이 차이를 인위적인 틀 안에서 해결하도록 강요했다. 다시 말해 민족국가라는 유럽인의 개념으로 그들을 무조건 한 국가의 국민으로 몰아놓으려 한 것이다. 오늘날 목격되는 내전의 양상은 부분적으로 서로 다른 민족들을 한 국가 안에서 억지로 단일 민족으로 묶으려던 식민주의자들과 그들이 쫓겨난 뒤에 새로 부상하여 모든 것을 지배하려 한 신진 지배 세력, 그리고 그에 수반된 폭력의 결과물이다.[9]

　먼저 케이프타운의 식민지 역사를 보자. 남부 아프리카에 백인이 정착한 시기는 17세기 중반까지 거슬러 올라간다. 네덜란드 동인도회사를 통해 네덜란드 백인 정착민들, 즉 보어인들(네덜란드 말로 '농부'를 뜻한다)은 그들만의 독자적인 정체성과 언어와 문화를 형성해 나갔다. 20세기에 들어 남부 아프리카의 주도권을 장악한 유럽인들은 오랜 기간 동안 이 지역의 과거사를 왜곡했다.

---

9) 「지리의 힘: 지리는 어떻게 개인의 운명을, 세계사를, 세계 경제를 좌우하는가(Prisoners of Geography, 2015)」 팀 마샬, 사이, 2016, p.229.

유럽인들은 이 지역에 상륙할 당시 원주민들은 일부의 코이산들 빼고는 없었다고 주장해왔다. 또 그들은 이 코이산인들을 경멸스런 어투로 '부시먼' 또는 '호텐토트'라고 불렀다. 유럽인들은 이 '빈 땅 가설'을 이용하여 그들 지배의 정당성을 주장해왔다. 그러나 최초의 유럽 백인 정착민들이 상륙할 즈음에 이 지역에는 이미 여러 아프리카 국가와 사회들이 존재하고 있었다. 케이프 식민지는 1795년까지 네덜란드의 지배를 받았다. 프랑스혁명 시기에 영국이 케이프를 접수하여 1806년부터 케이프는 영국의 지배를 받게 되었다.[10]

오랫동안 아프리카 국가들 간의 경계선은 그저 상상의 형태로 남아 있었다. 그러다가 1890~1891년까지 지속된 일련의 조약들을 계기로 처음으로 좀 더 분명한 식민지의 경계선이 확정되기 시작했다. 아프리카인들을 굴종시키고 감독한 이들은 주로 아프리카인들이었다. 아프리카라는 거대한 대륙은 1880~1890년대에 식민 군대에 의해 정복을 당했다. 식민 군대는 소수 유럽인 장교를 축으로 그 휘하에 수많은 아프리카인 사병들로 구성되어 있었다.

마침내 아프리카는 독립을 맞았다. 적어도 정치적으로는 그랬다. 한편으로는 타협과 전쟁을 통해서, 다른 한편으로는 협상과 폭력을 통해서 이룬 독립이었다. 식민 종주국들은 자신들의 임무를 완수했다고 생각했다. 그리고 아프리카 정부에 권력을 이양하는 최종 과제만 마무리 짓고 나면 제국의 의무는 충분히 다한 것이라고 믿었다. 그러나 권력의 이양이 전 국민의 의지가 아주 일부

---

10) 영국의 '3C 정책'
제국주의 시대 영국의 대외정책으로 세계지배 정책과 식민지 정책을 의미한다. 카이로(Cairo, 이집트), 케이프타운(Cape Town, 남아프리카공화국), 캘커타(Calcutta, 인도)를 연결하는 3개의 축을 구성하는 정책으로 카이로가 중심이 된다. 1869년 수에즈 운하가 개통되면서, 그리고 영국이 이집트를 점령하는 1882년부터 3C 정책은 본격화됐다.

만 반영된 경우가 많았다. 심지어 '민족주의자들의 승리'라고 하는 것이 사실은 협상의 산물일 때가 많았다. 그런가 하면 뻔뻔스런 식민 행정 당국은 자신들에게 우호적인 정부를 뒤에 남겨 두고 떠나가는 경우가 많았다. 그들이 만든 제도 안에서 이데올로기나 문화적으로 이른바 '화해'를 이루도록 교육받은 사람들에게 정부의 운영을 맡긴 채로 말이다. 동시에 불평등과 불안정으로 악명이 높은 정치사회적 구조를 남긴 경우도 많았다.

궁극적으로 과거의 식민 통치자들과 새로운 아프리카 정부에게 탈식민지화는 여전히 해결되지 않은 채로 이어 오던 정치적·경제적·문화적 투쟁의 최종 국면을 재현해 줄 뿐이었다. 수많은 아프리카 기층 민중들은 정부를 이끌던 통치 엘리트들의 총체적 운영 부실과 부패·무능을 지켜보아야만 했다. 새로 독립한 아프리카 행정부가 직면한 문제 가운데 식민 통치의 경험과 연결되어 있지 않은 것이 없었다. 식민 종주국은 통제하고 행정 수단을 장악하는 과정에서도 종족이나 부족주의 또는 지역이나 종교를 활용하여 지역 간에 경쟁과 지배를 부추기는 방식을 취했다. 그리고 이따금 상대를 믿을 수 없다고 전제하고 무력을 사용하기도 했다.

이 모든 방식을 독립된 정부도 그대로 이어받은 것이다. 뿐만 아니라 탈식민화를 이루어 내는 과정과 모양새도 20세기에 출현하는 독립국가의 특성을 규정하는 데 깊은 영향을 끼쳤다. 절대다수의 논객들이 볼 때, 아프리카의 문제는 식민 통치 시대의 유산과 깊은 관련이 있었다. 현재의 분열과 투쟁의 이유는 대략 다음과 같이 몇 가지 측면에서 살펴볼 수 있다.

첫째, 아프리카 대륙에서 현재 진행되고 있는 위기의 뿌리가 상당 부분 식민 통치 시기와 연동되어 있다는 것이다.

둘째, 그럼에도 아프리카 토착 엘리트들의 부패와 위악적인 부실 행정, 무능

또한 실패의 원인 중 하나이다.

셋째, 아프리카 국가들이 당면하고 있는 좀 더 근본적인 정치적 문제들 가운데는 영토가 인위적으로 분리되어 있다는 점이다. 오늘날 아프리카 대륙을 가르는 인공적인 국경선은 1880년대부터 1900년 사이에 그어졌다. 이는 식민지 이전 시기의 국가 형태와 사회적 특성, 종교적 다양성을 완전히 무시한 강제성의 산물이다. 역사와 문화, 언어와 상호 교류 등을 기반으로 지역과 인구 집단을 묶어 인위적으로 국경을 나누었던 것이다. 유럽인들의 편의를 위해 지역을 나누고 거기에 인구를 끼워 맞춘 셈이다.

아프리카인들은 국가나 민족보다는 종족, 종족보다 더 미시적인 단위 집단과 마을, 또는 그것보다 더 즉흥적으로 만들어진 지역 중심으로 정서적 연대감과 정체성을 형성하는 경향이 강하다는 사실이다.[11] 따라서 1960년대까지만 해도 '나이지리아인' 또는 '콩고인'이라는 관념은 실체가 없는 개념이나 마찬가지였다. 물론 부분적이긴 하나 예외가 있었다. 카리스마가 넘치는 지도자가 일당독재를 유지하던 나라의 경우에는 좀 더 순수한 의미의 '민족적' 또는 '국가적' 정체성이 형성되기도 했다. 니에레레의 탄자니아와 상고르의 세네갈이 그런 경우이다. 세네갈을 통합하는 데는 언어와 이슬람이라는 신앙이 있었다. 상고르가 공직에서 은퇴한 1980년대 이후 확산된 민주주의도 세네갈의 통합에 한몫 거들었다. 북아프리카의 정치·종교 엘리트들은 이슬람과 영토적 통일성이라는 역사성을 본질적 측면에서 강조하면서 근대적 형태의 민족 정체성을 함양할 수 있었다. 이집트가 대표적인 나라였다.

하지만 대다수 아프리카 국가들은 지역과 인종·종교에 기반을 둔 정당을

---

11) 「정치 질서의 기원(The Origins of Political Order, 2011)」, 프랜시스 후쿠야마, 웅진, 2012, p.84.
"나는 형제와 싸우고, 나와 형제는 사촌과 싸우고, 나와 사촌은 이방인과 싸운다.

장려하고 있었다. 따라서 그 정당의 지도자들이 총체적 의미의 '국가' 또는 '민족'보다는 종파주의적 이익을 극대화하는 일에 더 관심을 쏟을 수밖에 없었던 것이 현실이다. 아프리카의 경우 종파주의는 역효과를 냈다. 특정 종족이나 지역을 편애하는 경향을 낳았고, 특정 집단과 장소를 중심으로 삼는 폐해도 낳았다. 이런 경향은 타자의 희생을 강요했다. 그래서 특정 정당이 장악하거나 독점한 국가를 격렬하게 비판하고 반대하고 저항하는 집단들이 들불처럼 일어났다. 이러한 저항 집단들이 보인 적대감은 즉각적인 폭력과 내전, 그리고 아주 드문 경우이긴 하지만 나이지리아와 콩고처럼 지역 간 분리로 이어지기도 했다.

국가란 다양한 경쟁 집단이 서로 경쟁을 통하여 획득하는 그 무언가가 되었다. 말하자면 경쟁에서 승리한 집단이 타자를 배제하고 지배를 독점하게 된 것처럼 보이게 된 것이다. 탈식민 시대의 정치체제가 전염병 같은 불안정한 기운에 노출되면서 아프리카의 지도자들은 그야말로 권력을 무자비하게 남용했다. 권력은 친족은 물론이고 특정한 지역과 종족 또는 종교 집단만을 위해 독점적으로 활용되기까지 했다. 민중과 법적인 제도를 무시하는 거물들이 정치를 지배했다.[12]

일례로 르완다(Rwanda) 내전 상황을 살펴보자. 1994년 6월 21일 르완다의 수도 키갈리. 인류가 목격한 최악의 대학살이 두 달째로 접어들 무렵, 제임스 오르빈스키(James Orbinski)는 이 도덕적 황무지에 작은 샘이나 다름없는 소규모 적십자병원을 열었다. 르완다 대학살은 수십 년 동안 축적된 문제가 곪아

---

12) 『현대 아프리카의 역사(A History of Africa: 1800 to the Present, 2010)』 리처드 J. 리드, 삼천리, 2013, p.136~138, 296, 359, 474~475, 588~600.

터진 것으로, 벨기에의 식민 지배가 비극의 뿌리였다. 벨기에는 소수인 투치족이 다수인 후투족보다 인종적으로 우월하다는 논리를 내세워 인종분리 정책을 강행했다. 투치족을 식민지배 앞잡이로 내세워 후투족의 노동력을 착취한 것이다.

박해에 시달리던 후투족은 1959년 대대적인 봉기를 일으켜 식민 지배를 타파하고 투치 왕조를 무너뜨려 후투 공화정을 선포했다. 하지만 르완다의 엄혹한 현실은 끝나지 않았다. 새 지도층은 군사독재로 민중을 억압하면서 국부를 사취해 재산을 불렸다. 투치족 대다수가 난민이 되어 인근 국가로 피난을 떠났고 르완다는 세계 최빈국으로 전락했다.

빈곤이 심화되면서 투치족에 대한 후투족의 적개심도 날로 커져갔다. 반(反)투치 노선을 공공연히 천명한 '후투 파워(Hutu Power)'라는 급진적 이데올로기가 갈수록 높은 지지를 얻어 갔다. 1990년 르완다 정부는 후투족을 마체테(machete, 칼날 길이는 보통 32.5~45cm, 두께는 3mm 이하인 벌목용 커다란 칼)·면도칼·톱·가위 등으로 무장시키는 한편 신생 라디오 채널을 통해 선동방송을 내보내며 혐오 발언을 서슴지 않았다. 인근으로 망명했던 투치족 무장세력인 르완다애국전선(Rwandan Patriotic Front)의 공격도 후투족의 공포심을 조장하는 데 이용했다. 반투치 정서가 극에 달했을 무렵, 1994년 4월 6일에 르완다 대통령이 암살됐다. 후투 극단주의자들은 이를 르완다애국전선의 소행이라 비난하며 장기간 계획했던 투치족 학살을 자행할 빌미로 삼았다.

수십만 명의 투치족이 학살당하던 당시, 오르빈스키는 적십자병원에서 근무하고 있었다. 유엔은 인종학살을 인정하지 않은 채 미온적인 태도를 취하며 수수방관했고, 소수의 활동가들만 르완다에 잔류한 상황이었다. 훗날 국경없는의사회(Doctors Without Borders)의 국제회장 자격으로 노벨 평화상을 수상한 오르빈스키는 그때만 해도 환자 치료에 여념이 없던 일선 의사였다. 당시 감당하기 어려울 정도로 사상자가 병원으로 밀려들었다. 오르빈스키는 밀려드는 모든 부상자를 모두 구할 수는 없었다. 그는 우선순위를 매겨 부상자를 분류해야 했다. 냉정하고 계산적으로 보일지 모르지만 그렇게 등급을 나누는 방식이 아니었더라면 얼마나 많은 사람들이 죽어나갔을지 모르는 일이다. 그가 결단을 내리지 못한 채 그저 포기해버렸거나 들어오는 순서대로 치료했다면 최악의 사태로 치달았을 것이다.

그게 우리가 사는 세상의 현실이다. 더 나은 세상을 만들고 싶다면 우리도 오르빈스키처럼 선택을 해야만 한다는 것이다![13]

---

13) 「냉정한 이타주의자(Doing Good Better, 2015)」 윌리엄 맥어스킬, 부키, 2015, p.49~51.

제 4 장

가장 처참한 홀로코스트,
아메리카 원주민 대학살

1. 유대인에 대한 홀로코스트

(1)나치의 홀로코스트

그리스어로 '완전하다'를 의미하는 Holos와 '불에 타다'를 의미하는 Kaustos
가 합쳐진 홀로코스트(Holocaust)는 제2차 세계대전 동안에 독일의 나치가
유대인을 학살한 사건을 일컫는 말이다. 당시 "독일과 독일 점령지역에 있는
유럽의 유대인을 말살한다"는 계획이었다. 당시에 학살된 유대인은 유럽에 거
주하던 유대인 900만 명 중 2/3에 해당하는 무려 600만 명에 이른다. 유대인
들은 원래부터 미움을 받아왔지만, 나치의 집권은 특히 유대인에게 커다란 고
통을 주었다. 이는 쇼아(Shoah, 히브리어로 '절멸'을 의미)라고도 불린다.

히틀러와 소수의 급진적인 반유대주의자들은 유대인이 세 가지 면에서 독
일에 치명적인 위협이 될 것이라고 판단했다.

첫째, 반유대주의자들은, 유대인이 독일을 파괴하고 세계를 지배하려는 국

제 음모에 연루되어 있다고 여겼다. 제1차 세계대전에서 독일이 패한 이유도 유대인들이 등 뒤에서 공격했기 때문이고, 전쟁 동안에 유대인은 독일을 고립시키기 위해서 국제 연맹을 결성했으며, 독일 내부의 경제력을 장악하고 독일인으로 하여금 전쟁에 반대하는 혁명을 하도록 선동해 내부의 힘을 약화했다는 것이 그들 주장이다.

둘째, 반유대주의자들은 유대인이 국제 공산주의와 연계해 독일을 공산화할 것이라고 여겼다. 유럽에서는 이미 1917년에 러시아에서 일어난 볼셰비키 혁명의 영향으로 공산주의에 대한 동경과 반대가 이념 대결을 이루고 있었다. 나치는 유대인이 볼셰비키 혁명을 배후에서 조종해 러시아가 공산화되었고, 그 후로 그곳에서 권력을 장악하고 나자 독일인의 후예인 러시아 엘리트들을 절멸시켰으며, 3,000만 명이나 되는 러시아 사람들을 고문해서 죽이거나 굶겨 죽였다는 왜곡된 소문을 퍼뜨렸다. 그들은 이런 유대인이 독일마저 공산화한다면 얼마나 끔찍한 일이냐고 강조하며 반유대주의를 선동했다.

셋째, 반유대주의자들은, 유대인이 독일 국민에게 생물학적으로도 위협적이라고 선전했다. 그들은 유대인이 인류의 가장 아래층을 차지하는 밑바닥 존재로서 기생충인 동시에 유전병 보유자들이라고 주장했다.[1]

나치스가 건설한 최초의 수용소들은 공산주의자 등 정치적 반대파들을 수용할 목적으로 지어졌다. 1933년 3월 지어진 최초의 강제수용소 다하우(독일 남부 뮌헨 소재) 역시 이런 목적을 위한 것이었다. 그후 수용소 시스템이 좀더 정교하게 정비되어 본격적인 강제노역수용소(Arbeitslager)들이 건설되기에

---

1) 『인종주의: Vita Activa 개념사 9권』, 박경태, 책세상, 2009, p.100~107.

이른다. 부헨발트(독일)·마우트 하우젠(오스트리아)뿐 아니라 수용소 체제 그 자체를 상징하는 폴란드의 아우슈비츠 역시 이 시기에 지어졌다.

1941년 아우슈비츠에서는 9월 제2 수용소가 증설되고, 이곳에서 독일의 데게우(Degesch)사가 개발한 '치클론 B' 가스를 사용한 가스실 학살 실험이 성공적으로 이루어진다. 1942년부터는 최고의 효율성을 통한 유대인 절멸의 공장으로서 절멸수용소가 본격적으로 가동되기 시작한다. 아우슈비츠 역시 가스실과 소각로(화장터)를 갖춘 대규모 학살 공장으로 거듭나고 '노동을 통한 절멸'이라는 새로운 역할을 담당하게 된다. 가장 나중에 지어진 폴란드의 헤움노·베우제츠·소비부르·트레블링카 등의 수용소는 축적된 경험을 바탕으로 효율성을 극대화하기에 이르렀다. 여기서는 더 싸고 구하기 쉽다는 이유로 치클론 B가 아닌 배기가스, 즉 일산화탄소가 대량학살용으로 사용되었다. 이 중 가장 '효율적'이었던 트레블링카 수용소에서는 총 90만 명에 달하는 유대인이 목숨을 잃었다.

나치스의 수용소는 유럽 곳곳에 세워졌는데, 오스트리아의 마우트 하우젠, 체코의 테레지엔슈타트(줄여서 테레진), 이탈리아의 포솔리, 크로아티아의 야세노바츠를 비롯하여 독일에 다섯 지역(다하우·부헨발트·베르겐벨젠·라벤스부르크·작센하우젠), 폴란드에 아우슈비츠를 포함하여 여섯 지역(이들은 전부 절멸수용소였다) 등 동유럽 여러 곳에 산재해 있었다. 물론 폴란드의 수용소가 가장 혹독했고, 그 개수도 가장 많았다.[2]

---

2) 『이것이 인간인가: 아우슈비츠에서의 생존(If This Is a Man, 1947·1958)』, 프리모 레비, 돌베개, 2007, p.325~326.
아우슈비츠로 끌려갔다 살아 돌아와 이와 관련된 책들을 쓴 이탈리아의 유대인이자 세계적인 작가인 프리모 레비(Primo Levi, 1919~1987.4.11.)의 시 〈이것이 인간인가〉는 아래와 같다(같은 제목의 책은 그의 아우슈비츠 경험을 쏟아낸 자서전이다). 프리모 레비는 1987년 4월 11일 68세로 투신자살로 생을 마감했다. 그는 '쉐마(Shema)'를 이 시의 부제로 했다. 히브리어 쉐마는 '너희들은 들어래'라는 뜻으로 유대교의 '주기도문'

(2)프랑스 비시 정부의 국가적 협력과 홀로코스트

비시 정부(Gouvernement de Vichy)는 1940년 6월 나치스 독일과 정전협정을 맺은 뒤 오베르뉴의 온천도시 비시에 주재한 프랑스의 친(親)독일정부를 말하며, 이 정부의 수반은 필리프 페탱(Philippe Pétain, 1856~1951, 고령이었던 그는 무기형을 받고 대서양 섬의 감옥에서 복역하다 1951년에 사망)이었다.

'독일강점기' 외에 '제2차 세계대전기'로도 불리고 '비시 체제'나 '비시 프랑스'로도 불리는 이 시기(독일과의 휴전협정이 체결된 1940년 6월부터 파리가

같은 것이다. 유대인은 어릴 때부터 이것을 가르쳐 성인이 되면 아침과 저녁마다 쉐마를 부르며 기도하는데, 이 시의 마지막 몇 구절은 그것을 재구성한 것이다.(p.6)
【따스한 집에서 안락한 삶을 누리는 당신, 집으로 돌아오면 따뜻한 음식과 다정한 얼굴을 만나는 당신, 생각해보라! 이것이 인간인지.
진흙탕 속에서 고되게 노동하며 평화를 알지 못하고 빵 반쪽을 위해 싸우고, 예·아니오라는 말 한마디 때문에 죽어가는 이가 있다. 생각해보라 이것이 과연 인간인지.
머리카락 한 올 없이, 이름도 없이, 기억할 힘도 없이, 두 눈은 텅 비고 한겨울 개구리처럼 생리마저 얼어붙어 버린 그런 여자들이 있다. 생각해보라. 이것이 과연 인간인지.
이런 일이 있었음을 생각하라. 당신에게 이 말을 전하니 가슴에 새겨두라.
집에 있을 때나 길을 걸을 때나, 잠자리에 들 때나, 깨어날 때나.
당신의 아이들에게 거듭 들려줘라. 그렇지 않으면 당신 집이 무너져 내리고, 온갖 병이 당신을 괴롭히며, 당신의 아이들이 당신을 외면하리라.】
　　　　　　[아도르노와 파울 첼란](「책 여행자」, 김미라, 호미, 2013, p.48)
이 세상에는 문학의 무력함에 대해 지독한 회의를 느낀 철학자 아도르노(Adorno, Theodor Wiesengrund, 독일 유대인 철학자, 프랑크푸르트 학파의 대표적인 이론가, 1903~1969) 처럼 "아우슈비츠 이후에 서정시를 쓰는 것은 야만이다"라고 말한 사람도 있지만, 그럼에도 불구하고 파울 첼란(Paul Celan, 본명은 Paul Antschel, 1920~1970, 루마니아 출생의 독일 시인)처럼 수용소에서 극적으로 살아 나와 꿋꿋하게 시를 쓴 사람도 있다.
　　　　　　[하나님은 과연 존재하는가?](「나이트(Night=La Nuit, 1958)」, 엘리 비젤, 예담, 2007, p.75~77.)
아버지는 대답하지 않았다. 울고 있었다. 와들와들 떨고 있었다. 주위 사람들도 모두 울고 있었다. 누군가 죽은 사람을 위한 기도문인 카디시(Kaddish)를 암송하기 시작했다. 유대인 역사를 통틀어 지금껏 자신을 위해 카디시를 암송한 사람이 있었던가. "이스가달(yisgadal), 베이스카다시(veyiskadash), 시메이 라바(shmey raba……). '그'의 이름이 영광되고 거룩하게 하옵소서." 아버지가 중얼거렸다.
(나는) 그때 처음으로 분노가 치미는 것을 느꼈다. 왜 '그'의 이름을 숭앙해야 하는가? 전능한 존재, 지엄하고 영원한 우주의 지배자는 침묵을 택했다. '그'에게 고마워해야 할 이유가 대체 무엇인가.
우리는 계속 걸어갔다. 구덩이가 점점 가까워졌다. 구덩이에서 지옥 같은 (유대인 시체를 태우는) 연기가 올라오고 있었다.

해방된 1944년 8월까지, 혹은 독일이 항복한 1945년 5월까지)는 프랑스인들의 기억 속에서 언제나 '암울한 시기'였다. 역사상 여러 차례 유럽 최강국이었고 100년 전만 해도 영국 다음으로 많은 식민지를 보유한 나라이자 문화강국임을 자부하던 프랑스가 이웃나라에게 4~5년간 점령을 당했다는 것은 그 자체로 엄청난 충격이자 수치(羞恥)일 터였다.

독일강점기 4년 내내 비시 정부가 추구한 대독협력 정책을 지칭하는 '국가적 협력'은 정치·경제·군사 등 모든 부문에 걸쳐 진행되었다. 비시 정부는 '의무노동제'를 통해 모두 65만 명의 프랑스 국민을 강제징발하여 독일의 공장들로 보냈고, 항독(抗獨)운동 탄압을 위해 '특별재판부'를 설치하고 준군사조직인 '프랑스 민병대'를 창설했으며, 나치 독일의 유대인 박해정책에 발맞추어 '유대인지위법'을 제정하고 '유대인문제총국'을 설치했다.

이러한 국가적 협력은 1940년 6월의 휴전협정이 부과한 가혹한 조건들을 완화하고, 파리를 포함한 점령지구에서 주권을 회복하거나 확대하고, 앞으로 독일이 지배할 '새로운 유럽'에서 제2의 지위를 차지하기 위해 추구된 것이었다. 그러나 출범 시 전혀 괴뢰정부가 아니었던 비시 정부는 그 어떤 목표도 성취하지 못한 채, 독일의 패색이 짙어지는 말년에 갈수록 오히려 괴뢰수준에 가까워져 갔다.

이러한 비시 정부의 국가적 협력이 야기한 최대의 비극이자 가장 끔찍한 측면은 아마도 나치 독일의 홀로코스트 정책에 적극 협력한 것이 될 것이다. 비시 프랑스는 2차 세계대전기에 독일군의 점령을 받지 않은 지역에서 유대인들을 독일 측에 기꺼이 내준 유일한 국가였고, 처음에 독일 측에서는 16세 미만의 경우 오히려 이송을 요구하지 않았음에도 비시 정부는 이들 미성년 유대인들까지 강제이송 대상에 포함시켰다. 그리하여 모두 약 73,000명의 유대인들이 아우슈비츠 등의 절멸수용소로 끌려가 학살당했는데, 이들 중 상당수가 비시 정부의 명령으로 프랑스 경찰에 의해 검거되어 프랑스내 수용소들에 수감되었다가 이송되었다.

이 가운데서도 단일 검거로는 최대 규모였던 '벨디브(Vél' d'Hiv) 사건[3], 즉 1942년 7월 16~17일 파리 지역의 유대인 약 13,000명을 검거한 사건은 규모도 규모지만 점령지구였음에도 게슈타포가 아니라 전적으로 프랑스 경찰력이 작전을 수행했다는 점에서 단연 가장 충격적이고도 끔찍한 사건으로 기록될 것이다.[4]

프랑스의 홀로코스트는 주로, 프랑스인의 시각에서 보면, 외국인 유대인에 해를 끼친 범죄였다. 1941년과 1942년에 정부 수반이었던 프랑수아 다를랑(Francois Darlan)은 이렇게 말했다. "나는 지난 15년 동안 우리나라에 몰려온 국가 없는 유대인들에게 관심이 없다." 프랑스 시민권이 없는 유대인은 프랑스 시민권을 가진 유대인보다 아우슈비츠로 이송될 가능성이 10배는 높았다. 드랑시에서 유대인을 이송 대상자로 선별한 기준은 그들의 활력 상태였다. 프랑스에 있던 유대인은 이 점을 완벽히 이해했다. 1939년 독일과 소련의 합동 공격에 폴란드가 파괴되었을 때, 프랑스에 살던 폴란드 유대인은 파리의 소련

---

3) 「역사 전쟁: 권력은 왜 역사를 장악하려 하는가?」 심용환, 생각정원, 2015, p.33.
벨디브 사건은 비시 괴뢰정부의 경찰 책임자 부스케의 명령에 따라 12,884명의 유대인과 그 자녀들이 경륜장에 감금되었다가 독일의 수용소로 이송되어 학살당한 사건이다.
결국 1995년 시라크(Jaques Chirac) 대통령은 이를 프랑스인에 의한, 프랑스 국가의 범죄라고 명확하게 인정하며 공식 사과를 했다. 즉 제2차 세계대전 당시 비시 괴뢰정부를 프랑스 역사의 '한 부분'으로 받아들인 것이다.
4) 「미완의 프랑스 과거사: 독일 점령기 프랑스의 협력과 레지스탕스」 이용우, 푸른역사, 2015, p. 5~7, 112~113.

대사관으로 몰려갔다. 소련이나 공산주의를 사랑해서 간 것이 아니었다. 이들은 국가의 보호가 필요하다는 점을 이해했을 뿐이다. 1939년 9월에서 1941년 6월 사이에 히틀러의 소련 협력자들이 보낸 문서는 매우 중요했다. 그러나 히틀러가 스탈린을 배신했을 때, 이 유대인들의 서류는 갑자기 무용지물이 돼버렸다.

프랑스에 거주하는 폴란드 유대인은 프랑스에 거주하는 프랑스 유대인보다 훨씬 더 많이 살해되었다. 국가 없는 상태는 3만 명이 살해된 폴란드 유대인을 파리로, 드랑시로, 아우슈비츠로, 가스실로, 화장장으로, 망각에 이를 때까지 따라다녔다. 유대인이 죽음에 이를 가능성은 국가주권 제도들의 지속성과 전쟁 이전 시민권의 연속성에 따라 달랐다. 이러한 구조들이 개인의 선택이 이루어진 지반과 악을 행한 자들이 받은 압박, 선한 일을 하고 싶었던 자들의 기회를 만들어냈다.[5]

1943년 12월 24일 눈 내리는 아침, 프랑스 각지에서 (레지스탕스로 간주된) 여성 230명이 체포되어 기차에 올랐다. 교사·재봉사·고등학생·농부 등 다양한 직업에 평범한 딸이자 아내, 어머니였던 그녀들이 가족과 생이별을 해 도착한 곳, 아우슈비츠 수용소. 그리고 2년 5개월 후, 49명이 살아 돌아온다.

세상 어느 곳과도 비교할 수 없는 극한의 경험을 하고 돌아온 49명의 생존자 여성에게 남아 있는 문제는 여전히 의미와 언어의 박탈이었다. 아이러니하게도 생존자들은 수용소에서 살아 돌아와 프랑스에서 다시 적응해야 했던 기간이 그들에게 가장 힘들고 혼란스러웠던 시기였다고 회고한다. 아우슈비츠에

---

5) 「블랙 어스: 홀로코스트, 역사이자 경고(Black Earth, 2015)」 티머시 스나이더, 열린책들, 2018, p.343~347.

서 돌아온 엘렌은 고향에서 마련해준 환영파티에서 한 농부로부터 수용소에서 일어난 일들이 "사실일 리 없다"는 말을 듣고 3일 내내 울었다. 그런 뒤 더 이상 수용소에 관해 말하길 거부했다. 그들은 자신들의 경험을 묘사할 수 있는 언어가 있는지 의심했고, 언어의 부재와 자신의 말을 들어주고 믿어주는 이들의 부재로 고통 받았다.

프랑스로 돌아온 여성들은 모두 수용소가 자신들과 함께 돌아왔다고 느꼈다. 살아가는 동안 그들의 곁에는 항상 수용소의 풍경이 있었고, 그것은 마치 피부처럼 들러붙어 기분 나쁜 악취를 풍겼다. 그들에게 수용소는 결코 끝나지 않고 끝날 수 없는 과거였다. 그녀들이 반짝이는 기쁨을 느낄 때마다 이미 죽어버린 동료들의 유령과 수용소의 끈적이는 진흙이 스멀스멀 다가와 그 기쁨을 꿀꺽 삼키고 더럽혔다. 끊임없는 악몽과 죄책감에 시달리던 여성들은 하나둘씩 세상을 떠났다.[6]

1940년 봄 북쪽에서 내려온 나치가 순식간에 프랑스를 장악하자, 그곳에 살던 유대인 집단 대부분이 프랑스를 떠나 남쪽으로 도망쳤다. 국경을 넘으려면 스페인이나 포르투갈행 비자가 필요했고, 따라서 수만 명의 유대인의 생사가 걸린 종잇조각을 얻기 위해 다른 난민들의 물결에 휩쓸려 보르도 주재 포르투갈 영사관에 몰려들었다. 포르투갈 정부는 프랑스에 있는 영사들에게 외교부의 승인 없이는 비자를 발급하지 말라고 했다. 하지만 보르도 주재 포르투갈 영사 아리스티데스 데 소사 멘데스(Aristides de Sousa Mendes, 1885~1954)는 그 명령을 무시했고, 그로 인해 30년 외교관 경력을 날려버렸다. 나치의 탱

---

6) 『아우슈비츠의 여자들(A Train in Winter: A Story of Resistance, Friendship and Survival in Auschwitz, 2011)』, 캐롤라인 무어헤드, 현실문화, 2015, p.530~534.

크가 보르도로 다가오는 가운데, 소사 멘데스와 그의 팀원들은 비자를 발급하고 종이에 도장을 찍느라 잠도 못 자며 하루 24시간씩 10일 밤낮을 일했다. 수천 장의 비자를 발급한 뒤 소사 멘데스는 탈진해 쓰러지고 말았다.

난민들을 수용할 마음이 없던 포르투갈 정부는 요원들을 보내 명령에 불복한 멘데스를 고국으로 송환했고 그의 외교관직을 박탈했다. 그러나 인간의 고통에 아랑곳하지 않던 관료들도 문서에는 깊은 존경심을 보였다. 그리하여 소사 멘데스가 명령을 어겨가며 발급한 비자는 프랑스·스페인·포르투갈 관료들에게 받아들여져 나치가 쳐놓은 죽음의 덫에서 3만 명의 영혼을 구했다. 겨우 고무도장 한 개로 무장한 소사 멘데스는 홀로코스트에서 개인으로서는 가장 큰 규모의 구조작전을 펼친 것이다.[7]

(3)제정 러시아의 포그롬(pogrom, 유대인 박해)

19세기 말부터 러시아혁명 전까지 격렬한 포그롬이 러시아에 여러 차례 몰아닥쳤다. 포그롬은 러시아어로 원래 '파괴'를 의미하는데, 역사 용어로

---

7) 「호모 데우스: 미래의 역사(Homo Deus: A Brief History of Tomorrow, 2015)」 유발 하라리, 김영사, 2017, p.229~231. **[보르도 주재 포르투갈 영사 아리스티데스 데 소사 멘데스가 구한 유대인 3만 명]**
(Yehuda Bauer 「A Histiry of the Holocaust」 Danbur: Franklin Watts, 2001, p.249. 재인용)
한편, 소사 멘데스는 위대한 포르투갈인 투표에서 3위에 올랐다. 2007년 당시 세계 여러 나라 공영방송에서 위대한 자국인 100을 선정하였는데, 포르투갈 공영방송 RTP에서도 '위대한 포르투갈인 100'을 선정했다. 최상위 10명은 시청자 투표로 선정하였는데, 투표 결과는 다음과 같다.
1. 안토니오 데 올리베이라 살라자르(41%): 1932~1968년까지 집권한 독재자, 3F정책으로 유명
2. 알바로 쿠냘(19.1%): 살라자르 반독재 투쟁, 포르투갈 공산당서기장
3. 아리스티데스 데 소사 멘데스(13%): 살라자르의 지시를 거부하고 2차 대전 때 유대인에게 포르투갈 비자를 발급한 외교관
4. 아폰수 1세(12.4%): 포르투갈 왕국 건국자
10. 바스코 다 가마(0.7%): 유럽 최초 인도 항로 발견한 탐험가. 희망봉은 1488년 포르투갈 탐험가인 바르톨로메유 디아즈가 발견했다. 1497~1524년 동안 포르투갈 출신 바스코 다 가마는 B. 디아즈가 이미 발견한 희망봉을 돌아 3회에 걸쳐 인도를 향해했다.

는 유대인에 대한 집단적 약탈, 학살을 가리킨다. 포그롬에 가담해 시나고그(Synagogue, 유대교의 예배당, 집회당)를 불 지르고, 상점을 습격해 금품을 약탈하고, 노인과 여자, 아이를 가리지 않고 폭행, 강간, 끝내는 참살까지 한 이들은 태반이 도시 하층민과 농민, 코사크 등 사회적 약자였다고 한다. 그런데 회를 거듭하며 포그롬은 정치적 성격을 띠고 조직화되었다. 경관과 군인도 가담했다.

먼 옛날 로마 황제 네로(Nero, AD.37~68년, 로마제국의 다섯 번째 황제)는 도시에 불을 놓고 그것을 바라보면서 바이올린을 연주했다고 한다. 실제로는 그때 네로는 로마에서 50km나 떨어진 곳에 있었고, 애초에 바이올린이 존재하지도 않던 시절이다.(바이올린은 16세기에 처음 나왔다.) 네로의 악랄함을 강조하는 이 이야기는 이윽고 다른 형태로 전해졌다. 네로가 기독교도를 학살할 때, 아비규환 속에서 초연히, 지붕 위에서 바이올린을 연주한 누군가가 있었다고.

마르크 샤갈(Marc Chagall, 1887~1985)은 그 전설을 바탕으로 「바이올린 연주자(The Fiddler)」(1912, 암스테르담 시립 미술관)를 그렸다고 한다. 지붕 위의 바이올린 연주자는 폭정에 굴하지 않는 불굴의 영혼을 상징하는 것일까? 아니면 방랑하는 유대인 샤갈은 지붕이라는 위태로운 자리에서 연주할 수밖에 없는 연주자에게서 자기 민족의 운명을 발견했던 걸까?

샤갈의 작품 중에서도 바이올린 연주자를 그린 그림이 가장 유명하게 된 것은 아마도 1960년대에 브로드웨이에서 폭발적으로 히트했던 뮤지컬 「지붕 위의 바이올린(Fiddler on the Roof)」 때문이리라. 이 역시 세계 여러 나라에서 상연되고 영화로도 만들어졌다. 샤갈 자신은 이 뮤지컬에 관여하지 않았지만, 홍보 담당자가 그의 그림을 사용했다. 샤갈과 원작자 숄렘 알레이헴(Sholem

Aleichem, 1859~1916), 뮤지컬 주인공 테비에, 이 세 사람 모두 러시아계 유대인으로 고향에서 쫓겨나왔다는 공통점을 갖고 있다.

뮤지컬 「지붕 위의 바이올린」에서 포그롬에 대한 언급은 암시적이어서 마을 주민들이 모두 추방되는 것으로 묘사될 뿐이었지만, 실제 포그롬으로 사망자가 수만 명이나 나왔다. 수십만이라는 연구도 있지만 정확한 수는 알 수 없다.[8]

(4)반유대 정서의 흐름

유대 민족은 종교적·전통적으로 아주 강한 내적 유대관계를 유지해왔다(지금도 부분적으로는 그렇다). 그 결과 수적·군사적으로 열세인데도 로마인들의 정복에 필사적으로 저항하다 패했고, 고향에서 내몰려 뿔뿔이 흩어졌지만 이들 사이의 유대는 여전히 남아 있다. 처음에는 지중해 연안에 그 뒤에는 중동·스페인·라인 지방·러시아 남부·폴란드·보헤미아와 기타 지역에 형성되었던 유대인 거주지들은 서로 이 유대를 고집스럽게 유지했다. 이러한 유대는 규율과 성문화된 전통, 세심하게 집대성된 종교, 일상의 모든 행동에 스며들어 있는 독특하고 화려한 의례로 만들어진 거대한 몸체 밑에서 더욱 공고해졌다. 소수인 유대인들은 그래서 자신들이 거주하고 있는 지역 사람들과 달랐고 다르다고 인정받을 수 있었으며, 종종 자신들이 다르다는 것을 자랑스러워했다(그것이 옳든 그르든). 이 모든 것이 유대인들을 몹시 공격받기 쉽게 만들었다.

거의 모든 세기, 거의 모든 지역에서 가혹하게 박해를 받았다. 유대인들은

---

8) 「신(新) 무서운 그림(2016)」 나카노 교코, 세미콜론, 2019, p.58~59, 62.

다른 사람들과 약간씩 동화되면서, 다시 말해 주변 주민들과 융화하고 좀더 호의적인 지역으로 다시 떠나기도 하면서 이런 박해를 견뎌냈다. 그러나 유대인들은 그런 식으로 자신들의 '다름'을 새롭게 고쳐나간 것이었고, 이 때문에 새로운 제약과 박해에 다시 노출되었다.

어쨌든 반유대주의의 본질에는 거부라는 비이성적 현상이 자리잡고 있다. 기독교 국가에서 기독교가 국교로 굳어져가기 시작하던 때부터 반유대주의가 종교적인, 아니 신학적인 옷을 입게 되었다. 성(聖) 아우구스티누스의 주장에 따르면, 유대인은 하느님으로부터 직접 디아스포라의 형벌을 받았다고 한다. 이유는 두 가지이다.

첫째, 그리스도를 메시아로 인정하지 않았기 때문에 그런 형벌을 받았다는 것이다.

둘째, 유대인들이 사방에 존재하는 것이, 역시 사방에 있는 기독교 교회에 꼭 필요한 일이기 때문이라고 한다. 기독교 신자들이 도처에서 형벌을 받으며 불행하게 살아가는 유대인들을 볼 수 있게 하기 위해서라는 것이다. 그러므로 유대인들의 디아스포라(Diaspora, 난민·유랑)는 결코 끝나지 않을 것이다. 죄를 저지른 그들은 자신들의 죄를 영원히 증명해야만 하고, 그 결과 기독교 신앙의 진리를 증명하게 될 것이라고 한다.

교회가 유대인들에게 강성으로 다가간 적이 많았다. 초기 기독교 시대부터 교회는 유대인들이 예수를 십자가에 못 박히게 한 장본인, 간단히 말해 '신을 죽인 민족'이라고 심각하게 비난했고 그것은 영원히 지속되었다. 오래전 부활절 전례에서 등장했고 제2회 바티칸 공의회(1962~1965년)에서 겨우 폐지된 이런 공식적인 주장은 늘 새로운 모습으로 나타나는, 치명적이고 다양한 민중 신앙의 근거가 되었다.

유대인들은 독을 풀어 페스트를 퍼뜨렸다, 습관적으로 성체에 신성모독을 가한다, 부활절에 기독교 어린아이들을 납치하여 아이들의 피를 발효시키지 않은 빵에 섞어 먹는다, 이런 신앙은 수많은 피의 학살을 불러오는 핑곗거리가 되었다. 그중에서도 특히 먼저 프랑스와 영국에서 유대인들이 집단적으로 추방을 당했고, 그 후 스페인과 포르투갈에서 같은 일이 벌어졌다(1495~1498년). 대학살과 이주가 끊임없이 되풀이되며 19세기에 이르렀다.[9]

2. 아메리카대륙의 홀로코스트

(1)신대륙 발견과 150년간 7,500만 명 대학살

바르톨로메 데 라스 카사스(Bartolomé De Las Casas, 1474~1566)는 스페인 남부 안달루시아 지방의 중심도시인 세비야에서 부유한 상인의 아들로 태어나서 콜럼버스의 2차 신대륙 항해에 참여하여 신대륙에서 출세와 영광을 꿈꾸던 평범한 청년이었다. 그는 하나님의 이름으로 자행되는 범죄에 자신이 동참했다는 사실을 깨닫고, 자신이 소유했던 노예들을 즉각 석방한다.

1512년 그는 아메리카에서는 처음으로 사제로 서품되었는데, 아메리카의 첫 사제가 스페인의 식민지 정책을 반대하고 나선 것이다. 그는 수차례에 걸쳐 대서양을 오가며 스페인 정부와 교회, 대학의 지성인들에게 각성을 촉구하고 결렬한 논쟁을 벌이기도 했다. 그는 1552년 발간된 자신의 저서 『인디오 학

9) 「이것이 인간인가: 아우슈비츠에서의 생존(If This Is a Man, 1947·1958)」 프리모 레비, 돌베개, 2007, p.293~295.

살에 대한 간략사(A Short Account of the Destruction of the Indies)』(1542 탈고)를 통하여 인디오들에 대한 학살과 잔악한 행위에 대하여 자세하게 기록하면서 스페인 왕실의 이러한 행위는 결국 하나님과 스페인 왕실을 모독하는 잘못된 행위임을 역설했다. 1492년 콜럼버스에 의한 신대륙 발견(?) 이후 시작된 정복 전쟁의 참상은 이루 말할 수 없었음에도 불구하고 우리에게 그리 알려진 내용은 별로 없는 것이 사실이다.

1492년 콜럼버스가 아메리카 대륙에 도착한 이후 이 지역을 향한 스페인과 포르투갈의 본격적인 정복전쟁은 1500년부터 시작되었다. 이렇게 시작된 정복전쟁은 1650년경까지 약 150년에 걸쳐서 완료된다. 정확한 통계는 아니지만 북미와 남미 대륙 전체를 걸쳐 당시 토착민의 인구는 적게는 약 8천만 명에서 많게는 9천만 명 정도였다고 알려져 있다. 중남미 대륙에는 약 6천5백만 명 정도가, 그리고 알래스카를 비롯하여 북미 지역에는 약 2천만 명 정도가 거주하고 있었다.

그러면 중남미 대륙에서 약 150년간의 정복전쟁 이후 생존한 토착민의 수는 얼마일까? 5백만 명이다. 다시 말하자면 약 6천만 명이 죽임을 당했다는 말이다. 북미에서는 어떠했을까? 1천5백만 명 정도가 목숨을 잃었다. 오늘의 북미와 라틴아메리카에는 이러한 참혹의 역사가 서려 있다. 그 과정 속에서 모두 7천5백만 명 정도가 지구상에서 사라져버린 것이다.

역사는 승리한 자를 중심으로 기록되어 이러한 대학살의 역사는 그리 알려져 있지 않다. 이런 슬픈 역사를 안고 있는 아메리카 대륙은 그 후 기독교의 전도를 받아 기독교 대륙이 되었다. 그래서 올란도 코스타(Orlando Costas, 1942~1987, 아메리카의 해방신학의 도전을 수용하면서 선교신학을 전개)는 이 땅을 "죄악으로 잉태된 대륙"이라고 불렀고, 우루과이의 에두아르도 갈레

아노(Eduardo Galeano, 소설가·기자, 1940~2015)는 "아메리카, 절개된 혈관"이라고 불렀던가 보다.

나치 독일이 지배하던 시절, 유럽 대륙에서 약 6백만 명의 유대인들이 참혹하게 살해되었다. 우리 모두가 너무나도 잘 알고 있는 역사적 기록이다. 이 일에 대해 독일은 인류 앞에 사과하였고 늘 그것을 기억하고 있다. 오늘의 세계는 나치의 유대인 학살을 인류 역사상 가장 참혹한 사건으로 기억하며 교훈으로 삼고 있다. 물론 이와 관련된 책과 영화 등도 부지기수다.

과연 우리 중에서 유대인 학살사건과 아메리카 대륙의 토착민 학살사건(인종청소라고 부를 수도 있겠다)을 모두 기억하는 사람들이 얼마나 있을까? 유대인 학살사건은 대부분 잘 알고 있다. 그러나 아메리카 대륙에서 억울하게 죽어간 7천 5백만 토착민들의 억울함과 한을 기억하는 이들은 얼마나 될까? 아메리카 대륙에서 죽어간 토착민과 히틀러에 의해 죽어간 유대인들에 대한 기억의 차이는 어디에서 오는 걸까?

그것은 아마도 역사를 승리한 사람들을 중심으로 기록한 까닭일 것이다. 또 수많은 가난한 이들과 약자들의 죽음을 사회의 발전을 위한 필연적인 희생의 논리로 포장하고 있기 때문이다. 그런 의미에서 해방신학은 이렇게 잊힌 사람들의 이야기를 다시 역사 속에서 복원시키면서 그들의 고통스러운 삶의 현장으로부터 출발해 하나님 나라를 생각해보고자 하는 시도다. 바르톨로메 데 라스 카사스는 스페인 사람들이 '인디오'라고 부르던 라틴아메리카 토착민들에게 자행한 학살과 참상을 고발하고 '그들도 하나님의 자비 안에 있는 인간'임을 선포한 사제이며 예언자였다. 해방신학은 이처럼 가난하고 소외된 이들을 오늘의 삶의 현장에서 우선적으로 다시 선택했던 신학적 성찰이라고 볼 수 있

다.[10]

　　그런데 정복자였던 서양은 홀로코스트가 아니라 전염병으로 아메리카 원주민 대다수가 사망했다는 견해를 일관되게 유지한다. 당시 문명국이었던 서양인이 옮겼던 전염병도 커다란 원인이기는 하지만, 그들이 자행한 학살은 숨겨버린 채 인구소멸을 말하고 있는 것이다. 더 나아가 이를 소개하는 우리나라의 역사책들도 서양 정복자의 시각에서 벗어나지 못하고 단지 서양의 견해를 전달만 하고 있다는 사실이다. 몇 가지의 사례를 들겠다.

- 5천만~1억 명에 이르던 아메리카 대륙의 원주민 90%가 수십 년 만에 사라졌다.

아메리카 대륙의 무자비한 정복 이후 홍역과 천연두 같은 외래 질병들에 면역력이 약한 원주민들은 상당수가 죽음을 맞이할 수밖에 없었다. 결과적으로 불과 수십 년 만에 5천만~1억 명에 이르던 아메리카 대륙의 원주민 90%가 사라지고 말았다. 유럽의 정복자들이 말, 갑옷, 심지어 종교까지 갖추고 있지만 정작 신세계의 원주민과 문화를 파괴한 핵심적인 요인은 결국 유럽인들이 들여온 미생물이었다.

수요를 만족시킬 만큼의 노동력이 절실해지자 유럽인들은 대서양을 횡단하는 노예무역을 고안했다. 그들은 아프리카 상인이나 통치자들에게서 포로들을 사들여 최악의 경우, 수백만 명씩 선박에 실어 날랐다. 포르투갈의 식민지였던 브라질이 가장 많은 노예들의 종착지였고, 그보다 적은 수가 서인도제도로 갔는가 하면, 지금은 미국으로 알려진 대륙으로 가는

10) 「홍인식 목사가 쉽게 쓴 해방신학 이야기」 홍인식, 신앙과지성사, 2016, p.27~31.

노예들도 있었다.[11]

- 전염병 외에 자체 성행하던 식인풍습도 인구소멸의 한 원인이었다.

아즈텍(Aztec)은 정복자 코르테스 군대의 압도적인 무력과 전염병 때문에 점령된 것이 직접적인 이유다. 그리고 그 근저에는 제국 자체에 성행하던 식인풍습도 큰 이유 중 하나였다. 아즈텍은 세계가 주기적으로 멸망한다는 우주관을 가지고 있었으며, 이를 늦추기 위해 태양신에게 인간의 심장을 바쳤는데, 이 풍습은 정복된 원주민들에게는 엄청난 공포로 작용하고 있었다. 아즈텍은 주변의 정복지역의 주민들을 신에게 제물로 바쳤으며 팔다리는 요리해 먹기도 하였다. 1년에 최소 15,000~250,000명이나 이렇게 죽였다. 이로 인한 공포로 스페인 정복자를 오히려 반겨 일부러 투항한 부족들이 많았다.[12]

- 천연두로 몰락한 아즈텍 문명

2009년 멕시코에서 처음 발생한 '신종 플루'는 아메리카·아시아·유럽 등 세계 각지를 돌며 1만7천 명이 넘는 사망자를 냈다. 멕시코에서는 2009년 4월부터 14개월간 1,200여 명이 목숨을 잃었다. 그 후 멕시코 정부는 신종 플루에 적극 대처하며 국민의 면역력을 키운 것으로 여겨졌으나, 2012년 들어 다시 환자가 급증하며 감염 공포가 고개를 들었다. 전체 독감 감염자 637명 중 573명이 신종 플루 감염자로 파악되는 등 감염자 수가 급증한 것이다.

신종 플루 감염자가 가장 많이 발생한 멕시코는 아즈텍 문명이 꽃핀 곳이

---

11) 『빅 히스토리: 빅뱅에서 인류의 미래까지(The Little Book of Big History, 2016)』 이언 크로프턴 외 1, 생각정거장, 2017, p.230~231.

12) 『세계 역사 미스터리』 임영대, Lotus, 2012, p.25~28.

다. 16세기 초 에스파냐 정복자 코르테스가 아즈텍제국을 정복할 무렵 이 지역 인구는 2,500~3,000만 명에 달했다. 반면 코르테스 군대는 600명이 채 되지 않았다. 에스파냐 병사 1명에 아즈텍인 5만 명꼴이다. 1대 5만의 압도적인 열세였던 에스파냐군은 어떻게 승리를 거둘 수 있었을까?

1519년 11월 아즈텍 수도 테노치티틀란(지금의 멕시코시티)에 진입했던 코르테스는 1520년 아즈텍 군대의 저항에 밀려 퇴각했다. 그런데 코르테스가 퇴각한 지 넉 달 후 테노치티틀란에 천연두가 발생했다. 코르테스에 대한 공격을 주도했던 지휘관을 비롯해 수많은 아즈텍인이 죽어갔다. 천연두를 처음 경험한 아즈텍인들은 전염병의 공포앞에 속수무책이었다. 천연두에 대한 면역력이 전혀 없었으므로 질병발생 초기에 인구의 25~30%가 죽어나갔다. 무수히 죽어가던 원주민들의 눈에 기이해 보이는 현상이 하나 있었다. 이상하게도 그 질병이 원주민만 죽이고 에스파냐인에게는 아무런 피해도 주지 않았던 것이다. 이는 같은 감염증이라도 그것을 경험한 집단에는 피해를 주지 않지만, 경험한 적 없는 집단에 침입하면 감염자 상당수의 목숨을 앗아가기 때문에 벌어진 현상이었다.

코르테스가 멕시코를 원정한 지 50년가량 지난 1568년에 멕시코 인구는 300만 명으로 줄어들었다. 코르테스가 아즈텍 제국에 상륙하던 무렵 인구의 10%에 불과했다. 불과 반세기 만에 인구의 90퍼센트가 사라진 것이다. 그 후 50년 동안 인구는 계속 죽어들어 1620년에는 160만 명이라는 최저치에 도달했다. 18세기에 이르기까지 이 지역의 인구는 아주 조금씩 늘어났을 뿐이다. 500년 전 참극의 현장이었던 멕시코가 21세기 초입에 '신종 플루'의 최대 피해국으로 떠올랐으니 얄궂은 운명이 아닐 수 없

다.[13]

(2)에르난 코르테스의 멕시코 정복(1519~1521)

멕시코의 아즈텍은 스페인의 에르난 코르테스(Hernán Cortés, 1485~1547)가 1519년 출룰라에 도착하여 당시 약 5만 명의 시민 중 약 절반을 학살했고, 1521년 점령을 완료했다. 이 당시 아즈텍 지역 한 부족의 공주였던 말린체(La Malinche)가 코르테스에게 원주민들의 매복 공격을 사전에 누설하여 코르테스를 위기에서 구했으며, 결국 그녀는 코르테스의 연인이 되었다. 그녀는 원주민들의 전통의상인 위필의상을 입고 있었다.

1521년 8월 13일, 에르난 코르테스는 테노티치틀란과 틀라텔롤코를 정복하고 아즈테카 제국을 멸망시켰다. 이 정복과 패망, 새로운 출발의 이야기 이면에 코르테스의 정부(情婦)이자 통역사 역할을 했던 원주민 여인 말린체가 있었다. 두 사람 사이에서 메스티소(혼혈인)인 마르틴이 태어났다. 이는 구대륙 유럽과 신대륙 아메리카의 만남을 통한 오늘날 멕시코의 탄생을 상징하지만, 축복받은 탄생이 아니었다. 멕시코의 화가 호세 클레멘테 오로스코의 벽화 「코르테스와 말린체」(1926)에 아버지 코르테스가 마르틴을 짓밟고 그것을 못 본 척하는 어머니 말린체를 그렸다. 메스티소 민족주의가 멕시코의 정체성이라고 하지만 사실은 가혹한 인권 탄압과 유린이 은폐되어 있음을 고발하는 것이다. 말린체는 배신자인가? 겁탈당한 여인인가? 아니면 건국의 어머니인가? 멕시코는 이 같은 고통스러운 질문을 통해 정체성을 만들어가고 있다.

13) 「나의 서양사 편력 1: 고대에서 근대까지」 박상익, 푸른역사, 2014, p.174~177.

말린체의 어린 시절에 대해 알 수 있는 자료는 거의 없다. 지금까지 알려진 바에 따르면, 말린체는 1501년 무렵 멕시코 만에 위치한 코아트사코알코스(Coatzacoalcos)라는 도시에서 약 40km 떨어진 파이날라(Painala)에서 나우아(Nahua)족 귀족 가문의 딸로 태어났다. 원래 이름은 말리날리 테네팔(Malinali Tenepal)이다. 나중에 기독교 세례를 받고 마리나(Marina) 혹은 말린친(Malintzin)이 되었는데, 에스파냐 사람들이 이를 잘못 들어 말린체로 불리게 되었다. 그녀는 귀족 신분이었기 때문에 여자 칼메칵(학교)에서 좋은 교육을 받으며 자랐다. 이것은 후일 그녀가 운명을 개척해나가는 데 밑거름이 되었다.

그러나 아버지가 죽고 어머니가 재혼하는 바람에 그녀의 운명이 크게 바뀌었다. 1519년 3월, 코르테스 일행이 타바스코 연안의 포톤찬(Potonchan)에 나타났다. 이미 에스파냐인을 상대로 큰 화를 겪어본 적이 있는 타바스코인들은 이들을 쫓아낼 요량으로 전사들을 불러 모았으나, 난생 처음 보는 괴물 짐승인 말을 타고 총을 쏘며 강철 검을 휘두르는 이 이방인들에게 겁을 잔뜩 먹었다. 1만 명이 넘는 병력이 고작 수백 명의 에스파냐군을 내쫓지 못해 결국 유화 정책으로 방향을 바꾸었다. 타바스코인들은 이방인들에게 호의를 표하기 위해 음식과 직물, 금 같은 선물뿐만 아니라 여자 노예 20명을 제공했다. 적에게 여성을 바치는 행위는 이 지역의 오랜 관습이었다. 그중에 말린체도 끼여 있었다.

말린체가 코르테스를 도운 이유는 무엇 때문일까?

첫째, 말린체로서는 자신을 노예로 팔아먹은 고향 사람들에게 애정을 느꼈을 리가 없다. 그녀에게는 자신의 통역 능력을 발휘함으로써 운명을 개선해나가고 있다는 사실이 훨씬 중요했다. 그러니 어떤 의미에서든 자신을 중요하게 여기는 코르테스의 편에 붙는 것이 최선이었을 것이다.

둘째, 문화적으로 더 익숙한 아메리카 원주민들 대신 에스파냐인을 선택한 데는 종교적인 이유도 작용했을 것이다. 말린체는 살아 있는 사람을 제물로 쓰는 아메리카 현지 종교에 두려움과 거부감을 느꼈다. 이는 수많은 사람이 아즈테카 제국에 포로로 잡혀가든지 희생 노예가 되어 신 앞에 목숨을 바쳐야 했던 피지배 부족들이 느끼고 있던 감정일 수 있다.[14]

(3)프란시스코 피사로의 잉카 점령(1532)

1532년 11월 16일, 페루의 고지대 도시인 카하마르카(Cajamarca, 잉카의 원조 격인 도시, 온천 목욕탕 등이 유명)에서 최초로 마주친 사건을 보자. 프란시스코 피사로(Francisco Pizarro, 1476~1541)는 오합지졸의 168명의 스페인 군사를 거느리고 있었고, 현지에도 익숙하지 못했고, 가장 가까운 원정군(1,600km나 떨어진 북쪽의 파나마)과도 연락이 끊어진 상태인 데 반해, 아타우알파(Atahuallpa, 1497~1533.7.26.)는 지역에 대한 익숙함, 8만의 대군 등 엄청난 차이에도 불구하고 완패했다. 피사로는 아타우알파를 인질로 사로잡아버렸고 8개월 동안이나 인질극을 벌이면서 풀어준다는 명목 하에 역사상 가장 많은 몸값을 뜯어냈다.

피사로는 가로 6.7m, 세로 5.2m, 높이 2.4m가 넘는 방을 가득 채울 만큼의 황금을 몸값으로 받은 후에 약속을 저버리고 아타우알파를 처형해버렸다.[15]

---

14) 『주경철의 유럽인 이야기 1: 중세에서 근대의 별을 본 사람들』, 주경철, 휴머니스트, 2017, p.211, 218~228.
15) 카하마르카의 중앙광장에는 아타우알파가 체포됐던 '몸값의 방'(Cuarto del Rescate)이 있다.

피사로는 기병 62명과 보병 106명이 전부였으나 아타우알파는 8만 명의 대군이 있었다. 피사로의 무기는 쇠칼·갑옷·총·말 등이었던 것에 비해, 원주민은 겨우 돌·청동기·나무·곤봉·갈고리 막대·손도끼·물매·헝겊 갑옷 등이 전부였다. 원주민은 총소리와 말발굽 소리에 혼비백산하였으며, 전령도 말의 빠른 속도 앞에 속수무책이었다. 168명의 점령군은 500배에 달하는 원주민을 격파하고 수천 명을 죽이면서도 단 한 명도 전사하지 않았다. 강력한 정복요인은 말·쇠무기·총·갑옷이었다.[16] 피사로는 1521년 아즈텍을 정복한 코르테스를 모방했던 것이다.[17]

1532년 11월 16일, 프란시스코 피사로가 이끄는 168명의 스페인 군대는 남아메리카의 카하마르카에서 8만 명의 잉카 군과 맞선다. 그리고 몇 시간 뒤, 이 스페인 군은 7,000명이나 되는 원주민을 학살하고 잉카의 황제 아타우알파를 생포한다.

아타우알파가 카하마르카를 향해 다가오고 있는 에스파냐인들을 지방 족장들로 하여금 처단하도록 명령하지 않은 것은 168명에 불과한 그들을 자신이 손가락만 하나 까딱해도 언제든지 죽여버릴 수 있다고 생각했기 때문이다. 그는 이렇게 조그만 군대를 보내는 왕이라면 그 왕국도 분명히 보잘것없을 것이라고 생각했다. 다만 이방인들과 그들이 타고 온 이상하게 생겼다는 짐승

16) 「총, 균, 쇠(Guns, Germs, and Steel, 1997)」 재레드 다이아몬드, 문학과사상사, 2005, p.92~113.

17) 「사피엔스(Sapiens, 2011)」 유발 하라리, 김영사, 2015, p.417.
유발 하라리(Yuval Harari, 예루살렘 히브리대학교 역사학과 교수, 1976~)의 '인류 3부작'은 「사피엔스(Sapiens, 2011)」(김영사, 2015), 「호모 데우스: 미래의 역사(Homo Deus: A Brief History of Tomorrow, 2015)」(김영사, 2017), 「21세기를 위한 21가지 제언: 더 나은 오늘은 어떻게 가능한가(21 Lessons for the 21st Century, 2018)」(김영사, 2018)이다.

(말)에 대한 호기심 때문에 에스파냐인들을 카하마르카까지 일부러 깊숙이 들어오게 했던 것이다. 자기 자신의 힘이 어느 정도인지, 자기 자신이 처한 상황이 어떠한지 전혀 이해하지 못하는 '인간'의 근원적 한계를 상징하는 듯한 대목이다.

잉카인들에게는 신처럼 군림하면서, 자신을 포로로 잡은 에스파냐인들에게는 한없이 약하고 비겁한 아타우알파는 절대 권력이 더 강력한 힘 앞에서 얼마나 무력할 수 있는지를 적나라하게 보여준다. 아타우알파는 막대한 금을 갖다 바친 보람도 없이, 체포된 8개월 후인 1533년 7월 26일 에스파냐 정복자들에 의해 처형되었다.

그 이후 에스파냐의 꼭두각시 황제 노릇을 하던 망코 잉카는 1535년 11월 에스파냐에 대한 전쟁을 선포했다. 그러나 1572년 9월 24일 망코 잉카가 반란을 시작한 지 36년 만에 잉카의 마지막 황제 투팍 아마루 1세가 에스파냐 추격대에 의해 죽고 잉카 제국은 종말을 고한다.

또한 잉카를 멸망시킨 에스파냐 정복자들, 피사로와 그 형제들, 피사로의 동업자인 알마그로도 처형당하거나 암살당하여 모두 비참한 최후를 맞는다. 전쟁은 일으킨 자나 당한 자나 모두 엄청난 희생을 치를 수밖에 없는 것이었다.[18]

지리학자 훔볼트(1769~1859)[19] [20]는 도시 카하마르카(Cajamarca)에서 고

---

18) 「잉카 최후의 날(The Last Days of the Incas, 2008)」 킴 매쿼리, 옥당, 2010, 제14장.

19) 훔볼트: Alexander von Humboldt, 독일 자연과학자·지리학자, 1769~1859.

20) KBS 1TV 2014.6.13.~7.4. 'KBS 파노라마'
  〈훔볼트 로드, 인간은 왜 탐험하는가(KBS파노라마) : 항상 '왜?'라는 의문을 품고 세상을 바라본 과학자〉
  훔볼트는 19세기 유럽에서 나폴레옹 다음으로 유명했던 사람이다. 훔볼트는 중남미지역 탐사를 통해 미지의

대 아메리카 문화의 정복자들 사이의 관계에서 아주 중요한 역할을 했던 방 하나를 볼 수 있었다. 1533년 이 방에는 상상할 수 없을 정도로 어마어마한 양의 황금이 쌓여 있었는데 그만한 양은 전무후무했다고 전해진다. 그곳은 바로 훔볼트가 여행 중에 여러 번 그 흔적과 마주쳤던 정복자 피사로가 잉카제국의 마지막 지배자였던 아타우알파를 포로로 잡아 가둔 곳이었다. 이 마지막 지배자는 자신을 풀어준다면 현재 그가 갇혀 있는 그 방에 신하들을 시켜 왕국의 금을 천장까지 가득 채워주고 그 옆방은 은으로 가득 채워 주겠노라고 제안했다 {소위 '몸값의 방'(Cuarto del Rescate)이다.} 수 주일, 수개월이 걸려 그 방들에는 잉카 왕국의 금은 장신구·왕관·팔찌·조각상 그리고 작은 배 모형까지 다 모여 가득 찼다. 심지어 이 안데스 종족은 부자들의 무덤도 파헤쳤고 데스마스크(Death Mask, 사람이 죽은 후 얼굴을 본 떠 만든 안면상(顔面像)까지도 벗겨 냈다.

그동안 피사로와 아타우알파는 체스를 두면서 신과 세계에 대한 심오한 대화를 나누었다. 약속대로 황금으로 방을 다 채우자 피사로는 자신과 이제까지

세계를 과학적·문화적으로 규명했고, 그의 탐험 이후, 유럽의 남미에 대한 인식은 훔볼트라는 프리즘을 통해 이루어졌다. '훔볼트 로드, 인간은 왜 탐험하는가'에서는 200여 년 전 훔볼트의 발자취와 시선을 따라 베네수엘라·콜롬비아·에콰도르·페루·멕시코·독일의 과거와 현재를 조명했다. 그리고 훔볼트의 행적을 실험과 재연을 통해 복원하고, 그가 남긴 업적의 의미를 유럽과 미국·남미 그리고 국내의 각계 전문가들과 함께 다각도로 분석했다.

훔볼트는 너무나 인간적인 진정한 과학자였다. 스페인의 피사로 등에 의해 멸망한 잉카문명에 대해 매우 아쉬워했다. 해발 3,500여m의 고도인 삭사이우아망(Sacsay-huaman, 잉카의 수도 쿠스코 인근)의 세련된 석조술에 감탄하며, "만일 잉카가 멸망하지 않았다면 오늘날의 건축 기술은 엄청나게 더 발전했을 것이다"라고 한탄했다. 훔볼트는 정복자가 아니라 그들의 입장에서 문명을 바라봤다. 훔볼트는 문명의 길을 갔다. 프란시스코 피사로(Francisco Pizarro, 페루 잉카문명을 멸망시킨 스페인 정복자, 1471~1541)가 야만의 길을 간 데 비해서. 훔볼트는 이렇게 말했다.

"그들의 문명도 우리의 문명만큼 소중하다. 원주민은 공존의 대상이지 착취의 대상이 아니다."
"다름이 배제의 대상이 아니라 서로 다름을 인정하고 공생하며 살아가는 것이다."
"모든 것은 연결되어 있다."
"범죄의 뿌리는 가난과 불평등이다."

함께 체스를 즐기던 왕에 대한 재판을 진행하였다. 내려진 판결은 교수형이었다. 금은 그 자리에서 녹여져서 스페인으로 옮겨질 채비를 하였다. 그러나 그 금이 과연 스페인에 무사히 도착했을까?

피사로는 부에 눈이 멀어 동반자였던 알마그로 루케신부와 부의 분배를 다퉜으며 그들을 죽이고 자신의 도시인 새 수도 리마 건설을 앞당겼다. 하지만 이때에 알마그로의 추종자들이 피사로가 머무는 성을 공격했고 그 싸움에서 죽음을 맞이한다. 이때부터 유럽인들의 병에 많은 원주민들이 죽었고, 원주민의 처참한 노예 생활은 강요되었으며 금 채취에 강제 동원됐다. 남미 원주민들의 흑역사가 바로 시작된 것이다.[21]

그런데 스페인 침략자들에게 정복당할 당시 잉카의 문명은 고도로 발전되어 있었다. 콜롬비아 안데스 산맥 고원의 작열하는 계곡에서 잉카인들과 마주쳤던 스페인 정복자들은, 찌는 듯한 밀림 속에서 만났던 다른 야만인들과 비교할 수 없을 정도로 그들이 고도의 문명을 가졌을 뿐만 아니라, 일찍이 훔볼트가 티베트나 일본의 신정정치와 비견한 바 있는 그런 정부 밑에서 농업을 경영하던 잉카인들을 발견했을 때 놀라움을 금할 수 없었다. 잉카족은 보고타를 수도로 하는 치브차(Chibcha, 현재의 콜롬비아 계곡에 살던 인디언)족과 툰자를 수도로 하는 뮈스카(Muysca)족 또는 모즈카(Mozca)족의 두 왕국으로 나뉘어져 있었지만, 종교적으로는 '소가모조(Sogamozo)' 혹은 '이라카(Iraca)'라 부르는 대제사장의 영적 지배하에 통합되어 있었다.[22]

21) 「훔볼트의 대륙(Alexander von Humboldt, 2010 독일)」, 울리 쿨케, 을유문화사, 2014, p.192~195.
22) 「황금가지(=겨우살이, The Golden Bough, 1890)」(1권) 제임스 프레이저, 을유문화사, 2005, p.271~272.

아메리카 대륙을 발견하고 돌아온 콜럼버스는 사람들이 **빽빽**하게 둘러싼 세비야(세빌리아)와 바르셀로나 거리를 지나며 승리의 행진을 하는 동안에 값지고도 진귀한 수많은 물건들을 보여주었다. 그때까지 몰랐던 붉은 빛의 피부를 가진 사람, 한 번도 보지 못한 동물, 소리 질러대는 오색 빛 앵무새, 느릿느릿한 동물 맥, 진귀한 식물과 과일 —얼마 뒤에 유럽에서도 수확될 것이었다— 옥수수·담배·코코넛 등이었다. 환호하는 군중들은 이 모든 것을 호기심 어린 눈길로 감탄하며 바라보았다. 하지만 정작 왕과 비 그리고 그의 고문관들을 흥분시킨 것은 금으로 가득 찬 몇 개의 궤짝과 바구니들이었다.[23]

(4)영화「미션(The Mission)」에서 본 아메리카 원주민 학살 실상

영화「미션(The Mission)」(1986년 영국 제작, 롤랑 조페 감독, 로버트 드 니로 주연)은 이과수 폭포를 배경으로 하여, 브라질과 파라과이 국경에서 스페인과 포르투갈의 영토 분쟁과 관련해서 희생된 과라니족과 예수회 선교사들을 다룬 실화다.

폭포의 상류지역은 아직 기독교가 전파되지 않은 지역으로, 선교사들은 기독교를 전파하려다 원주민(과라니족)에게 죽임을 당하고 있는 지역이었다. 가브리엘 신부(제레미 아이언스 분)는 폭포의 상류지역으로 가서 오보에를 꺼내 들고 〈가브리엘 오보에(Gabriel's Oboe)〉[24] 음악을 부른다. 원주민들이 이 소

---

23) 「광기와 우연의 역사(Sternstunden der Menschbbeit, 1927)」 슈테판 츠바이크, 자작나무, 1999, p.13~15.

24) 사라 브라이트맨(Sarah Brightman, 영국 오페라 가수, 1960~)은 이 OST를 앨범 「Eden」에 〈넬라 판타지아(Nella Fantasia)〉로 수록했다.
앤드루 로이드 웨버(Andrew L. Webber, 영국의 뮤지컬 작곡가, 1948~)는 뮤지컬 「캐츠(Cats)」(1981년 영

리를 듣고 가브리엘 신부에게 다가가 위협을 하지만 가브리엘 신부는 떨리는 채로 음악을 계속 연주한다. 원주민들은 긴장을 풀고 가브리엘 신부에게 접근하게 된다.

가브리엘 신부는 과라니족을 위해 선교활동을 하며 평화롭게 지내는데 큰 위협이 닥쳤다. 당시 1750년 남미대륙에서는 스페인과 포르투갈 간의 첨예한 영토분쟁이 있는 지역이 바로 폭포의 상류지역이었다. 따라서 '마드리드 조약'을 통해 폭포의 상류지역은 노예제가 법적으로 금지인 스페인에서 노예제가 합법인 포르투갈로 양도된다. 노예사냥꾼들은 과라니족을 붙잡아 노예로 팔고 있었다. 가브리엘 신부와 노예를 사냥 중이었던 로드리고 멘도자(로버트 드니로 분)는 만나게 되고 가브리엘 신부는 노예사냥을 그만두라고 했다. 멘도자는 가브리엘 신부의 말을 무시하고 계속된 노예사냥을 했다. 멘도자에게도 사건이 발생하게 된다. 멘도자의 연인은 필리페(동생)와 바람을 피우고 멘도자에게 필리페를 사랑한다고 고백하게 된다.

멘도자는 충격에 빠지고 동생의 결투 신청에 응하여 동생을 죽이게 된다. 멘도자는 사랑하는 동생을 죽인 죄책감에 빠져 인근 선교회에서 식음을 전폐하며 생활하는데 가브리엘 신부가 용서를 구할 수 있는 방법이 있다며 멘도자에게 제안을 한다. 멘도자는 속죄의 의식을 행사하는 과정에서 결국 과라니족에 귀의하게 되고 신부가 된다.

1750년대는 교회의 힘에 국가들은 도전을 하게 된다. 많은 선교사들은 스페인과 포르투갈의 골칫거리였다. 로마교황청은 정치적 분쟁을 해결하기 위해

국, 1982년 뉴욕 브로드웨이)의 고양이 역을 한 여배우 중 한 명이었던 사라 브라이트만과 재혼하기 위해 본처와 이혼했다. 재혼 후 그녀를 위해 만든 뮤지컬이 「오페라의 유령(The Phantom of the Opera)」(1986년)이며, 여기서 그녀는 여주인공 크리스틴 다에(Christine Daae) 역을 맡았다. 그래서 훗날 사람들은 "이 작품은 불륜이 낳은 작품이다"라는 농담을 나누기도 했다.

추기경을 보내게 된다. 선교사들과 국가 대리인들은 추기경에게 자신의 의지를 말하며 갈등을 보여주고 있었다. 추기경은 폭포의 상류지역으로 가 과라니족의 열렬한 환영에 감동을 받지만, 위태로워지고 있는 유럽의 교황권 유지를 위해 산 카를로스 선교회의 폐쇄를 명령하게 된다. 가브리엘 신부와 멘도자는 명령에 불복하며 유럽에 저항하기로 결심한다. 포르투갈 군대가 도착하고 과라니족은 군대에 맞서 격렬히 저항을 하지만 전멸을 당하게 된다. 화염에 휩싸인 선교회에서 나온 가브리엘 신부와 과라니족은 평화의 행진을 하지만 포르투갈 군대의 총에 의해 죽임을 당하게 된다. 멘도자뿐만 아니라 가브리엘 신부도 총에 맞아 죽음을 맞이하게 된다.

과라니족은 전멸을 하고 선교회를 비롯하여 모든 주거지가 파괴된다. 스페인과 포르투갈의 지배자들은 세상은 그러하다며 어쩔 수 없는 일이라고 말한다. 추기경은 "저는 살아남고 그들은 죽었습니다. 하지만 저는 죽었고 그들은 살았습니다. 그들의 정신은 우리들의 마음에 영원히 새기고 있기 때문입니다"라 말하며 영화가 끝난다.[25]

(5)토머스 제퍼슨 대통령의 오세이지족 말살

17세기 당시 오세이지(Osage)족은 미국 중부의 많은 땅을 소유하고 있었다. 현재의 미주리와 캔자스에서부터 오클라호마까지, 그리고 거기서 서쪽으로 훨씬 더 나아가서 로키 산맥까지가 그들의 영토였다.

1803년 토머스 제퍼슨 대통령(Thomas Jefferson, 미국 제3대 대통령,

---

25) daum '영화 소개'

1743~1826, 1801~1809 재위)이 루이지애나를 프랑스에게서 사들였다. 오세이지족이 지배하는 땅이 여기에 포함되어 있었다. 제퍼슨은 오세이지족이 훌륭한 종족이며, "그들의 땅에서 우리는 약하므로 잘 버텨야 한다"고 해군장관에게 말했다. 1804년 오세이지족 추장단이 백악관에서 제퍼슨과 만났다. 제퍼슨은 전사들의 키가 보통 183cm를 훌쩍 넘는 오세이지족이 "지금껏 우리가 보았던 최고의 사람들"이라고 해군장관에게 말했다.

이날 만남에서 제퍼슨은 추장들을 "나의 아이들"이라고 부르면서 이렇게 말했다. "우리 선조들이 저 큰 물 너머에서 온 것이 워낙 오래전의 일이라 우리는 그때의 기억을 잃어버렸습니다. 또한 여러분과 마찬가지로 이 땅보다 웃자라버린 듯합니다. (…) 우리는 모두 한 가족입니다." 그의 말은 계속 이어졌다. "돌아가거든 모두에게 말하세요. 내가 모두의 손을 잡아줄 것이라고, 앞으로 내가 여러분의 아버지가 될 것이라고, 우리는 당신들에게 오로지 친구와 은인이 될 것이라고."

하지만 그로부터 4년이 채 되지 않았을 때, 제퍼슨이 오세이지족에게 아칸소강과 미주리강 사이의 영토를 내놓으라고 강요했다. 오세이지족 추장은 "나의 부족 사람들이 달리 선택의 여지가 없었다. 협정서에 서명하든지, 아니면 미국의 적으로 선포되는 길뿐이었다"고 말했다. 그 뒤로 20년 동안 오세이지족은 조상 대대로 살아오던 땅을 거의 1억 에이커(1에이커=1,224평)나 포기하고 결국 캔자스 남동부 80×200㎞(약 395만 에이커) 크기의 땅으로 피신할 수밖에 없었다.

오세이지족은 새로운 땅을 찾아 헤맸다. 당시 인디언 영토였던 땅, 즉 자기 땅에서 쫓겨난 많은 부족들에게 '눈물의 길'의 종착지가 된 캔자스 남쪽 지역에서 체로키족의 땅을 거의 150만 에이커나 사들이자는 논의가 있었다. 오세이지족이 눈독을 들인 이 땅은 델라웨어 주보다 더 크고 아직 비어 있었다. 인디언실 관리의 말에 따르면, 대부분의 백인들은 이 땅을 "형편없는 바위투성이 불모지라서 경작에 맞지 않는 곳"으로 생각했다.

그래서 오세이지족 추장인 와티안카는 발언권을 얻어 이렇게 말했다. "우리 부족이 이 땅에서 행복해질 것이다. 백인은 이 땅에 쇠붙이를 들일 수 없다. 백인은 이 땅에 오지 않을 것이다. 여기에는 산이 많다. (…) 백인은 산이 많은 땅을 좋아하지 않으니 오지 않을 것이다." 그의 말은 계속 이어졌다. "우리 부족이 오두막 바닥처럼 땅이 평평한 서쪽으로 가면, 백인들이 우리들의 집으로 와서 이렇게 말할 것이다. '우리에게 땅을 내놓아라.' (…) 곧 땅은 사라지고 오세이지족은 집을 잃을 것이다."

그래서 오세이지족은 에이커당 70센트로 그 땅을 사서, 1870년대 초에 대이동을 시작했다. "노인들, 특히 영원히 두고 떠나야 하는 자식들의 무덤 때문에 탄식하는 여자들의 울음소리가 사방에 가득했다." 그 당시의 목격담이다. 오세이지족은 새로운 보호구역으로 이동을 마친 뒤, 여러 곳에 캠프를 만들었다. 그중에서 가장 중요한 것이 포허스카에 있었다.

연달아 강제이주를 당하면서 '백인들의 질병'인 천연두까지 겪는 바람에 부족은 엄청난 대가를 치렀다.[26]

---

26) 「플라워 문: 거대한 부패와 비열한 폭력, 그리고 FBI의 탄생(Killers of the Flower Moon, 2017)」 데이비드 그랜, 프시케의숲, 2018, p.55~56, 59~60.
'검은 황금' 석유가 솟아나는 1920년대 미국 중남부 도시인 오클라호마(오클라호마는 촉토족 말로 '붉은 사람들'이라는 뜻이다)주 오세이지. 1인당 소득이 세계에서 가장 높았던 부유한 인디언들이 수년에 걸쳐 살해당한다. 하지만 수십 명이 죽어나가는데도 수사는 지지부진하다. 불안과 공포가 지배하는 도시는 정의를 되찾을 수 있을까?
「플라워 문」에서 저자는 근대 세계로 들어가는 입구에 선 미국의 풍경을 탁월하게 포착해낸다. FBI로 대표되는 전국적인 수사 체계의 형성 과정을 흥미진진하게 펼쳐 보여주며, 원주민 인디언에 대한 폭력을 적나라하고 치밀하게 밝혀낸다. 그 과정에서 금욕적인 텍사스 레인저, 부패한 사립탐정, 무시무시한 갱과 강도 같은 인물 군상들을 다채롭게 그린다.

(6)스모키 마운틴과 체로키 인디언, 그리고 〈Take me home, country road〉

미국 중부에 미국을 대표하는 국립공원인 스모키 마운틴(Smoky Mountains)이 있다. 이곳은 미국의 유명한 컨트리 가수 존 덴버(Jr., John Denver, 1973~1997)의 〈Take me home, country road〉라는 노래 가사에 나오는 아름다운 산악지역이다. 미국은 이민 초기에 동중부의 산림을 없애고 그곳에 거대한 옥수수 밭을 조성했다. 계속되는 개간사업으로 모든 산악 지역이 없어질 위기에 처하자 미국 정부는 우리나라의 경기도 땅만한 크기의 중부 산악지역을 자연보호구역으로 지정했다. 그곳이 스모키 마운틴 국립공원이다.

원래 이 지역은 아메리카 인디언들의 거주 지역이었다. 아메리카 대륙을 지배했던 인디언 부족 중 가장 용맹했던 체로키 인디언(Cherokee Indian)들은 풍요로운 땅인 테네시의 산악지역을 빼앗기지 않기 위해 백인들과 치열한 전투를 벌였다. 안타깝게도 체로키 인디언들은 전투에서 패배했다. 전투에서 승리한 백인들은 인디언들을 고립된 지역으로 이주시켰다. 인디언들은 수천 년간 지켜온 고향 땅을 떠나 낯선 땅으로 눈물의 여행을 떠났고, 여행 도중에 많은 수의 인디언들이 질병과 낙심으로 목숨을 잃었다. 숨진 체로키 인디언들의 영혼은 스모키 마운틴 골짜기에 잠들었다.

침엽수가 우거진 스모키 마운틴 한쪽 구석에 인디언 보호구역(Indian Reservation Area)이 있다. 휴가 때면 많은 미국인들이 휴양지인 이곳을 찾는데, 일부는 배낭을 메고 스모키 마운틴 횡단에 나서기도 한다. 이곳의 산세는 너무 험해서 여행 중에 길을 잃어 조난을 당하는 사람들이 종종 발생해서 실종자 중 일부가 사망하기도 한다. 그러나 통신기기가 발달한 요즈음은 누구나 휴대전화를 소지하고 있기 때문에 조난과 같은 긴급 상황 시에 외부로 연락이 가

능하여 조난이 줄었다.[27]

(7) 운디드니 학살(Wounded Knee, '상처 난 무릎')

운디드니 학살은 1890년 12월 29일 미군이 미국 사우스다코다 주의 운디드니(Wounded Knee) 언덕에서 벌인 인디언 대학살 사건이다. 이날 기관총 등으로 무장한 미군 제7기병대 500여 명은 수(Sioux)족을 무장해제하던 중 귀머거리인 수족 용사 한 명이 칼을 놓지 않는다는 이유로 총격을 가해, 여성과 어린이를 포함해 300명 이상의 수족을 죽이는 학살을 자행했다. 이 사건은 미군과 인디언 사이의 마지막 전투로 알려졌고, 그 후 인디언들은 원래 자기 땅이었던 곳에서 이등국민으로 전락하게 되었다.[28]

"(…) 광란의 학살이 끝났을 때 큰발과 그의 부족민 반수 이상이 죽거나 중상을 입었다. 153명이 죽은 것으로 알려졌지만 많은 부상자들이 도망가다가 죽었으므로 사망자는 엄청나게 불어났다. 최종적으로 집계한 것을 보면 인디언 350명 중에서 300명이 목숨을 잃었다. 미군들은 25명이 죽고 39명이 부상을 입었는데 대부분 동료 미군의 총알이나 기관총의 유탄을 맞은 사람들이었다."[29]

남부의 흑인들은 계속 통제당하고 있었다. 인디언들은 서부의 평원에서 영원히 쫓겨났다. 1890년의 어느 추운 겨울날, 미 육군 병사들이 사우스다코다

27) 『적정기술: 현대문명에 길을 묻다』, 김찬중, 허원미디어, 2013, p.22~23.

28) 『인종주의: Vita Activa 개념사 9권』, 박경태, 책세상, 2009, p.46~47.

29) 『나를 운디드니에 묻어주오(Bury My Heart at Wounded Knee, 2000)』, 디 브라운, 한겨레출판, 2011, p.585.

주의 운디드니에 있는 인디언 막사를 습격해 300명의 남성과 여성, 어린이를 살해했다. 이 학살은 콜럼버스와 함께 시작된 400년간의 돌격 중에서 정점을 이루었고, 이로써 이 대륙은 백인들의 소유임이 굳어졌다. 그러나 이것은 일부 백인들에게만 해당하는 사항이었다.[30]

(8)이 대지 위에서 우리는 행복했다-빨간 윗도리(사고예와타): 세네카족

"중요한 것을 말할 때는 길게 말하지 말고 짧게 요점만 말해야 할 것이다. 따라서 당신(얼굴 흰 사람)이 우리에게 한 말을 여기서 반복하진 않겠다. 그 말들은 우리 마음속에 생생히 새겨져 있으니까. 당신은 이곳을 떠나기 전에 당신의 말에 대한 우리의 대답을 어서 듣고 싶다고 했다. 당연히 그래야 할 것이다. 당신은 먼 곳에서 왔고, 우리는 당신을 붙잡아 둘 생각이 없으니까. 하지만 먼저 조금 뒤돌아볼 필요가 있다. 우리 아버지들이 우리에게 한 말, 그리고 우리가 얼굴 흰 사람들로부터 들은 말들을 당신에게 들려줘야만 하겠다.

사냥터를 놓고 조금이라도 다툼이 생기면 우리는 많은 피를 흘리지 않고서도 문제를 해결할 수 있었다. 그런데 힘겨운 날들이 찾아왔다. 당신의 조상들이 큰 물을 건너 이 대지 위로 몰려오기 시작한 것이다. 처음엔 그들의 숫자가 많지 않았고, 우리는 그들을 적이 아니라 친구로 대했다. 그들은 박해자를 피해 종교의 자유를 누리기 위해 이곳으로 왔다고 설명했다. 그러면서 우리에게 한 뙈기의 땅만 내달라고 사정했다.

우리는 그들을 불쌍히 여겨 청을 받아들였고, 그래서 그들은 월와 더불어 이

---

30) 「미국 민중사(A People's History of the United States, 1980·1995)」(1) 하워드 진, 이후, 2006, p.504.

땅에 정착하게 되었다. 우리는 그들에게 옥수수와 고기를 베풀었다. 하지만 그들은 그것에 대한 보답으로 우리에게 독한 물(위스키)을 주었다.

우리 인디언들이 대대로 살아온 드넓은 대륙을 발견한 얼굴 흰 사람들은 꼬리에 꼬리를 물고 밀려오기 시작했다. 파도가 한 번 밀려갔다가 돌아오면 더 많은 낯선 자들을 싣고 왔다. 그래도 우리는 그들을 거부하지 않았다. 그들을 친구로 맞이했으며, 그들 역시 우리를 형제라 불렀다. 우리는 그들을 믿었고, 그들에게 더 넓은 지역을 내주었다. 머지않아 그들의 숫자가 급격히 늘어났고, 그들은 더 많은 땅을 원했다. 나중에는 아예 우리가 살고 있는 땅 전체를 손에 넣으려고 덤벼들었다. 우리는 눈이 번쩍 뜨였으며, 마음이 몹시 불편해졌다. 곧이어 전투가 벌어졌다. 그들은 인디언을 매수해 다른 인디언들과 싸우게 했으며, 그 결과 많은 인디언 부족이 멸망하기에 이르렀다. 또 그들은 독한 물을 들여와 우리더러 마시게 했고, 그 결과 또 수많은 사람들이 목숨을 잃었다.

이 대지는 우리 조상들이 위대한 정령으로부터 받은 것이며, 조상들은 우리의 자식들을 위해 우리에게 이 대지를 물려주었다. 따라서 우리는 이곳과 헤어질 수 없다. 우리가 서 있는 이 땅은 신성한 땅이다. 이곳의 흙은 우리 조상들의 피와 유해로 이루어져 있다. 이 드넓은 평원에 워싱턴의 얼굴 흰 대추장(미국 대통령)이 긴 칼과 총으로 무장한 병사들을 보내 인디언들을 쓰러뜨렸다. 흰구름 추장이 그토록 용감히 싸웠던 저 언덕배기엔 우리의 많은 전사들이 잠들어 있다.

검은 코트를 입은 자들은 우리에게 아무 이익을 주지 못한다. 만약 그들이 그토록 훌륭하고 필요한 사람들이라면 왜 자기 나라에 붙잡아 두지 않고 이 먼 곳까지 보냈겠는가? 그들은 자신들의 이익을 위해 다른 사람을 이용하려는 자들이 틀림없다. 그들은 우리가 자신들의 종교를 이해하지 못한다는 것을 안다.

310

우리가 자신들의 성경책을 읽을 수 없다는 것도 잘 안다. 그들은 그 책에 담긴 여러 가지 이야기를 우리에게 들려주지만, 우리는 그들이 자신들에게 필요한 부분만 이야기하고 있다는 의심을 떨쳐버릴 수 없다.

얼굴 흰 사람들이 오기 전까지 우리 얼굴 붉은 사람들은 신에 대해서 다툼을 몰랐다. 그런데 그들이 큰물을 건너오자마자 그들은 우리의 땅을 요구했으며, 그 대가로 우리에게 종교에 대한 다툼을 가르쳤다. 나 빨간 윗도리는 그런 자들과는 절대로 친구가 될 수 없다.(……) 우리는 지금 숫자가 적고 약하지만, 우리 아버지들의 삶의 방식을 지킬 수 있다면 우리는 오랫동안 행복할 것이다.

당신은 우리의 땅을 빼앗거나 돈을 취하기 위해 온 것이 아니라 우리 마음속에 빛을 주기 위해 왔다고 말한다. 하지만 당신들의 예배 시간에 있어 봤기 때문에 하는 말인데, 당신들이 그 예배에 참석한 사람들로부터 돈을 걷는 것을 보았다.(…) 이제 당신과 우리는 헤어져야 한다."

빨간 윗도리(세네카족―'서 있는 바위 근처에 사는 사람들'이라는 의미―의 추장 사고예와타, 1750?~1830)가 말을 마치자, 그 자리에 모인 인디언들은 악수를 하려고 백인 선교사에게 다가가 손을 내밀었다. 하지만 조셉 크램이라는 그 젊은 선교사는 황급히 자리에서 일어나며 악수를 거부했다. 그는 하느님의 종교와 악령들 사이에는 우정이 있을 수 없다고 잘라 말했다. 그 말을 통역해주자, 인디언들은 미소를 지으며 평화롭게 그 자리를 떠났다.

얼굴 흰 사람들과 달리 아메리카 인디언들은 자신이 믿는 신과 곧바로 얼굴을 맞대고 살았다. 그들과 영적인 세계 사이에는 따로 성직자가 필요 없었다. 누구나 홀로, 그리고 침묵 속에서 신과 만났다. 그들의 종교는 지극히 개인적인 문제였다. 신이 주는 계시는 오직 그 사람 자신만이 받을 수 있었다. 따라서 각자가 신과 소통할 수 있는 방법을 발견해야만 했다. 누구도 어떤 한 가지가 옳은 길이라고 말할 수 없었다. 또한 누구도 다른 사람의 개인적인 믿음을 침범하지 않았다. 얼굴 흰 자들이 나타나기 전까지는!

매사추세츠 해안에 정착한 청교도들은 스스로를 '해안의 성자들'이라 칭했다. 이 백인 성자들은 왐파노그족·피쿼터족·나라간세트족·니프무크족 인디언들이 기독교를 받아들이길 거부하자 더욱 화가 났다. 마침내 존 메이슨 대장이 이끄는 청교도들이 갑자기 '신비주의자의 강(Mystic River)'이라고 이름 붙인 샛강 하구의 피쿼트족 마을을 공격했다. 그들은 마을에 불을 지르고, 불길을 피해 달아나는 마을 주민 700명 대부분을 학살했다. 끔찍한 광경이었다. 공격의 대열에 참가했던 코튼 매더 목사는 다음과 같은 기록을 남겼다.

"인디언들은 불에 구워졌으며, 흐르는 피의 강물이 마침내 그 불길을 껐다. 고약한 냄새가 하늘을 찔렀다. 하지만 그 승리는 달콤한 희생이었다. 사람들은 모두 하느님을 찬양하는 기도를 올렸다."

포로로 잡힌 인디언들 중 남자들은 서인도 제도에 노예로 팔려가고 여자들은 병사들이 나눠가졌다. 아메리카 원주민의 숱한 피의 역사 중 가장 비극적인 사건의 하나로 꼽히는 이 '달콤한 희생' 위에 보스턴을 비롯한 동부의 내로라하는 도시들이 찬란하고 영광스러운 문명을 건설하기 시작했다.

처음 우리가 당신들을 알았을 때, 당신들은 연약한 풀 한 포기 같아서 뿌리를 내릴 작은 땅만을 원했다. 그래서 우리는 그 땅을 당신들에게 주었다. 우리는 그 풀을 발로 밟아버릴 수도 있었지만, 그 대신 물을 주고 보호해주었다. 그런데 이제 당신들은 커다란 나무로 자라서 꼭대기가 구름에 가닿고, 그 가지로 대륙 전체를 뒤덮었다. 반면에 숲 속의 커다란 소나무였던 우리는 연약한 한

포기 풀이 되어 당신들의 보호를 받는 처지가 되어버리고 말았다.[31]

(9) 롱펠로의 시 〈에반젤린(Evangelne)〉

아카디아(Acadia, 북아메리카 대륙 대서양 연안의 해변. 지금의 노바스코샤를 중심으로 미국의 메인 주, 캐나다 퀘벡 주 일부와 캐나다 연해주들을 포괄하는 지역)의 처녀 에반젤린(Evangelne)은 대장장이의 아들 가브리엘 라주네스(Gabriel Lajeunesse)와 결혼할 예정이었으나 인디언 전쟁 중에 영국군이 식민지 보호를 목적으로 프랑스 거주인들을 추방함으로써 이들 연인들은 헤어지게 되었다. 그녀는 가브리엘을 찾아 미시간의 숲속을 방황하다가 늙어 필라델피아에서 수녀의 도움으로 정착하게 된다. 그때 질병으로 신음하는 한 노인을 발견하게 되는데 그가 바로, 그녀가 오랫동안 찾고 있었던 옛 연인 가브리엘이었다. 그러나 그가 죽자 그녀도 충격으로 사망하여 그들은 나란히 묘지에 묻힌다.

롱펠로(Henry Wadsworth Longfello, 1807~1882)의 시 〈에반젤린(Evangelne)〉은 이러한 전설을 시로 옮긴 것이다.[32] [33]

31) 『나는 왜 너가 아니고 나인가: 인디언 연설문집』, 류시화 엮음, 더숲, 2017, p.40~41, 47~50, 55~57.

32) 『롱펠로 시집(에반 젤린·Evangelne 등 수록)』, 헨리 워즈워드 롱펠로우, 범우사, 2009, p.9, 83~85.
헨리 워즈워스 롱펠로는 미국뿐만 아니라 전 세계적으로 가장 널리 알려져 있는 시인 가운데 하나다. 그에 대해서 흔히 두 가지 영상을 떠올릴 수 있는데 하나는 백발의 노시인으로서 성자(聖者)이고, 또 하나는 하버드 대학교의 외국어 교수로서 많은 외국 여행을 한 데다 학생들을 사로잡는 젊고 패기에 넘치는 학자·시인의 모습이다.
[롱펠로 기념관]
롱펠로의 생가·기념관겸 서점은 현재 미국 동부의 최북단 메인(Maine) 주의 포트랜드(Portland)시에 있다.
주소: Maine Historical Society, 489 Congress St, Portland, ME 04101(www.MaineHistory.org)

33) 『막시무스의 지구에서 인간으로 유쾌하게 사는 법 2: 대인관계 편』, 막시무스, 갤리온, 2007, p.182.
[젊은 노인이 되는 법]

(10)캐나다 원주민 기숙학교서 최소 3,000명 사망(2013)

캐나다에서 원주민에 대한 강제 백인 동화 정책의 하나로 설립했던 원주민 기숙학교에서 최소 3,000명의 원생이 사망했다는 조사 결과가 나왔다.

밴쿠버 민간단체인 실종아동프로젝트는 2013년 2월 18일(현지시간) 정부 문서를 비롯한 광범위한 자료조사를 토대로 작성한 보고서에서 이같이 밝혔다. 캐나다통신에 따르면 이번 조사는 관련 기관의 각종 문서를 종합적으로 분석해 체계적으로 실시된 첫 조사다. 원주민 기숙학교는 일정 연령의 원주민 자녀를 부모로부터 강제로 격리, 기숙시설에 수용하고 원주민어 사용을 금지하는 등 강제 교육을 실시한 제도이다.

조사 보고서에 따르면 사망원인으로 으뜸을 차지한 것은 질병으로, 1910년 이래 수십 년 동안 결핵으로 인한 사망이 가장 많은 비율을 나타냈고 1918~1919년에는 스페인독감으로 숨진 원생들도 다수였다. 또 영양실조나 화재, 익사 등 사고사도 많았던 것으로 드러났다.

조사팀 알렉스 매스 연구관은 "이번 결과는 사망원인과 장소가 확인된 숫자로 추가 조사를 하면 실제 사망 원생 숫자는 더 늘어날 것"이라면서 "기숙시설은 결핵 등 질병의 배양소나 다름 없었다"고 지적했다.

기숙학교 제도가 1870년대 처음 도입돼 1990년대 공식 폐지됐으며 총 15만여 명의 원주민 아동이 시설을 거쳤다. 원주민들은 엄격한 분위기에서 정신, 육체, 성적 학대를 당하는 고통을 겪었던 것으로 알려졌다.

롱펠로는 나이를 먹으면서 머리는 하얗게 세어 가고 몸은 약해졌지만 얼굴은 마치 어린아이처럼 붉은 빛을 띠고 있었다. 어느 날 그를 존경하는 사람들이 그에게 건강 비결을 물었다. 그는 자기 집 앞의 사과나무를 가리키며 말했다. "저 나무를 보게. 무척 오래된 나무지만 저기서 자라는 잎은 늘 푸르다네. 왜냐하면 매년 새 가지가 자라기 때문이지. 나도 저 사과나무처럼 매년 새로운 가지를 기르고 있다네."

원주민들은 지난 2007년 국가를 상대로 소송을 제기해 19억 달러에 달하는 피해보상을 받았으며 스티븐 하퍼 총리가 잔혹한 제도 운영에 대해 정부를 대표해 공식으로 사과한 바 있다.[34]

3. 또 다른 홀로코스트

(1)호주 원주민, 애보리진(Aborigine)의 절규

오스트레일리아에 태어났다 하더라도, 만약 그 사람이 유럽인이 이주하기 전부터 살던 오스트레일리아의 본래 주인 애보리진이라면 경우가 다르다. 애보리진에게는 백인 오스트레일리아 사람에게만 비밀리에 배부된 멤버십이 발급되지 않았다. 멤버십 없는 국외자들이 처한 운명의 서러움을 애보리진만큼 잘 보여주는 사례가 또 어디 있으랴. 1900년부터 무려 1972년에 이르기까지 강제적으로 실시된 원주민 개화 정책에 따라 애보리진의 자녀들은 부모로부터 격리된 채 강제로 백인 가정으로 입양당했다. 우리가 여행객들이 부러워할 만한 기후 조건을 갖춘 오스트레일리아의 퀸즐랜드에 태어났다 하더라도 인종상 백인이 아닌 애보리진이라면, 퀸즐랜드는 축복의 땅이 아니라 '도둑맞은 세대(Stolen Generation)'의 '도둑맞은 땅'에 불과하다. 이렇듯 한 개인이 어느 집단에 속하는지에 따라, 또 어느 집단이 그 사람에게 '우리'라는 호칭을 허용

---

34) 「서울경제신문」, 2013.2.19. 〈캐나다 원주민 기숙학교서 최소 3,000명 사망: 밴쿠버 민간단체 조사결과 발표…결핵·스페인독감 등 병사(病死) 대부분〉 이종혁 기자

하는지에 따라 운명은 달라진다.[35]

지난 2014년 2월, 호주 원주민들의 토지 거래권을 인정하는 법안이 통과되었다. 법안이 통과된 뒤 원주민들은 서호주 국회 앞에 모여 기쁨의 눈물을 흘렸다. 그들에겐 어떤 사연이 있는 것일까.

• 호주 원주민 '애보리진', 그들의 눈물은 멈출 수 있을까.

약 4만 년 전부터 호주 대륙에서 살아온 원주민 '애보리진'. 그들은 1788년 개척자들에 의해 터전을 빼앗긴 뒤 오랫동안 문화 말살정책으로 고통을 받아왔다. 그런데 지난 2월 16일 원주민의 토지 거래권 법안이 통과되었고 이 법안에는 원주민들에 대한 금전적 지원 및 토지, 거주지 등에 대한 지원 내용이 담겨 있었다. 이는 단순히 토지 거래권을 주는 것이 아닌, 원주민들을 호주 사회의 일원으로 인정한다는 의미였다. 하지만 오랜 차별 정책의 후유증이 계속되고 있는 상황.

'세계는 지금'은 호주의 한 원주민 부부가 운영하는 '원주민 갤러리'를 찾았다. 본래 그 갤러리의 운영자는 부부의 아들 밥, 하지만 그는 더 이상 그곳에 없다. 8년 전 스스로 목숨을 끊었기 때문이다. 최근 조사에 따르면 밥과 같은 젊은 애보리진의 자살률은 4.2%로 자살률이 1.5%인 비 원주민의 3배에 달하는 수치다. 젊은 원주민들은 소외감, 문화로부터의 이탈, 제한된 기회, 교육 기회 상실 등 다양한 이유로 자살을 택하고 있다.

이에 호주 원주민 화가 실라 한프리는 "제가 가게에 가면 점원이 계속 따라다녀요. 마치 제가 뭘 훔칠 거라는 듯이요. 모욕적이죠"라고 털어놓았다. 둠바

---

35) 「세상물정의 사회학: 세속을 산다는 것에 대하여」 노명수, 사계절, 2013, p.113~114.

통 원주민 조합의 로버트 에징턴도 "밥이 자살을 했던 이유는 많은 젊은 원주민들이 자살을 하는 이유와 같았다"며 "사람들과의 관계, 사회로부터의 소외감, 문화로부터의 이탈, 제한된 기회, 그리고 교육 시스템 등으로 스스로 자살을 택한 것"이라고 전했다.

• 호주 원주민들이 진정으로 원하는 것은 무엇일까.

이러한 상황 속에 강경과 원주민들은 애보리진의 자주권을 위해 40년이 넘게 투쟁을 이어오고 있다. 캔버라에 위치한 옛 국회의사당 옆, '텐트 대사관'을 차리고 투쟁 중인 사람들을 만난 '세계는 지금'. 그들은 토지 거래권이 도리어 원주민들에게서 땅을 빼앗는 도구가 될 것이라 우려하고 있었다.

원주민들이 토지 거래권을 가짐으로써 호주 정부는 그들에게서 합법적으로 땅을 사들일 수 있게 된 것. 이에 강경파들은 단순한 토지 거래권이 아닌 원주민들의 땅과 그 안에서 그들의 자치권을 인정해주길 요구하고 있다. 총과 칼을 든 개척자들에게 자신들의 땅과 권한을 모두 빼앗긴 채 살아온 호주 원주민들. 수만 년 전부터 호주 땅의 주인이었지만, 지금은 차별 받는 이방인이 되어 버린 이들의 현실이 안타까움을 자아낸다.[36]

(2)아르메니아인에 대한 제노사이드(Genocide, 특정 민족 대량 학살)

"누가 아르메니아인들의 죽음을 기억하는가?"

1933년 나치당의 당수로서 독일 총리에 오른 아돌프 히틀러(Adolf Hitler, 1889~1945)는 터키(오스만 튀르크)에게 무차별 테러와 죽음을 당해 민족 절

---

36) 「일간스포츠」, 2014.4.18. 〈호주 원주민, 애보리진의 절규〉 원호연 기자
   (현재 애보리진 원주민은 6000여 부족의 약 30만 명이다.)

멸의 위기에 처했던 아르메니아인들을 거론했다. 그들을 동정해서가 아니라 강대국이 저지른 민족 학살은 결국 아무도 기억해주지 않는다는 냉혹한 국제 정치의 현실을 갈파한 것이다. 이때 이미 히틀러는 몇 년 뒤에 벌어질 유대인들에 대한 '홀로코스트(Holocaust)'를 마음에 두고 있었던 것이다.

터키 영토와 러시아 내 접경 부근에서 살던 아르메니아인들은 19세기 말부터 제1차 세계대전 때까지 터키군의 무참한 학살에 150만 명 넘게 숨졌다. 제1차 세계대전에서 주축국인 독일과 손잡았던 터키는 아르메니아인들이 전쟁통에 러시아를 편들며 자기들을 공격한다는 구실을 내세워 이를 기회로 아르메니아 민족 자체를 역사에서 없애버리려고 했다.

성직자와 고위 공직자·교수·변호사 등 지식인들이 가장 먼저 숙청의 대상이 되었음은 물론이다. 20세기 최초의 제노사이드가 벌어진 것이다.[37]

아르메니아인들이 끔찍한 피해를 입은 것은 사실이지만, 이는 홀로코스트와 비교하기에는 오해의 소지가 있다는 것이다. 아르메니아 대학살은 무장반란으로 야기됐다. 오늘날 우리가 말하는 민족해방투쟁과 유사하다. 제1차 세계대전을 기회로 삼아 아르메니아인들은 터키 지배자들에게 반란을 일으켰다. 아르메니아 반란세력은 당시 터키와 전쟁 상태에 있던 영국 및 러시아와도 동맹을 구축했다. 아르메니아인들의 반란은 초기에 동부 지역과 실리시아(Cilicia)에서 일부 성공을 거뒀다. 하지만 결국 진압되었고, 시실리아에서 살아남은 아르메니아인들은 추방당했다. 투쟁과 뒤이은 추방 과정에서 많은 아르메니아인들이(약 150만 명으로 추정) 희생됐다.

---

37) 「우크라이나, 드네프르 강의 슬픈 운명」, 김병호(매일경제 차장), 매경출판, 2015, p.40~41.

먼저 독일에서, 그리고 이후 독일이 점령한 유럽에서 발생한 유대인 학살은 좀 다른 사안이었다. 반란도 없었고 무장투쟁은 더더욱 없었다. 반대로 독일의 유대인들은 자신들의 국가인 독일에 충성심이 있었다. 그럼에도 불구하고 유대인들을 박해한 것은 전적으로 인종적 정체성에 기인한 것이었다.[38]

2014년 초 일본 지방의회 의원들이 미국 캘리포니아주 글렌데일시(市)에 세워진 '일본군위안부 소녀상(像)' 철거를 요구하러 갔다가 퇴짜를 맞았다는 보도가 있었다. 동상 건립 부지를 제공한 글렌데일 시의회는 일본 정치인들을 만나주지조차 않았다. 글렌데일 시의회는 2013년 7월 소녀상이 세워질 때도 일본이 반발하자 "부끄러운 줄 알라"고 쏘아붙였다. 글렌데일은 한국 교민이 특별히 많이 사는 곳도 아니다. 미국의 하고많은 도시 중 왜 글렌데일에 위안부 소녀상이 세워졌을까. 일본의 만행에 대한 그들의 단호함은 어디서 오는 것일까.

가천대 이성낙 명예총장이 며칠 전 글렌데일을 방문하고 인터넷에 올린 글이 궁금증을 풀어주었다. 글렌데일은 미국에서 아르메니아인이 가장 많이 사는 도시다. 20만 주민 가운데 절반이 아르메니아인이다. 시의원 5명 중 4명이 소녀상 건립을 찬성했고 그중 2명이 아르메니아 출신이다.

터키와 러시아 사이에 있는 아르메니아는 1차 세계대전 때 터키의 전신인

---

38) 『100년의 기록: 버나드 루이스의 생과 중동의 역사(Notes on A Century, 2012)』 버나드 루이스 외, 시공사, 2015, p.393.
1985년 미 의회에 아르메니아인 대학살을 민족청소(Genocide)로 인정하라고 촉구하는 캠페인이 벌어졌다. 그리고 이 캠페인에 반대하는 시위도 벌어졌는데, 중심은 당연히 터키인들이었고, 버나드 루이스(Bernard Lewis, 런던 출생 유대인, 1916~2018)도 그 캠페인의 반대편에 서명했다.
『오리엔탈리즘(Orientalism)』(1978)의 저자인 에드워드 사이드(Edward W. Said, 1935~2003, 팔레스타인 출신의 문화 비평가이자 사회 비평가)는 버나드 루이스를 오리엔탈리스트의 수장으로서 사악한 역할을 수행했다고 비난하기도 했다.(p.11·365 참조)

오스만튀르크제국으로부터 '종족 말살'에 버금가는 수난을 받았다. 오스만튀르크는 독일·이탈리아와 동맹을 맺고 영국·프랑스·러시아와 싸웠다. 무슬림 국가 오스만튀르크에 기독교도인 아르메니아인들은 눈엣가시였다. 오스만튀르크는 아르메니아가 반란을 꾀한다는 구실로 아르메니아인을 100만 명 이상 학살했다. 수많은 여성이 능욕을 당하고 죽었다. 어느 작가는 그때의 참상을 보고 '지구상의 모든 죽음이 거기 있었다'고 썼다. 아르메니아인들은 살길을 찾아 전 세계에 흩어졌다. 그러나 터키는 대학살을 "아르메니아인을 강제이주시키는 과정에서 일어난 불상사"라고 둘러댔다.

쓰라린 비극을 가슴에 안고 사는 아르메니아인들이 일본군위안부 같은 침략자 만행을 보는 심정은 남다를 것이다. 글렌데일시가 소녀상 옆에 세운 '평화 기념비'에는 이렇게 새겨져 있다. '제2차 세계대전 중 일본군에게 끌려가 성노예로 학대당한 20만 여성의 희생을 기린다. 인권을 짓밟는 모든 만행이 다시는 일어나지 않기를 우리는 간절히 소망한다.'

흔히 '대학살' 하면 나치의 홀로코스트를 먼저 떠올린다. 아르메니아 학살은 잘 모른다. 아르메니아인들은 소녀상과 '평화 기념비'를 통해 그들 뼛속 깊이 자리 잡은 분노를 다른 민족의 아픔에 대한 연민과 공감으로 표현했고, 인류 보편의 인권에 대한 갈망으로 승화시켰다. 이런 아픔과 분노의 국제적 연대(連帶)가 퍼져 간다면 일본의 뻔뻔한 역사왜곡 같은 건 설 땅이 없다.[39]

(3)비극이 된 굶주림, 우크라이나의 홀로도모르(Holodomor, 대기근 학살)

39) 「조선일보」, 2014.1.30. 〈조선일보 만물상: 글렌데일의 아르메니아인들〉 오소운 목사

미국 역사학자이자 시인인 로버트 콩퀘스트(Robert Conquest)가 1986년에 출판한 『슬픔의 수확(The Harvest of Sorrow)』은 1929~1931년 시행된 소련의 농업집단화와 그 과정에서 수백만 명이 숨진 우크라이나의 대기근을 기록하고 있다. 그는 서구의 좌파 지식인들이 소련 체제를 옹호하느라 우크라이나인들의 대규모 죽음에 대해 애써 눈을 감았다고 비난을 퍼부었다. 무엇보다 사막이나 고산지대도 아니고 유럽 내 최고로 비옥한 토지(흑토)를 가진 우크라이나에서 국민 전체의 생존이 위협당할 만한 기근 참사가 발생했다는 것은 어쩌면 역사의 아이러니다. 누군가가 우크라이나 내부로부터 먹거리를 대거 수탈하지 않고서는 그 같은 일이 발생할 수는 없는 일이다.

홀로도모르(Holodomor)는 스탈린(1922~1952 기간의 30년간 통치)이 '쿨락(Kulak)'이라고 부르는 부농(富農) 계층을 해체하고 농산물을 수출해 공업을 일으킬 기반을 마련하고자 1920년대 말부터 농업집단화를 밀어붙이는 과정에서 우크라이나로부터 과도하게 곡물을 강제 공출한 결과 수많은 우크라이나인들이 숨진 것이다. 1932~1933년에 걸쳐 최대 1,000만 명에 이르는 우크라이나인들이 아사(餓死)했는데 이는 당시 우크라이나 전체 인구의 1/4에 해당하는 것이다. 우크라이나 단어인 홀로도모르는 배고픔을 뜻하는 '홀로드(Holod)'와 박멸이나 제거를 뜻하는 '모르(Mor)'를 합성한 것으로, 번역하면 '대기근 학살' 정도가 되겠다.

무엇보다 홀로도모르는 우크라이나인들이 러시아에 대해 갖고 있는 뿌리 깊은 적대 감정의 근원을 이루는 것이다. 홀로도모르가 발생한 배경은 강제적인 농업 집단화에 대해 우크라이나 지주들의 반발이 컸기 때문이다. 스탈린은 집권 후 산업화를 강하게 독려하면서 이를 위한 재원을 농업에서 마련할 수밖에 없었다. 첨단 기계 설비를 유럽에서 들여와 산업의 근대화를 이루려면 쿨락이 장악하고 있는 농산물 수확을 통제할 수 있어야 했다. 또한 당시 부유한 농민들이 시장에 곡물을 내놓지 않아 소련 당국의 식량 정책을 공갈·협박할 수 있는 여지를 차단해야 했다. 특히 재산이 많은 쿨락은 '프롤레타리아를 위한, 프롤레타리아에 의한' 정권을 표방하는 공산당으로서는 혁명 완수를 위해서라도 반드시 척결해야 할 대상이었다.

소련 공산당은 쿨락을 '인민의 적'이라고 평가했고, 여러 문건에서 이들은 '돼지' '개' '바퀴벌레' '인간쓰레기' '사회적 해충' '쓰레기' 등으로 표현되었다. 친혁명 소설가인 막심 고리키(Maxim Gorky, 1868~1936)는 쿨락을 '반(半)동물'이라고 불렀고, 소련 언론과 선전물들은 유인원으로 묘사할 만큼 쿨락에 대한 반감은 소련 사회 전체에 팽배했다. 소련 공산당은 특히 대다수 빈농을 혁명 대오로 이끌어내기 위해 쿨락이 보유한 재산을 빼앗아 국가가 관리하는 집단농장을 통해 생산량을 공동 배분하는 형태로 사회주의 혁명의 이상을 실현할 필요도 있었다. 더욱이 쿨락은 소련 공산당이나 혁명의 씨앗인 빈민 모두에게 공동의 적이었다.

우크라이나가 특히 문제가 된 것은 이렇다. 대다수 소련 지역에서는 '미르(Mir)'라는 이름으로 지역 주민들이 토지를 공유하는 전통 때문에 스탈린식 농업집단화에 대한 반발은 상대적으로 적었다. 하지만 소련 농산물 생산량의 30% 이상을 차지하는 우크라이나는 공동 소유보다는 개별적으로 농지를 소유하는 경향이 강했다. 쿨락의 숫자와 비중도 가장 높았다. 이로 인해 소련 당국이 농민들에게 토지를 내놓고 집단 농장(콜호스) 건설에 동참할 것을 강요하자 이들의 저항은 거셀 수밖에 없었다. 우크라이나 농민들은 수확한 농산물을 불태우고 가축을 도살하기도 했다. 어차피 집단 농장의 소유가 될 것이라면 물건을 순순히 내놓지 않겠다는 저항의 표시였다.

하지만 우크라이나의 이 같은 빈발에도 불구하고 스탈린은 전혀 흔들리지 않았다. 우크라이나 농민들이 태업을 하면서 곡물 생산량은 크게 줄어들었지만 스탈린은 오히려 예전보다 더 많은 곡물 징발을 요구했다. 우크라이나에 할당된 농산물 송출 쿼터는 턱없이 늘어나 우크라이나인들이 굶지 않고서는 도저히 채울 수 없는 지경에까지 이르렀다. 소련 당국은 우크라이나 농민들이 이듬해 봄 파종을 위해 남겨 둔 곡물 종자까지도 빼앗아갔다.

무자비한 곡물 징발에 아사자가 속출했다. 배고픔에 지친 우크라이나 인들은 들판에 떨어져 있는 알곡식을 주워 먹었고, 길거리 쓰레기통을 뒤져야 하는 신세가 되었다. 하지만 소련 비밀경찰은 알곡 몇 알을 주워 씹는 것도 용납하지 않았고, 곡물을 모으다 적발되면 인민의 재산을 훔쳤다는 이유로 그들에게 총을 쏘았다. 우크라이나 전역에서 아사자가 증가하고 있다는 소식에도 모스크바 당국은 우크라이나에 식료품을 일절 공급하지 않았다. 오히려 외부에서 우크라이나로 들어가는 식품 수송 루트를 모두 차단했다. 우크라이나인들은 식량을 구하러 밖으로 나가는 것조차 금지되었다. 스탈린은 1932년 6월, 우크라이나 공산당에 보낸 편지에서 무자비함을 여실히 드러냈다. "곡물 운송량과 도착 시한에 대해 당신들 지역에 할당된 계획으로부터 한 치의 일탈도 허용하지 않는다"고 한 것이다.[40]

스탈린의 볼셰비키 정권은 소비에트 국가체제를 단단히 굳히기 위해 억압을 정치적 수단으로 선택하고, 그 일환으로 강제노동수용소인 '굴라그(Gulag)'를 운영한다. 당시 인구의 80%가 농부였던 국가에서 프롤레타리아트 혁명

---

40) 「우크라이나, 드네프르 강의 슬픈 운명」 김병호(매일경제 차장), 매경출판, 2015, p.41~45.

과 독재를 강화하기 위해 공산당 체제에 반대하거나 적합하지 않은 생각을 하거나 행동하는 사람들을 철저하게 억압했다는 것은 익히 알려진 사실이다. 강제노동은 재교육의 수단이었다. 소비에트 정부의 공식 기록에 의하면 1934~1953년의 20년 동안 약 100만 명이 죽어나갔다고 되어 있으나, 실제로는 600만에서 1,500만 명에 이르는 사람들이 강제노동수용소에서 죽었을 것으로 추정한다.[41]

(4)아일랜드와 영국의 악연

먼저 북아일랜드와 영국과의 악연을 보자. 북아일랜드(Northern Ireland)는 영국과 서로 얽혀 있는 아픔으로 점철된 역사를 가지고 있으며 현재진행형이다. 북아일랜드 분쟁의 역사는 1170년 영국군이 아일랜드 북부 얼스터(Ulster) 지방을 침략하면서 시작된다. 아일랜드를 손아귀에 넣은 영국은 영국과 스코틀랜드의 신교도들을 대거 이주시켰다. 이 과정에서 그곳의 원주민인 가톨릭교도들과 크고 작은 충돌이 이어졌다. 텃새가 철새의 공격을 이겨내기는 어려운 법이다. 일방적으로 당하던 민족주의자들이 급기야 총을 들었고, 이에 맞서 영국군이 북아일랜드에 주둔하면서 피해가 급속도로 커졌다. 결국 폭력으로는 상대방을 제압하기 어렵다는 점을 깨닫고 나서야 양측은 협상 테이블에 앉았다. 여러 차례 고비를 넘긴 끝에 마침내 1998년 4월 '성(聖)금요일의 합의'를 이뤄냈다. 어느 한쪽이 이기거나 지는 게임이 아닌 서로 상생하는 길을 선택했다. 서로 조금씩 이득을 얻음과 동시에 양보함으로써 가능했다.

---

41) 『한나 아렌트의 정치 강의』, 이진우, 휴머니스트, 2019, p.20.

"애당초 아일랜드는 대다수가 가톨릭이었으나 스페인이 잉글랜드를 공격하는 거점으로 아일랜드를 이용하면서 잉글랜드가 아일랜드 단속에 나섰으며, 나중에는 프로테스탄트가 아일랜드에 정착하게 되었다. 나아가 17세기에는 잉글랜드 내전에서 승리한 올리버 크롬웰(Oliver Cromwell, 1599~1658)이 아일랜드를 침공해 4만 명의 아일랜드인을 농장에서 내쫓고 그들의 토지를 병사들에게 나누어주었다. 19세기가 되자 아일랜드는 영국의 정식 식민지가 되었다. 19세기 중반에 아일랜드를 덮친 기근으로 약 100만 명이 굶어 죽었지만, 영국 정부는 냉담한 태도를 보였을 따름이다. 1845~1852년 7년간 100만 명이상이 굶어 죽었다. 이러한 경위 속에서 아일랜드는 간헐적으로 저항을 거듭했으며, 1921년 북부 아일랜드(얼스터 6주, 수도는 벨파스트)는 영국의 일부로 잔류하고, 나머지 26주 지역은 아일랜드자유국(1949년에 아일랜드공화국으로 개칭, 수도는 더블린)으로 독립했다."[42]

2017년 말 현재 영국령인 북아일랜드 인구는 약 170만 명, (남쪽)아일랜드 공화국 인구는 470만 명으로 아일랜드 남북을 합친 섬의 전체 인구는 약 640만 명이다. 북아일랜드는 1969년부터 30년 동안 민족주의자(가톨릭교도)와 연합주의자(신교도) 간 분쟁으로 3,200여 명이 죽고 3만 명 넘게 부상을 입었다. 33,200여 명에 이르는 사상자의 가족까지 감안하면 이는 엄청난 비중이다.

〈삼엄했던 벨파스트(Belfast)-안정과 평화 찾아〉라는 제목의 글을 보자.

【북아일랜드는 〈오 대니 보이〉의 평화로움을 잃고 한동안 유혈충돌의 근대사를 기록

---

42) 『흐름을 꿰뚫는 세계사 독해(2015)』, 사토 마사루, 역사의 아침, 2016, p.143.

했었다. 북아일랜드의 수도 벨파스트는 근세사에서 우리의 입에 자주 오르내렸던 도시다. 영국에게 빼앗긴 땅 북아일랜드를 찾으려는 아일랜드 사람들의 독립운동 때문이었다. 12세기(헨리 2세 시기) 이래 영국의 식민지였던 아일랜드는 오랜 투쟁 끝에 1921년 독립을 쟁취하였으나 북아일랜드는 영국의 일부로 남겨둠으로써 문화가 서로 다른 신교와 구교가 대립하는 종교분쟁의 불씨를 안아 왔었다.

아일랜드인들은 기원전부터 유럽에서 건너온 켈트족과 8세기부터 해협을 건너와 연안에 정부한 노르만인들(바이킹)의 혼혈 후예다. 아일랜드에 스코틀랜드 출신 성 패트릭이 가톨릭을 전파한 것은 5세기 때였다. 그러나 12세기 후반 영국의 귀족과 영주들이 침입하여 점차 영국의 속국이 되었으며 17세기 이후는 영국국교 신교가 강요되자 섬사람들은 저항했다.

영국 왕실은 이들의 저항을 무력으로 진압하고 특히 완강하게 저항하는 북부 얼스터(오늘의 북아일랜드) 지방에서는 토지를 몰수하여 본토로부터 영국인들을 대거 이주 정착시켰다. 이는 마치 팔레스타인 땅에 이스라엘 정착촌을 건설한 것과 비유된다. 땅을 빼앗긴 아일랜드인들은 영국인 지주 아래 소작농으로 전락하였으며 소위 '아일랜드의 빈곤'이 시작되었다. 19세기에 들어와 고조된 아일랜드인들의 민족주의적 종교적 저항은 최근까지 지속되었다.

아일랜드가 독립한 이후 영국령으로 남은 북아일랜드는 소수 가톨릭계 주민에게 심한 차별정책을 취하여 신·구 교파 간 분쟁이 일어났다. 1969년 7월 런던데리에서 두 교파 간 큰 충돌이 일어난 것을 계기로 양측의 분쟁은 북아일랜드, 아일랜드, 영국전역으로 확대됐다. 북아일랜드 분쟁은 남북 아일랜드의 통일을 주장하는 아일랜드 공화국군(IRA, Irish Republic Army)의 활동으로 유혈사태가 계속되었다. 1994년 9월 IRA가 휴전을 선언할 때까지 북아일랜드에서는 25년 동안 모두 3,200여 명이 사망했다.

1996년부터 시작된 평화협상 노력은 1998년 4월 북아일랜드 자치정부 구성 등을 내용으로 하는 평화협정에 합의하여 IRA가 2002년 4월 무장해제를 하면서 현재 잠정적 평화를 이루게 되었다. 그러나 벨파스트를 떠나 남쪽의 아일랜드 수도 더블린(Dublin)으로 내려가는 버스에 올라 여권을 조사하는 국경관리들의 표정에서 아직 아일랜드 섬에는 영국과 아일랜드 두 나라가 존재하는구나 하는 지각을 하게 해주었다.]43)

다음은 (남)아일랜드와 영국의 악연을 보자. 더블린(Dublin)은 아일랜드(Republic of Ireland) 인구의 약 1/10(55만 명)이 사는 아일랜드 최대의 도시이자 수도다. 2017년 말 기준으로 아일랜드 섬 전체 인구는 약 640만 명이다(영국령인 북아일랜드 170만 명, 아일랜드공화국 470만 명).

감자대기근과 영국의 수탈 등으로 삶이 궁핍해지자 수많은 아일랜드인들이 이민을 떠났기 때문에, 지금 미국 등 세계 곳곳에 아일랜드계 후손들이 약 4,000만 명 정도 살고 있다. 버락 오바마 미국 대통령의 외가도 아일랜드계이고 케네디 전 미국 대통령은 뼛속까지 아일랜드인이었다.

그러나 이들의 삶이 그렇게 녹록지는 않았다. 일례로 J.D. 밴스가 2016년에 쓴 소설 『힐빌리의 노래: 위기의 가정과 문화에 대한 회고(Hillbilly Elegy)』(번역판은 2017)는 미국 「뉴욕타임스」 논픽션 1위였고, 빌 게이츠와 소설가 김훈이 추천한 화제의 책이다. 빈곤과 무너져가는 가족, 그 어둠 속에서 일어선 한 청년의 진솔한 성장기다. '힐빌리(Hillbillies)'는 '백인 쓰레기'라는 뜻이며 '레드넥(Rednecks)' 또는 '화이트 트래쉬(White Trssh)'로도 불리는데, 주로 아일랜드계 이민자의 후손들이라고 한다.

아일랜드에서 1845~1852년 동안 발생한 감자대기근으로 7년간 100만 명

43) 『역사의 맥박을 찾아서: 세계 역사·문화·풍물 배낭기행』, 최영하, 맑은샘, 2015, p.16~18.

이상이 굶어죽었다. 당시 인구 800만 명 중 10년 이내에 굶어 죽은 사람이 약 100만 명, 그 이후에도 약 200만 명이 더 아사(餓死)했다. 목숨을 위협하는 굶주림에 아일랜드인은 신대륙인 미국행을 결심했고, 이때 미국으로 간 사람은 약 200만 명이다(영화「타이타닉」에서 3등 칸에 탄 대부분의 사람들도 아일랜드 출신 미국 이민자들이었다). 감자대기근 발생 직전 800만이던 아일랜드(1921년 남북이 분리되었으므로 이 당시는 섬 전체를 합친 숫자이다) 인구는 감자대기근으로 죽거나 이민을 떠나 1/2인 약 400만 명으로 줄어들었다. 그러면 감자 이외에 밀 등 밭작물과 어업으로 연명할 수는 없었는가? 그러나 이것도 사실상 불가능했다.

첫째, 당시 아일랜드를 지배하던 영국인들은 감자를 악마의 식물로 취급했다. 조그만 뿌리에서 수많은 감자가 수확되는 것을 마치 악의 화신이 번져나가는 것으로 생각했다. 이런 이유 등으로 당시 아일랜드 농장을 대부분 소유하고 있던 점령국 영국인들은 감자 이외에 모든 작물은 수탈하여 영국으로 가져가 버렸으므로 감자 이외에 아일랜드 국민이 먹을 수 있는 것은 사실상 없었다.

둘째, 어업은 당시 아일랜드에서 발달하지 못했다. 아일랜드 바다 쪽 지형이 완만한 경사가 아니고 대부분 급한 절벽으로 이루어져 있어 근해어업이 발달할 수 없었고, 북대서양 난바다에 위치해 있어 급한 조류까지 밀어닥치므로 어업이라고 해본들 홍합 등이나 채취하는 정도였다.

더블린에는 아일랜드인의 아픈 이민사를 상징하는 '몰리 말론(Molly Mallone)의 동상'이 있다. 이를 설명하는 내용을 살펴보자.

【더블린의 트리니티 칼리지 부근에는 젖가슴을 거의 드러내고 수레를 밀고 있는 '몰리 말론의 동상'이 서 있다. 실존 인물인지는 확인되지 않았지만 더블린 사람들은 이 여인을

자기네를 대표하는 인물로 삼고 매년 6월 13일을 '몰리 말론의 날'로 지정해 기념한다.

이 여인은 아일랜드가 영국의 지배 아래 있던 17세기 어느 시기를 살았던 것으로 추정된다. 예쁘장한 얼굴을 한 몰리는 어릴 때 부모를 잃고 어린 나이에 부모에게서 물려받은 수레를 끌고 어물 장사에 나섰다. 그러나 형편이 나아지지 않자 밤에는 몸을 팔아 생계를 유지했다. 밤낮으로 몸을 혹사한 몰리는 열병에 걸려 젊은 나이에 세상을 등졌다. 죽은 뒤에도 그녀의 한 맺힌 영혼이 더블린 시내를 배회했다고 한다. 그녀의 이야기를 담은 노래 가사는 다음과 같다.

"예쁜 소녀들이 많은 더블린 장터에서 아름다운 몰리 말론을 보고 첫눈에 반했네. 바퀴 달린 수레를 끌며 좁고 넓은 거리를 누비며 외치네. '새조개랑 홍합 있어요. 싱싱해요, 싱싱해!'(1절)

그녀는 어물장수, 물론 놀랄 일이 아니지. 그녀의 부모가 예전에 그 수레를 끌었던 것처럼 좁고 넓은 거리를 누비며 외치네. '새조개랑 홍합 있어요. 싱싱해요, 싱싱해!'(2절)

그녀는 열병으로 죽었지. 아무도 구해줄 수 없었어. 그것이 아름다운 몰리 말론의 마지막이었어. 지금은 그녀의 유령이 수레를 끌면서 좁고 넓은 거리를 누비며 외치네. '새조개랑 홍합 있어요. 싱싱해요, 싱싱해!'(3절)"

몰리 말론은 실존 인물도, 대단한 업적을 세운 영웅도 아니지만 더블린을 대표하는 인물로 기억되고 있다. 그녀의 불쌍하고 한 많은 사연이 오랫동안 영국 지배를 받은 아일랜드 사람들의 정서를 대변한다고 여겼기 때문이다. 그녀를 기린 이 노래는 영국과의 전쟁이 한창일 때 아일랜드공화국군(IRA)의 대표적인 군가로 사용됐고, 오늘날 더블린의 비공식 대표곡으로, 또 더블린에 연고를 둔 스포츠팀의 응원가로 널리 불리고 있다.

한편 아일랜드 남쪽 해안에 있는 코브항에 가면 어린 남동생 2명을 이끌고 배를 기다리고 있는 애니무어(Annie Moore)의 3남매 동상이 있다. 애니무어의 또 다른 동상은 미국 뉴욕의 엘리스섬에도 있다. 애니무어는 실존했던 인물로 1892년 1월 1일 미국 뉴욕 엘리스섬에 세워진 이민자관리소를 처음 통과한 15살짜리 소녀였다.

19세기 말 수많은 아일랜드인들이 백만 명 가까이 굶어 죽은 대기근을 피해 미국이라는 신대륙으로 목숨 건 이민을 떠나고 있었다. 아일랜드인뿐만 아니라 새로운 삶의 기회를 찾아서 유럽의 이민자들이 뉴욕항으로 몰려들고 있었다. 효과적인 관리가 필요하다고 느낀 미국정부는 뉴욕 초입에 있는 엘리스섬에 이민자관리소를 세우고 이민자의 신분과 숫자를 통제하기 시작했다. 그 첫 번째 대상자가 먼저 미국으로 떠나 자리를 잡은 부모님을 찾아 2명의 남동생을 이끌고 배를 탄 애니무어였던 것이다. 아일랜드 사람들은 소녀 애니무어를 기리며 〈희망의 섬, 눈물의 섬(Isle of Hope Isle of Tears)〉이라는 노래를 지어 오늘날까지 부르고 있다. 여기서 희망의 섬은 물론 뉴욕의 엘리스섬이고, 눈물의 섬은 떠날 수밖에 없었던 고국 아일랜드를 가리킨다. 노래 후렴구는 이렇다.

"희망의 섬, 눈물의 섬, 자유의 섬, 두려움의 섬. 그러나 거긴 당신이 떠나온 곳과 다릅니다. 그 굶주림의 섬, 고통의 섬, 다시는 당신이 보지 않을 섬. 하지만 고향의 섬은 항상 당신 마음속에 있습니다."[44]

영국의 타이타닉호는 1912년 4월 15일(현지시간) 영국 사우샘프턴을 출항해 뉴욕으로 가던 중 북대서양에서 빙산과 충돌해 침몰했다. 이 사고로 1,513명이 사망했다(2,224명 승선).[45] 이 타이타닉호와 아일랜드는 남과 북 모두 밀

---

44) 「시민을 위한 도시 스토리텔링: 행복한 공동체를 만드는 담론」 김태훈, 도서출판피플파워, 2017, p.99~103.

45) 「하인리히 법칙(재앙을 예고하는 300번의 징후와 29번의 경고)」 김민주, 미래의창, 2014, p.59~60.
〈타이타닉 음모론〉
흥미롭게도, 타이타닉호의 침몰은 여러 문학작품에서 이미 예견되었다. 1898년 미국 작가 모건 로버트슨 의 소설 「퓨틸리티(Futility, 무용지물)」가 있고, 타이타닉호의 침몰을 예견한 소설이 또 있었다. 윌리엄 스테드(William T. Stead)가 1892년에 출간한 단편소설인데, 심지어 이 작가는 실제로 타이타닉호에 탑승하여 목숨을 잃었다.
타이타닉호의 침몰 사고는 1997년 제임스 카메론 감독에 의해 영화로 만들어지면서 더욱 유명해졌다. 레오나르도 디카프리오와 케이트 윈슬렛이 주연한 영화 「타이타닉」은 비극적인 실제 사건에 남녀 간의 안타까

330

접한 관련이 있다. 타이타닉의 사고일지는 다음과 같다. 벨파스트(북아일랜드의 수도)에서 건조⇒영국 사우샘프턴(Southampton·사우스햄턴, 1912년 4월 10일 출항)→리버풀(Liverpool, 중서부 항구)→아일랜드 코브(Cobh, 남부 항구)→출항 4일 만인 14일 밤 11시 40분경 빙산 충돌→약 3시간 만에 침몰! 승선자 2,224명 중 1,513명이 사망하고, 711명(승무원 5명 포함)이 구조됐다. 생존자의 분포는 아동 50%, 성인여성 75%, 성인남성 17%다. 구명정에 탄 사람들은 대부분 1등실 손님이었고, 이민자가 많았던 3등실 손님은 대부분 탈출하지 못하고 사망했다.

"제임스 카메론의 영화 「타이타닉(Titanic)」(1997 제작, 2018.2.1. 재개봉, 출연: 레오나르도 디카프리오, 케이트 윈슬렛, 빌리 제인 등) 이후로 핼리팩스(Halifax, 영국 잉글랜드 웨스트요크셔 주 칼더데일 지역)에 안치되어 있는 23세의 타이타닉호 희생자 잭 도슨의 무덤에는 신선한 꽃이 계속해서 놓여 있다. 'J.'는 타이타닉호 승무원 제임스를 나타낸다. 그러나 (레오나르도 디카프리오가 연기한) 잭 도슨(Jack Dawson)은 실제 인물이 아니었고, (케이트 윈슬렛이 연기한) 로즈 디워트 버케이트(Rose Bucater)도 실제 인물 페이트가 아니었다. 두 사람의 전기는 허구이며 영화 속 사랑 이야기의 비극에 맞게 형상화되었다. 영화 속으로 들어가 보자. '치프와 폴스 출신의 20살의 예술가 잭은 15살 때 양친을 잃었고 벌목꾼 일이 끝나면 초상화를 그려주는 일로 근근이 생활한다. 그는 세계를 돌아다니는 여행객으로 파리로 가서 그곳에서 예술가가 된다. 3등칸 여행객 잭과 1등칸의 젊은 여성 사이의 간극은 엄청나다.(…)"" [46]

---

46) 「커플: 클라시커 50 시리즈(50 Klassiker Paare, 2000)」 바르바라 지히터만, 해냄, 2001, p.311.

제5장

소수집단우대정책(Affirmative Action)과 '역경 점수'

소수집단우대정책(Affirmative Action)과 '역경 점수'

도널드 트럼프 행정부가 대학 신입생 선발 과정에서 인종의 다양성을 고려하도록 한 '소수집단우대정책(Affirmative Action, 어퍼머티브 액션)'을 2018년 7월 3일 철회했다. 미국 내에서는 인종의 다양성을 선호하지 않는다는 의미로 해석돼 큰 반발을 사고 있지만, 그동안 우수한 성적에도 불구하고 소수계 입학 할당 수 때문에 불이익을 받아온 아시아계 학생은 오히려 반사이익을 볼 전망이다.[1] 어퍼머티브 액션은 인종차별이 극심한 1961년 당시 존 F 케네디 대통령이 '평등고용기회위원회'를 설립하는 행정명령을 내리면서 시작됐다. 취지는 여성·흑인·장애인 등 구조적으로 외면 받아온 미국 내 사회적 소수자

---

1) 『무엇을 놓치고 있는가: 보이지 않는 것을 보는 하버드 관찰 수업(The Power of Noticing, 2014)』맥스 베이저만(하버드대 석좌교수), 청림출판, 2016, p.228~229.
2012년 12월 「뉴욕타임스」에 실은 논설에서 캐롤린 첸(Carolyn Chen) 노스웨스턴대학 교수는 아시아계 학생들이 입시 과정에서 정상급 미국 대학들로부터 차별받는다고 주장했다. 그 근거로 아시아계 학생들이 대개 시험 성적과 내신 등급 같은 객관적인 요건에 따라 입학하는 "정상급 고등학교에 합격하는 비율은 정원 수의 40~70%를 차지한다"는 사실을 들었다.
그럼에도 2009년에 사회학자인 토머스 에스펀쉐이드(Thomas J. Espenshade)와 알렉산드리아 월튼 래드 포드(Alexandria Walton Radford)가 실시한 조사에 따르면 백인 학생들이 까다로운 미국 대학에 입학할 확률이 아시아계 학생들보다 3배나 높았다.
두 사람이 내린 결론에 따르면 아시아계 학생들이 대단히 까다로운 대학들에서 백인 학생들과 같은 입학 가능성을 얻으려면 수능 수학영역 및 언어영역에서 평균 140점을 더 받아야 했다.

에게 대학 입학과 취업·진급 등 우대를 해주자는 일종의 '긍정적 차별'이었다.

하지만 특히 교육 분야에서는 '역차별 논란'이 끊이지 않는 등 계속해서 잡음이 있었다. 소수인종에게 일부 인원을 할당함으로써 정작 성적이 우수한 백인 학생이 입학을 거부당한다는 이유에서다. 마찬가지로 성적이 뛰어난 한국·중국 등 아시아계 학생은 소수인종에 속하면서도 흑인·히스패닉 등 다른 소수인종 우대로 인해 차별당해 왔다는 주장이 있다. 아시아계는 미국 전체 인구 중 6%에 불과하지만 아이비리그를 포함한 명문대에서 차지하는 비율은 20%에 달해 입시에서 소수자가 아닌 우세 집단으로 분류된다. 트럼프 행정부 관계자 역시 "기존 지침으로 인해 법이 '허용하는 것 이상'으로 대학이 소수인종을 우대하는 상황이 있었다"고 밝히기도 했다. 어퍼머티브 액션으로 실제 대학 내 소수인종 입학 비율은 점차 늘고 있다. 2017년 가을에는 하버드대 개교 이래 381년 만에 처음으로 소수인종 비율이 절반을 넘어서며 백인 비율을 앞질렀다. 「보스턴글로브(The Boston Globe)」에서 분석한 자료에 따르면 지난해 가을 학기 하버드대에 입학한 학생 중 소수인종 비율이 50.8%(아시아인 22.2%, 흑인 14.6%, 히스패닉 11.6%, 기타 2.4%)로, 백인 비율(49.2%)보다 1.6%포인트 높았다. 흑인 비중은 전년 대비 4%포인트 늘었지만, 아시아 학생 비율은 오히려 0.4%포인트 줄었다. 하버드대는 미국 내에서도 어퍼머티브 액션 정책을 적극적으로 운영하는 대학으로 꼽힌다. 주로 흑인이나 히스패닉계에 가산점을 부여해 일부 아시안도 역차별을 당한다는 주장이 제기돼왔다.[2]

급기야 '공정한 입학을 위한 학생들(SFFA)'이란 단체는 2018년 6월 15일, "어퍼머티브 액션 정책으로 인해 아시아인은 오히려 역차별을 당한다"고 주장

---

2) 「매일경제」, 2018.7.5. 〈美 대학 소수인종 입학우대 없앤다〉(이새봄 기자)

하며 소송을 제기하기에 이르렀고,[3] 이 소송 과정에서 하버드대학교 입시에서 특정집단, 즉 '출신·동문(Legacy)·재산'이 SAT만큼 중요하다는 사실이 드러났다. 이를 보도한 2018년 7월 31일자 「동아일보」의 기사는 이렇다.

【〈하버드대 입시, 특정집단 우대… '출신-동문-재산'이 SAT만큼 중요〉

–'아시아계 차별' 소송과정서 베일 벗는 입학사정 시스템–

"'입학처장 리스트(dean's list)'가 뭡니까?"(변호사)

"(학생의) 지원과 관련해 일어날 수 있는 일들을 확실하게 인식하기 위해 사용하는 겁니다."(윌리엄 피츠시먼스 미국 하버드대 입학처장)

"하버드대 기부자와 이해관계가 있는 지원자라면 리스트에 올라갈 수 있나요?"(변호사)

"가능합니다."(피츠시먼스 처장)

지원자의 95% 이상을 걸러내는 미국 최고 명문 하버드대의 입학사정 시스템이 베일을 벗었다. 하버드대와 아시아계 단체 연합체 '공정한 입시를 위한 학생들(SFFA)' 간의

---

3) 「조선일보」, 2018.7.4. 〈트럼프, 대학입학시 소수계 우대정책 폐지… 아시아계 '어부지리' 혜택〉
   최근 미국 동부 보스턴에 위치한 하버드대학은 학업성적이 우수한 아시아계 학생들을 차별해 불합격처리했다는 논란을 빚고 있다. '공정한 입학을 위한 학생들(SFFA)'이란 단체는 지난 6월 15일 보스턴 연방 법원에 2010~2015년 하버드대 지원학생 성적 기록 분석을 제출하며 하버드대학이 다른 소수계 우대를 위해 성적이 뛰어난 아시아계 학생들을 차별했다고 소송을 제기했다. 이 단체는 대학 입학사정 과정에서 인종을 고려하는 것은 헌법에 어긋난다고 주장하고 있다.
   트럼프 행정부의 입장은 SFFA의 소송 결과에 유리하게 작용할 전망이다. 「뉴욕타임스」는 "행정부의 새로운 정책이 '법률적 힘'이 있는 것은 아니지만, 연방정부의 공식 입장이 되기 때문에 향후 대법원의 결정에도 영향을 미칠 수 있다"며 "대학 역시 가이드라인을 바꾸지 않으면 트럼프 행정부로부터 조사를 받거나, 소송을 당하거나, 재정적 지원이 끊길 수 있다"고 전했다.
   다만, 다양한 인종을 인정하지 않는다는 비판의 목소리도 거세다. 캐서린 라몬 전 교육부 민권담당 차관보는 "트럼프 행정부가 또다시 혼란을 야기하고, 불필요한 진흙탕 싸움을 만들고 있다"며 "대법원은 수십 년간 소수계 인종을 우대하는 정책을 합법이라고 판결했는데, 앞으로 정당한 교육 발전을 손상시키는 것"이라고 비판했다. 오바마 행정부 때 법무부에서 일했던 아누리마 바르가바는 "트럼프 행정부의 행동은 인종적 다양성을 선호하지 않는다는 신호로, 아무에게도 도움이 되지 않는 정치적 공격"이라고 비판했다.

소송 과정에서 입학사정 시스템의 윤곽이 드러난 것이다.

▷ **5% 바늘구멍의 비밀, 성적+4가지 α**

「뉴욕타임스(NYT)」는 "하버드대가 인종 간 균형을 맞추기 위해 입학전형 과정에서 아시아계를 차별했다는 소송에서 이 대학의 비밀스러운 선발 과정이 드러나고 있다"고 29일 전했다. 하버드대는 매년 미국 전역에서 학업 성적 등이 뛰어난 고교생 4만 명이 지원하며 합격자는 2,000명이 채 되지 않는다. 지원자들은 합격률 5% 미만의 바늘구멍을 통과해야 하지만, 대학이 학생들을 어떻게 걸러내는지는 구체적으로 알려져 있지 않다.

「NYT」에 따르면 하버드대는 지원자를 출신지에 따라 미국 20개 지역의 목록으로 분류하고 해당 지역과 고교에 친숙한 입학사정관이 배속된 하위 위원회에 각각 배당한다. 일반적으로 2~3명의 입학사정관이 지원서의 학업(academic), 비교과(extracurricular), 체육(athletic), 인성(personal), 종합(overall) 등 5개 항목을 평가한다. 교사와 지도교사 추천서도 등급을 매기는 것으로 알려졌다. 「NYT」는 "지원자가 어디 출신이며, 부모가 하버드대를 다녔는지, 돈이 얼마나 많은지, 학교의 다양성 목표에 얼마나 부합하는지 등이 완벽한 수능(SAT) 성적만큼 중요할 수 있다"고 평가했다.

하버드대는 특정 집단을 우대하는 '팁스(tips)' 제도를 운영하고 있는 것으로 알려졌다. 소수 인종과 민족, 동문의 자녀(레거시·Legacy), 기부자 친척, 교수나 직원 자녀, 선발된 운동선수 등 5개 그룹을 우대한다는 게 소송을 제기한 SFFA 측 주장이다.

▷ **입학처장 리스트와 '뒷문 입학' 논란도**

학교 기부자와 이해관계가 있거나 학교와 관련이 있는 지원자 명단도 '입학처장 리스트' 형태로 별도 관리된다. 동문이 입학 면접관으로 자원봉사하고 지원자인 자녀 이름을 '입학처장 리스트'에 올릴 수 있다는 것이다. 동문회 관계자, 기부금 모집 부서 자문을 거쳐 명단의 지원자가 학교와 얼마나 관련이 있는지에 따라 등급도 부여된다. 기부금 규모가 클수록 더 좋은 등급을 받을 수 있는 셈이다. 피츠시먼스 처장은 "명단의 지원자는 동문회, 장학금 및 대학 발전사업 관계자 가족인 경우가 있고 하버드대 입학이 얼마나 힘든 일인지 알고 있어 충분한 자격을 갖추고 지원한다"고 해명했다.

하버드대는 성적은 아슬아슬하지만 대학이 선발하길 원하는 지원자 명단인 'Z리스트'라는 명단도 별도 관리하고 있는 것으로 알려졌다. 2014~2019학년도 신입생 중 연간 50~60명이 Z리스트를 통해 합격증을 거머쥐었으며 이들의 대부분이 백인이나 동문 자녀 등 입학처장 리스트에 이름이 올라 있었다는 것이다.

▷ 아시아계 '가지치기' 했느냐가 쟁점

이번 소송의 쟁점은 하버드대가 아시아계 지원자에게 불이익을 줬느냐다. 1990년 교육부 보고서는 하버드대가 아시아계 미국인을 차별하지 않았지만 그들에게 '팁'(입학 우대)을 주지도 않았다고 지적했다. 2013년 하버드대 내부 보고서는 아시아계 미국인이라는 점이 입학과 부정적인 상관관계가 있다고 밝혔다. SFFA는 "2000~2015년 하버드대 지원자 16만 명의 입학 전형 자료를 분석한 결과 학교가 아시아계 지원자의 성격, 호감도, 용기 등 인성 평가 점수를 낮게 매겨 차별을 했다"고 주장한다. 입학사정관들이 지원자의 5가지 정보(이름, 가문, 민족, 운동선수, 재정 지원) 등이 적힌 서류를 이용해 최종 판정을 내렸다는 의혹도 제기했다.

이에 대해 하버드대 측은 "조직적 차별은 없었다"며 "2개 집단(아시아계 중 캘리포니아주 출신과 여성)의 특징을 부풀려 전체 아시아계를 차별했다고 잘못된 주장을 하고 있다"고 반박했다.(뉴욕, 박용 특파원)】

그간 소수집단우대정책 논쟁도 많았다. 지지자들의 논지는 첫째, 표준화된 시험의 불균형 바로잡기, 둘째, 과거의 잘못 보상하기, 셋째, 다양성 증대로 압축된다. 지난 30년간, 법정은 소수집단우대정책으로 생기는 난해한 도덕적·법적 문제로 골치를 앓았다. 미국 연방대법원은 1978년에 일어난 데이비스에 있는 캘리포니아 의과대학의 소수집단우대정책(배키 소송사건)을 아슬아슬한 표 차로 지지해주었다. 1992년에는 텍사스 법학전문대학원(홉우드 사건)이, 2003년에는 미시간 법학전문대학원(그루터 사건)이 관련된 소송에서, 대법원은 찬반이 팽팽히 맞선 가운데 결국 인종은 입학 심사에서 고려 사항이 될 수 있다는 판결을 내렸다. 한편 캘리포니아·워싱턴·미시간에서는 최근에 주민 투표로, 공교육과 취업에서 인종별 우대정책을 금지하는 내용을 발의하기도 했다.[4]

그러면 진짜 미국인이란 과연 어떤 사람을 말하는 것일까? 보통의 미국인들에게는 진짜 미국인은 당연하게도 유럽인 유형의 백인이다. 이때 그가 실제로 미국 출신인가 아닌가는 중요하지 않다. 배우 휴 그랜트(Hugh Grant, 영국인, 1960~)와 제라르 드파르듀(Gerard Depardieu, 프랑스인이지만 부자 증세 정책에 반대해 프랑스 국적을 포기하고 러시아 국적을 취득했다, 1948~)도 지체 없이 미국인으로 분류되었다. 반면에 아시아의 얼굴을 가지고 있다면 미국인으로 분류될 가능성이 전혀 없다.[5]

"백인 피 외에 단 한 방울의 유색 피가 섞여도 백인이 아니다." 바로 '(피) 한 방울 법칙(One Drop Rule)'이다.[6] '민족자결주의'로 유명한 우드로 윌슨

---

4) 「정의란 무엇인가?(JUSTICE, 2009)」 마이클 샌델, 김영사, 2010, p.235~255.

5) 「뇌 속에 또 다른 뇌가 있다(Mein hirn hat seinen eigenen kopf, 2016)」 장동선(한국계 독일 뇌과학자) 저/ 염정용 역, 아르테, 2017, p.177~178.
   테니스 선수 마이클 창(Michael Chang)이나 방송기자 코니 정(Connie Chung) 같은 미국에서 유명한 아시아계 미국인들조차 그 테스트에서 가차 없이 '이국적'인 인물로 배제되었다. 다양성과 복잡성 때문에 우리의 서랍 사고(흑백논리)는 그야말로 과도한 부담을 떠안고 있다.

6) 《(피) 한 방울 법칙(One Drop Rule)》(지식백과)
   미국에서 과거의 인종 구별 방식으로, 부모 중 하나가 백인이라도 비백인계의 피가 섞이면 비백인계로 보는 것이다. 법적인 규정은 아니었는데 미국의 주법에서는 쿼터나 1/8 이하의 흑인 피가 섞인 사람은 백인으

(Woodrow Wilson, 1856~1924, 미국 제28대 대통령, 1913~1921)도 인종차별주의자였다. 그가 제창한 민족주의도 인종차별주의에서 나온 것이었다.[7]

　"1900년대 중반까지 미국에서는 흑백분리 정책이 만연했다. 그러자 이에 반기를 드는 운동이 점차 활기를 띠었고 마침내 연방 대법원은 1941년 열차 객실에서 흑인 칸과 백인 칸을 따로 두는 것은 평등권을 침해한다고 판결했고, 1945년 열차 외의 다른 교통수단에서 흑인을 차별하는 것도 위헌이라고 판결했다. 1948년에는 백인 거주 지역에 흑인이 들어와 살지 못하게 한 주택관리규정도 무효라고 선언했다. 이런 분위기는 교육 분야에까지 확대됐다.

　1950년대 중반까지 미국 공립학교에서 인종을 분리해 교육하는 것이 수정헌법 제14조에서 보장한 평등권을 위반하는 것인지가 쟁점이었다. 그때까지 대법원은 물리적 시설이 평등한 이상 흑인 학교와 백인 학교를 별도로 운영하는 것은 분리하되 평등하므로 차별이 아니라는 원칙을 고수해왔다. 그런데 올리버 브라운(Oliver Brown, 캔자스주)이 제기한 재판에서 연방 대법원은

로 보았다. 워런 거메일리얼 하딩(Warren Gamaliel Harding, 미국 제29대 대통령, 1865~1923)은 외모는 백인이지만 조상 중에 아프리카계가 있으므로 역시 흑인이라는 설이 있었는데, 경쟁자들의 루머로 밝혀졌다. 버락 오바마의 경우 외형이 누가 보더라도 흑인이고, 본인이 흑인으로 정체성을 가지기 때문에 흑인이라고 불리는 거다. 반면 머라이어 캐리(Mariah Carey, 미국 가수, 1970~)는 누가 봐도 외형은 백인 또는 라티나이지만 부계에 흑인이 있고 미국사회는 양자택일을 하길 원해서 스스로 흑인이라고 선언해 흑인으로 간주된다.

1940년까지도 이런 게 영향력을 행사하던 주가 있었으나 50년대부터는 외형이나 본인의 정체성을 기준으로 삼는다. 그나마 그것도 본인의 이의 제기가 있으면 재고하기도 한다. 이게 중요한 이유는 이때까지만 해도 미국은 평등하되 분리한다는 취지의 인종분리주의가 지배적이었기 때문이다. 흑인들은 백인들과 같은 학교를 다닐 수 없다거나, 같은 식당을 이용할 수 없다거나, 같은 벤치에 앉을 수 없다거나, 버스에서도 뒤쪽 자리에 앉아야 한다거나.(…) 그렇기 때문에 사실상 제도적인 인종차별로 기능했다. 흑인들이 백인들과 같은 학교를 다닐 수 있게 된 지는 아직 반세기도 채 지나지 않았다.

인종차별이 심했던 시절에는 이 법칙을 들먹이며 비백인계는 물론, 외모가 거의 백인 수준이 돼버린 혼혈인 계열도 불순물이라 욕먹으며 인종 차별을 당하고, 독일에서도 비슷한 기준을 들이대며 인종 학살의 빌미로 사용하기도 했다.

7)　함재봉 아산정책연구소 원장, 2018.3.31. 열린 연단 강의 〈문명충돌과 다문화주의〉
　　함재봉 박사: 연세대 정외과 교수를 역임했고, 전두환 대통령 비서실장으로 동행했다가 1983년 10월 9일 버마(1989년 6월부터는 미얀마) '아웅산 테러'로 51세에 사망한 고 함병춘 박사의 아들, 1958~.

1954년 5월 17일, 획기적인 판결을 선고해 미국을 뒤흔들었다. 일명 '브라운 재판'으로 불리는 이 사건에서 대법원은 '인종을 기준으로 한 분리정책은 그 자체가 불평등하다'는 새로운 법 원칙을 선언했던 것이다. 연방 대법원이 내린 판결의 요지는 '어린 학생에게 열등감을 심어주고 정서적으로 상처를 주기 때문에 평등권을 보장한 헌법에 위배되어 부당하다'는 것이었다."[8]

그런데 이번에는 미국 SAT에 '역경 점수'를 도입하기로 하여, 아시아계 학생들에게는 오히려 또 다른 역차별 우려를 낳고 있다. 학생이 겪어온 어려움과 곤경 등을 점수에 반영해 공정하게 평가하겠다는 의도지만 아시아계 학생들에게 불리하게 작용할 변수가 될 수 있다는 우려도 나온다.

2019년 5월 16일(현지시간) 「월스트리트저널(WSJ)」에 따르면 SAT를 관장하는 대학위원회는 학생 거주 지역의 범죄율과 빈곤 수준 등 15개 요인을 기준으로 역경점수를 산정해 SAT에 반영하겠다고 발표했다. 역경점수는 50점을 평균으로 1~100점 사이에 측정될 예정이다. 학생들은 자신의 점수를 확인할 수 없다.

대학위원회는 "수년간 소득 불평등이 시험 결과에 미치는 영향을 우려했다"며 "SAT에 반영된 부의 불평등을 무시하거나 손 놓고 보고 있을 수 없다"고 도입 배경을 설명했다. 미국에서는 기존 SAT 평가 방식으로는 다양한 인종과 계층의 학생을 포용하기 어렵다는 지적이 꾸준히 제기돼왔다. 2018년의 경우 상대적으로 고소득·고학력 가구가 많은 백인 학생들의 SAT 점수가 흑인보다 평균 177점, 히스패닉 학생보다는 133점 높았다.

---

8) 「재판으로 본 세계사: 판사의 눈으로 가려 뽑은 울림 있는 판결」, 박형남, 휴머니스트, 2018, p.312~323.

위원회는 2018년 50개 미 대학이 시범적으로 역경점수를 적용했으며 2019
년가을 150개 대학에서 이를 적용하고 2020년부터는 적용범위를 점차 확대한
다. 아이비리그 명문대인 예일대도 역경점수를 적극 활용하려는 대학 중 하나
다.

하지만 이 제도 도입이 대학입시 과정에서 인종 역차별 등 부작용을 낳을 수
있다는 우려도 나온다. 평균적으로 SAT 점수가 높은 아시아계 학생들의 역경
점수가 백인 학생보다 뒤지는 상황이 발생할 수 있기 때문이다. 2018년 하버
드대가 특정 인종에 입학 쿼터를 정해놓고 이를 초과하지 않도록 비계량 항목
에서 아시아계 학생을 차별한 혐의로 제소된 상황에서 우려는 더 커지고 있
다.[9]

한편, 아이비리그 등 14개 명문대학에 진학한 한국학생들 중 44%가 중도하
차 한다. 백인 34%, 중국계 25%, 인도계 21%의 중도하차율을 훨씬 웃도는 근
본 이유는 '성적이 전부'라는 신념으로 교사·부모·학생이 한 몸이 되어 달려
왔기 때문이다. 대학생활이 요구하는 자립심·사교술·판단력·비평과 표현 능
력을 키우는 훈련이 부족했던 그들은 도서관이나 기숙사에서 동떨어져 지낼
수밖에 없고, 결국 캠퍼스 환경에 적응하지 못한 것이다.[10]

요즈음 하버드나 예일 같은 미국의 명문대에서도 한국인 학생을 만나기가
어렵지 않다. 그런데 한국인 학생 중 40% 이상이 중간에 학업을 그만둔다고
한다. 하버드대학 교육위원회가 조사한 결과 그 이유는 "그들에게는 장기적인

---

9) 「서울경제」, 2019.5.18. 〈美 SAT '역경 점수' 도입…아시아계 역차별 우려도〉 전희윤 기자
　　　－ 18년 50개 미 대학이 시범적용, 2019년 150개 대학에서 적용 －

10) 「하버드 가지 마라: 7인 멘토와 함께하는 미국 대입 전략」, 대니얼 홍, 한겨레에듀, 2010, p.390.

인생 목표가 없었다." 그저 대학만을 목표로 하는 한국인 학생들은 높은 점수를 따 시험에 합격하기 위한 공부만 하다가 대학에 들어갔다. 그런데 막상 입학을 하고 보니 이전과는 전혀 다른 식으로 공부해야만 했고, 그 과정에서 힘든 순간들을 견디지 못해 결국은 대학마저 포기할 수밖에 없었다. 이들에게 빅 픽처가 있었다면 그토록 어렵게 들어간 대학을 과연 쉽게 포기했을까?[11]

---

11) 「빅 픽처를 그려라」, 전옥표, 비즈니스북스, 2013, p.36.